LE RADICALISME RELIGIEUX FACE AU DROIT

ALAIN GARAY
PHILIPPE COURSIER

LE RADICALISME RELIGIEUX FACE AU DROIT

Préface de
DIDIER LESCHI

Avec les Grands Témoins

BASILE ADER, BÉATRICE BRUGÈRE, PIERRE CONESA,
ÉRIC DELESALLE, PHILIPPE GALLI, CHEMS-EDDINE HAFIZ,
YVES MAYAUD, ISABELLE DE MECQUENEM,
DOMINIQUE SCHNAPPER, ELYAMINE SETTOUL,
PHILIPPE VIVIEN

LES ÉDITIONS DU CERF

www.editionsducerf.fr
24, rue des Tanneries
75013 Paris

ISBN 978-2-204-15618-9

À toutes celles et ceux qui ont subi et subissent les agissements illicites et répréhensibles du radicalisme religieux.

Ceux qui ne croient pas au ciel ont le droit de tout nier.
Ceux qui ne croient pas au droit – je veux dire :
à sa sublimité – s'étonneront seulement de retrouver
du droit, encore du droit – un prétoire, des balances,
un centre observation, qui sait ? – à l'heure de
s'enfoncer dans la grande nuit, fût-elle étoilée.

J. CARBONNIER
(*La religion fondement du droit ? : Droit et religion*,
Archives de philosophie du droit,
1993, tome 38, p. 20)

Préface
par
DIDIER LESCHI*

Sans parti pris, la tâche à laquelle se sont attelés les deux auteurs reste des plus difficiles : rendre compte pour la première fois dans une République laïque du rapport entre le radicalisme religieux et l'ordre juridique, normes et jurisprudences. Et pour cela, donner la parole à des « Grands Témoins », c'est-à-dire à ceux-là mêmes qui, à divers titres, ont eu à connaître des « radicalisés » et de leur prise en charge. La méthode n'est en réalité que le prolongement d'une approche professionnelle autant que de recherche universitaire, celle qui avait présidé à la publication en 2022 de leur ouvrage Les organisations religieuses face au droit *(Éd. du Cerf).*

« La liberté consiste à pouvoir faire tout ce qui ne nuit pas à autrui. Ainsi l'exercice des droits naturels de chaque homme n'a de bornes que celles qui assurent aux autres membres de la société la jouissance de ces mêmes droits ; ces bornes ne peuvent être déterminées que par la loi » ont affirmé les révolutionnaires de 1789. Même si cette déclaration fut faite « en présence de l'Être suprême », elle s'oppose en tout point au radicalisme religieux qui exclut la possibilité pour les femmes et les hommes de définir

---

* Ancien chef du Bureau central des cultes au ministère de l'Intérieur, Didier Leschi est directeur de l'Office français de l'immigration et de l'intégration. Il est également président du conseil de direction de l'Institut d'étude des religions et de la laïcité.

eux-mêmes les lois qui les font vivre ensemble. Bien sûr il a existé et existe encore des dictatures. Mais celles mises en place au nom de Dieu ont une particularité bien difficile à combattre, ses partisans considèrent qu'en tuant en son nom, Dieu les remerciera après leur mort et celle des autres. Ce n'est pas simple à combattre et à mettre dans des équations juridiques qui ont un rapport avec la raison. L'inhumanité faite au nom de Dieu souhaite échapper au droit et à la Loi. Le radicalisme religieux n'est en ce sens pas n'importe lequel des radicalismes. Car, « radicalisme » est un mot-valise. Il peut tout aussi bien indiquer que l'on souhaite aller à la racine des choses, comme indiquer que l'on aspire au crime sans autre forme de procès. Dieu au nom de Dieu a cette dynamique.

Mais comment l'appréhender dans sa spécificité juridique et pénale ? Est-ce un crime comme les autres ? Sont-ils des criminels comme les autres ?

Maître Alain Garay et Philippe Coursier ont voulu approfondir leur réflexion, et par là-même, la nôtre. Alors que d'aucuns continuent de penser, à tort selon nous, que le radicalisme religieux ne relève pas d'un sujet juridique ou que la volatilité de cette expression empêcherait de s'y pencher.

Cet ouvrage inédit n'est pas de l'ordre des discours, philosophiques, sociologiques sur la légitimité ou l'illégitimité des manifestations du radicalisme religieux. Ce radicalisme religieux est là, il faut donc d'une certaine manière faire avec pour le combattre avec les armes du droit. Ce choix qui peut être discuté n'ôte en rien au sérieux des recherches, des explications et des mises au point fournies par les deux auteurs avertis.

Les Grands Témoins sollicités sont ceux qui ont eu à faire face à ce radicalisme religieux qui a semé la terreur sur les bords de Seine et qui ont eu à mettre en œuvre, depuis les années 1990, des politiques publiques tentent de le combattre et le prévenir, tout en maintenant le principe de séparation entre les Églises et l'État dont la valeur est constitutionnelle. Tâche ardue qui méritait bien qu'on s'y penche.

Cet ouvrage est donc une mise en perspective sur la manière dont l'État laïque fait face sur le plan du droit positif et sous le contrôle des cours et des tribunaux, comment il se comporte en État de droit.

Comme nous l'écrivions avec Régis Debray, « il n'y a pas de laïcité viable dans un État qui se défait, un peuple qui se renonce, une République qui éteint les Lumières[1] *». Il n'y a pas de liberté autre que celle issue de la raison.*

---

1. Régis DEBRAY, Didier LESCHI, *La laïcité au quotidien*, Gallimard 2016.

Avertissement

DE CONSTANTES ÉVOLUTIONS JURIDIQUES, AU JOUR LE JOUR...

Les sujets abordés dans le présent ouvrage ne cessent d'évoluer au gré des évènements et de l'activité juridique et politique. Dans ces conditions, achever sa rédaction contrarie un besoin constant de mises à jour au fil du temps. En effet, à l'heure de mettre un terme à nos travaux d'écriture, il ne se passe pas une semaine sans qu'une actualité juridique, sous l'effet de répliques, se rapporte au sujet, induisant de notre part un attentif travail de veille et d'analyse qui confirme le bien-fondé du choix même du titre de l'ouvrage. Le sujet est sans l'ombre d'un doute éminemment juridique.

Qu'on en juge au regard des derniers faits qui ont suivi le dépôt à l'éditeur du manuscrit à la fin du mois de février 2024 :

– le déroulement des procédures pénales liées aux attentats dits « djihadistes » (Paris, Trèbes, etc.) ;

– la récurrence de mesures publiques portant expulsion de certains imams et leurs contentieux administratifs subséquents ;

– la constante production de documents parlementaires, tels que le très récent rapport de la mission de contrôle sur le signalement et le traitement des pressions, menaces et agressions dont les enseignants sont victimes[1].

---

1. Le mercredi 6 mars 2024, François-Noël Buffet et Laurent Lafon ont présenté à la presse les conclusions du rapport de la mission de contrôle dotée des pouvoirs de commission d'enquête sur le signalement et le traitement des pressions, des menaces et agressions dont les enseignants sont

À ce titre, il est permis de s'arrêter quelques instants sur deux évènements récents qui permettent de mesurer l'importance en même temps que l'impact du droit en matière de radicalisme religieux.

La révélation de la mise en cause par la Cour des comptes des travaux du Comité interministériel de prévention de la délinquance et de la radicalisation

Le 4 mars 2024, le site Internet de la Cour des comptes a rendu public des documents officiels mettant en cause le Comité interministériel de prévention de la délinquance et de la radicalisation et son secrétariat général (SG-CIPDR)[1]. Plusieurs articles de presse se sont immédiatement fait l'écho de cette « grave affaire » selon les termes mêmes du président de la Cour des comptes[2].

Rappelons que le 23 décembre 2023, le président de la Cour des comptes avait exercé une action en référé en direction de l'ancienne première ministre, Madame Elisabeth Borne, prenant notamment la forme d'une communication écrite pour faire part à cette dernière d'observations qui ont été formulées à l'issue d'un contrôle prenant la forme d'une enquête administrative.

---

victimes, créée par la commission des lois et la commission de la culture, de l'éducation, de la communication et du sport.

1. La Mission interministérielle de vigilance et de lutte contre les dérives sectaires (MIVILUDES) est précisément placée sous l'autorité directe de ce dernier.

2. Comme mentionné ci-après dans notre ouvrage, la mise en cause de l'attribution par le SG-CIPDR de plusieurs subventions publiques (« fonds Marianne », destiné à lutter contre les discours dits « séparatistes ») a entraîné un rapport d'information du Sénat du 4 juillet 2023, qui a retenu le terme de « fiasco » à leur propos, ainsi que l'ouverture d'une procédure pénale par le parquet national financier (PNF), un rapport de l'inspection générale de l'administration (mai 2023) et la démission acceptée de son secrétaire général, Christian Gravel.

Ramassées en 91 pages excessivement techniques et détaillées, ces observations définitives portent sur les activités du SG-CIPDR au titre des années 2018 à 2022. Elles font notamment état des mises en cause suivantes : « une organisation interministérielle [...] dépourvue de statut », « un rôle de conception et d'animation de politiques qui demeurent mal évaluée », « une gestion du fonds interministériel de prévention de la délinquance à redresser sans délai ». On peut y lire que « malgré l'importance des sujets dont il a la charge, le pilotage interministériel des actions de l'administration en matière de radicalisation paraît particulièrement limité : le CIPDR ne se réunit que rarement ; l'activité du conseil scientifique sur les processus de radicalisation (COSPRAD) est très insuffisante depuis sa création ; l'information du Parlement n'est pas réalisée en contradiction avec les exigences réglementaires [...] ». De même, le document ajoute les précisions suivantes : « structure rattachée au ministère de l'intérieur, le SG-CIPDR, dépourvu de tout statut juridique, a vu son champ d'action et ses effectifs croître régulièrement. Pourtant son organisation demeure confuse et la gestion des crédits centraux du fonds interministériel de prévention de la délinquance (FIPD) dont il a la charge a souffert de graves dysfonctionnements. [...] Sur la période 2020-2022, une grande partie des subventions ont été accordées en dépit de dossiers incomplets. Le caractère systémique de ces défaillances, qui dépassent le seul cas du fonds Marianne [...] démontre l'absence de maîtrise par le SG-CIPDR d'une de ses missions essentielles. Une remise en ordre rapide s'impose, en s'appuyant sur les constats et recommandations de la Cour des comptes et ceux des rapports de l'Inspection générale de l'administration. La situation actuelle du SG-CIPDR ne saurait perdurer [...] une remise en ordre de la gestion s'imposent ».

Face à l'insistance de la rue Cambon, les réactions officielles du Gouvernement confronté à la procédure initiée par la Cour des comptes ont fait état d'une volonté de modifier certains mécanismes administratifs. Dans sa réponse, le Gouvernement indique ainsi envisager la création, au début de l'année 2024, d'une nouvelle structure administrative prenant la forme d'une « délégation interministérielle placée auprès du ministre de l'intérieur », qui devrait succéder au CIDPR.

Par ailleurs, selon le quotidien *Le Monde*, le président de la Cour des comptes a également transmis un signalement au procureur général près la Cour des comptes qui a décidé à son tour de saisir la chambre du contentieux de la Cour des comptes[1]. L'affaire devrait donc connaître d'autres prolongements.

L'annonce du ministère de l'intérieur concernant une campagne publique de communication sur les dérives sectaires

Toujours le 4 mars 2024 et par le canal de la MIVILUDES, le ministère de l'Intérieur a annoncé le lancement d'une campagne nationale de communication et de sensibilisation aux dérives sectaires. Cette action publique (dont la signature est « Ensemble, gardons les yeux grands ouverts ») devrait prendre la forme de quatre spots publicitaires et d'un film d'une vingtaine de minutes, destinés à la télévision et aux réseaux sociaux, afin d'« apprendre à repérer les dérives sectaires et les signaler ». Cette action de communication destinée au grand public avait déjà été présentée en mars 2023, lors des Assises nationales de lutte contre les dérives sectaires, comme un axe majeur de renforcement de l'action de l'État. Quatre thématiques ont finalement été retenues pour l'année 2024 : « santé, fortune, éducation, réveil spirituel » et ce, dans différentes mouvances religieuses.

Sous le titre « Un an après le scandale du fonds Marianne, la gestion de la MIVILUDES mise en cause », un article publié

1. Le texte confidentiel de ce signalement n'ayant pas été rendu public, il faudra suivre avec attention cette procédure.

sur Internet le 6 mars 2024 par le quotidien *Le Monde* fait par ailleurs état de plaintes pénales déposées auprès du parquet national financier (PNF) qui viseraient les conditions dans lesquelles cette structure administrative a accordé des subventions publiques à des associations dites antisectes en 2021. Une nouvelle période de turbulences semble donc s'ouvrir pour la MIVILUDES.

Introduction

Au départ, deux lancinantes questions en suspens : que fait le droit face aux agissements répréhensibles du radicalisme religieux ? Que peut-il pour leur faire réellement obstacle ? Les lignes qui suivent tentent d'apporter des éléments de réponses à ces deux interrogations, majeures selon nous.

De prime abord, ces interrogations peuvent paraître incongrues, voire hors sujet dans un ouvrage qui précisément leur est consacré. Elles sont pourtant des plus urgentes et brûlantes, y compris en dehors du contexte sécuritaire, si souvent prégnant en la matière, et des raccourcis correspondants. Qu'est-ce que le droit donne à voir du radicalisme religieux ? Tout d'abord, il s'agit de le convoquer aux fins d'identification de dérives religieuses souvent méconnues, à travers le prisme de normes juridiques nationales et internationales qui peuvent autoriser une sanction de la part des juridictions. Mais c'est aussi revendiquer le respect du droit en vue de prévenir des dérives illégales, invitant pour ce faire à jeter les règles et les normes en débat[1]. Le droit repose en effet sur un ensemble de règles qui, imposées et contrôlées par l'État de droit, régissent les relations des personnes – privées et publiques – entre elles. Elles tracent et délimitent ainsi un cadre et un ordonnancement précis dans le respect de la loi suprême qu'est la Constitution. À ce titre, telle une balise commune, le droit est un instrument de régulation[2].

---

1. Règle (*regula*) et norme (*norma*) désignent des prescriptions générales, impersonnelles et obligatoires sans supposer automatiquement une sanction systématique en retour.

2. Du droit à la codification des comportements il n'y a qu'un pas, lequel est souvent dénoncé par les juristes dans une société française marquée plus que jamais par l'emprise de la norme, voire par sa « tyrannie ».

Et cette empreinte normative forte, décrite en termes d'« empire des normes » par le politologue Olivier Roy[1], appelle à la vigilance ainsi qu'à la mise en œuvre de contre-pouvoirs démocratiques.

Dans le même temps, il faut empêcher les « ennemis de l'État de droit » d'ériger cette même garantie légitime en sauf-conduit liberticide. En miroir, on sait combien certains radicaux en se victimisant, au sens le plus extrême de leurs croyances, soutiennent la thèse fantasmée d'un État liberticide, ce pour mieux prendre d'assaut les capitoles démocratiques. Or, à l'exception de thèses universitaires, de certains ouvrages sur le terrorisme ou le djihadisme et d'approches segmentées concernant par exemple le droit pénitentiaire et la « déradicalisation », très peu d'études ont été publiées sur le sujet précis du rapport que le radicalisme religieux entretient avec le droit pris dans sa globalité. Ajouter à ce constat premier une actualité récente des plus terrifiantes liée aux actes terroristes perpétrés le 7 octobre 2023 en Israël, à l'égard desquels des arguments ou des arguties juridiques ont été immédiatement invoqués par les uns et les autres venus à s'opposer sur la qualification de la situation[2].

Plus que jamais le besoin d'analyses juridiques paraît donc nécessaire alors qu'apparaît également un débat sur le dépassement politique du droit applicable en France, sur fond de mise en cause traditionnelle d'un prétendu « gouvernement des juges[3] ». La récente surenchère du ministre de l'Intérieur sur l'exercice du pouvoir au-dessus des lois met à mal l'État de droit en référence à

1. O. Roy, *L'aplatissement du monde. La crise de la culture et l'empire des normes*, coll. La couleur des idées, Éd. du Seuil, 2022.

2. Selon la formule du politiste Hugo Micheron, « plus les violences à Gaza sont fortes, plus les djihadistes peuvent les exploiter » *(Le Monde*, Idées, 9 nov. 2023).

3. Interviewé le 13 décembre 2023, le ministre de l'Intérieur, appelé à s'exprimer sur les récentes décisions de la Cour européenne des droits de l'homme et du Conseil d'État relatives à l'expulsion d'un ressortissant ouzbek, précisait qu'il n'entendait pas les respecter « qu'importe les décisions des uns et des autres. »

sa décision d'ordonner, en dépit d'une ordonnance du juge des référés du Conseil d'État du 7 décembre 2023, l'expulsion de la France d'un ressortissant ouzbek recensé au fichier des signalements pour la prévention de la radicalisation à caractère terroriste alors que ce dernier bénéficiait d'une mesure provisoire adoptée par la Cour européenne des droits de l'homme[1]. L'emballement politique, sur fond de surréaction, peut gravement compromettre l'autorité de l'État, voire son effectivité, sous les regards de ses adversaires.

RÉPONDRE À UNE DEMANDE AU-DELÀ DES SCHÉMAS CONVENUS SUR LA PLACE DU RELIGIEUX

Oser rédiger cet ouvrage, c'est assumer la responsabilité de renouer avec une forme de pensée critique en évitant des prises de position et des jugements de valeur sur un sujet difficile et peu exploré, celui du rapport que le radicalisme religieux entretient avec le droit. Nouvelle et inédite, la tâche est apparue aussi délicate que passionnante. Alors que d'aucuns ont érigé la laïcité en rempart suffisant pour éviter de traiter du religieux, Jean Birnbaum dénonce, dans son ouvrage *Un silence religieux : la gauche face au djihadisme*, l'aveuglement et le silence quasi-général qu'il est urgent de briser et ce, tous bords politiques confondus[2]. Signaler une telle forme d'amnésie c'est rendre compte du retard qui a été le nôtre pour parer aux dérives religieuses répréhensibles. Denis Crouzet et Jean-Marie Le Gall

---

1. Voir à ce sujet, la lettre au premier ministre de la Commission consultative des droits de l'homme du 8 décembre 2023 et la position du Collectif d'une centaine d'universitaires juristes dans leur tribune intitulée « L'État n'a rien à gagner au non-respect par le ministre de l'intérieur des décisions de justice » (*Le Monde*, 12 janv. 2024).

2. Jean Birnbaum cite Éric Voegelin, selon lequel « la question religieuse reste taboue pour ces esprits sécularisés et la soulever sérieusement et radicalement leur apparaît comme douteux ».

ont parfaitement décrit cette tendance française à l'escamotage du facteur religieux. En 2015, ils indiquaient qu'« à l'exception de quelques philosophes et de très rares sociologues les sciences sociales l'ont depuis 50 ans largement ignoré en France. En raison de l'exculturalisation religieuse de nos sociétés contemporaines, qui ne sont plus en mesure de comprendre la force du religieux dans une société, en raison aussi de ce que le religieux a été déclaré vestige résiduel du passé, par ignorance de la vitalité religieuse d'autres continents et d'autres religions que le christianisme. » Le psychanalyste Daniel Sibony résume cet état de fait réticent par cette formule très incisive : « les croyants ont peur de Dieu. Les non-croyants ont peur d'en parler ».

En référence à ce regrettable manque de considération au sens politique des questions religieuses – notamment de la part d'une partie des élus et des décideurs –, Jean Birnbaum analyse ce qu'il désigne comme le « sens d'un silence qu'il est urgent de briser[1] ». Écrire cet ouvrage c'est en quelque sorte répondre à un besoin collectif face à l'accumulation, en ce début de XXIe siècle, d'interrogations majeures sur la place floue du religieux dans notre société sur fond d'assauts répétés du radicalisme religieux, ce de façon quasi-perpétuelle. C'est aussi répondre à une demande bien au-delà des perceptions communément admises sur les faits religieux dans la société française. C'est enfin ne pas continuer de subir l'escamotage des faits religieux répréhensibles dont nous

1. À la page 23 de son ouvrage, Jean Birnbaum souligne que « tout se passe comme s'il était quasiment impossible de concilier deux objectifs : d'une part, combattre l'amalgame entre islam et terrorisme, et pour cela dissocier la foi musulmane de sa perversion islamiste ; d'autre part, prendre pleinement en compte la dimension religieuse de la violence djihadiste ». Puis, il ajoute « mais par-delà ses motivations politiques, ce silence-là fait symptôme d'un aveuglement plus profond qui concerne le rapport que beaucoup d'entre nous, quelles que soient les sensibilités idéologiques, entretiennent avec la religion. Ce qui est en jeu, c'est la réticence qui est la nôtre, désormais, à envisager la croyance religieuse comme causalité spécifique, et d'abord comme puissance politique : on adhère spontanément aux explications sociales, économiques ou psychologiques ; mais la foi, personne n'y croit ».

avons fait les frais en essuyant parfois le refus de hauts fonctionnaires d'accepter d'être l'un des Grands Témoins de notre ouvrage. L'un d'eux, chargé de l'une des responsabilités des plus élevés à la Direction générale des finances publiques, a invoqué des principes que nul n'ignore, pour nous répondre en ces termes : « En application du principe constitutionnel d'égalité devant l'impôt, le droit fiscal est le même pour tous et nous appliquons les procédures identiques à tous les contribuables. La loi ne prévoit pas un contrôle spécifique du « radicalisme religieux... De manière générale je ne crois pas qu'il soit de bonne politique de communiquer sur ces sujets et nous sommes, de notre côté, tenus par le secret fiscal... ». Gêne, fuite en avant, refus des responsabilités alors qu'il ne s'agit pas ici de décréter un régime fiscal spécifique au radicalisme religieux mais de traiter le sujet important du contrôle de ses financements tel que le soulignent ici le préfet hors classe Philippe Galli[1] et Lucile Rolland[2], cheffe du Service central du renseignement territorial de la Direction générale de la police nationale ?

Un flou sur le radicalisme religieux que le droit tend à préciser dans ses contours

L'une des premières approches du radicalisme religieux qu'offre le monde juridique consiste à s'intéresser aux situations de rupture avec l'ordre social fondées sur un absolutisme de la norme religieuse, ce dernier ayant beaucoup évolué avec le temps[3]. La récente édiction en France de « l'État d'urgence » pour parer à de nouveaux actes terroristes, accompagnée d'une

1. V. *infra* chapitre 7 - Les mesures de police administrative contre les agissements répréhensibles du radicalisme religieux.

2. V. *infra*, annexe au chapitre 6.

3. À la fois stigmatisante et valorisante, la notion ainsi considérée reste souvent réduite à l'intransigeance.

adaptation de l'arsenal répressif existant à des fins de lutte contre le séparatisme et les dérives sectaires, a placé la question du radicalisme religieux au cœur des débats publics. Sur fond d'approximations, de surenchères et de confusions sémantiques, se maintient une valse de mots fourre-tout pour désigner une partie du religieux, tels que fanatisme[1], fondamentalisme, littéralisme, obscurantiste, herméneutique archaïque, intégrisme, extrémisme, rigorisme, totalitarisme islamique, séparatisme, communautarisme, secte[2], djihadisme, etc. Une telle foire aux « mots-valises » suscite un étrange sentiment composé à la fois de peur-panique et de déni voire de sidération et de mise en cause du « légalisme ». Les juristes, quant à eux, continuent de manier avec beaucoup de précaution et de distance tous ces termes souvent érigés en étendards de la cause à laquelle ils se rapportent. Attachés à la rigueur juridique telle qu'expliquée par le collectif d'une centaine d'universitaires juristes venus dénoncer le non-respect par le ministre de l'Intérieur des décisions de justice, ils alertent que « [...] le mépris du droit produit toujours des effets contraires à ceux espérés [...] nos dirigeants devraient être particulièrement soucieux de ne pas nourrir le procès en hypocrisie que les contempteurs de l'État de droit font en permanence à l'occident[3] ». À l'opposé, nombreux sont ceux qui considèrent que la force fantasmatique attachée, à divers titres, à la notion constitutionnelle de « laïcité » sent tout autant « la poudre » (Jean Rivero).

---

1. Lire parmi une littérature abondante, R. Hamon et Y. Trichet (dir.), *Les fanatismes aujourd'hui. Enjeux cliniques des nouvelles radicalités*, Éd. Érès, 2018.

2. Ne nous méprenons pas, le terme surinterprété de « secte » en référence au recours constant à ce « mot-valise » par les juristes eux-mêmes (voir par exemple l'entrée « Sectes » dans l'*Index alphabétique du Code pénal* publié par les éditions Dalloz), certes indéfini juridiquement, figure bien dans le lexique habituel des décideurs et des administrations sous leurs « radars » (cf. en annexe le propos de Lucile Rolland, cheffe du Service central du renseignement territorial de la Direction générale de la police nationale, vendredi 15 janvier 2021) et des médias (V. *infra* chapitre 6).

3. V. *supra* note 1, p. 23.

Privilégiant une approche strictement pratique et professionnelle des questions juridiques soulevées, le propos s'attache ici à explorer les manifestations nationales et transnationales illicites et répréhensibles du radicalisme religieux (organisation, fonctionnement, responsabilité) ainsi que ses conséquences protéiformes, c'est-à-dire considérées dans tous leurs aspects (auteurs, victimes, organisations, pouvoirs publics, etc.). Il s'agit de s'intéresser aussi à la politique publique mise en œuvre en France notamment sous l'égide du Secrétariat général du Comité interministériel de prévention de la délinquance et de la radicalisation, sorte de « tour de veille » administrative dont les contrôles et les moyens de lutte contre les dérives ont été progressivement étendus non sans susciter des polémiques et des dénonciations notamment en justice[1]. Les services de l'État peuvent être aussi et de ce point de vue être mis en cause. Mais parole est d'abord donnée aux acteurs de terrain et aux opérateurs institutionnels qualifiés ici de « Grands Témoins », ce sous la forme interactive d'échanges avec les deux auteurs, afin d'offrir des éléments de réponse aussi pragmatiques qu'utiles aux questions soulevées en raison de leur caractère juridique a priori difficilement saisissable.

Mais le droit est-il une bonne balise ?

Bien qu'aucune étude systématique ou spécifique des rapports entretenus entre le droit et le radicalisme religieux n'ait été

---

1. La mise en cause de l'attribution de subventions publiques par le Comité interministériel de prévention de la délinquance et de la radicalisation, fonds dit « Marianne » destinés à lutter contre les discours dits « séparatistes », a entraîné, le 10 mai 2023, un rapport d'information du Sénat en date du 4 juillet 2023 retenant le terme de « fiasco » ainsi que l'ouverture d'une information judiciaire par le Parquet national financier et le dépôt d'un Rapport d'inspection relatif à la subvention versée à l'USEPPM dans le cadre du fonds « Marianne » (Inspection générale de l'administration n° 23034 R, mai 2023) et la démission acceptée en mai 2023 du Secrétaire général du Comité précité.

entreprise en France jusque-là et ce, alors même que, « déchiré par des disputes politiques, doctrinales, jurisprudentielles [...] le droit est aussi multiple que la vie même[1] », le droit ne saurait être frappé d'aveuglement. À travers ses textes, ses jurisprudences et ses doctrines, le droit apparaît comme fragmenté, divisé, marqué davantage par la casuistique – il est surtout ce que les juges en font –, elle-même empreinte de « la plénitude croissante des détails » (Joseph Esser). L'inflation législative accroît ce phénomène d'éclatement du droit, lequel se trouve amplifié par des textes élaborés (par le Gouvernement) et votés (au Parlement) sans cesse en réaction à des événements[2]. Ainsi, en matière pénale, un grand nombre de situations pourraient se gérer à droit constant, sans se soumettre à un florilège exponentiel de dispositions répressives. Dans notre précédent ouvrage, « Les organisations religieuses face au droit » (Cerf, 2022), nous avions privilégié l'étude des structures religieuses au regard du droit applicable en soulignant les rapports entretenus par elles avec les régimes légaux et les montages juridiques complexes que très souvent elles portent. Le présent ouvrage prolonge cette étude, au cœur de l'actualité et des agendas politiques, dans un domaine où la synthèse est plus difficile et ce, d'autant que l'approche juridique des faits religieux, souvent méconnue, est en constante évolution.

S'agissant de définir la notion de religion, l'éminent sociologue Émile Durkheim appelait à se mettre « nous-même en face du problème ». Il parvenait à la définition suivante : « Une religion est un système solidaire de croyances et de pratiques relatives à des choses sacrées, c'est-à-dire séparées, interdites, croyances et pratiques qui unissent en une même communauté morale, appelée Église, tous ceux qui y adhèrent ». Au-delà

1. Cf. Rainer Maria Kiesow, *L'unité du droit*, Éd. EHESS 2014, p. 135.

2. La norme juridique apparaît bien souvent comme une sorte de réponse politico-médiatique à un phénomène ou un problème ponctuel, même si celui-ci est répété.

des débats et des théories sur la question de la définition de la religion il faut ici admettre, avec Émile Durkheim, que « sans doute, quand nos sensations sont actuelles, elles s'imposent à nous en fait. Mais, en droit, nous restons maîtres de les concevoir autrement qu'elles ne sont, de nous les représenter comme se déroulent dans un ordre différent de celui où elles se sont produites ». L'approche par le droit, « ordre différent », permet sans doute d'approcher les religions autrement. La construction juridique retient souvent des interprétations aux antipodes des conceptions religieuses alors que d'aucuns tentent d'ériger le droit à la liberté de religion en sorte de sauf-conduit et de paravent justificatif. L'article 9 de la Convention européenne des droits de l'homme, appelé en renfort, ne garantit-il pas la liberté de pensée, de conscience et de religion ? Ce texte supranational dispose en effet que : « 1. Toute personne a droit à la liberté de pensée, de conscience et de religion ; ce droit implique la liberté de changer de religion ou de conviction, ainsi que la liberté de manifester sa religion ou sa conviction individuellement ou collectivement, en public ou en privé, par le culte, l'enseignement, les pratiques et l'accomplissement des rites. 2. La liberté de manifester sa religion ou ses convictions ne peut faire l'objet d'autres restrictions que celles qui, prévues par la loi, constituent des mesures nécessaires, dans une société démocratique, à la sécurité publique, à la protection de l'ordre, de la santé ou de la morale publique, ou à la protection des droits et libertés d'autrui ». Dont acte. Mais en réalité il ne faut pas perdre de vue que nul ne peut en France s'affranchir, pour des motifs religieux et comme par enchantement, de ses obligations juridiques. Depuis Strasbourg, où elle a son siège, la Cour européenne des droits de l'homme a, de jurisprudence constante, posé le principe selon lequel « l'article 9 ne protège pas n'importe quel acte motivé ou inspiré par une religion ou une croyance ». Juridiquement, le religieux ne constitue pas en lui-même un fait justificatif qui permet d'écarter la poursuite ou la répression d'une infraction. Le phénomène religieux revendiqué en lui-même, même justifié par l'exercice du droit fondamental à la liberté de religion, ne fait pas obstacle à sa qualification pénale s'il présente toutes les caractéristiques d'une infraction. En creux, la balise du droit repose sur des flots mouvants, à géométrie variable, du radicalisme religieux quels que soient les continents, nécessitant une sorte de boussole[1].

Le radicalisme peut être aisément d'inspiration religieuse

Le refoulement du religieux à la seule sphère privée – c'est-à-dire de l'intime à l'individualisme – a fait perdre de vue la réalité et la permanence de certaines formes publiques et collectives de sa radicalisation. Cet aveuglement a ainsi favorisé une forme de déni aussi idéologique que sémantique[2]. C'est ainsi qu'il est « devenu un lieu commun, que l'on tient pour une évidence vérifiée, que le monde moderne est un monde séculier, athée, laïcisé, désacralisé, démythisé ». Comme si le temps de la religion s'était achevé[3]. Or, l'actuelle recomposition du champ religieux est assez peu connue, d'une part, de la population et, d'autre part, des décideurs qui tiennent la laïcité tel un antidote au religieux, émancipatrice. Nombre d'intellectuels et de responsables

1. Lire à ce sujet le très important avis consultatif rendu le 14 décembre 2023 par la Cour européenne des droits de l'homme (V. *infra* Annexe).

2. Face aux faits religieux, ce phénomène très présent du « mal nommer un objet » ajoute « au malheur de ce monde » (Albert Camus). Il contribue sans doute à une forme d'ignorance, celle-ci s'étant arc-boutée sur la fausse croyance sociale d'un recul du religieux par le seul prisme de l'effacement progressif du catholicisme paroissial.

3. À assimiler le religieux au christianisme, historiquement dominant en France, les Français ont pu perdre de vue la permanence du religieux, quel que soit le cadre national, culturel et social. À cet égard, le penseur Jacques Ellul précisait en 1973 que « nous assistons depuis un demi-siècle à une prodigieuse reprise des religions. Mais plus les mêmes » alors que « les religions ont toujours peuplé le monde ».

politiques français ont feint d'ignorer qu'à l'origine de notre modernité, le préambule de la Déclaration des droits de l'homme et du citoyen du 26 août 1789 a proclamé sa reconnaissance « en présence et sous les auspices de l'Être suprême ». Ainsi convoqué, mais non défini, cet « Être suprême » n'a nullement été évincé (ni politiquement, ni juridiquement) lors de la fondation de l'État de droit contemporain[1]. À défaut de négation politico-juridique des croyances religieuses, le législateur a souhaité garantir l'égalité juridique de tous les cultes religieux, sans exception. Selon l'article 1er de la célèbre loi du 9 décembre 1905, « la République assure la liberté de conscience. Elle garantit le libre exercice des cultes, sous les seules restrictions édictées ci-après dans l'intérêt de l'ordre public ». Rattrapés depuis les années 1990 par des atteintes à l'ordre public, les gouvernants ont alors fait l'expérience d'une forme de transgression en tentant de distinguer « le bon grain de l'ivraie » par la mise en œuvre d'une politique publique de lutte contre les sectes, notamment en retenant ad hoc une liste de 173 mouvements distingués comme tels (sans retenir à ce titre une quelconque structure islamiste...), puis contre le djihadisme. Aujourd'hui encore, la tentation des pouvoirs publics reste d'y recourir pour déterminer, de la façon la plus objective qui soit, les cibles de mesures de prévention ou de répression. Une circulaire du Premier ministre du 27 mai 2005 relative à la lutte contre les dérives sectaires avait de ce point de vue tenté de trancher la question de l'opportunité de recourir à des listes de sectes, en ignorant les sectes islamistes. En vain, puisque d'une certaine façon aujourd'hui tout un chacun se plaît à décrier et à accuser les sectes telles quelles. Cette liste qui ne comporte aucun nom de mouvement islamiste continue de faire le lit en permanence de mises en cause de la part du grand public et des médias.

---

1. Tout à la fois, ce défaut d'identification de « l'Être suprême » laisse chacun libre de le définir et ouvre le choix de ne pas différencier, notamment les croyances et les institutions religieuses, et ainsi de les traiter à égalité.

Le pacte républicain s'est donc continuellement heurté à la négation par certains décideurs de la prégnance du fait religieux, d'une part[1], et à l'absence d'anticipation des dérives issues d'un certain islam, politique et meurtrier sous certaines de ses formes, d'autre part. Alors que la laïcité proclamée, mais toujours en construction, est devenue une « vérité en soi[2] », la société continue de considérer que « l'homme moderne n'est plus religieux, mais on se garde bien de dire ce qu'est la religion » (Jacques Ellul). C'est précisément au titre d'une interprétation dévoyée de la laïcité qu'a prospéré le refus de prêter attention à certaines dérives religieuses issues du radicalisme. À cela, s'ajoutent les effets de notre modernité triomphaliste décrite en ces termes : « nous errons dans une incohérence magnifique : l'homme moderne rejette Dieu le Père, l'hypothèse Dieu, les facultés de la religion, il prend en main son destin, il est devenu adulte[3] ». Domine en France une relation et une représentation au religieux non sur le dogme et la croyance, en tant que tels – souvent méconnus par l'immense majorité –, mais bien plutôt en référence à la vie paroissiale catholique et à ses rites cultuels (liturgies, cérémonies, prières, chants, ministres du culte, etc.) et de passage (baptêmes, communions, confirmations, mariages, obsèques). Aujourd'hui, de façon réductrice, le religieux reste par ailleurs souvent assimilé, par ceux qui ne le connaissent pas, à ses dimensions toxiques, liées aux violences radicales djihadistes, aux sectes, aux abus sexuels analysés par exemple en termes de système au sein de l'Église catholique[4] ou exercés dans certaines

1. Des gouvernants n'ont pas pris la mesure de cet aveuglement sur la prégnance du fait religieux, rejetant la prononciation symbolique d'une forme contemporaine de reconnaissance d'un « schibboleth » moderne (Livre des Juges, chap. 2 : 4.6).

2. J. Ellul, *Les nouveaux possédés*, Éd. Mille et une nuits, coll. Essai, 1973, p. 31 et 73.

3. *Ibid.*, p. 74

4. Cf. Rapport de la Commission indépendante sur les abus sexuels dans l'Église, dite « Commission Sauvé » du nom de son président Jean-Louis Sauvé, ancien vice-président du Conseil d'État (octobre 2021).

communautés bouddhistes[1], etc. Dans l'imaginaire, le numineux toxique a supplanté en quelque sorte l'expression religieuse traditionnelle visible et socialement acceptée alors que des tenants de toutes les religions sans exception peuvent produire, chacune différemment, des dérives radicales répréhensibles, ce que l'ouvrage exposera.

Le droit emprunte-t-il une « voie neutre » ?

L'ensemble des explications précédentes pose la question de la spécificité du radicalisme religieux. Pour répondre, cette interrogation convoque de nombreuses théories et d'innombrables débats d'ordre philosophique et sociologique, moins juridiques. Le droit opère in abstracto, c'est-à-dire abstraction faite des fondements religieux et des agissements litigieux afin que ni fait justificatif, ni excuse absolutoire ne soient reconnus à ce titre. Le fait et la croyance religieuse restent normalement indifférents à l'application de la règle de droit. Pourtant, cette acception d'un « droit neutre » a profondément évolué aujourd'hui. Sous la conjonction d'un double phénomène de politisation de ces questions, notamment sous l'angle sécuritaire, et de prise en considération des attentes de l'opinion publique, même orientées par des prescripteurs idéologiques, la norme juridique n'est pas totalement indifférente au substrat religieux. Ainsi, de façon très positive, le droit commun reconnaît les règles religieuses qui traduisent les mécanismes institutionnels des groupements religieux et les croyances de leurs membres[2]. Depuis les mesures législatives adoptées contre les dérives sectaires dans les années 1990, puis la politique publique de prévention et de lutte contre la radicalisation, des normes juridiques visent de façon spécifique et directe certains

---

1. E. Emery et W. Lanos, *Bouddhisme, la loi du silence*, Éd. Lattès, 2022.
2. V. sur cette question, A. Garay et Ph. Coursier (préface D. Leschi), *Les organisations religieuses face au droit*, Éd. du Cerf, 2022.

agissements religieux (terrorisme djihadiste, dérives religieuses sectaires, abus d'autorité, abus sexuels dans certains groupes, etc.). Le droit n'a-t-il jamais été que le reflet de l'état des sociétés desquelles il émane ? La fiction d'un droit neutre ne doit pas faire illusion. Les spécificités du radicalisme religieux continuent de susciter l'élaboration de normes juridiques propres et de pratiques administratives adaptées, que cet ouvrage vise à mettre en lumière. Ainsi, d'une main tremblante, le législateur a-t-il voté la loi n° 2001-504 du 21 juin 2001, dite loi About-Picard, visant à renforcer la prévention et la répression des mouvements sectaires portant atteinte aux droits de l'homme et aux libertés fondamentales qui aujourd'hui visent des groupes divers et variés[1]. Mais la question lancinante et plus large des motivations du passage à l'acte de violence (élément intentionnel) ne cesse cependant d'être posée, suscitant autant de troubles que d'interrogations (*infra*). En pratique, là se trouve la principale explication de la préoccupation de nos contemporains pour le sujet, fort peu intéressés par ailleurs par les questions religieuses traditionnelles, les dogmes et d'autres doctrines particulières. À la moindre actualité, le droit est ainsi appelé à la rescousse.

LE RADICALISME RELIGIEUX PEUT BASCULER VERS LE TERRORISME

Une ambivalence est parfois prégnante entre les notions de « radicalisme » et de « terrorisme », celle-ci résultant le plus souvent d'approximations ou de perceptions biaisées[2]. Les deux

---

1. Cette loi fixe les conditions dans lesquelles peuvent s'exercer des poursuites contre les abus frauduleux de l'état de faiblesse d'une personne en situation de sujétion psychologique, depuis réprimés aux articles 223-15-2 à 225-4 du Code pénal.
2. Ainsi, il faut se méfier d'une approche immédiate et réductrice tendant à globaliser terrorisme et radicalisme religieux alors qu'il ne s'agit pas de notions identiques.

notions sont bien distinctes et appellent de la part du juriste un sérieux travail de définition[1]. À ce titre, une partie de la recherche universitaire nord-américaine a considéré la notion de radicalisation tel « un processus par lequel une personne ou un groupe recourt à une forme violente d'action directement liée à une idéologie extrémiste à contenu public, social ou religieux qui conteste l'ordre établi sur le plan politique, social ou culturel ». Pour le sociologue Farhad Khosrokhavar, si « la notion de radicalisation a des affinités électives avec celle de terrorisme, elle s'en distingue par le fait qu'on se focalise sur les acteurs et les modalités de leur adhésion à l'action violente, sur leurs motivations, bref, sur la dimension subjective de leur action en relation avec les types d'organisations qui les encadrent et à l'apparition desquelles le radicalisé contribue à sa façon ». Cette focalisation sur l'action terroriste sur-représentée et les mesures sécuritaires en réponse reste exacerbée par le surdimensionnement de leurs couvertures médiatiques et numériques, notamment fondées sur l'intensité de la peur qu'elles provoquent. Pour autant, le juriste ne devrait pas s'y attacher de façon globale pour qualifier sans mesure c'est-à-dire de façon éventuellement disproportionnée. Invariablement, il doit également traiter la sempiternelle question de la preuve du lien entre « violence » et « religion ». Les praticiens du droit – qu'ils soient gendarmes ou policiers judiciaires, avocats ou magistrats du parquet et du siège – restent confrontés *in concreto* à la pesée de la dimension religieuse des situations rencontrées, notamment dans le cadre des procédures pénales. Les agents administratifs chargés du renseignement, les agents préfectoraux et des services centraux du ministère de l'Intérieur, ainsi que les juges administratifs, sont appelés quant à eux à instruire et à statuer en référence aux motivations et aux agissements religieux de certains administrés ou justiciables dans le cadre de diverses procédures (mesures

1. V. *infra* chapitre 1 - Le radicalisme religieux appréhendé par le droit.

d'expulsion du territoire, d'acquisition de la nationalité, de dissolution d'association, de fermeture de locaux religieux, d'obligation de signalement prévue à l'article 40 du Code de procédure pénale, etc.). Tous à leur manière, ils doivent décider sans pour autant toujours disposer d'outils de compréhension de ces situations conflictuelles.

Au cours du procès des accusés jugés du fait des attentats commis à Paris le 13 novembre 2015, la focale a porté sur les motivations de ces crimes. Le 13 janvier 2022, la Cour d'assises spéciale de Paris est entrée dans le dur avec l'examen des rapports entretenus par les accusés avec la religion. Au regard des faits qualifiés avec précaution de « radicalisation » par le Président de la Cour, Jean-Louis Péries, ancien Procureur de la République, la réplique de Mohamed Abrini, l'un des accusés, n'a pas été longue à venir : « pour vous, c'est radical. Moi, je ne le pense pas. Je ne suis pas radical ». À la question « Quel est votre rapport à la Charia ? », la réponse est toute aussi claire : « la Charia c'est la loi divine. Elle est appliquée dans plein de pays du monde ». À la question « Et pour vous ? », la réponse de l'intéressé est toute aussi nette : « la loi divine est au-dessus de la loi des hommes ». Le président lui demande alors « Et le djihad ? ». L'accusé répond : « Il fait partie de l'Islam ». Dialogue de sourds ? Bien au contraire. L'échange est révélateur d'une posture religieuse absolutiste, affichée et assumée par son auteur, laquelle est bien éloignée des discours sur les atteintes à la laïcité[1]. Le basculement dans la radicalisation ne s'explique pas ici par le seul facteur

1. Sur ce type de discours, dans une récente affaire pénale mettant en cause l'un des acteurs religieux majeurs de la place parisienne, un juge d'instruction, vice-président du Tribunal de Paris, déclarait à l'avocat de la partie civile, médusé : « Maître, en ce qui concerne votre demande d'investigation, pour légitime qu'elle soit, je m'interdis au nom du principe de laïcité d'ordonner la perquisition du lieu de culte en question ». Dont acte. Le principe de laïcité avait ici « bon dos », un alibi plus qu'ambigu dans le cadre d'une procédure pénale stricto sensu puisque portant sur des poursuites concernant le détournement de dons des fidèles.

religieux circonscrit à la « loi divine » qui y a contribué. Le basculement dans l'acte terroriste peut ainsi procéder d'une inspiration, d'une vision, d'un militantisme, d'une conception religieuse, affichée ou pas, sur fond de violence. Bernard Godard, ancien fonctionnaire des renseignements généraux et chargé de mission au Bureau central des cultes du ministère de l'Intérieur, islamologue, a pourtant précisé fin 2023 qu'il est « urgent de revenir sur une réflexion propre à définir plus précisément les contours du terme "radicalisation" ». Selon lui, « à trop réduire l'engagement des radicalisés à un parcours religieux motivé par un souci principal d'obéir à une loi divine on en oublie d'abord le virage dangereux dans lequel nous sommes engagés. On assiste en effet aujourd'hui à une ethnicisation de plus en plus caricaturale des musulmans[1] ». Il nous interpelle ainsi sur « des motivations qui ne sont plus réductibles à une lecture salafiste et djihadiste de la religion musulmane[2] ». Un rigoureux travail d'investigation et d'enquête doit à cet effet être réalisé avec l'aide des outils du droit et ce, au-delà des discours politiques. Mais qu'en est-il réellement tant la tâche reste redoutable ? Le droit demeure ici façonné par le politique, sous influence, constamment, ce que nous expliquerons.

Le rôle déterminant du politique, donc du droit à dimension politique

La prévention et la lutte contre les manifestations répréhensibles issues du radicalisme religieux constituent l'un des domaines de prédilection de l'action publique, donc du pouvoir politique. En ce sens, le politique semble primer sur le substrat

1. Cf. son article publié sous le titre *L'attentat à Paris n'est pas religieux mais « militant » avant tout* (*Le Monde*, 10-11 déc. 2023), après l'action meurtrière d'Armand Rajabpour-Miyandoab dans le quartier de la tour Eiffel.
2. *Ibid.*

juridique emprunté pour prévenir ou punir les agissements répréhensibles. À sa façon, le concours du droit ne constitue qu'un outil visant à permettre aux décideurs publics et aux acteurs de la société civile d'agir, sans nuance. À ce titre, l'action du politique est décisive non seulement sur le contenu du droit mais aussi sur l'évolution des règles qu'il comprend. L'action du gouvernement et du parlement a été déterminante dans ce domaine, le droit n'étant souvent conçu que comme un outil qualifié d'« arsenal », sorte de bras armé. Entrer dans cette usine de fabrication du droit politique permet de comprendre comment se construit cet arsenal juridique préventif et répressif, pas à pas. L'expertise juridique seule ne suffit pas. La connaissance du terrain est indispensable. Elle souligne le rôle actif de certains parlementaires et de certains responsables politiques qui restent en pointe à ce sujet, des plateaux médiatiques aux allées du pouvoir, au plus près des cabinets politiques des ministres. Tel est le cas de certains élus nationaux, jadis magistrats ou avocats, qui portent sur les bords de Seine ces dynamiques politiques. Une cartographie des acteurs politiques, pour intéressante qu'elle soit, révélerait par ailleurs un large consensus et le haut degré d'acceptation sociale de ces sujets. La politisation du droit continue donc de marquer de son empreinte l'institutionnalisation des mesures administratives et judiciaires en la matière.

La sécurité juridique peut subir les aléas de cette politisation dès lors que sont retenus des concepts controversés tels que les notions relativement subjectives de « manipulation mentale », de « dérives », de « séparatisme », etc. Fondées sur diverses expériences, les explications contenues dans le présent ouvrage sont, en ce qui les concerne, sources de sécurité juridique bien au-delà des débats enflammés. Ce point est d'autant plus important que la prise en compte des manifestations répréhensibles du radicalisme religieux est plus que jamais immergée au sein de normes juridiques aussi multiples que variées, lesquelles sont enchevêtrées dans un magma difficilement lisible car fait de droit privé, de droit public et de droit pénal. La loi du 24 août 2021 confortant le respect des principes de la République a sans doute rendu plus complexe encore ces questions, la délicate mise en œuvre opératoire des droits applicables en la matière en sortant densifiée. La variété des questions juridiques reste très grande, leurs manifestations exprimant de nouvelles dynamiques diffuses et volatiles, notamment logistiques et financières, ce qui doit être expliqué. Gageons que le droit puisse sortir renforcé d'un tel exercice de présentation. Espérons que, sous le contrôle du juge national et européen, il puisse offrir des moyens adaptés et puissants contre les actes répréhensibles issus du radicalisme religieux.

Comprendre pour savoir agir contre les dérives répréhensibles du radicalisme religieux

Le relatif retard et le déficit de recherches ont creusé le fossé de la méconnaissance en la matière. « Se repérer », cette invitation de Didier Leschi dans sa préface à notre précédent ouvrage *Les organisations religieuses face au droit* (Cerf, 2022) résonne de plus fort face aux dérives répréhensibles du radicalisme religieux. Les praticiens du droit tout comme les responsables politiques se trouvent, souvent dans l'urgence, démunis pour concevoir et mettre en œuvre des réponses empiriques juridiques et judiciaires. Cette absence et ce déficit de recherche-action traduisent une forme de pusillanimité. Espérons que les explications contenues dans le présent ouvrage, fondées sur diverses expériences, permettent de se repérer. Présentées sous le prisme de plusieurs « Grands Témoins » ainsi que de synthèses élaborées à leur suite par les auteurs, elles visent à fournir des réponses pratiques aux multiples questions juridiques qui se posent. L'ouvrage tente également d'expliquer comment, en pratique, les acteurs publics et privés sont régulièrement conduits à établir une sorte de cartographie des risques en termes de vigilance, de détection, de prévention et de répression. La tâche n'est pas simple tant les praticiens du droit sont peu nombreux dans ces domaines. Quels choix sont retenus par eux pour prévenir et lutter contre les dérives répréhensibles du radicalisme religieux, cet ennemi intérieur et extérieur ? Comment les administrations, les entreprises, le monde de l'éducation peuvent-ils y faire face ? Autant de questions et de préoccupations auxquelles l'ouvrage tente de fixer des points de repère. Plus que jamais il faut savoir identifier non seulement les principaux enjeux et les questions juridiques attachés aux diverses formes de radicalisme religieux, mais aussi les difficultés que rencontrent le droit et ses acteurs pour y répondre souvent dans l'urgence. Tel est l'axe majeur de cet ouvrage. Il offre des développements empruntant à l'approche spinozienne pour éviter l'écueil de la surinterprétation des faits comme l'essentialisation des questions religieuses et des biais présentistes. Cela n'est pas une mince affaire alors que la focale reste fortement orientée sur l'islamisme politique du fait de ses répliques sismiques violentes[1] et sur les sectes en raison du danger que certaines d'entre-elles représentent. Il s'agit aussi de proposer des recommandations en la matière, répertoriées dans une annexe de cet ouvrage[2], face à des questions d'une redoutable complexité parce que nous pensons que la force du droit repose sur son caractère évolutif, la morale, même religieuse, donnant selon l'éminent juriste Jean Carbonnier du liant aux relations juridiques. Tel est le pari relevé ici face au risque et à la tentation de l'inédit éditorial en termes de radicalisme religieux répréhensible face au droit souvent conçu, à tort nous semble-t-il, comme un « hors-sujet » au nom d'un universalisme égalitaire dévoyé. Le sujet est en quelque sorte d'ordre radioactif, politisé, parce

1. M. Sifaoui (présenté par), *Comment vaincre l'islamisme*, Éd. du Cerf, 2022. Cette focalisation résulte de ce que "l'islamisme c'est aussi l'islam et que les convertis à l'islam sont surreprésentés parmi les djihadistes" (voir P. Portier et J.-P. Willaime, *La religion dans la France contemporaine. Entre sécularisation et recomposition*, Armand Colin 2021, p. 109).

2. V. *infra* De quelques propositions de modifications & recommandations.

que peu exploré en droit et par les juristes[1]. Il appelle donc les développements qui suivent, les juristes disposant selon Pierre Bourdieu d'un « capital de mots, de concepts, de solutions et de précédents, pour les situations difficiles de l'expérience[2] ».

1. N. Kassous, *La radicalisation confessionnelle appréhendée par le droit*, Thèse de doctorat en droit, 2022, Université de Toulouse 1.

2. P. Bourdieu, *La force du droit*, Actes de la Recherche en Sciences Sociales, 1986, p. 3-19.

PARTIE I

L'APPRÉHENSION JURIDIQUE DU RADICALISME RELIGIEUX

CHAPITRE 1

LE RADICALISME RELIGIEUX APPRÉHENDÉ PAR LE DROIT

I. GRAND TÉMOIGNAGE

Entretien avec YVES MAYAUD

Professeur agrégé des facultés de droit
Professeur émérite de l'Université Paris-Panthéon-Assas

Alain Garay: *Les dérives radicales sont difficilement contrôlables. Est-il possible de parler de « viscosité » pour en rendre compte ?*

Parler en termes de « viscosité » pour faire état du radicalisme, particulièrement du radicalisme religieux, n'est pas tout à fait adapté. La notion renvoie à ce qui est fluctuant, à ce qui n'entre pas dans une approche facile, ce qui laisserait entendre que la réalité n'est pas immédiatement saisissable, voire qu'elle ne s'impose pas d'elle-même. Or, ce n'est pas le cas. Le radicalisme s'invite de plus en plus dans nos sociétés, parce qu'il est le vecteur d'une philosophie, elle-même revendiquée haut et fort. Certes, toutes les religions ne procèdent pas d'un radicalisme érigé en doctrine et doublé d'actions correspondantes. Mais certaines le sont, tel l'islam dit « radical », qui entend se distinguer de manière tranchée, au nom d'un absolu revendiqué comme tel, y compris par des actions terroristes. Au radicalisme répondent donc des figures identifiables, même si le concept n'existe pas juridiquement.

Le « religieux » ne s'arrête pas là, qui, sans rejoindre le radicalisme, se satisfait souvent d'une certaine « radicalité ». Autant le radicalisme engage une philosophie, une pensée exacerbée, autant la radicalité est plus subtile et discrète, qui affecte la religion moins dans ses manifestations externes que dans sa dimension interne. On peut alors parler de « viscosité », parce que le phénomène est moins visible, et beaucoup plus délicat à appréhender. Il est évident que le radicalisme n'est pas sans radicalité, mais l'inverse n'est pas vrai : il peut y avoir de la radicalité sans radicalisme. Cette situation tient au fait que le « religieux » intervient au nom de Dieu, ce qui lui donne une légitimité sur laquelle reposent tous les pouvoirs des responsables ou dignitaires. Les Églises chrétiennes n'en sont pas exclues, l'Église catholique notamment, qui en a usé pendant des siècles, avec une culture d'autorité et d'obéissance, voire de soumission, qui lui vaut aujourd'hui d'être remise en question.

Philippe Coursier *: Comment la règle de droit peut-elle appréhender de tels agissements dès lors que ceux-ci ne sont pas d'une prévision facile ?*

Rien n'échappe au droit, qui a vocation à se saisir de tout ce qui est à même de dégénérer en désordre, ou de générer des abus incompatibles avec sa raison d'être. Qu'elles soient le fait d'un radicalisme affirmé ou d'une radicalité plus sinueuse, les dérives religieuses trouvent des réponses, et il est même du devoir des pouvoirs publics de tout faire pour les appréhender dans ce qu'elles traduisent de franche opposition à l'ordre social ou de marginalité trop prononcée par rapport aux principes fondateurs de notre système juridique.

Pour ce qui est du *radicalisme* pur, c'est par des provocations à la violence et au séparatisme qu'il se manifeste, lorsque ne sont pas en cause des actes terroristes. Point n'est besoin de développer l'arsenal préventif et répressif destiné à le contrer, et nous savons combien l'équilibre est difficile entre le respect des droits et libertés fondamentaux inhérents aux valeurs démocratiques et la nécessité de réagir à ce qui s'inscrit dans ce qu'elles subissent d'hostilités organisées. Les débats parlementaires en témoignent, qui mettent en conflit la sécurité et les libertés, avec des arbitrages d'autant plus délicats que le radicalisme n'est fermé à aucun type d'action. Il en résulte des infractions formelles, voire des infractions obstacles, dont le principe repose sur des comportements constitutifs de simples actes préparatoires par rapport au résultat redouté, mais méritant d'être sanctionnés, parce que contenant des potentialités terroristes inacceptables.

Plus insidieuse, la radicalité échappe à une véritable politique. Il faut dire qu'elle s'est bâtie sur une totale liberté d'organisation, voire sur un pouvoir temporel dominant. C'est le cas de l'Église, qui a su répondre aux avances de l'empereur Constantin, et qui a mis en place, au fil des siècles, de véritables structures d'État, hiérarchisées et centralisées, avec un droit qui lui est propre, le droit canonique. Mais cela n'a pas été sans générer une radicalité interne, dont nous avons aujourd'hui des manifestations largement dénoncées : d'abord par omission, tel le silence opposé aux faits délictueux commis par les membres du clergé ; ensuite par action, telle la prétention des officialités à une compétence punitive – qualifiée de « pénale » – hors du strict champ disciplinaire. Ce vécu interne de l'Église revient à un contournement des lois nationales, alors qu'elles lui sont applicables au même titre qu'à tout autre organisme structuré.

Alain Garay : *Face aux agissements répréhensibles, dès lors que la norme juridique n'intègre pas le concept de radicalité, ne reste-t-on pas confronté au risque d'une radicalisation des réponses apportées sur le fondement du droit ?*

La difficulté de légiférer sur une question porte toujours en elle un risque de « radicalisme juridique ». Nous l'avons souligné, le législateur ne peut mieux faire que d'avoir recours aux techniques préventives et répressives les plus dérangeantes ou menaçantes pour les libertés. Sauf à rester en retrait de réponses adaptées, il est en quelque sorte condamné à s'engager dans une surenchère normative. Les réformes de ces dernières années le traduisent parfaitement, qui, face à des attaques terroristes renouvelées, se sont soldées par des mesures d'urgence fortement teintées d'exception. Mais ce mouvement reste contrôlé et maîtrisé, d'abord par le débat démocratique, ensuite par les procédures constitutionnelles et conventionnelles destinées à la préservation des droits essentiels. La question prioritaire de constitutionnalité (QPC) est à cet égard un instrument de poids, qui permet de rebondir sur une législation applicable et appliquée, au nom des excès qu'elle pourrait contenir.

L'angélisme n'a pas sa place en notre matière. Le radicalisme est une provocation à des réponses elles-mêmes radicales. Mais une provocation doublée d'une inégalité des armes. Le terroriste se joue des principes démocratiques, alors qu'ils sont au cœur des réactions qui lui sont opposées. De là un sentiment de déséquilibre ou d'inconfort, la disparité étant sensible entre les agressions subies et les ripostes autorisées.

***Philippe Coursier**: Diriez-vous que notre droit dispose ou pourrait user d'autres concepts pour rendre plus efficaces ses réponses au radicalisme religieux?*

Les réponses au radicalisme religieux doivent passer par des outils adaptés, plus que par des concepts. En fait ces outils ont toujours existé, même si le législateur donne parfois le sentiment de chercher des solutions inédites ou originales. Sur le plan préventif, il s'agit de surveiller et de contrôler les pôles les plus radicaux, afin d'intervenir en amont des attaques projetées. Sur le plan répressif, il s'agit de sanctionner tout ce qui s'apparente à une volonté terroriste, même sans violence, même sans victimes personnellement atteintes: sont en cause la provocation, l'incitation, la préparation, autrement dit tout ce qui contribue à l'expression d'un radicalisme sur les rails d'une finalité criminelle transparente. Mais, nous l'avons dit, ces techniques d'anticipation ne sauraient être démesurément développées, sauf à rompre avec les libertés, et à détruire la démocratie dans ses fondements. Il est des seuils à ne pas franchir, représentés par des ruptures de causalité, ou encore par des présomptions de culpabilité, ce qui renvoie à des frontières parfois très incertaines.

Concernant la radicalité hiérarchique au sein des mouvements religieux, point n'est besoin non plus d'avoir recours à de nouveaux concepts. Il suffit d'appliquer la législation existante, aux incriminations suffisamment abondantes et détaillées pour rejoindre les actions ou les omissions qui en relèvent : non-dénonciation de crimes ou de délits, abus d'ignorance ou de faiblesse, violences psychologiques, harcèlement moral, autant de qualifications, avec d'autres, dont le principe est de rétablir le juste équilibre des relations faussées par ce que le pouvoir ou la puissance inspire trop souvent de domination et provoque de soumission. Certes, elles ne sont pas sans conditions, au nom du principe de la légalité, mais leur finalité est suffisamment expressive pour ne pas en exclure les milieux religieux, compteraient-ils parmi les plus représentatifs sur le plan historique ou par leur implantation territoriale.

De même, le pouvoir disciplinaire, légitime dans son principe, ne peut s'exercer que sur les sujets directs des institutions concernées, sans mordre sur la répression pénale qui n'appartient qu'à l'État. La remarque recoupe une audacieuse entreprise de l'épiscopat lyonnais, qui a cru bon de poursuivre devant l'officialité interdiocésaine un expert-comptable, de statut libéral, en raison d'une prétendue « désobéissance persistante » qu'il aurait opposée au cardinal primat des Gaules au moment des faits. Plus encore, un « communiqué » relatif à la sentence d'interdiction prononcée a été diffusé, relayé par *Google*, et au mépris du recours suspensif exercé auprès de la Rote romaine. Il s'agit là d'un dérapage regrettable, qui démontre, s'il en était besoin, que la radicalité est inscrite dans la culture religieuse, jusqu'à se manifester par des dépassements de compétence et de pouvoir, doublés d'initiatives déshonorantes pour celles et ceux qui en sont les victimes.

Alain Garay: *Un ancien premier ministre, lors d'un hommage aux victimes de l'attaque dite de l'Hyper Cacher déclarait qu'« il ne peut y avoir aucune explication qui vaille. Car expliquer, c'est déjà vouloir un peu excuser ». D'un point de vue strictement juridique que pensez-vous aujourd'hui de cette affirmation ?*

Une explication peut avoir deux volets : soit elle se veut rationnelle et objective, soit elle cherche à justifier et donc à excuser. Entrer intellectuellement dans le radicalisme religieux, pour en faire ressortir l'existence, l'importance, les causes historiques et contemporaines, ce n'est pas de l'adhésion à son antisocialité, ni aux dangers potentiels ou avérés qui lui sont attachés. Il est seulement question de le mieux connaître, de mieux en maîtriser les données et les manifestations. La démarche est recommandable, pour servir « d'étude d'impact » à la prévention et à la répression. En revanche, doit être rejetée toute explication destinée à minimiser le phénomène. Elle est d'ailleurs érigée en acte terroriste par apologie. En ce sens, expliquer pour « vouloir un peu excuser » participe bien d'une réalité qui condamne l'explication elle-même.

Ce partage débouche naturellement sur l'indifférence des mobiles, principe bien établi en droit pénal. Le radicalisme religieux ne serait pas sans l'absolu des convictions qui le fondent, et il est impensable de lui prêter la moindre vertu justificative, sauf à faire de ces convictions des mobiles légitimes. C'est pourquoi, est juridiquement sanctionné tout jugement favorable à un acte terroriste ou à son auteur, même si les propos sont prononcés dans le cadre d'un débat d'intérêt général et se revendiquent comme participant d'un discours de nature politique.

II. – Analyse juridique

Depuis plusieurs années, le grand public est perturbé, tout comme l'administration publique, par diverses manifestations empreintes de radicalisme religieux. Sans doute existe-t-il plusieurs raisons à cela mais les faits religieux – qui paraissent relever avant tout de la « sphère privée » et donc, tellement éloignés de la culture administrative – suscitent le plus souvent une sorte de gêne, voire de retenue, dont témoignent de nombreux acteurs publics, au détriment des approfondissements que mériteraient leur examen et leur analyse juridique. Mais, confronté au radicalisme religieux, qui consulter ? Nombreux sont les services centraux du ministère de l'Intérieur chargés de la prévention et de la lutte contre la radicalisation[1], les dérives sectaires[2] ou encore, le terrorisme[3]. Il convient également de ne pas oublier celui en charge des relations avec les cultes eux-mêmes[4]. Pour autant, la consultation d'agents publics n'apparaît pas au rang des premiers réflexes[5], surtout pour les victimes de tels agissements ou qui s'estiment comme telles[6]. En outre, ce n'est pas l'affaire de la seule administration.

---

1. Secrétariat du *Comité interministériel de prévention de la délinquance et de la radicalisation* (CIPRD).

2. *Mission Interministérielle de Lutte et de Vigilance contre les Dérives Sectaires* (MIVILUDES).

3. *Direction générale de la sécurité intérieure* (DGSI).

4. Bureau central des cultes au ministère de l'Intérieur.

5. Il est souvent difficile de communiquer avec l'univers administratif... sorte de « miroir sans tain », selon l'expression du politologue Pierre Sadran (*Le miroir sans tain, réflexions sur la communication entre l'administration et les administrés*, Mélanges Jacques Ellul, PUF, 1983). En présence du labyrinthe administratif français, souvent qualifié de « mille-feuilles », les pratiques des services en présence diffèrent dans une sorte de « contre-effet » des multiples enjeux posés par les agissements répréhensibles du radicalisme religieux.

6. V. *infra* chapitre 10 - La prise en compte des victimes revendiquées, défendues et protégées.

Selon l'expression d'Antoine Garapon, la « République saisie par le droit » se trouve placée devant l'ardente obligation d'apporter des réponses concrètes à des actes qui ne se résument pas à un radicalisme religieux de simple façade. Après les attentats de New-York du 11 septembre 2001 (revendiqués par Al-Qaida), puis avec la vague d'attentats terroristes et/ou criminels survenus de façon permanente et leur pic des années 2015, 2016, 2020 et 2023 (Charlie Hebdo, l'Hyper cacher de la porte de Vincennes, le Bataclan, la Promenade des Anglais à Nice, le Père Hamel, l'enseignant Samuel Paty, la basilique Notre-Dame de l'Assomption à Nice, l'enseignant Dominique Bernard...)[1], la question du radicalisme islamique continue de susciter un colossal effroi en France. Au mois de juin 2014, le Conseil français du culte musulman dans sa « *Convention citoyenne des musulmans de France pour le vivre ensemble* » dénonçait la gravissime dérive terroriste d'un certain islam en ces termes : « les musulmans de France sont inquiets par l'attractivité des thèses radicales auprès d'une fraction de la jeunesse en quête de sens, confrontée à des injustices et inégalités. Cette voie radicale, qui s'apparente à une déviance, profite des fragilités personnelles et recourt souvent à la manipulation et au dévoiement des textes sacrés. Il est impératif que les musulmans dans leur ensemble se mobilisent afin que la jeunesse puisse retrouver le chemin d'un islam apaisé. [...] Les musulmans dans leur totalité récusent la violence et font tout ce qui est en leur pouvoir pour éviter que leurs jeunes succombent aux messages délétères qui incitent notamment à la violence ou au fanatisme ». Il s'agit là d'une déclaration d'importance, et qu'il ne faut en rien minimiser, mais celle-ci n'emporte aucun effet juridique au sens strict du terme.

De même, si les manifestations politiques du radicalisme religieux présentent une dimension transnationale qui déborde les

1. Près de 300 personnes ont ainsi été sauvagement tuées.

frontières de nos États, elles interagissent sur la scène nationale en suscitant non seulement des débats idéologiques et géopolitiques, mais aussi des inquiétudes parfaitement légitimes. De ce point de vue, les récents actes terroristes perpétrés le 7 octobre 2023 sur le territoire d'Israël et leurs suites à Gaza nous en offrent une très triste illustration. L'Atlas du radicalisme, réalisé sous la direction de Xavier Raufer, expose la porosité qui prévaut en la matière entre des sphères politiques et religieuses... ce qui est une constante de toutes les sociétés. Cet atlas a ainsi dressé un inventaire des lieux de radicalité religieuse, lesquels sont incontestablement en expansion et en évolution. Et si un consensus politique s'est formé autour du refus de ce qui est défini comme constituant un « islam consulaire », au nom d'une neutralisation des influences étrangères qui ont pu soutenir le radicalisme religieux islamique, il reste beaucoup à faire dans ce domaine alors que les musulmans de France continuent de faire les frais de discrets échanges entre ambassades parisiennes et leurs États (islamiques) de rattachement (ainsi du statut des imans détachés en France par certains États). De sorte que les religions, acteurs incontournables des relations internationales, exercent une profonde influence sur l'état des sociétés démocratiques, ce que nous constatons chaque jour, même à distance. Elles peuvent incarner partout dans le monde comme en France, du jour au lendemain, la stratégie du chaos et le choc du hors-la-loi. Bernard Stiegler, dans *Dans la disruption, comment ne pas devenir fou ?* évoque, de façon ô combien brûlante, l'action de l'égyptien Abu Bakr Al-Naji, l'un des principaux stratèges de la guerre conduite par Daech. Dans *Gestion de la barbarie : l'étape la plus critique à franchir par l'Oumma*, texte mis en ligne sur Internet, l'idéologue égyptien explique la nécessité de créer des « territoires du chaos » sous gouvernance islamique. La stratégie du choc vise, selon Bernard Stiegler, à l'épuisement des structures étatiques et à la perte de la raison. Cette forme de disruption imposerait un état de fait qui rendrait caduque la garantie des droits et l'appel à l'État de droit. Bernard Stiegler explique qu'« il s'agit de se tenir hors la loi en se situant avant elle, de faire qu'elle arrive toujours trop tard, sinon de devenir des "hors-la-loi" au sens courant... Les nouveaux barbares dénoncent dans l'État de droit un irréel, une fiction juridique qu'ils prétendent illégitime, une illusion. Ils déclarent de ce fait obsolète, le "pacte social" que formalise la loi ». Ces appels effrayants à l'anéantissement de l'État de droit prouvent l'importance cruciale de continuer de forger des outils juridiques à la hauteur de la négation revendiquée par ces monstres et leurs affidés se trouvant en France. Et ce, alors qu'il semble bien qu'un large consensus national habite les Français dans ce domaine, sans minimiser ces stratégies déstabilisatrices.

Or, en l'absence d'uniformité des agissements ou des actes répréhensibles issus du radicalisme religieux, comment le droit peut-il ou doit-il appréhender le phénomène ? À cette question l'universitaire Yves Mayaud, précité, apporte des réponses claires. Toute règle de droit repose sur un énoncé qui, lorsqu'il est avéré, appelle une sanction susceptible, à défaut d'observation spontanée, d'appeler le recours aux autorités juridictionnelles. Cette technique normative est ainsi particulièrement adaptée lorsque les agissements ou les actes commis au nom d'un radicalisme religieux correspondent à un acte pénalement répréhensible (une infraction pénale) ou à une faute au sens civil du terme (faute ou manquement civil au sens du droit privé). Les exemples sont nombreux de personnes qui sous l'emprise de leur radicalisme se sont livrées à de tels actes et ont pu dès lors être poursuivies en justice[1]. Mais le problème est que la pluralité du phénomène est telle qu'elle rend difficilement intelligible un énoncé juridique toujours adapté à la situation rencontrée (1) tout autant qu'une sanction juridique efficace (2).

1. V. *infra* chapitre 10 - La prise en compte des victimes revendiquées, défendues et protégées.

1. Difficulté du phénomène dans son rapport à l'énoncé juridique

Dès 2006, a été institué le *Comité Interministériel de la prévention de la délinquance et de la radicalisation*, aujourd'hui placé sous l'autorité du ministre de l'Intérieur. La France a ainsi fait clairement le choix d'une politique publique de prévention et de lutte contre la radicalisation. Par la loi du 24 août 2021 visant à conforter le respect des principes de la République (dite rapidement « loi sur le séparatisme »), de nouvelles réponses ont été adoptées pour contrer le phénomène. Mais le choix du terme de « radicalisation » a été institutionnalisé par référence, au moins dans un premier temps, à la lutte contre les djihadistes[1]. Sur fond parfois d'interdits idéologiques, l'immense champ du droit restait cependant à défricher, le principe de laïcité convoqué à tout va n'étant pas ici suffisant pour comprendre les logiques institutionnelles à l'œuvre. Tout comme dans notre précédent ouvrage intitulé *Les organisations religieuses face au droit* (Cerf, 2022), l'approche ici retenue ne vise donc pas à proposer un énième ouvrage en vue d'alimenter le débat sans fin sur « la laïcité[2] ». Il s'agit plutôt de tenter de baliser le terrain du « droit de la radicalisation », tâche redoutable s'il en est... parce que sur fond de multi-crises transnationales, de secousses terroristes à répétition, de mises en alerte constantes par les médias et les réseaux sociaux et des attentes fortes de l'opinion, le droit reste sans cesse convoqué face à la question du radicalisme religieux en termes d'obligations d'ordre public et de responsabilités, notamment pénales. Mais la variété des questions juridiques et

---

1. Le phénomène reste très imprégné du discours sécuritaire et de son traitement fondé sur la protection des personnes et des biens, la notion d'ordre public constituant dès lors un principe cardinal de l'action des gouvernants en la matière.

2. Cette notion reste souvent instrumentalisée par les uns et par les autres... et c'est bien regrettable.

institutionnelles soulevées est immense dans la mesure où les manifestations en cause expriment de nouvelles dynamiques diffuses et volatiles en matière notamment logistique et financière[1]. De toute évidence, les décisions prises ont été adoptées dans l'urgence de plusieurs agendas politiques pour tenter de neutraliser les agents du terrorisme islamique par une logique sécuritaire de contrôle, de renseignement et de surveillance.

Les pouvoirs publics – qui n'ignorent pas le caractère flou des notions de « séparatisme » ou de « radicalisme » – ont donc souhaité recourir au-delà de toute rhétorique à une approche à la fois préventive et répressive contre des formes politico-religieuses autarciques et autonomistes. Face à ce que d'autres qualifient d'« écosystème » évoluant « à côté de la République », sont notamment dans le viseur des pouvoirs publics des formes de radicalisations non violentes qualifiées, selon la formule de l'universitaire et politologue Gilles Kepel, spécialiste du monde arabo-musulman, d'« atmosphère[2] ». Le quotidien *Le Monde*, dans un article en date du 11 janvier 2022 intitulé *Lutte contre le séparatisme : l'arsenal renforcé de l'État,* fait ainsi référence à « une atmosphère qui consiste selon Gérald Darmanin, ministre de l'Intérieur, à vivre entièrement dans sa communauté religieuse (...) tout un contexte qui favorise le passage à l'acte ». D'une certaine façon, cet effet dit « d'atmosphère » est un marqueur du caractère vaporeux du radicalisme religieux. Un phénomène a priori insaisissable qui se laisse difficilement appréhender par le droit ? Sur le plan juridique, cette question appelle dès lors bien des explications.

1. V. *infra* chapitre 8 – Le recours ciblé aux droits financier, fiscal et social.
2. Ce dernier vise ainsi un « *djihadisme d'atmosphère* ».

Des réponses administratives et judiciaires disproportionnées

Commission nationale consultative des droits de l'homme
Avis sur la prévention de la radicalisation du 8 mai 2017
(*JO*, 1er avril 2018)
[Extrait]

« La "radicalisation" ne peut pas constituer un chef d'accusation pénale ou bien motiver à elle seule les mesures de police administrative prévues dans le cadre de l'état d'urgence. Néanmoins, dans la mesure où elle est susceptible de caractériser le comportement d'un individu, elle peut être mobilisée parmi les éléments de fait au regard desquels les autorités administratives et les magistrats motivent parfois leurs décisions. La "radicalisation" d'une personne engendre des réponses administratives, et/ou judiciaires, particulièrement précoces par rapport à des agissements répréhensibles, justifiées parfois par le "stress institutionnel" engendré par les attentats. Or, ces réponses se caractérisent par des mesures privatives de libertés particulièrement sévères.

La radicalisation : un motif d'intervention administrative mal étayé

Les assignations à résidence et les perquisitions qui peuvent être mises en œuvre dans le cadre de l'état d'urgence le sont lorsqu'il existe des "raisons sérieuses de penser" que le "comportement [d'une personne] constitue une menace pour la sécurité et l'ordre publics". La "radicalisation" d'une personne est souvent invoquée par l'État devant le juge administratif pour caractériser les raisons de penser qu'elle constitue une menace pour l'ordre public. Surtout, les éléments mobilisés dans les "notes blanches" par le ministère de l'Intérieur pour étayer l'existence d'une radicalisation justifiant une assignation à résidence paraissent faibles : les signes d'appartenance à la mouvance salafiste, voire des comportements de dissimulation adoptés par des musulmans. Si le juge administratif contrôle avec une rigueur accrue la légalité des assignations à résidence, la CNCDH ne peut que regretter le caractère disproportionné de mesures restrictives de la liberté d'aller et de venir au regard du caractère très incertain de ce que recouvre la radicalisation des personnes concernées. En outre, la CNCDH s'inquiète une fois encore du caractère discriminatoire de mesures qui amalgament encore trop souvent musulmans salafistes et djihadistes. À ce titre, la CNCDH recommande à nouveau la levée de l'état d'urgence.

Des incriminations attentatoires à la liberté de pensée et au principe de nécessité des délits et des peines

S'agissant de la réponse pénale, il convient au préalable de rappeler qu'en matière de terrorisme prévaut un régime d'exception issu des multiples réformes de procédure pénale qui se sont succédé depuis la fin des années 80. Il ne sera pas question ici de revenir sur les risques que cette évolution fait peser sur les droits fondamentaux. En conséquence, la CNCDH n'évoquera pas ici de manière générale la manière dont la justice traite les faits de terrorisme. La CNCDH exprime son inquiétude à l'égard de certaines infractions destinées à contrer le processus de radicalisation. La prévention de la radicalisation prend parfois la forme d'une sanction précoce, qui intervient dans une phase du processus bien antérieure à une éventuelle intention terroriste. C'est notamment le cas du délit de consultation de sites djihadistes, dont le caractère attentatoire aux droits fondamentaux a d'ailleurs été relevé par le Conseil constitutionnel. Le 10 février 2017, ce dernier a en effet censuré l'article 421-2-5-2 du Code pénal, qui incriminait le fait de consulter habituellement sur Internet des sites "mettant à disposition des messages, images ou représentations soit provoquant directement à la commission d'actes de terrorisme, soit faisant l'apologie de ces actes lorsque, à cette fin, ce service comporte des images ou représentations montrant la commission de tels actes consistant en des atteintes volontaires à la vie". Il a en effet considéré que cette disposition portait une atteinte qui n'est pas nécessaire, adaptée et proportionnée à l'exercice de "la libre communication des pensées et des opinions" garantie par la *Déclaration des droits de l'homme* de 1789 qui "implique la liberté d'accéder" à Internet.

La CNCDH se félicite de cette décision mais ne peut que déplorer la réintroduction de ce délit, sous une forme à peine remaniée, à la faveur d'un amendement déposé en commission mixte paritaire lors de l'examen du projet de loi relatif à la sécurité publique. Comme elle a déjà pu l'exprimer dans son avis consacré à cette loi, la CNCDH estime que la nouvelle rédaction ne tire pas les conséquences de la décision du Conseil constitutionnel. Alors que ce dernier mettait en cause l'absence de lien exigé entre la consultation d'un site djihadiste et une volonté de commettre un acte terroriste, le législateur s'est contenté de préciser que cette consultation doit s'accompagner d'"une manifestation de l'adhésion à l'idéologie exprimée" sur le site. Or, cette précision n'apparaît pas suffisamment déterminée pour éviter les risques d'arbitraire. La CNDCH recommande donc l'abrogation de ce délit. La CNCDH regrette plus généralement le développement d'incriminations préventives, qui mettent en cause des faits entretenant un lien très incertain avec l'infraction de terrorisme. C'est particulièrement le cas de la consultation de sites djihadistes. Cette évolution témoigne d'une confusion des genres entre police administrative et droit pénal, la logique préventive de la première déteignant sur le second. Cette confusion est alimentée par la notion de radicalisation, telle qu'elle est conçue par les pouvoirs publics, qui repose sur l'idée invérifiée scientifiquement qu'il existerait une chaîne causale menant d'une hostilité pour les institutions ou d'un intérêt pour le mouvement djihadiste vers l'action terroriste. Le législateur en vient donc à interdire des comportements qui ne constituent pas, à proprement parler, "des actions nuisibles à la Société" (article 5 de la DDHC). La CNCDH invite donc les pouvoirs publics à ne pas ériger en infraction des comportements sans lien direct avec le terrorisme. »

A) L'État est légitime à appréhender le radicalisme religieux

Il est nécessaire de rappeler que toute société dispose du droit de défendre ses « valeurs constitutives » et qu'à ce titre, elle se trouve parfaitement légitime à neutraliser des formes conquérantes de radicalisme religieux[1]. Sans doute faut-il garder à l'esprit que ces valeurs servent de « garde-fou » à toute dérive en direction d'un État multiculturel au sens juridique, le risque étant de voir ce dernier remplacer l'État-nation (État unitaire) par l'idée d'État multinational... ce qui poserait alors au juriste la difficulté d'être confronté à plusieurs systèmes normatifs. Il en résulterait une cohabitation entre plusieurs « statuts juridiques » contenant des normes différenciées organisées entre-elles non selon une hiérarchie constitutionnelle, mais en fonction de l'appartenance de chacun à telle ou telle religion, voire à aucune. À l'inverse du credo affirmé à l'article 1er de la Constitution, selon lequel « la France est une

1. Dans le cadre de son contrôle des motifs de refus de demandes d'acquisition de la nationalité française, le Conseil d'État se réfère « *aux valeurs essentielles de la société française* » (CE, 24 oct. 2023, req. n° 469227. – Rappr. CE, 27 juin 2008, req. n° 286798 : *D.*, 2009, 345, note Ch. Vallar).

République indivisible, laïque, démocratique et sociale » qui « assure l'égalité devant la loi de tous les citoyens sans distinction d'origine, de race ou de religion » et qui « respecte toutes les croyances », là résiderait un réel danger en termes de délitement de notre société. Si la viscosité du phénomène est bien une réalité à laquelle le droit ne peut rien changer, ce dernier peut et doit néanmoins lui opposer une homogénéité sans faille de son système normatif (voir l'avis consultatif de la Cour européenne des droits de l'homme du 14 décembre 2023, *infra,* Annexe).

L'État français doit dès lors s'interdire de se retrancher derrière une confession religieuse en la privilégiant ou, à l'inverse, de stigmatiser une mouvance en particulier. La laïcité dont il est l'un des gardiens l'en empêche et ce, à l'inverse d'autres États-nations ou organisations qui affichent une appartenance religieuse forte et qui même en jouent en France[1]. Or, ce n'est pas la conception, à la fois juridique et politique, de la France, ni sa culture. Son appartenance au système normatif issu du Conseil de l'Europe conforte d'ailleurs cet empêchement[2]. Le droit

1. Une telle justification religieuse n'est pas l'apanage des seuls États à caractère confessionnel. Elle prend de très multiples formes même en France. Ainsi, l'association française *SOS Chrétiens d'Orient* dont l'objectif est « d'aider les chrétiens orientaux à demeurer chez eux au Proche-Orient », est composée, selon *Le Monde diplomatique* (mars 2022), de structures françaises, sorte d'émanation d'« Églises décentrées », en référence notamment aux chrétiens en Orient. Or, dans la mesure où cette association procède à des opérations sur la scène internationale avec le concours de milices pro-Bachar Al Assad se trouvant en Syrie, elle a fait l'objet en février 2022 d'une enquête préliminaire ouverte à Paris par le Parquet national antiterroriste pour « complicité de crimes de guerre ».

2. Ainsi, alors le parlement russe qui – de façon assez prémonitoire à la décision de retrait de la Russie du Conseil de l'Europe – avait adopté le 25 juillet 2002 un texte qui visait à la suppression dévoyée de l'extrémisme en définissant ce dernier en référence à « *the stirring up of (...) religious discord; propaganda about the exceptionnal nature, superiority or deficiency of persons on the basis of their religious affiliation or attitude to religion, violation of human and civil rights and freedoms and lawful interest in connection with a person's religious affiliation or attitude to religion...* », sa mise en œuvre par les autorités

européen des droits de l'homme garantit en effet la protection de l'État démocratique appelé à appréhender le radicalisme religieux dès lors que ce dernier justifierait des mesures extrémistes et absolutistes attentatoires aux droits et libertés. Ainsi, les États théocratiques ou qui se réclament d'une vision théocratique exclusive et autoritaire ne peuvent pas dicter leur façon d'agir ni aux démocraties, ni au Conseil de l'Europe. Mais ne pas se mêler de religion ne signifie nullement ne pas s'y intéresser. Bien au contraire. Les droits de l'homme, même religieux, restent garantis dans le respect des droits démocratiques menacés par des dérives radicales d'ordre théocratique.

B) Radicalisme religieux, quelle définition ?

Le *Dictionnaire historique de la langue française*, sous la direction d'Alain Rey, s'emploie à expliquer que le terme « radical[1] » signifie ce qui tient à la racine, au principe d'un être, ce qui est profond, intense ou absolu[2]. Toujours selon ce même *Dictionnaire*, la langue française emploie le verbe « radicaliser » au sens de « devenir plus extrême, devenir plus intransigeant, se durcir ». Aussi stigmatisant que valorisant, ce concept est souvent réduit à l'intransigeance, devenu peu à peu un repoussoir[3]. La radicalité « ne serait devenue qu'une des manières de dire la

---

russes a valu la condamnation de la Russie, le 7 juin 2022, par la Cour européenne des droits de l'homme. La politique russe de lutte contre l'extrémisme se veut une sorte de rempart dévoyé contre le pluralisme religieux au nom d'une conception quasi-théocratique du pouvoir étatique. Se joue sans doute ici une lutte d'influence entre les États théocratiques et les États démocratiques.

1. Il est emprunté au bas latin « *radicalis* » de la racine, premier, fondamental... dérivé du latin classique « *radix* » (« racine »).

2. En politique, son emploi spécialisé en tant qu'adjectif est emprunté à l'anglais « radical » (1398) qui, à partir du sens de « complet, absolu », a pris la valeur de « qui remonte à la source, aux principes fondamentaux, qui va jusqu'au bout de ses conséquences (1651) ».

3. Souvent utilisé pour discuter une pensée, une conviction ou une croyance, il peut renvoyer à l'outrance en se confondant alors avec l'extrémisme.

conflictualité ». L'emploi de ce terme a alors suscité une forme de polémique intellectuelle autour de ce « mot qui tue ». En des termes accusateurs, le sociologue Pierre Rimbert a tenté de démontrer la faiblesse de l'emploi de ce mot :

> En 2017, parmi les appellations piégées qui ruinent le langage et rongent la pensée, celle de « radicalisation » occupe sur le plateau du Scrabble idéologique la case du mot qui compte triple. C'est d'abord, depuis le 11 septembre 2001 jusqu'à la vague actuelle d'attentats djihadistes qui endeuille la planète, l'expression d'une capitulation intellectuelle. Celle de chercheurs et de journalistes qui se résignent à ne plus expliquer « pourquoi » afin de ne pas paraître excuser. Rien ne sert de comprendre quand on peut châtier : que cette pensée d'Inquisition arme les défenseurs patentés du savoir et des Lumières contre l'obscurantisme salafiste suggère que ce dernier a déjà marqué des points. Par temps de confusion prospère les notions confuses. La radicalisation décrit tantôt l'adhésion à des idées radicales, tantôt la marginalisation sociale, tantôt la perpétration d'actes violents. C'est flou... L'équivoque est commode. Entre la menace bien réelle d'attentats, la panique morale et l'état d'urgence, l'imputation de radicalisation offre aux dirigeants un outil de disqualification à large spectre... Deux ans avant les attentats de Charlie Hebdo, le directeur du Centre international pour l'étude de la radicalisation (Londres) concédait qu'aux yeux d'une partie du public « le concept de radicalisation n'était plus guère qu'un cheval de Troie permettant aux gouvernements de réprimer la contestation et de dépeindre les opinions progressistes et non conventionnelles comme dangereuses »... Car brandir ce mot comme un épouvantail, c'est oublier les leçons de l'histoire. Lorsqu'ils assimilent la radicalisation à la violence religieuse bigote, les dirigeants entachent les fondements mêmes de ce qu'ils croient défendre : les démocraties libérales doivent le jour à la radicalité des idées et des peuples qui les accouchèrent.

Il s'agit-là d'une polémique intellectuelle qui, portée par certains et fustigée par d'autres, semble cibler « la doxa médiatico-politicienne dans son ignorance de la réalité sociale et son arrogance intellectuelle[1] ». Sont tour à tour dénoncés « l'interdit idéologique » et les « mots écrans », en référence à « radicalisation » et « islamophobie », ainsi que « les institutions universitaires (...) tétanisées par l'incapacité à penser le djihadisme dans notre pays[2] ». Mais comment s'affranchir du télescopage des mots et du brouillage sémantique alors que de toute évidence la seule approche sociologique ne suffit pas aux Conseillers au sein des cabinets ministériels[3] appelés à agir et à réagir ? Au-delà de la guérilla sémantique, cette lancinante question demeure.

Face à la question du choix des termes, les dirigeants gouvernementaux et les décideurs publics ont finalement opté pour l'expression « radicalisation » et ce, sans lui adjoindre d'adjectif (ni « politique », ni « religieux »). Il est vrai que selon un rapport établi par le groupe d'experts de la Commission européenne sur la radicalisation violente, « tel qu'il a été promu par la vulgate institutionnelle européenne, le terme "radicalisation" a un champ d'application très large, ce qui en limite la pertinence descriptive et explicative[4] ». Mais comment s'affranchir du contexte, de l'histoire et des notions voisines sans mise en perspective ? Le juriste

---

1. Cf. Gilles Kepel et Bernard Rougier, dans un article dans *Libération* du 10 mai 2016.

2. *Ibid.*

3. Il s'agit non seulement de celui du Premier ministre, mais aussi des ministres de l'Intérieur (et ses services d'enquête et de surveillance), des Affaires étrangères (ainsi que son réseau diplomatique), de la Justice (avec les parquets des procureurs de la République, placés sous sa direction).

4. Pour autant, vu de l'extérieur des cercles de décideurs appelés à prendre des mesures concrètes en vue de la prévention et la répression des agissements répréhensibles du radicalisme religieux, la valse des étiquettes continue d'occuper les espaces de discussion et les joutes académiques. En se référant à des dérives religieuses, que des médias répercutent sans recul, leurs approches discursives pointent l'« intégrisme » (dit catholique), le « fondamentalisme » (dit protestant), le « fanatisme » (religieux), l'« extrémisme » (politico-religieux), le sectarisme (divers), le radicalisme (djihadisme). D'un point de vue opérationnel de l'action publique, il est donc extrêmement difficile de choisir entre ces différents « mots-valises ».

reste confronté à une réelle inflation des notions environnantes qui associent confusion de sens et faiblesse des définitions[1]. De sorte que la question des perceptions et des représentations véhiculées par l'ensemble des termes en présence peut entraîner une forme de légalisme stigmatisant qui englobe, sans autre forme d'examen des faits en présence, « un sectarisme par peur ». Dans son dialogue en 2014 avec Edgard Morin, Tariq Ramadan prévenait à sa façon qu'« on impose des lectures restrictives de la loi, on restreint les champs de liberté, on insiste sur la différenciation (...). Il faut instruire la critique de ces tentations dans toutes leurs expressions (...). Les mouvements salafistes littéralistes et dogmatiques ont gagné du terrain partout (...). Étonnant et pourtant compréhensible est ce soutien logique des pays occidentaux aux régimes réactionnaires littéralistes, et aux mouvements dogmatiques et populistes : il s'agit de protéger des intérêts économiques, et géostratégiques[2] ». Dans ce contexte, il est bien de la fonction du droit que d'embrasser la totalité des phénomènes de société tout en usant pour ce faire d'une grille de lecture suffisamment claire et objective pour éviter les abus et des dérives d'interprétation. Plus que sur des définitions notre droit s'appuie sur des approches factuelles s'agissant d'actes et d'agissements concrets dont on doit apporter la preuve matérielle et ce, de façon loyale et équitable, hors des polémiques politiques et sociales, des constructions philosophiques et sociologiques, des discours et des disputes académiques.

1. Par exemple, du littéralisme qui exprime, tous champs religieux confondus, un retour aux sources de textes pris au pied de la lettre de façon dogmatique et binaire.

2. T. Ramadan et E. Morin (dialogue), *Au péril des idées. Les grandes questions de notre temps*, éd. Presse du Châtelet, 2014.

C) *La laïcité et la rhétorique essentialiste, faux remparts aux dérives religieuses radicales*

Érigée en mur de séparation entre le politique et le religieux, la digue reposant sur le « principe de laïcité », elle-même portée par un discours émancipateur, résiste bien peu face aux vagues de dérives répréhensibles issues du radicalisme religieux. Alors que la politique n'est jamais éloignée de la religion à cet égard, certaines déviances importées de l'étranger expriment une forme majeure de déstabilisation en France[1] face à laquelle la laïcité n'est pas d'une grande utilité. Ainsi, il est aisé de constater que si une ambivalence est parfois prégnante entre les notions de « radicalisme » et de « terrorisme », celle-ci résulte le plus souvent d'approximations ou de perceptions biaisées[2]. À ce titre, la recherche universitaire nord-américaine a pu considérer la notion de radicalisation tel « un processus par lequel une personne ou un groupe **retour** à une forme violente d'action directement lié à une idéologie extrémiste à contenu public, social ou religieux qui conteste l'ordre établi sur le plan politique, social ou culturel[3] ». Cette focalisation sur l'action terroriste et les mesures sécuritaires est exacerbée par le surdimensionnement de ses couvertures médiatiques et numériques[4], notamment fondées sur l'intensité de la peur. Il est aisé de comprendre qu'en l'occurrence, l'appel

---

1. Soutenues depuis l'étranger, certaines organisations et autorités religieuses bénéficient de l'aide, par exemple, d'États du Golfe persique et ce, sous forme de relations diplomatiques actives en lien avec des pétromonarchies richissimes.

2. Ainsi, il faut se méfier d'une approche immédiate et réductrice tendant à globaliser terrorisme et radicalisme religieux qui sont des notions distinctes.

3. Pour le sociologue Farhad Khosrokhavar, si « la notion de radicalisation a des affinités électives avec celle de terrorisme, elle s'en distingue par le fait qu'on se focalise sur les acteurs et les modalités de leur adhésion à l'action violente, sur leurs motivations, bref, sur la dimension subjective de leur action en relation avec les types d'organisations qui les encadrent et à l'apparition desquelles le radicalisé contribue à sa façon ».

4. V. *infra* Chapitre 5 – Le radicalisme religieux dans les publications et l'espace numérique.

au secours lancé en direction de la seule laïcité est vain et ce, nonobstant l'insistance qui lui est accordée dans les sommets de l'État et les discours officiels.

De même, semble voué à l'échec le recours à l'essentialisme – défini comme la recherche d'une explication des phénomènes religieux en termes de substance, telle une entité homogène et durable, voire intemporelle – dans la mesure où celui-ci ne saurait être valablement considéré qu'à l'issue d'une longue enquête et de sérieuses investigations scientifiques. Les débats sur la religion et ses dérives radicales ont donné lieu en France à une critique ciblée de la part de certains responsables religieux qui ont exprimé le refus de l'essentialisation de l'appartenance religieuse en tant que trait essentiel de la personne. Ainsi, Mohamed Moussaoui, en qualité de président du *Conseil français du culte musulman*, a expliqué que le détournement de la foi des musulmans par des extrémistes est conçu « à des fins contraires aux valeurs et aux principes » qui la fondent. Faut-il alors verser dans un discours essentialiste ? L'essentialisation de l'Islam aurait suscité la construction d'un « problème musulman » en soi. À sa façon, l'agrégée de philosophie Aïcha Bechir ose une question nouvelle : « Comment ce lien de causalité entre la pratique de l'Islam et la défense du Hamas peut-il s'imposer comme une évidence dans le débat public en France ? ». Elle ajoute que « les Français musulmans, systématiquement montrés du doigt et réduits à leur qualité de "musulman", suspectés et accusés de complicité avec les actes terroristes internationaux, réduits au statut de potentiel ennemi intérieur dans des guerres lointaines, vivent sous le masque du "musulman"[1] ». Le recours aux explications qui cantonnent certains citoyens dans des assignations déterminées vise aussi et dans une certaine mesure des juifs et des membres de groupes stigmatisés, comme les sectes. En effet,

---

1. « Les injonctions contre les Français musulmans sont non seulement blessantes, mais également absurdes » (*Le Monde*, 20 oct. 2023. – V. aussi, son roman *L'Accusation*, éd. JC Lattès, 2023).

la citoyenneté n'est pas réductible juridiquement à la seule appartenance convictionnelle, quelle qu'elle soit, même si elle fonctionne comme un marqueur social. Du point de vue juridique, le recours à la généralisation et à l'assignation même religieuse, sur fond de déni des cas particuliers, est ainsi hâtif et souvent binaire. Il est souvent de nature à susciter un manichéisme bipolaire. Dès lors, le politologue Philippe Corcuff invite à se dissocier « de la magie des essences si prégnante dans les débats publics ». La mise en garde contre le discours sur l'essentialisme, voire sa négation, invite à refuser d'être obligé, sous injonction, d'affirmer son identité même religieuse. On sait que dans l'ordre du Code civil l'identité religieuse n'est pas un élément constitutif de l'état-civil[1]. Pour autant cette tendance à signaler et à pointer des situations a priori stigmatisées en référence à l'appartenance religieuse reste très prégnante dans le débat public. Ainsi de l'emploi abusif dans des pratiques pénales de l'expression « terroriste islamique ». L'identité religieuse n'est pas en droit français un élément déterminant ou probatoire en ce qui concerne la recherche d'une qualification juridique. D'une certaine façon, cette forme de laïcisation des normes juridiques exprime le refus de consacrer juridiquement les discours idéologiques sur l'essentialisme. À plusieurs reprises la Cour européenne des droits de l'homme a affirmé que « le droit à la liberté de religion... exclut toute appréciation de la part de l'État sur la légitimité des croyances religieuses ou sur les modalités d'expression de celles-ci[2] ». En retenant le simple terme de « radicalisation » – non celui de « fondamentalisme », d'« intégrisme » de « fanatisme » ou d'« extrémisme » –, pari a été fait d'évacuer le qualificatif de « religieux » et ce, pour nourrir un vaste Plan national de prévention contre la radicalisation. Les trous noirs

1. Nulle mention de la religion ne doit figurer dans les registres d'état-civil... tout comme le Code pénal ne renvoie de façon déterminante à une telle référence.

2. CEDH, 26 septembre 1996, n° 18748/91, *Manoussakis c/Grèce*, § 47.

laissés par le choix du vocabulaire emprunté par les pouvoirs publics restent nombreux. N'a d'ailleurs pas manqué de le signaler la Commission nationale consultative des droits de l'homme dans son avis précité sur la prévention de la radicalisation du 18 mai 2017 : « pour l'heure, les politiques publiques reposent sur une conception de la radicalisation insaisissable (...) contestée et contestable[1] ».

2. Difficulté du phénomène dans son rapport à la sanction juridique

A) Des textes juridiques inefficients ?

Poser cette question n'est nullement constater un état définitif de faiblesse, encore moins de défaite démocratique. C'est rendre compte, avec le recul nécessaire, de l'ardente obligation de sans cesse se remettre à l'ouvrage. Si l'appréhension de diverses manifestations répréhensibles issues du radicalisme religieux, sous leurs formes insaisissables, se trouve plus que jamais immergée dans un enchevêtrement de normes souvent illisibles, il reste navrant de constater que ces mêmes normes se révèlent également quelque peu inefficientes. En effet, si elles peuvent être individuellement utiles pour rendre justice aux victimes d'actes ou d'agissements répréhensibles[2], elles se montrent vite inefficaces à empêcher le développement d'un radicalisme religieux rampant destiné à conquérir du terrain à des fins politiques. La loi du 24 août 2021, venue conforter le respect des principes de la République, tente d'apporter des réponses mieux adaptées en la matière. Cette loi critiquée par des acteurs majeurs s'appuie principalement sur « l'option administrative » en lui accordant

1. Cf. Avis de la *Commission nationale consultative des droits de l'homme* sur la prévention de la radicalisation du 18 mai 2017, p. 7.

2. V. *infra* chapitre 10 - La prise en compte des victimes revendiquées, défendues et protégées.

la priorité[1]. Les évolutions juridiques et institutionnelles doivent être mesurées constamment en la matière, donc avec recul. Seul l'avenir nous dira si un tel texte de loi aura permis de gagner en efficacité alors même qu'il a satisfait le 22 juillet 2022 au contrôle de constitutionnalité[2]. Pour l'heure, le constat reste globalement inchangé : l'État montre des limites à son action tous azimuts contre certaines formes de radicalisme religieux. Il multiplie ainsi les mesures sécuritaires de renseignement, de surveillance et de contrôle avec les dangers que cela peut générer à terme. Dans sa contribution *Face à l'islam radical, la nécessaire préservation de l'État de droit*, l'avocate Camille Potier signale en effet que :

« La lutte contre le terrorisme islamique a mis à l'épreuve ces dernières années l'État de droit (...) aboutit à se doter d'outils controversés qui mettent en péril l'équilibre délicat entre sécurité et liberté. À vouloir sans cesse accumuler les lois répressives ou de contrôle, le risque est alors paradoxalement de satisfaire l'extrémisme combattu par la renonciation à l'État de droit[3] ».

À défaut de textes suffisamment efficaces pour endiguer les dérives et certains actes nuisibles à la société, l'État a progressivement eu recours à une série de mesures exceptionnelles de prévention et de lutte érigées pour lutter contre les agissements répréhensibles issus du radicalisme religieux, conduisant la Commission nationale consultative des droits de l'homme, dans son avis précité sur la prévention de la radicalisation, à affirmer qu'ils « mettent en place un filet de détection trop étendu au regard de ce qui est requis par l'objectif de lutte contre le

---

1. V. *infra* chapitre 7 - Les mesures de police administrative contre les agissements répréhensibles du radicalisme religieux.

2. H. Bouillon, *L'équilibre précaire de la loi Séparatisme (sous Cons. Const. QPC, 22 juillet 2022) : Gazette du Palais*, 4 oct. 2022, p. 16-18.

3. Cf. M. Sifaoui (présenté par), *Comment vaincre l'islamisme*, Éd. du Cerf, 2022, p. 223-224. Ce type de constat a également été dressé par la *Commission nationale consultative des droits de l'homme* dans son avis rendu le 16 avril 2015 sur le projet de loi relatif au renseignement.

terrorisme puis proposent des dispositifs de prise en charge qui sont (...) inadaptés et à l'origine d'atteintes disproportionnées aux libertés mais qui risquent encore d'être contre-productifs » (page 9). Il est des formes de radicalisation qui trouvent difficilement sanction.

B) Les risques de sur-réaction juridique

Au regard des enjeux qu'elles soulèvent, le recours aux sanctions organisées par le droit commun, fusse-t-il répressif, paraît bien inadapté pour plusieurs raisons. Ainsi, maîtres dans l'art de manipuler les esprits de leurs contemporains en tentant de terrifier et de faire trembler les appareils politiques d'État, les « terroristes à caractère religieux » propagent des peurs et une insécurité constante par le recours à une violence tous azimuts. Alors même qu'ils ne parviennent pas à affecter la puissance sans égale de leurs cibles étatiques, leur espoir repose sur l'emploi de la peur suscitée auprès des populations pour parvenir à leurs fins ou, à défaut, inciter leurs ennemis à abuser de leurs forces et à sur-réagir[1]. La production de séries – médiatisées et numérisées via Internet – de théâtres d'opérations terroristes peut ainsi s'apprécier par son impact émotionnel plutôt qu'en nombre de victimes ou de dégâts occasionnés[2]. De même, la thèse de l'État complice du jeu terroriste, éventuellement à ses dépens, continue de faire florès. Ainsi, l'historien Yuval Noah Harari explique que les États « de temps en temps, cependant, (...) se mettent en rogne et réagissent publiquement de manière beaucoup trop vigoureuse, faisant ainsi le jeu des terrorismes ». Cette approche pour généraliste qu'elle soit ne cesse d'interroger sur la question de la mesure et de l'évaluation des politiques publiques en matière de

1. Cette sur-réaction peut menacer bien davantage l'ordre public que les attentats terroristes eux-mêmes, menace portée par des restrictions disproportionnées.
2. En 2002-2004, l'État d'Israël aurait démontré qu'il était possible, à la mesure de sa force brute, de combattre des formes de terreur les plus féroces.

prévention et de lutte contre les agissements radicaux répréhensibles et violents lorsque ceux-ci sont d'inspiration religieuse. Doit-on retenir comme critère l'effet collatéral favorisant l'onde de choc de la peur ? Doit-on se focaliser sur les secousses telluriques de l'effroi voulu par leurs auteurs ? Ne surestimons-nous pas cet effet négatif ? À bien des égards, les éléments de réponse à ces questions ne coulent pas de source. Yuval Noah Harari explique ainsi que les actions terroristes suscitent une sorte de réaction démesurée et démultipliée parce que les États modernes auraient progressivement assis leur légitimité sur la promesse explicite de ne tolérer aucune violence publique à l'intérieur de leurs frontières[1]. Selon cet historien israélien, « le terrorisme produit un choc public d'autant plus fort que la violence publique est rare. Tuer quelques personnes en Belgique attire beaucoup plus l'attention qu'en tuer des centaines au Nigéria ou en Irak ». La question de la détermination des fronts étatiques anti-terroristes[2] est l'affaire des analystes publics, géopolitiques, militaires et civils que doivent consulter les décideurs étatiques via les cabinets ministériels en France. Les juristes, notamment pénalistes et criminologues, n'ont pas toujours voix au chapitre. C'est extrêmement regrettable. La question de la sécurité semble primer ici sur celle du respect des libertés publiques et individuelles.

En dépit des contraintes engendrées par les textes privatifs de liberté, le public a quant à lui globalement accepté leur mise en œuvre, deux principaux facteurs permettant sans doute de l'expliquer. D'une part, le scepticisme ambiant sur les manifestations d'une expression religieuse, souvent jugée absurde et intolérante[3],

1. Les États modernes ne sauraient, selon lui, accepter une telle forme concurrentielle d'usage du monopole de la violence politique et armée.

2. Ces fronts étatiques portent principalement sur des actions de renseignement, sur la recherche des réseaux de la terreur et sur l'identification de mesures de prévention et de répression adaptées.

3. Le relatif succès de librairie des ouvrages de Maître Richard Malka, avocat de *Charlie Hebdo*, est le signe d'une forme d'irrévérence nationale envers le

voire manipulatrice, qui favorise l'érection de mesures destinées à son cantonnement[1]. D'autre part, la panique morale suscitée par la peur engendrée par des attentats terroristes, qui a entraîné une très forte adhésion aux mesures publiques adoptées en réaction. Le penseur Jacques Ellul soulignait à cet égard que « l'angoisse, la peur, l'insécurité font partie aujourd'hui de la structure psychique de l'homme occidental (...). toute initiative pour réduire les déviances est bien accueillie ». Par un effet miroir des plus déformants, le radicalisme quelle que soit son expression, dérange et déroute. Il déstabilise le droit applicable. À sa façon, Gustave Flaubert a dit du radicalisme qu'il est « d'autant plus dangereux qu'il est latent[2] ». Son action façonne lentement le soft power des régimes autoritaires autant qu'il entraîne des dérives au cœur des États de droit. Progressivement, nos régimes démocratiques se sont évertués à assurer le respect du principe républicain fondateur « pas de liberté pour les ennemis de la liberté », le droit devenant la référence convoquée pour justifier les mesures de prévention et de lutte contre le radicalisme religieux et ses dangers immédiats. L'ineffectivité de la règle de droit ne semble cependant pas avoir été mesurée en l'état des textes adoptés. Telle une antienne, c'est en parant au plus pressé que notre conscience démocratique continue de rendre encore plus sacré le principe énoncé à l'article 4 de la *Déclaration des droits de l'homme et du citoyen* de 1789 selon lequel « la liberté consiste à pouvoir faire tout ce qui ne nuit pas à autrui, ainsi l'exercice des droits naturels de chaque homme n'a de bornes que celles qui assurent aux autres membres de la société la jouissance de ces mêmes droits. Ces bornes ne peuvent être déterminées

---

religieux, voire d'un déni de légitimité morale des croyances et des institutions religieuses.

1. En France, d'une certaine façon, la religion n'a pas bonne presse sur fond de laïcisation des mentalités telle qu'entretenue, le religieux étant généralement cantonné au seul *for* interne et la vie privée selon ce que perçoivent les Français.

2. Flaubert (édition d'Anne Herschberg Pierrot), *Le dictionnaire des idées reçues*, coll. Classiques, éd. Le Livre de Poche, 1997.

que par la loi ». À cet égard, ne devient-il pas nécessaire d'établir le plus rapidement possible un inventaire, en même temps qu'un bilan, de nature à évaluer l'effectivité des normes juridiques au regard des résultats escomptés et obtenus ? Il est permis de l'appeler de nos vœux.

CHAPITRE 2

LE RADICALISME AU SEIN DES ORGANISATIONS RELIGIEUSES

I. – GRAND TÉMOIGNAGE

Entretien avec Chems-Eddine HAFIZ

Avocat honoraire au Barreau de Paris,
Recteur de la Grande Mosquée de Paris

Alain Garay: *Selon vous, quels sont les facteurs qui permettent d'expliquer le radicalisme constaté au sein de certains mouvements ou groupes religieux ?*

Le radicalisme, ou le fanatisme, ne sont pas l'apanage des religions. Le siècle passé nous l'a tristement enseigné. Le radicalisme que je qualifierais de pseudo-religieux est cependant dangereux car il touche d'abord au plus profond de l'individu, à ses croyances, au sentiment religieux, en les manipulant. À l'échelle des sociétés, il provient ensuite de la confusion entre le spirituel et le temporel, et donc du franchissement de la frontière entre l'idéal religieux et l'idéologie politique. Nous observons tout cela dans le radicalisme d'aujourd'hui. Dans un terreau sociétal où poussent la pauvreté, la relégation et la division, des personnes, souvent des jeunes, en déshérence, en désestime d'elles-mêmes, en colère, sont attirées par des groupes et des discours qui leur font miroiter de nouveaux liens et de nouveaux repères, et les entraînent en réalité vers une plus grande exclusion. Nous nous trouvons maintenant dans une situation où des radicalités se renforcent par opposition, en particulier celle qui dénie aux musulmans le droit d'être citoyens et celle qui appelle les musulmans à refuser la citoyenneté.

Philippe Coursier: *Quelle(s) limite(s) peut-on poser entre l'existence de règles religieuses extrêmement rigoristes et d'autres inadmissibles et répréhensibles ? Sur le fondement de quels critères peut-on, selon vous, opérer une telle distinction ?*

Le critère de distinction le plus évident est sans doute le strict respect et l'adaptation aux limites imposées par les lois de la société. Sur le temps long, les religions ont fait preuve d'une capacité à s'adapter aux évolutions du monde tout en préservant leur dogme, bien que des reculs circonstanciés soient possibles. En islam, un principe important, celui de l'*ijtihad*, qui invite à une compréhension de la religion ancrée dans l'époque et dans ses nouvelles réalités. Nous nous trompons si nous considérons que les religions sont opposées au progrès humain. N'oublions pas l'apport humaniste de chaque révélation divine à travers les âges, qui résonne jusqu'à nous. Considérons par exemple la liberté de conscience. Elle est un acquis majeur, une valeur désormais essentielle de notre société, protégée par le droit. En tant que citoyen et musulman, je me dois de chérir doublement cette valeur car, en islam, rien ne me permet d'imposer ma religion à l'autre. Plus généralement, je ne vois pas, dans les fondements de la foi et dans les grandes obligations rituelles, des éléments qui s'opposent aux règles nous permettant de vivre ensemble.

Alain Garay: *Lorsque le radicalisme œuvre de façon strictement interne à une organisation religieuse, c'est-à-dire exclusivement à l'égard de ses membres ou de ses fidèles/adeptes, peut-on l'ignorer et considérer qu'il ne s'agit-là que d'un « choix de vie » de la part des intéressés ou l'expression de leur liberté religieuse ? Peut-on considérer que les actes d'un tel radicalisme s'apparentent à un abus d'autorité ou à un trafic d'influence ?*

Je dirige une institution religieuse. Je suis aussi là pour défendre la personne qui souhaite consacrer une grande partie de son quotidien à la prière, à la méditation, à la pratique de sa religion. Je ne la défendrais pas, en revanche, si elle souhaite imposer aux autres sa façon de vivre et de penser. La religion est une affaire entre soi et son créateur. En islam, nul ne peut prétendre être l'intercesseur, voire le juge, entre Dieu et un croyant. Sinon nous courrons le risque que la liberté individuelle soit entravée, et que l'adepte d'une religion ne veuille comme frère que celui qui lui ressemble, en apparence, et non l'être humain en général. Il faut donc être particulièrement vigilant vis-à-vis de ceux qui exercent une certaine autorité religieuse, d'une manière ou d'une autre, pour profiter des fragilités des personnes qui l'écoutent. En islam, l'individu ne peut observer les rites, tels que la prière et le jeûne, sans un état physique et psychique adapté, et sans une intention spirituelle saine et vertueuse.

Philippe Coursier: *Selon vous, est-ce que la nature ou les spécificités attachées à une religion ou à ses préceptes peuvent être prises en compte pour qualifier le radicalisme ? Le radicalisme provient-il d'un extrémisme religieux ou d'un dévoiement de la religion ?*

Le radicalisme est un dévoiement de la religion. Aucune religion n'appelle à l'extrémisme, à l'intolérance, à la violence. Le radicalisme est pernicieux car il s'habille de religiosité. Il opère un tri dans les textes scripturaires et détourne leur interprétation. Prenons un exemple. Dans le Coran, l'expression « Gens du

Livre » renvoie aux juifs, aux chrétiens et aux musulmans. Elle les réunit sous une même désignation et participe à l'injonction de croire en tous les prophètes et en tous les textes sacrés du monothéisme. Aujourd'hui, les extrémistes tentent de changer le sens de cette expression, de la minorer voire de supprimer son usage. Il en va de même pour un certain nombre d'autres notions. Les islamistes, comme finalement d'autres mouvements sectaires, parviennent à convaincre certains musulmans qu'ils sont les tenants de l'islam et que les autres sont dans l'égarement. Pourtant, ils ne font que transformer la religion en idéologie, et le croyant en militant.

II. – Analyse juridique

Les déclarations publiques du pape François en date du 31 juillet 2016, à la suite de l'attentat revendiqué par l'organisation État Islamique qui avait frappé le prêtre de l'église de Saint-Etienne-du Rouvray (Seine-Maritime), ont pu choquer : « Je n'aime pas parler de violence islamique car tous les jours dans le journal je vois des violences : ici, en Italie, l'un qui tue sa fiancée, l'autre son associé, et ce sont des catholiques baptisés. Ce sont des violents catholiques... Si je parle de violence islamique, je dois parler de violence catholique... Dans presque toutes les religions, il y a seulement un petit groupe fondamentaliste. Nous en avons[1] ». Peut-on cependant mettre sur le même plan, d'une part, des actes qui relèvent de fait divers prenant la forme d'infractions non commises au titre de croyances religieuses et, d'autre part, des violences terroristes relevant souvent de manière explicite d'une référence religieuse ? Cette façon de comparer ne relève-t-elle pas d'une forme de relativisme exonératoire, voire complice, par assimilation ? Cette forme

1. Cf. « L'extrême droite fustige le pape François, qui nie le caractère religieux du terrorisme », *Le Monde*, 4 août 2016.

d'assimilation peut-elle prospérer ? Au cœur d'un système de croyances religieuses, où se situe la ligne de partage entre les agissements religieux répréhensibles et non répréhensibles ? L'appel au droit applicable permet-il de borner les limites admissibles et inadmissibles des actes radicaux religieux commis au sein des organisations religieuses ? Le pape François a sans doute le mérite de souligner que toutes les croyances religieuses et leurs organisations correspondantes peuvent susciter en soi des dérives radicales répréhensibles. Les organisations religieuses, toutes, sont de ce point de vue interrogées. Religion et radicalisation, oxymore, expriment des logiques internes, extrêmement sous-estimées et jadis faiblement abordées par la recherche sociocriminelle. Selon le sociologue Farhad Khosrokhavar, la notion de radicalisation reste « surtout tributaire de l'islamisme radical et de sa spécificité, et fait ressortir le caractère "sectaire" et "contre-sociétal", ce au nom d'une idéologie faisant directement intervenir la religion ». Mais, toujours selon le même auteur, le recours à « la notion de radicalisation (...) était d'expliquer la résilience des religiosités "mortifères" (exaltation de la mort chez certains martyrs) ou des modes d'expression "néo-archaïques" – oxymores dont le contenu est loin d'être épuisé – où l'inversion des idéaux de vie s'effectue pour le truchement de l'opérateur religieux[1] ». Le mot « truchement » retenu ici illustre la difficulté liée à l'établissement d'une corrélation entre l'expression radicale d'une personne ou d'un groupe et sa religiosité, c'est-à-dire son fondement, sa source et sa motivation. Sont ainsi directement mis en avant non seulement les croyances, les dogmes, les doctrines et les credo mais aussi les institutions de « vérité » que prétendent être les groupes religieux. Quels sont la nature, la forme et les effets de ce lien de cause à effet ? En quoi une croyance ou son expression institutionnalisée peuvent-elles être juridiquement radicales et violentes ? Qui peut les identifier et les définir

1. F. Khosrokhavar, *Radicalisation*, Maison des sciences de l'homme, éd. Masson 2014, p. 18.

comme tels ? Comment y parvenir, selon quels critères et à partir de quelle méthodologie ? Les outils issus des sciences, y compris religieuses, se bornent souvent à une exégèse ou à une démonstration universitaire qui ont la particularité de ne pas être contradictoires et toujours opératoires, y compris dans le champ de théories discursives. L'étude des dossiers en cause et des situations pratiques reste sans nul doute un atout majeur ici en ce qu'elle permet de révéler des faits, des preuves, des explications, des motivations, des réactions, des systèmes explicatifs ou justificatifs. C'est de process et de « procès » qu'il s'agit de travailler au cas par cas, au-delà du seul champ des interprétations. L'intention et le mobile de l'acte violent, ainsi que la forme empruntée par celui-ci, constituent pour les juristes des indicateurs déterminants notamment pour parvenir à circonscrire l'élément moral d'un délit ou d'un crime. L'intention – et non le seul mobile religieux – peut-elle permettre de fonder une infraction, un délit ou un « crime d'intention », spécifique ? Ces interrogations ont une portée juridique de toute première importance si l'on veut tenter de s'affranchir des schémas convenus et souvent gratuits visant, par exemple, le stigmate du « terroriste islamique[1] ». Dans son ouvrage *La pensée extrême : comment des hommes ordinaires deviennent des fanatiques*, le sociologue Gérald Bronner explique l'articulation entre une idéologie extrémiste et ses manifestations violentes. Il reste en effet extrêmement important de poser des critères et une analyse objective entre le discours justificatif religieux et son exécution violente répréhensible. Si la nature des mobiles a pu être considérée comme libre et permise, en rapport à une quelconque censure ou interdiction a priori, il n'en reste pas moins qu'il est nécessaire de déterminer si, en soi, une idéologie meurtrière, même religieuse, doit être prévenue et combattue. Toutes les croyances, toutes les convictions, même

1. Le raccourci gratuit et insultant selon lequel « islam = djihad = terrorisme » est souvent généralisé sans que l'on parvienne à en déterminer la justification objective.

religieuses, et du point de vue du for intérieur, ne sont pas juridiquement admissibles en soi dès lors qu'elles portent en elles et en soi les germes délictueux, comme la provocation aux crimes et délits[1].

Le radicalisme manifesté par certaines organisations religieuses revêt des formes diverses juridiquement sanctionnables. Certaines s'expriment de façon extérieure, c'est-à-dire à l'encontre de la société tout entière, conduisant alors cette dernière à lutter contre, voire à les combattre ouvertement avec force et conviction, dans une sorte de «*mano a mano*» par credo idéologiques interposés. Ce travail ne se réduit pas à une simple approche manichéenne entre le blanc et le noir, le bien et le mal, le licite et l'illicite à défaut de s'intéresser aussi à de nombreuses zones grises. Or, nous restons très souvent confrontés aux effets de nombreux discours dans ce domaine seulement par ricochet, comme au sujet d'agissements communautaristes alors que le délit de communautarisme n'existe pas. En outre, il existe des formes de radicalisme religieux qui, parce qu'elles s'expriment essentiellement en interne, sont plus sourdes... plus feutrées, à bas bruit. Elles restent ainsi cantonnées dans l'enceinte des structures religieuses, quelquefois dans leurs locaux mêmes, entre les personnels religieux ou leurs membres. Par soumission à une discipline souvent non sans lien avec des préceptes « théologiques » ou « théocratiques », il est aisé d'y constater des restrictions aux libertés (de penser, de parler, d'agir, d'être, etc.). Dès lors, la question se complique car les personnes susceptibles d'être affectées par de tels agissements sont le plus souvent soumises de façon volontaire aux règles de leur ordre ou de leur église. L'étude des règles internes issues des organisations religieuses elles-mêmes ou de leurs textes sacrés montre à quel point non seulement leur effectivité est bien réelle, mais aussi à quel point leur cohabitation

---

1. V. *infra* chapitre 9 - La relative inadaptation de l'appareil pénal dissuasif et répressif.

avec les lois de la République s'avère parfois délicate[1]. Il ne s'agit donc nullement de condamner par principe l'érection de telles règles de « vie religieuse », « vie moniale » ou simplement « communautaire ». Mais il revient néanmoins au droit de s'opposer à d'éventuelles dérives. Lorsque ces règles sont par trop radicales, elles peuvent rentrer en opposition avec les lois du pays ou, encore, lorsque les comportements et agissements qu'elles exigent des membres poursuivent d'autres buts que ceux affichés officiellement. Mais, dans tous les cas, que dit précisément le droit à leur égard ? Quelles sanctions éventuelles leur oppose-t-il ? Dans tous les cas, la réponse n'est pas simple. Le droit impose de distinguer selon que l'on se trouve en présence d'un radicalisme religieux externe qui s'accomplit hors des organisations en question (1) ou interne, en leur sein (2), l'un et l'autre pouvant se nourrir l'un de l'autre.

1. Le radicalisme externe des organisations religieuses

Extrêmement délicate est la question d'éventuelles dérives commises, au nom d'une croyance, par les membres d'une religion à l'encontre de la société civile ou de l'État lui-même en frappant le plus souvent des anonymes (actes de terrorisme), des représentants directs ou indirects de l'État (forces de l'ordre, enseignants, pompiers, magistrats, fonctionnaires civils et militaires, etc.) et des victimes (enfants, personnes vulnérables, etc.). Cette situation appelle une appréciation en termes de degré et de contexte, notamment au regard des normes institutionnelles internes. Dans une étude publiée en 2022 dans la *Revue internationale de criminologie et de police technique et scientifique*, sous le titre « L'expérience des intervenants sociaux italiens face à la

---

1. V. sur cette question, A. Garay et Ph. Coursier, *Les organisations religieuses face au droit,* Éd. du Cerf, 2022, spéc. Chapitre 1 intitulé « *Le droit applicable aux organisations religieuses* ».

maltraitance des enfants dans des contextes d'inspiration religieuse catholique », d'éminents auteurs ont fait état de la difficulté à explorer cette question en raison « des caractéristiques des contextes institutionnels dans lesquels ces évènements se produisent habituellement tels... les structures ecclésiastiques[1] ».

En fonction de la réponse apportée à cette première question, le droit réagira ou pas. En effet, si l'intervention du droit sous l'action des autorités publiques ne se discute pas en cas d'atteinte aux biens ou aux personnes dans des conditions fixées par le Code pénal ou, plus largement, par la loi, certaines situations d'un niveau de trouble plus faible, voire inexistant, n'appellent pas forcément de réaction juridique. Mais, de façon plus générale, quel niveau d'atteinte au bon fonctionnement ou au bien-être des populations doit être constaté pour autoriser à qualifier de tels actes comme constitutifs de radicalisme religieux répréhensible ?

Cette problématique attachée au « degré de radicalité » dont font preuve les organisations religieuses ou leurs membres est très souvent discutée par les spécialistes du fait religieux. Elle alimente des disputes sur le recours au vocabulaire religieux qui viserait à masquer les logiques éminemment politiques et les intérêts mercantiles d'ordre souvent géostratégique[2]. S'ils soulèvent de très légitimes interrogations, ces débats n'en restent pas moins, et d'une certaine façon, assez stériles du point de vue pratique, sauf à décider de bannir l'ensemble du religieux et de ses pratiques. Sur un plan strictement juridique, il semble plus utile et opératoire de s'en tenir au respect du droit international public et aux exigences de la sécurité collective intérieure. En présence d'exégèses discutables des écritures religieuses sacrées, les juristes ne perdent pas de vue que si le sacré a parfois

1. R. Sette et S. Tuzza, voL. LXXVII, n° 4, p. 458-467.

2. On songe ici à la formule politicienne du président américain Georges W. Bush sur « l'axe du mal », sorte de polarisation manichéenne, comme celles de « choc des civilisations » (Samuel Huntington) ou de « fin de l'histoire » (Francis Fukuyama).

produit de la violence, l'homme l'a aussi instrumentalisé pour légitimer et justifier sa propre violence personnelle (théorie de l'écran religieux). Le religieux considéré du point de vue de la violence immanente a justifié le sacre de l'approche sécuritaire face aux agissements illicites et répréhensibles du radicalisme religieux[1]. Ainsi, la définition juridique du terrorisme relève elle-même d'une définition limitative. L'article 421-1 du Code pénal érige l'infraction commise « intentionnellement en relation avec une entreprise individuelle ou collective ayant pour but de troubler gravement l'ordre public par l'intimidation ou la terreur ». Cette imputation pénale se réfère à la violence dirigée à l'encontre d'une société déterminée, le ou les terroristes cherchant à intimider ou à effrayer ses membres pour la punir ou la changer... peu importe la motivation éventuellement religieuse de ce(s) dernier(s). De façon plus générale, pour disqualifier certains agissements au nom du radicalisme religieux, il convient de dissocier les actes (A) des discours (B).

A) Des actes répréhensibles ou illégaux peuvent traduire un radicalisme religieux

En science sociale, la notion de radicalisation est demeurée marginale jusqu'à ce que son étude soit systématisée, notamment aux États-Unis depuis les attentats du 11 septembre 2001. Cette notion a été développée au regard de celle de « terrorisme » compris telle une technique très ancienne de création de la peur dans un cadre conflictuel visant à modifier un rapport de force. Certains spécialistes n'ont pas hésité à utiliser l'expression « terrorisme islamisé » en référence à la radicalisation des Frères musulmans en Égypte, au « djihad global » incarné par Al Quaida ou par l'Organisation de l'État Islamique, aussi désignée par l'acronyme arabe « Daech ». Outil de conflit souvent non-

---

1. À rebours, selon la formule du recto-verso, le prisme déformant des mesures anti-terroristes a sans doute accrédité l'idée de « la religion violente en elle-même ».

étatique, le terrorisme peut être perçu, d'un côté, comme une forme de résistance et, d'un autre côté, comme un phénomène libérateur. Mais le discours doit être élargi à toutes les croyances. Il ne saurait être question de réduire ici le débat au seul cas du terrorisme véhiculé sur fond d'islam. Nombreux sont les groupes religieux ou les mouvances qui, au prétexte d'un dogme, font également montre d'actes illégaux ou d'agissements répréhensibles au sens juridique du terme. Car il est vrai que les religions ont de tout temps emporté leur lot de guerres et de violences. Jadis, les guerres de religion exprimaient, selon certains encyclopédistes, une forme de barbarie instituée, voire de pathologie en prime. Le penseur Jacques Ellul explique ainsi que « le rapport entre religion et violence est réciproque. La religion provoque toujours de la violence, sans que cette dernière ne soit la preuve de la première ». De dangereux fantômes continuent donc d'alimenter en ce sens le discours sur la violence religieuse dont la France n'est pas indemne[1]. Nos sociétés démocratiques ont changé d'échelle, les hommes même religieux ont envahi le monde ainsi soumis à « l'alliance des dieux et des puces » (Régis Debray). Les territoires du chaos religieux continuent de subir, partout aujourd'hui, de nouvelles « stratégies du choc » comme technique disruptive visant à épuiser les ressources de l'État appelé au front de façon aussi constante qu'incessante. Dans un numéro spécial intitulé *Le mal au nom de Dieu : les religions sont-elles violentes*, le bimensuel *Le Monde des religions* s'est interrogé de la sorte : « Les religions sont-elles porteuses de violence[2] ? ». Mais si, selon les journalistes, « c'est ce que l'actualité pourrait nous amener à croire, une telle vision est simpliste[3] ». En 2017, l'historien et enquêteur Antoine Fleyfel n'a pas hésité, dans son

1. Selon Jean-François Colosimo, il n'est plus « plus un lopin de terre qui ne soit à l'abri de la bataille des dieux » (*Aveuglement*, Éd. du Cerf, Collection Actualité, 2018, p. 122).

2. Cf. *Le Monde des religions*, janvier-février 2016.

3. *Ibid.*

ouvrage *Les dieux criminels*[1], à établir un lien entre les nouvelles figures des dieux et les crimes perpétrés en leur nom, en pointant la barbarie des fondamentalistes qui rejettent, détruisent et exterminent « tout droit au cœur de la grande machinerie infernale du Great Awakening de la Bible Belt, aux États-Unis ; du Goush Émounim et ses rejetons, en Israël ; du mouvement salafiste et wahhabite des origines jusqu'aux organisations terroristes Al-Qaïda et État islamique ». Tout se passe comme si l'on découvrait un nouveau panorama religieux, politique et idéologique « qui instruit le procès des dieux criminels », ensemble souvent soumis à une sorte d'enfermement algorithmique.

Pour autant, il convient de ne pas omettre l'hypothèse où, sous couvert ou à l'abri de son organisation religieuse d'appartenance, un membre ou un représentant se livre de façon brutale et isolée à des actes répréhensibles. De tels actes ne manqueront pas d'être immédiatement analysés par certains comme le fruit d'un radicalisme religieux de groupe. Peut-être, dans certains cas c'est effectivement possible. Mais il peut également s'agir, à défaut de démonstration d'une action collective concertée à des fins religieuses, d'un acte purement individuel qui doit alors être appréhendé comme tel, et dès lors jugé comme le fruit du radicalisme de son seul auteur. La différence est d'importance car si la première catégorie d'actes répréhensibles permet de jeter une part de responsabilité sur l'organisation religieuse impliquée, la situation est différente dans l'hypothèse d'un agissement strictement individuel commis à titre exclusivement personnel De même que toutes les formes de collectifs humains (entreprises, associations, syndicats, partis politiques, collectivités publiques, etc.), les organisations religieuses ne sont pas l'abri d'une personne malveillante ou déviante glissée dans leurs rangs. Bien entendu, cela ne signifie pas que vis-à-vis des victimes, une part de responsabilité ne pourra pas néanmoins rejaillir sur

1. A. Fleyfel, *Les dieux criminels*, coll. Essais, Éd. du Cerf, 2017.

l'organisation religieuse d'appartenance, notamment si leurs dirigeants ou responsables avaient été informés des risques ou des dangers attachés au comportement ou à l'état du membre radicalisé, finalement auteur des faits. Mais, dans un premier temps, c'est une responsabilité individuelle qu'il convient de rechercher[1]. Sans cette dernière, il est difficile d'aller au-delà et d'engager la responsabilité d'autres personnes, voire de l'organisation religieuse. On sait combien sont délicates notamment en droit pénal les questions liées à l'imputabilité d'un comportement[2].

Vers la reconnaissance d'un délit d'emprise gravement dommageable ?

À la suite d'un projet de loi déposé au Sénat le 15 novembre 2023 par la Première ministre et le ministre de l'Intérieur en vue de « renforcer la lutte contre les dérives sectaires », le Sénat puis l'Assemblée nationale les 13 et 14 février 2024 se sont opposés quant à la création d'un nouveau délit de placement ou de maintien en état de sujétion psychologique ou physique (nouvel article 223-15-3 du Code pénal). En effet pour le Gouvernement les dérives sectaires ne se limitent pas seulement aux croyances. Depuis une dizaine d'années, ces dérives ont évolué : aux groupes à prétention religieuse viennent désormais s'ajouter une multitude de groupes ou d'individus qui investissent, notamment, les domaines de la santé, de l'alimentation et du bien-être, mais aussi le développement personnel, le coaching, la formation... La crise sanitaire aurait constitué un terreau idéal à ces nouvelles dérives sectaires. Selon le projet de loi, les « gourous 2.0 » ou de nouveaux maîtres à penser autoproclamés agissent en ligne, mettant à profit la viralité des réseaux sociaux pour fédérer autour d'eux de véritables communautés. Le projet de loi, qui a été nourri des propositions issues des premières Assises nationales de lutte contre les

1. À ce titre, il convient de s'attacher aux mobiles de l'auteur des actes afin de vérifier s'ils sont en lien direct ou non avec une forme de radicalisme religieux... ou si, au contraire, ils s'expliquent par un état mental ou matériel particulier de l'intéressé (détresse mentale ou intellectuelle) ou de sa victime (par exemple, état de faiblesse ou grande richesse).

2. V. sur cette question, *infra* chapitre 9 - La relative inadaptation de l'appareil pénal dissuasif et répressif.

dérives sectaires (mars 2023) poursuivait un double objectif : adapter le cadre juridique applicable aux dérives sectaires aux évolutions de ces dernières et améliorer l'accompagnement des victimes.

Le texte gouvernemental prévoyait ainsi de créer :

– Un délit de placement ou maintien en état de sujétion psychologique ou physique. Pour le gouvernement, le délit d'abus de faiblesse par sujétion psychologique créé par la loi précitée dite About-Picard du 12 juin 2001 n'était plus suffisant à lui seul pour réprimer les sujétions ayant causé une altération grave de la santé physique ou mentale et apporter réparation aux victimes ;

– Une circonstance aggravante de sujétion psychologique ou physique pour de nouveaux crimes et délits (par exemple, meurtre, actes de torture et de barbarie, violences et escroquerie...) ;

– Un délit de provocation à l'abandon ou à l'abstention de soins ou à l'adoption de pratiques risquées pour la santé. Depuis quelques années, des personnes non qualifiées proposent, principalement via Internet, des pratiques qui détournent des personnes atteintes de maladies graves (par exemple, cancer) de traitements qui sont pourtant nécessaires à leur santé. L'infraction nouvelle vise à faciliter la poursuite et la répression de tels comportements qui peuvent porter gravement atteinte à la santé des personnes, sans pour autant interdire de promouvoir des pratiques complémentaires qui relèvent de la liberté individuelle.

Afin de faciliter le prononcé de sanctions disciplinaires contre les professionnels de santé considérés comme déviants, le texte prévoit par ailleurs une meilleure information des ordres professionnels. Le ministère public devra informer sans délai les ordres concernés (médecins, pharmaciens, infirmiers, masseurs-kinésithérapeutes...) des décisions judiciaires prises contre des praticiens impliqués dans des dérives sectaires. Pour assurer l'information des acteurs judiciaires, le texte permet à des services de l'État, dont la MIVILUDES, d'être désignés en tant qu'« experts » devant les juridictions. Le projet de loi entendait enfin améliorer l'accompagnement des victimes en permettant à des associations privées, une fois agréées de se constituer partie civile pour des infractions à caractère sectaire.

Sur le premier point, selon le projet de loi, « le délit d'abus de faiblesse par sujétion psychologique prévu par l'article 223-15-2 du Code pénal (...) ne permet pas dans sa rédaction actuelle d'appréhender directement l'état de sujétion psychologique ou physique qui résulterait de manœuvres et techniques destinées à soumettre la victime à l'emprise de son auteur. Il ne permet pas non plus de distinguer les faits selon le contexte particulier dans lequel ils s'inscrivent. En effet, les abus commis dans des univers sectaires sont singuliers, tant par le contexte que par leur nature et leur gravité. Outre les abus relatifs aux biens, ils peuvent concerner des actes sexuels, des pratiques dangereuses pour la santé physique ou mentale, voire des actes extrêmes tels que le suicide, le viol ou le meurtre. Ils sont souvent répétés dans le temps, à l'issue d'un processus progressif d'assujettissement qui place certaines victimes en position de bourreau pour les victimes suivantes, et laissent des séquelles durables pour les personnes qui ont été entraînées dans la dérive sectaire.

Par conséquent, afin de tenir compte des spécificités de l'emprise sectaire, en plus du délit d'abus de faiblesse causé par un état de « sujétion psychologique » dont les acquis, importants, sont conservés, la définition d'un nouveau délit apparaît nécessaire pour réprimer les situations de « sujétion psychologique ou physique qui sont la source d'une altération grave de la santé physique ou mentale pour les victimes, dont le préjudice corporel pourra être désormais reconnu ».

Dans son avis du 9 novembre 2023, rendu public par le Gouvernement, l'Assemblée générale du Conseil d'État a suggéré qu'« en dépit du titre choisi par le Gouvernement, visant seulement les phénomènes sectaires, le projet de loi appréhende en réalité des menaces et agissements très hétérogènes, dont la plupart de ceux qui émergent ne se réfèrent plus à des croyances ou des idéologies et tirent une large part de leur dangerosité du recours aux réseaux sociaux. Le Conseil d'État suggère de ce fait de modifier le titre du projet, en y ajoutant la « lutte contre les emprises gravement dommageables ».

Au cours de l'examen parlementaire, le Sénat avait amendé le projet de loi en supprimant les nouveaux délits de placement ou de maintien en état de sujétion et de provocation à l'abandon ou à l'abstention de soins ainsi que la nouvelle circonstance aggravante de sujétion psychologique ou physique, estimant qu'ils reposent sur des dispositifs juridiquement fragiles en référence à l'avis précité du Conseil d'État.

En revanche, le Sénat souhaite conférer à la MIVILUDES un statut légal afin de conforter ses missions et renforcer ainsi la répression des délits en lien avec les dérives sectaires commises via Internet (par exemple, abus de faiblesse, exercice illégal de la médecine et de la pharmacie, pratiques commerciales trompeuses...).

Puis, les 13 et 14 février 2024, dans une ambiance électrique et houleuse, rythmée de plusieurs passes d'armes entre camps politiques opposés, l'Assemblée nationale a rétabli un article créant un nouveau délit « de placement ou de maintien en état de sujétion psychologique ». A ainsi été rétabli le nouveau délit de sujétion psychologique ou physique ainsi que la nouvelle circonstance aggravante de sujétion psychologique ou physique. Face aux dérives dites thérapeutiques les députés ont également rétabli le délit de provocation à l'abandon ou à l'abstention de soins : « dans le cas où la provocation s'accompagne d'une information claire et complète quant aux conséquences pour la santé », le délit n'est pas constitué « si la preuve du consentement libre et éclairé de la personne est rapportée ». Par ailleurs, « il est explicitement mentionné qu'une personne maintenue ou placée en état de sujétion ne peut être concernée par cette dérogation car elle n'est pas, par définition, susceptible de consentir de manière libre et éclairée à des manœuvres destinées à la détourner des soins qui lui sont prodigués ou à lui faire adopter des pratiques qui nuisent gravement à sa santé », les lanceurs d'alerte étant ainsi explicitement exclus.

Par ailleurs, un nouvel article a été introduit dans le Code pénal afin de prendre dorénavant en considération des circonstances aggravantes liées aux dérives sectaires dans le cadre de l'infraction relative aux « thérapies » dites « de conversion ». Un autre amendement a étendu les obligations des fournisseurs d'accès à Internet (FAI) et des hébergeurs de contenus en ligne qui devront désormais concourir à la lutte contre les abus de faiblesse et au nouveau délit de sujétion psychologique ou physique, à l'instar de ce qu'il leur est déjà imposé pour lutter contre le harcèlement scolaire ou moral ou encore la provocation à la haine. Enfin, des dispositions ont été ajoutées afin non seulement d'exclure du bénéfice des dons ouvrant droit à des avantages fiscaux les organismes condamnés pour dérive sectaire, mais aussi d'ouvrir une nouvelle possibilité de dérogation au secret médical spécifiquement dédiée aux dérives sectaires.

Toutes ces thématiques qui ponctuent les incessants débats politiques et parlementaires sur les dérives sectaires et/ou religieuses sont à suivre, députés et sénateurs réunis en Commission mixte paritaire (CMP) n'étant pas parvenus à trouver un accord sur une version finale du texte.

B) Une doctrine ou un « discours » peut-il en soi être constitutif d'un radicalisme religieux répréhensible ?

Bien entendu, la liberté de penser, doublée de celle d'expression, constitue un gage majeur en France de ce que le droit laisse totalement libres les organisations religieuses de porter leur message spirituel. D'ailleurs, à travers l'article 9 de la Convention européenne de sauvegarde des droits de l'homme et des libertés fondamentales, la liberté de religion a même été portée au rang de droit fondamental. Selon ce texte, « la liberté de manifester sa religion ou ses convictions ne peut faire l'objet que des seules restrictions prévues par la loi et qui sont nécessaires à la protection de la sécurité, de l'ordre et de la santé publique, ou de la morale ou des libertés et droits fondamentaux d'autrui ». Dans un important avis consultatif en date du 14 décembre 2023, la Grande chambre de la Cour européenne des droits de l'homme a pris appui sur son abondante jurisprudence (54 arrêts) pour dégager des critères précis, donc d'une très grande utilité pratique, destinés à la prévention, au contrôle et à la sanction de certaines appartenances religieuses[1]. De façon très méthodique, la Cour européenne a pris soin de distinguer selon plusieurs niveaux des croyances en soi, leurs formes d'expression, les risques et menaces correspondants, les agissements répréhensibles tirés de la nature même du contenu du discours en cause et ce, par le prisme notamment du principe de proportionnalité qu'il ne faut jamais perdre de vue.

C'est dire à quel point il est toujours délicat pour un magistrat d'examiner, puis de s'emparer des arguments juridiques qui se fondent sur un abus de ce droit, tel qu'il résulterait d'actes ou d'agissements répréhensibles issus d'un radicalisme constaté en la matière[2]. Pour autant, confronté à une doctrine absolutiste ou à

1. V. *infra* Annexe.

2. V. *infra* chapitre 10 - La prise en compte des victimes revendiquées, défendues et protégées.

un discours religieux agressif en soi et intransigeant à l'égard de la société civile, de l'État ou de leurs représentants, ne faut-il pas admettre qu'une action juridique soit permise ? Ainsi, la décision administrative de dissolution d'une association à caractère cultuel et/ou culturel, comme celle de fermeture d'un lieu de culte (église, temple, synagogue, mosquée, etc.), sur la base d'expressions avérées de contenus religieux, peut constituer une réponse juridique apportée – sous le contrôle a posteriori des tribunaux – par les autorités publiques confrontées à de telles situations[1]. Notons que des poursuites individuelles, le plus souvent pénales, peuvent également être engagées par le ministère public contre les auteurs directs de tels discours, voire contre les responsables des lieux ou des organisations religieuses qui ont rendu possible le prononcé en public de telles paroles. Pour « prémunir les esprits face à la radicalisation », selon l'axe retenu en 2018 par le Gouvernement, le Plan national de prévention de la radicalisation a dégagé 60 propositions dont le développement de contre-discours. Deux actions : mobiliser avant tout les acteurs de la société civile dans le contre-discours et poursuivre un contre-discours institutionnel républicain ciblé. Pour le Comité interministériel de lutte contre la délinquance et la radicalisation, cela vise « la promotion de messages qui offrent une alternative positive à la propagande extrémiste ou qui visent à déconstruire et à délégitimer les discours extrémistes auprès des publics "cibles" (mesure 17 du Plan national de prévention de la radicalisation) : initiatives de déconstruction du conspirationnisme et de l'extrémisme via des campagnes en ligne, représentations théâtrales, productions de courts et longs métrages ; ateliers de sensibilisation ; tournois sportifs ; interventions de victimes du terrorisme, contre-discours religieux non confessant avec un discours éclairé de l'Islam par des contenus promouvant les droits des femmes, l'attachement aux valeurs républicaines et le savoir

1. V., sur de telles mesures, *infra* chapitre 7 - Les mesures de police administrative contre les agissements répréhensibles du radicalisme religieux.

critique tel qu'il a pu être incarné par diverses figures de l'histoire islamique ». Vaste tâche s'il en est qu'il faudra un jour mesurer, avec les outils adaptés du retour d'expérience, de la pertinence et l'efficience. L'action politique est-elle parvenue de ce seul point de vue à construire des digues et des remparts suffisants et nécessaires ? Sur le plan idéologique, alors que prolifèrent les discours radicaux religieux notamment sur la « Toile du Net », de telles vagues déferlent[1].

Rien n'est plus difficile que de procéder à l'analyse des doctrines religieuses en soi et des discours correspondants à l'aune des grilles de lecture et de l'interprétation juridique des contenus en cause. Comment et selon quel degré tirer des effets juridiques des doctrines et des discours en question dès lors qu'il n'est pas permis pour la puissance publique et à ses représentants de sonder les cœurs et les consciences ni de porter des jugements de valeurs ? Agir a priori de façon préventive est extrêmement délicat en présence de contenus religieux qui contreviennent a priori et en soi à l'ordre public sauf à prendre le risque d'ériger une sorte de police de la pensée religieuse dont certains régimes politiques autoritaires ont l'apanage. On sait combien le monde juridique hésite à consacrer un ordre public moral. Mais ici le rôle du politique apparaît central en ce qu'il ne cesse, en tout cas dans de nombreux pays, de poser avec ses propres filtres et grilles de lecture, en miroir, des bornes idéologiques au droit à la liberté d'expression, même religieuse. Le droit français ne reconnaît cependant pas l'« offense religieuse », et non l'offense à la religion, qui prendrait la forme d'un danger religieux discursif correspondant à des écrits, des paroles, des sons et des images, que, par exemple, le droit canonique catholique, lui, définit précisément, en distinguant, profanation, sacrilège et blasphème, ce dernier n'existant plus en France depuis le XIXe siècle. L'offense religieuse en forme d'absolutisme pourrait s'assimiler à une forme de discours

---

1. V. *infra* chapitre 5 - Le radicalisme religieux dans les publications et l'espace numérique.

théocratique totalitaire qui, sous couvert de la protection de la liberté d'expression, pourrait saper les fondations de l'État de droit démocratique. On sait que la Cour européenne des droits de l'homme a retenu une conception très extensive de la liberté d'expression qui s'applique notamment en matière religieuse. Dès l'arrêt *Handyside contre Royaume-Uni* du 7 décembre 1976, la Cour européenne a affirmé que la liberté d'expression « vaut non seulement pour les informations ou idées accueillies avec faveur ou considérées comme inoffensives ou indifférentes mais aussi pour celles qui heurtent, choquent ou inquiètent l'État ou une fraction quelconque de la population ». L'« inquiétude » de l'État, ainsi précisée, ne permettrait donc pas d'agir tous azimuts contre des doctrines et des discours religieux toxiques. En quoi une idée peut-elle inquiéter l'État ? Comment la mesurer et selon quels critères ? Par exemple, les critères d'intervention de l'« unité de contre-discours républicain » au ministère de l'Intérieur semblent bien reposer sur une évaluation du contenu de la propagande djihadiste afin de mettre en œuvre des contre-messages, des narrations alternatives et des contre-images. Le pas a donc été franchi pour ériger des digues idéologiques protectrices de doctrines et de discours d'inspiration religieuse en eux-mêmes qui sont constitutives d'une menace à l'ordre public par le basculement dans la radicalisation qu'ils peuvent opérer auprès de la population[1].

Le rôle déterminant du politique en présence de discours religieux numineux[2]

La prévention et la lutte contre les manifestations répréhensibles du radicalisme religieux sont l'un des domaines dans lequel d'une certaine façon le politique prime sur la technique juridique

1. V. sur cette question, *infra* chapitre 6 – La politique de prévention et de lutte contre le radicalisme religieux.

2. En 1917, l'ouvrage de Rudolf Otto, intitulé *Le Sacré* et ayant comme sous-titre « L'Élément non rationnel dans l'idée de divin et sa relation avec le rationnel », propose un nouveau concept destiné aux sciences des religions : le

préventive et répressive. Depuis les années 1990, les parlementaires de l'Assemblée nationale avaient étudié le phénomène des « sectes » dans le cadre de plusieurs Commissions d'enquête en rendant publics des rapports d'information correspondants prenant appui sur un certain discours politisé. Des conclusions parlementaires ont alimenté une sorte de panique morale largement véhiculée par les titres de presse, jetant une forme d'anathème durable, quasiment permanent, sur 173 mouvements ainsi « cloués au pilori ». Puis, au prix des attentats terroristes perpétrés en France depuis 1995, les responsables politiques et les élus nationaux ont souhaité agir contre les expressions mortifères du radicalisme religieux. La prise en main politique de ces phénomènes s'est cependant produite en aval des exactions commises. Jean-François Colosimo a ainsi décrit ces événements : « le 26 juillet 2006, en l'église Saint-Etienne du Rouvray, le père Jacques Hamel, âgé de 86 ans, meurt assassiné. Il est égorgé au pied de l'autel où il vient de célébrer l'eucharistie par deux jeunes islamistes qui ont embrassé le djihad. Du jamais vu depuis la Terreur. La République vacille. L'État redoute le pire. Des représailles. La loi du talion. Un embrassement. Le chaos de la violence primitive, fondatrice, immaîtrisable. L'Élysée est comme saisie de stupeur. De même Matignon, Beauvau. Le politique se confronte au *numineux*, au *mysterium tremendum*, à l'épiphanie originelle abyssale, qui terrifie et tétanise. Le pouvoir est frappé de mutisme ». Le numineux est décrit par Rudolf Otto telle la puissance agissante de la divinité, un « sentiment de présence absolue, une présence divine ». Il est à la fois mystère et terreur... ce que Rudolf Otto désigne le « *mysterium tremendum* ». Effrayant constat s'il en est alors que l'agenda politique a été mobilisé contre ces passages à l'acte meurtrier et ses menaces. A été mis en œuvre un agenda sous forme de programme politique destiné à tenter de dresser des contre-feux et même des contre-discours face à ces agissements. Sur le plan juridique, l'action politique a semblé rattrapée par les limites même des outils juridiques ainsi mis en œuvre, comme si la loi ne pouvait pas tout. Le droit vient difficilement combler en effet les formes discursives répréhensibles du radicalisme religieux, ou tardivement ou de façon inefficiente en raison de leur nature visqueuse, flottable et élastique. En effet, la viscosité du phénomène repose en partie sur un double discours, de nature idéologique et/ou religieuse et des rhétoriques symboliques et/ou imaginaires. On songe ici, par

---

concept de « numineux » ou de « numinosité », un tel concept portant en soi une possible remise en perspective de l'anthropologie par rapport au « sacré ».

exemple, au recours dans le monde musulman, à la taqiya qui peut être une sorte de stratégie de dissimulation de la foi, et aux moyens discursifs de certaines organisations telles que la « Ligue de défense juive », branche française de la Jewish Defense League, mouvement néosioniste crée aux États-Unis considéré comme une organisation terroriste par le gouvernement nord-américain, ou à l'association fondée en 2014 à Paris désignée *Overseas Friends of the Bharatiya Janata Party*, un mouvement hindouiste qui soutient l'agression des citoyens chrétiens et musulmans en Inde. Le politique endosse ainsi et à sa façon des formes discursives répréhensibles du radicalisme religieux si l'on se réfère aux conséquences guerrières de certains conflits géopolitiques ou bilatéraux, à leur onde de choc en France. L'action politique de certains dirigeants concède de la sorte au numineux une fonction quasi cathartique qui ébranle les États de droit, contraints de mobiliser des moyens militaires pour les combattre, coûteux en nombre de morts et de fonds financiers. Après les opérations Serval et Epervier, l'opération Barkhane a pris la forme de 2014 à novembre 2022 d'une opération militaire menée au Sahel et au Sahara par l'Armée française visant à lutter contre les groupes armés salafistes djihadistes dans toute la région du Sahel. Elle a mobilisé plusieurs milliers de soldats contre des groupes djihadistes affiliés à al-Qaïda ou à l'État islamique (58 militaires français y sont morts). Plus près de nous, le 21 février 2022 (veille des interventions militaires russes en Ukraine), Vladimir Poutine déclarait à l'une des télévisions russes que « l'Ukraine pour nous... C'est une partie indéniable... de notre espace spirituel ». Cette déclaration illustre l'alliance possible entre certains États contemporains et des autorités religieuses (ici la toute-puissante hiérarchie orthodoxe russe). Après avoir décrit les liens historiques et religieux entre Vladimir Poutine et le patriarche moscovite orthodoxe Kirill, Jean-François Colosimo observe, à cet égard, que « la Russie (...) doit relever de la poussière l'étendard de la vraie foi pour lequel s'immolera une fois de plus son peuple suspendu à la croix du Christ (...). Le Kremlin demande à des orthodoxes russes d'aller crucifier des orthodoxes ukrainiens. Sans plus de vergogne, la religion étant nationale ou ne l'étant pas (...). Il s'est assigné un rôle messianique à la fois – saint et sacré : sauver l'orthodoxie, les religions russes et la russité (...). La pièce ultime de Vladimir Poutine aura été de revivifier la guerre millénaire des religions qui a fait et défait notre continent au point d'en épuiser les réserves spirituelles afin de nous faire croire que tel est notre destin ». Laissons Jean-François Colosimo déduire que « le radicalisme religieux au XIXe siècle a trouvé un terrain de prédilection dans les excès de l'ethnophylétisme contemporain, cette forme de confusion nationaliste entre politique et religio ».

Il explique que « l'Ukraine est bien le lieu majeur où se joue la représentation civilisationnelle que l'Église impériale russe se fait d'elle-même en raison des combats interconfessionnels qui s'y déroulent ». Il ajoute que « le retour du religieux demeure le plus égarant » en expliquant qu'« il n'est pas de facteur plus totalisant, exclusif, mobilisateur que les anciennes croyances religieuses surtout lorsqu'elles sont l'objet de radicalisation ». Vladimir Poutine « au nom d'une religion réinventée avec un zèle indiscutablement religieux attaque l'Ukraine ». Il conclut « nous avons omis que le fait religieux est premier... qu'il n'a pas besoin d'être manipulé pour influer ».

Dans son livre publié en 2020, *Avec Dieu on ne discute pas ! Les radicalismes religieux : désislamiser le débat*, Pierre Conesa prévient de la sorte : « Sur la question de la radicalisation du religieux, les salafistes djihadistes concentrent toute notre attention. Or ils ne sont pas les seuls à constituer une menace : il faut aussi s'intéresser aux téléprédicateurs du Conseil évangélique de Trump, aux juifs radicaux du "Grand Israël", aux extrémistes bouddhistes et hindouistes... Dans notre monde globalisé, on doit en réalité parler des radicalismes religieux au pluriel. Tous reposent sur le même triptyque d'intolérance : une foi, une terre, un peuple, s'appuyant sur une réécriture victimaire de l'Histoire et légitimant une violence vengeresse "sanctifiante" – à l'instar des kamikazes salafistes qui se croient promis au paradis ou de ces pasteurs et prêtres américains justifiant le meurtre de médecins avorteurs. S'ils partagent de nombreux points communs, tous ne visent pas un objectif planétaire. Mais tous redessinent la géopolitique moderne, tandis qu'au sein des sociétés, les poussées radicales sapent chaque jour un peu plus l'égalité entre les hommes, les droits des femmes, des minorités, excluant l'"Autre" du champ politique quand il ne s'agit pas purement et simplement d'épuration ethnique... Face à ces dangers, il est temps de cesser de traiter les religions sous l'angle de la liberté de conscience et de les considérer en termes politiques. Les mêmes appels à l'exclusion proférés par des néonazis ou des suprémacistes seraient immédiatement condamnés : pourquoi faudrait-il les tolérer quand ils sont tenus par des religieux, quelle que soit leur "chapelle" ? ». Sont en jeu les justifications voire les discussions (selon l'expression de Pierre Conesa, « avec Dieu on ne discute pas ! ») qui laissent peu de place aux impératifs démocratiques et aux États de droit. Oui, se jouent des injonctions de nature théocratique et des obligations démocratiques sur les répertoires des États de droit. Mais il y a plus, le radicalisme religieux peut avancer de façon manipulatrice ou dissimulée selon des normes d'intériorisation difficiles à cerner.

2. Le radicalisme interne aux organisations religieuses

Il est admis et commun que les organisations religieuses se dotent de règles internes visant à organiser la vie communautaire, ou pas, entre coreligionnaires tout autant que le fonctionnement propre à leurs institutions. Il n'y a rien de choquant à cela. De même qu'en matière politique, des cercles, des clubs, des amicales, et d'autres organisations encadrant les pratiques obéissent à des règles qui leurs sont propres et que très souvent leurs représentants érigent eux-mêmes, l'organisation d'une institution religieuse appelant également l'adoption de règles destinées à en garantir une bonne pratique. Cela vaut d'ailleurs pour l'ensemble des religions[1]. À ce titre, les règles retenues doivent être respectueuses des lois de la République, sans « velléités d'autocratie » prévient le professeur de droit Yves Mayaud[2]. Les pratiques ainsi encadrées doivent elles-mêmes traduire le respect des

---

1. V. sur cette question, A. Garay et Ph. Coursier (préf. D. Leschi), *Les organisations religieuses face au droit*, Éd. du Cerf, 2022 (spécialement le chapitre 1 consacré au « *droit applicable aux organisations religieuses* »).

2. Y. Mayaud, *Le pouvoir « pénal » de l'Église, ou du mésusage du droit disciplinaire. À propos d'une sentence de l'officialité interdiocésaine de Lyon* : *JCP* G, 2021, n° 46, p. 2113-2120. – Y. Mayaud, *De la diffusion par un diocèse d'un communiqué relatif à une sentence disciplinaire : une initiative hors les murs* : *D.* 2022, p. 1170-1173.

droits de la personne. De sorte que dans une société démocratique et un État de droit, l'ordre de la divinité et, plus largement, l'impératif dicté par une croyance religieuse ne sauraient légitimer certaines pratiques internes considérées comme illicites ou rendues répréhensibles par la loi. De plus, le juge est tenu, au fil des espèces qui lui sont soumises, de « recomposer la notion de liberté religieuse en termes de choix ou d'option individuelle, familiale ou collective entre diverses religions, croyances, fois, conviction » (selon cet *obiter dictum* de la Cour européenne des droits de l'homme dans son emblématique arrêt Kokkinakis contre Grèce du 25 mai 1993), c'est-à-dire selon le prisme de valeurs, de principes et de lois qu'il pourra parfois juger plus élevé dans la hiérarchie des normes. De toute évidence, la recherche du point d'équilibre entre la protection de la liberté de religion et la défense des intérêts de la société doit porter non sur la seule identité ou l'appartenance religieuse, mais sur les activités concrètement mises en œuvre et dont la preuve est matériellement rapportée.

Or, à l'égard de certains groupes religieux, il peut régner une certaine opacité sur les modes de vie et d'organisation internes. Les règles pratiquées en interne ont parfois du mal à être connues. Le secret fait peur. Lorsqu'elles parviennent finalement à l'être alors que peuvent régner des formes de silence et d'isolement, il est souvent difficile d'en mesurer l'impact réel sur celles et/ou ceux auxquels elles s'appliquent. De telles pratiques sont tellement éloignées de celles empruntées par une majorité d'êtres humains à tel point qu'il est extrêmement facile, une fois que l'on finit par y renoncer, à y voir une forme de radicalité. Mais est-ce bien sérieux ? Sauf à mettre la totalité de l'humanité sous le joug d'un « dogme civil », visant à imposer à chacun LE mode de vie et de comportement à emprunter, il faut admettre que chacun reste libre en rejoignant les personnels, les membres ou adeptes d'une religion, d'en adopter les éventuelles règles de vie. Là-encore, le droit est mis en difficulté car tout est question de degré d'atteinte aux droits et libertés fondamentales de la personne. Il s'agit également de s'attacher, comme de vérifier, la validité d'un contrat conclu entre deux personnes, à la réalité du consentement émis par les parties en présence. S'il ne fait aucun doute que l'appartenance à un groupe religieux appelle l'adhésion volontaire aux règles qui le régissent, une place doit être réservée à l'appréciation du rôle joué, par exemple, par la pression sociale ou par les nécessités économiques rencontrées par l'intéressé(e), par le prisme du principe de la liberté de conscience.

Du point de vue juridique, certaines situations épineuses semblent avoir été réglées – non sans difficulté – par un recours aux textes répressifs se rapportant, d'une part, aux manipulations mentales et abus collectifs (A) et, d'autre part, à l'abus frauduleux de l'état d'ignorance ou de faiblesse dont les sectes n'ont pas l'apanage (B).

A) La délicate question des manipulations mentales

Si la question des manipulations mentales – selon le qualificatif retenu tout d'abord par le monde psychiatrique – commises au sein des groupes religieux a été au centre des débats à l'égard du monde des sectes[1], elle s'est également posée au sein des organisations religieuses. Compte tenu de l'évolution de ces questions, le constat dressé, en 2000, par Monseigneur Jean Vernette, délégué de l'Épiscopat pour la question des sectes et des nouvelles croyances, résonne aujourd'hui avec force. Selon lui, l'Église catholique « avait à mettre en œuvre (sa) législation interne quand des groupes en (son) sein connaissent, comme tout groupe humain, des dérives sectaires[2] ». Le renouvellement de

1. À la fin des années 1990 en France, la sujétion physique ou psychologique a fait l'objet d'un débat public passionné autour du « danger des sectes » et de la notion de manipulation mentale. – V. sur ces questions, R. Koering-Joulin, *Activités sectaires et droit pénal* in *Les « sectes » et le droit en France* (dir. F. Messner), coll. Politique d'aujourd'hui, *PUF* 1999.

2. J. VERNETTE, *Contre les sectes, il existe la loi ! : La Croix*, 5 déc. 2000, p. 23. – V. aussi, du même auteur, *L'Église catholique et les sectes : SNOP* 2001, n° 1086, p. 3.

cette question intervenue sous le prisme de l'étude du « prosélytisme islamiste » est des plus actuels, notamment au regard de la mobilisation des services de sécurité dans ce domaine avec l'institution dans certaines préfectures, dès 2004, de « pôles de lutte contre l'islam radical » destinés à prévenir les dérives et à enquêter notamment sur les associations salafistes se livrant à un « inquiétant prosélytisme[1] ». À ce titre, la prise en compte par les pouvoirs publics des dérives prosélytes islamistes en termes de « sécurité publique » est assez révélatrice des conséquences des pratiques de persuasion ou d'intimidation très rôdées d'un islam dévoyé par des groupuscules déterminés[2].

Mais comment définir la manipulation mentale[3] ? Pour davantage de précision, le rapport rendu par la Commission d'enquête parlementaire sur les sectes instituée en 1995 utilisait ce terme accouplé à celui de « déstabilisation mentale ». La déstabilisation mentale faisait ainsi partie des « indices permettant de supposer l'éventuelle réalité de soupçon conduisant à qualifier de "secte" un mouvement se présentant comme religieux, faisant siens les critères utilisés par les Renseignements généraux (...)[4] ».

---

1. V. « L'inquiétant prosélytisme des associations musulmanes » (*Le Figaro*, 28 mai 2004) qui fait état d'un rapport de l'Institut des hautes études de la sécurité intérieure. – V. aussi, le rapport de la Direction centrale des renseignements généraux remis au ministre de l'intérieur en juin 2005 sur l'état des conversions à un islam radical (Cf. « Les conversions à l'islam radical inquiètent la police française », Le *Monde,* 13 juillet 2005, p. 7).

2. Lire l'article de P. Larzillère, « Islam et islamismes », *Le Monde* 11 août 2005, p. 15.

3. Une abondante littérature anglophone s'est penchée sur cette épineuse question. V. en particulier les travaux de D. Brumley et J. Richardson, *The Brainwashing - Deprogramming Controversy. Sociological, Psychological, Legal and Historical Perspectives*, New York, Edwin Mellen, 1983. – N. Isser et L. Linzer Schwartz, *The History of Conversion and Contemporary Cults*, New York, Peter Lang, 1988. – D. Antony et T. Robbins, *Law, Social Science and the Brainwashing Exception to the First Amendment : Behavioral Sciences and the Law*, n° 10, 1992, p. 5-29.

4. Cf. p. 76 du rapport précité. Ces observations devaient beaucoup aux déclarations du psychiatre Jean-Marie Abgrall, selon lequel « *on entend par cette*

Cependant, les parlementaires qui faisaient partie de la Commission d'enquête de 1995 mirent vite le doigt sur la difficulté de cadrer juridiquement ces notions. Ils ne cherchèrent pas à en faire une infraction spécifique. Regrettant qu'il ne soit guère fait recours aux dispositions de l'article 313-4 du Code pénal, les parlementaires souhaitaient que les juges en fassent usage pour « réprimer des faits de déstabilisation mentale perpétrés par des sectes destructrices ». Ce dispositif répressif visait « l'abus frauduleux de l'état d'ignorance ou de la situation de faiblesse, soit d'un mineur, soit d'une personne dont la particulière vulnérabilité due à son âge, à une maladie, à une infirmité, à une déficience physique ou psychique [...] est apparente ou connue de son auteur, pour obliger ce mineur ou cette personne vulnérable à un acte ou à une abstention qui lui sont gravement préjudiciables... ». Cette démarche ne peut éviter un questionnement entre le supposé état de vulnérabilité de personnes manipulées et l'idée que toute croyance supposerait une manipulation. Juridiquement, ce flottement heurte le rapport aux libertés et aux droits tels qu'ils sont inscrits dans de nombreux textes relatifs aux droits de l'homme, protecteurs des droits fondamentaux[1]. Ces normes émancipatrices postulent a priori la capacité et la compétence des personnes, y compris dans leur croyance et la manière dont elles l'ont reçue. Si la règle de droit doit être considérée comme un rempart contre les abus, la controverse publique sur les « manipulations mentales » n'a pas permis au moment où elle surgissait, cette réflexion prudente et équilibrée du concept. Dans l'urgence de l'affolement populaire ayant fait suite à l'affaire des « suicidés » de l'Ordre du Temple

---

expression le fait, par la persuasion, la manipulation ou tout autre moyen matériel, de déstabiliser quelqu'un pour le soumettre à son emprise ».

1. Cf. Déclaration des droits de l'homme et du citoyen du 26 août 1789 ; Déclaration universelle des droits de l'homme du 10 décembre 1948 ; Convention européenne de sauvegarde des droits de l'homme et des libertés fondamentales adoptée par le Conseil de l'Europe le 4 novembre 1950.

Solaire (OTS), il fut utilisé comme un terme destiné à être compris de tous, comme impliquant l'usage de techniques de persuasion supposée malveillante de la part de mouvements qualifiés de sectes. Les expressions de « lavages de cerveau, programmations, manipulations mentales[1] » véhiculées à l'époque par les milieux antisectes furent médiatisées[2]. Elles faisaient appel au vocabulaire militaire du contre-espionnage, aux méthodes de renseignement héritées de la guerre froide, aux techniques connues de rééducation et d'endoctrinement des camps de concentration ou des lieux de relégation communistes, et même aux méthodes commerciales d'outre-Atlantique fondées sur le harcèlement publicitaire et le marketing sauvage[3]. Appliquée aux pratiques spirituelles, la manipulation mentale devint un « endoctrinement contraint », un « viol psychologique ». Nommer en y recourant par l'expression « manipulation mentale » expose donc à de multiples risques puisqu'en parler renvoie, quels que soient les moyens utilisés, à la question de l'exercice des libertés publiques et privées, individuelles et collectives à l'aune de la protection de l'ordre public.

Or, quelles peuvent être les données juridiques à prendre en considération si l'on tente de cerner les contours des agissements ou comportements susceptibles d'être qualifiés de « manipulation

---

1. P. Boinot, *Sectes religieuses et droit pénal : RSCDPC*, 1983, p. 409. – J. Pradel, *La religion face au droit criminel*, Études Chavanne, Paris, *Dalloz* 1989, p. 34-57. – Voir aussi, Question du député Mayoud : *JO* Déb. AN, n° 60 du 26 juin 1976.

2. V. par exemple, J.-M. Abgrall, *La mécanique des sectes*, coll. « Documents », éd. Payot 1996, p. 13-20. – Voir aussi, le Dr M. Monroy, Psychiatre, qui a expliqué que le fonctionnement sectaire appelle des interventions « coercitives » ou « manipulatoires » (in *Le Journal de l'action sociale*, juin 1997, p. 5-9).

3. V. les travaux non publiés du colloque du 25 avril 1997, organisé à Paris par le CESNUR, sur le thème *La notion de manipulation mentale - Points de vue sociologique, historique, psychiatrique et juridique* ; J.-F. Mayer, « *Il problema della manipolazione nei movimenti religiosi controversi* » in M. Di Fiorino, *La persuasione socialmente accettate, il plagio e il lavaggio dell cervello*, Vol. I, Forte dei Marmi, Psichiatra e Territorio, p. 34-87.

mentale » ? Le simple fait d'adhérer à une doctrine religieuse fait-il de la personne concernée un « endoctriné » ? Suivant qu'on se réfère à une secte, est-il possible de qualifier l'adepte de « manipulé » ? La première difficulté réside à ne point vouloir sonder le cœur et les reins des convertis au risque de s'ingérer dans l'examen des croyances. La Cour européenne des droits de l'homme dans son arrêt Kokkinakis c/ Grèce du 25 mai 1993 a exprimé cette prudence : « il échet de distinguer le témoignage chrétien du prosélytisme abusif ; le premier correspond à la vraie évangélisation qu'un rapport élaboré en 1956, dans le cadre du Conseil œcuménique des Églises, qualifie de mission essentielle et de responsabilité de chaque chrétien et de chaque Église. Le second en représente la corruption ou la déformation. Il peut revêtir la forme d'activités offrant des avantages matériels ou sociaux en vue d'obtenir des rattachements à une Église ou exerçant une pression abusive sur des personnes en situation de détresse ou de besoin ; voire impliquer le recours à la violence ou au lavage de cerveau ». Sous cet arrêt, dans son opinion partiellement concordante, le juge français à la Cour européenne Louis-Edmond Pettiti expliquait que « les seules limites à l'exercice de la liberté de religion sont celles correspondant au respect des droits d'autrui dans la mesure où il y aurait tentative de forcer le consentement de la personne ou d'user de procédés de manipulation ». Il dénonçait explicitement le lavage de cerveau, les atteintes au droit du travail, à la santé publique, l'incitation à la débauche. En effet, certains groupements, sous couvert de religion ou d'activités religieuses, recourent à de telles méthodes pour recruter et asservir des individus. Leurs sources d'inspiration sont diverses : ésotérisme, parapsychologie, science-fiction, mais aussi... christianisme[1]. En l'espèce, nulle source d'inspiration

1. « L'institution ecclésiastique a usé d'une gamme très élaborée de moyens de pression et de coercition sur l'individu » (cf. T. Baffoy, *Vie en secte et vie en monastère - sectes politiques et religion : Esprit*, janv. 1978, p. 4-12). – V. aussi, du même auteur avec A. Delestre et J.-P. Sauzet, *Les naufragés de l'esprit – Des*

religieuse, nulle foi, nulle confession n'est à l'abri de l'utilisation de ces méthodes abusives par certains membres ou des dirigeants[1]. En l'état actuel de la doctrine et de la jurisprudence, il semble donc difficile de retenir cette approche fondée sur la contrainte morale pour arriver à mieux cerner la notion de manipulation mentale, la jurisprudence restant d'une certaine façon lacunaire en la matière.

B) La non moins délicate approche en termes d'abus de faiblesse

À l'occasion du débat organisé sur les sectes, à l'Assemblée nationale le 8 février 1996, le député Jacques Guyard, rapporteur de la Commission d'enquête sur les sectes, avait soutenu que « la loi française permet de poursuivre et de condamner la quasi-totalité des déviances auxquelles se livrent certains groupes, y compris la déstabilisation mentale qui fait l'objet, dans le nouveau Code pénal, de l'article 313-4[2] ». Cette précision avait été reprise à son compte par une circulaire émise par le garde des Sceaux, en date du 29 février 1996, relative à la lutte contre les atteintes aux personnes et aux biens commises dans le cadre de mouvements à caractère sectaire[3]. Initialement, la législation souhaitait protéger les mineurs contre l'appétence des usuriers. Aujourd'hui, ce dispositif protège contre l'illusion frauduleuse

---

sectes dans l'Église catholique, Paris, Seuil, 1996 (Certains critiquent aussi les méthodes de la « direction de conscience », prévue par les canons 239, § 2 et 241, § 4 de l'Église catholique).

1. Lire les travaux d'acteurs et de professionnels des questions de psychologie sociale qui, par le prisme du terme de « secte », analysent une vaste réalité sociale (Voir par exemple, L. M. Villerbu et C. Graziani, *Les dangers du lien sectaire*, coll. « Médecine et Société », Paris, PUF, 2000. – P. Denis et J. Schaeffer (sous dir.), *Sectes*, coll. Débats de psychanalyse, Paris, PUF, 1999.

2. Compte rendu analytique officiel, *Ass. nat.* 9 févr. 1996, p. 1243

3. A. Garay, *Aperçu rapide de la circulaire du 29 février 1996 relative aux mouvements à caractère sectaire : JCP G* 1996, n° 15, Act. – G. Koubi, *Du principe de laïcité : à propos de la circulaire du 29 février 1996 relative à la lutte contre les mouvements sectaires : Dr. Administratif* 1996, n° 7, p. 1-3.

des marchands de rêve ou d'habiles escrocs[1]. Si au XIXe siècle, les tribunaux avaient ainsi sanctionné ceux qui faisaient fortune en utilisant abusivement de « prédispositions surnaturelles[2] », le débat contemporain sur les dérives sectaires a fait resurgir le spectre des méthodes de conditionnement en présupposant l'infantilisation et la vulnérabilité des personnes et l'influence importante de leaders idéologiques qualifiés sans nuances de « gourous » ou de « chefs charismatiques[3] ».

En l'état du droit applicable, l'escroquerie, qui est le fait de provoquer la remise d'une chose en trompant son propriétaire par des manœuvres frauduleuses, peut revêtir la forme d'une infraction d'abus de la crédulité des personnes[4]. Mais, en droit, l'usage de manœuvres frauduleuses reste une forme de tromperie qui est des plus difficiles à caractériser. Quelques exemples suffisent à illustrer la réalité des tromperies. Ainsi, la création et l'entretien de la crainte en une catastrophe imaginée par une cartomancienne qui propose, contre rémunération, une « intervention magique » pour conjurer le danger[5]. L'escroquerie dite à

1. R. Ottenho, *Abus frauduleux de l'état d'ignorance ou de la situation de faiblesse d'une personne vulnérable : Rev. sc. crim.* 1997, p. 110.

2. Cass. crim., 2 juin 1843 ; CA Caen, 23 novembre 1842 : *S.* 1843, 1, 920 (*Affaire Vintras*). – Cass. crim., 20 janvier 1872 : *Bull. crim.* 1872, n° 17 ; *D.* 1873, I, 495. – CA Grenoble, 2 mai 1829 : *S.* 1828, 2, 254.

3. En psychologie scientifique, le conditionnement a un sens précis. Il s'applique à des mécanismes d'acquisition des comportements à la faveur de certaines relations précises entre les réactions de l'organisme et les stimulations du milieu. « *Son rôle explicatif dans une théorie générale des comportements acquis, aussi bien que dans une théorie générale du comportement, n'est pas entièrement élucidé* » (Cf. M. Richelle, Encyc. Universalis, tome 5, p. 290).

4. Comme l'abus de confiance qui se réalise par le détournement d'une chose volontairement remise par son propriétaire, l'escroquerie, réprimée par l'article 313-1 du Code pénal, suppose la mise en œuvre de procédés astucieux et trompeurs, de nature à duper. La définition de l'escroquerie par le nouveau Code pénal est plus limitée que celle de l'ancien article 405 qui visait explicitement l'emploi de « manœuvres frauduleuses pour persuader l'existence [...] d'un pouvoir ou d'un crédit imaginaire, ou pour faire naître l'espérance ou la crainte d'un succès [...] de tout autre événement chimérique ».

5. Cass. crim., 6 mars 1957 : *Bull. crim.*, n° 231.

la superstition : si la seule affirmation de pouvoirs surnaturels n'est pas répréhensible pénalement[1], elle le devient en faisant intervenir des témoins-experts qui justifient la création d'entreprise de façade ou un travestissement de nature à capter des clients potentiels[2]. L'escroquerie dite « à l'art divinatoire » est constituée par le fait pour une personne d'obtenir la remise de fonds en persuadant de ses pouvoirs incantatoires fondés notamment sur l'astrologie et la cartomancie[3]. Ce qu'on reproche ici aux fakirs, exorcistes, devins, marabouts, c'est en réalité le recours organisé à des opérations lucratives, organisées et régulières, sous couvert d'altruisme et de générosité humaine[4]. On peut aussi citer l'escroquerie dite à l'art de guérir qui vise la manœuvre trompeuse concernant le fait de donner l'illusion de soigner avec un esprit de lucre, sans générosité apparente[5]. Cette qualification a été retenue par la Cour de cassation au moins à deux reprises[6].

---

1. Cass. crim., 11 janv. 1955 : *Bull. crim.*, n° 17.

2. Cass. crim. 25 avr. 1867 : *D.* 1867, 1re partie, p. 368. – Cass crim., 8 févr. 1913 : *Bull. crim.,* n° 74. – Crim. 28 déc. 1934 : *DH* 1935, p. 104 ; *Rev. Sc. crim.,* 1936, p. 76, obs Donnedieu de Vabres. – Cass. crim., 3 mai 1961 : *Bull. crim.,* n° 232 ; *Rev. sc. crim.* 1962, p. 101, obs. Bouzat. – Rappr. J. Larguier, *Le juge et le sorcier : JCP* G 1967, I-2055 (note sous Trib. corr. Caen, 18 mai 1966, à propos de la relaxe d'une guérisseuse-occultiste), pour qui « *en droit pénal français, le corps est mieux protégé que l'intelligence, puisque la moindre égratignure constitue, juridiquement, une blessure, alors que l'escroquerie n'existe pas si le mensonge a été élémentaire au point de ne pouvoir tromper qu'un sot* ».

3. Cass. crim., 2 juin 1843 : *S.* 1843, 1, 920. – Cass. crim. 25 avr. 1867 : *S.* 1867, 1, 464. – Cass. crim., 6 mars 1957 : *Bull. crim.,* n° 231 ; *D.* 1957, p. 468 ; *S.* 1957, p. 333.

4. J. Larguier, *Le juge et l'astrologue : JCP* G 1963, I, 1744 ; selon lequel « *sous prétexte d'entretenir l'espérance, trop d'individus ne font qu'aggraver la misère d'autrui* ».

5. V. *a contrario*, Trib. corr. Orléans, 29 nov. 1950 : *JCP* G 1951, II, 6195, note Larguier.

6. Cass. crim., 31 mars 1854 : *DH* 1854, 1,199. – Cass. crim., 28 déc. 1934 : *DH* 1935, p. 101. – Rappr. P. Boinot, *Sectes religieuses et droit pénal* : préc. Cet auteur souligne que les dirigeants de l'Église de scientologie ont été condamnés « *pour avoir promis la santé et la réussite sociale alors qu'aucune certitude ne pouvait être*

S'agissant des incriminations légales, la notion de manipulation mentale, qui ne constitue pas en tant que telle une incrimination pénale, reste d'une certaine façon trop vague et imprécise pour que les tribunaux puissent apprécier l'opportunité de sanctionner des individus ou des personnes morales. Reste que même insaisissable, ce type d'agissements représente peut-être la partie immergée d'un iceberg sur lequel peuvent s'abîmer de nombreuses personnes en dérive. Il faut s'arrêter sur l'arrêt rendu par la Cour d'appel de Lyon en date du 28 juillet 1997 dans l'affaire dite de l'Église de scientologie, coup de tonnerre médiatique. De nombreux commentateurs ont confondu l'écho des médias et la réalité des principes en jeu[1]. En effet, la Cour d'appel a, semble-t-il, souhaité marquer un coup d'arrêt à la polémique sociale sur les sectes par référence aux textes protecteurs des droits de l'homme et aux lois de la République[2]. Selon la Cour d'appel, « il est vain dès lors, de s'interroger sur le point de savoir si l'Église de scientologie constitue une secte ou une religion, la liberté de croyance étant absolue. Dans la mesure où une religion peut se définir par la coïncidence de deux éléments,

---

donnée et qu'aucun pouvoir véritable n'existait ». Selon cet auteur, l'arrêt d'appel, faisant suite à la décision du Tribunal correctionnel de Paris du 14 février 1978, n'aurait pas remis en cause le raisonnement des juges du premier degré (p. 428). Mais on apprendra que cette présentation des faits n'est pas entièrement conforme à la réalité en lisant la note du même auteur intitulée « *Une source possible d'injustice : la publication et le commentaire des décisions de justice déjà annulées* » (*La vie judiciaire*, n° 2151, 29 juin 1987).

1. Selon un commentaire averti paru dans la revue *Gazette du Palais*, dans cette affaire « *les médias ont mal analysé les motifs de l'arrêt de la Cour d'appel de Lyon, cherchant plus à émouvoir qu'à informer* » (*Gaz. Pal.* 8 au 9 août 1997). – V. aussi, les obs. de M.-R. Renard, *Qu'est-ce qu'une religion ? : JCP* G 1998, II-10025 ; D. 1997, IR, p. 343.

2. Cf. Déclaration des droits de l'homme et du citoyen de 1789 et l'article 2 de la Constitution du 4 octobre 1958 qui appellent au respect de toutes les croyances. – V. aussi, l'article 1er de la loi du 9 décembre 1905, concernant la séparation des Églises et de l'État, qui précise l'exercice libre des cultes sous les seules restrictions édictées dans l'intérêt de l'ordre public. – V. enfin, l'article 9 de la Convention européenne de sauvegarde des droits de l'homme et des libertés fondamentales du 4 novembre 1950.

un élément objectif, l'existence d'une communauté même réduite et un élément subjectif, une foi commune, l'Église de scientologie peut revendiquer le titre de religion et développer en toute liberté, dans le cadre des lois existantes, ses activités y compris ses activités missionnaires, voire de prosélytisme.

Cependant, si la liberté religieuse est totale, il est permis de concevoir que certains individus utilisent une doctrine religieuse, en soi licite, à des fins financières ou commerciales pour tromper des tiers de bonne foi. Une Église régulièrement constituée pourrait, dans certains cas, dissimuler une entreprise financière ou commerciale. L'exercice ou la pratique d'un culte peut donner lieu à des manœuvres frauduleuses de la part de certains membres de cette religion. L'appréciation de ces manœuvres à travers une pratique religieuse n'implique pas un jugement de valeur sur la doctrine professée par cette religion, mais concerne seulement la licéité des moyens employés ». La Cour d'appel n'a fait que reprendre un cheminement tracé par la jurisprudence depuis des décennies, selon lequel « il doit être définitivement dit – et notre droit est, sur ce point, très affirmé – que les opinions religieuses ne peuvent, en aucun cas, dispenser l'individu de l'observation de la loi. L'obéissance à un commandement religieux n'est ni un fait justificatif ni une excuse absolutoire [...]. Mais la condamnation d'adeptes n'a jamais entraîné la mise en cause de la religion ni le retrait à celle-ci de sa qualification comme la condamnation d'un journaliste pour diffamation n'entraîne pas la déchéance de sa qualité[1] ».

Certes, il faut veiller de ne pas rapprocher sans mesure toutes les situations qui ne sont pas identiques et qui diffèrent par bien des aspects. La méthode comparative si elle éclaire les controverses ne peut juridiquement pas constituer la preuve matérielle d'un agissement illicite et répréhensible. Quoiqu'en pensent certains responsables politiques, expliquer n'est pas excuser.

---

1. RD publ. 1985, p. 508

La loi dite About-Picard du 12 juin 2001 ou la vrai-fausse sanction de la « manipulation pénale préjudiciable[1] »

La loi du 12 juin 2001 visant à « renforcer la prévention et la répression des mouvements sectaires portant atteinte aux droits de l'homme et aux libertés fondamentales », a été votée après que plusieurs versions initiales du texte aient proposé de créer un délit de « manipulation mentale ». Après l'avis émis le 21 septembre 2000 par la Commission nationale consultative des droits de l'homme, n'estimant « pas opportune » la création d'un tel délit, cette proposition a soulevé l'inquiétude des principaux responsables religieux français qui avaient demandé à être auditionnés par le Sénat. Qu'on se rapporte ici aux auditions de Dalil Boubakeur, recteur de la Grande Mosquée de Paris, Joseph Sitruck, grand rabbin de Paris, Jean Vernette, représentant de la Conférence des évêques catholiques de France et Jean-Arnold de Clermont, président de la Fédération protestante de France :

« M. Dalil Boubakeur a tout d'abord estimé que, dans le système de liberté de conscience existant en France, la création d'un délit de manipulation mentale ferait courir des risques graves en ce qui concerne l'évolution des relations entre la société et les religions. (...) Il s'est demandé s'il n'était pas dangereux de porter un jugement, par l'intermédiaire du délit de manipulation mentale, sur les voies et pratiques prônées par les religions pour accéder à Dieu. Il a exprimé la crainte que la disposition proposée par l'Assemblée nationale ne conduise à des dérives susceptibles de porter atteinte à la liberté d'expression. M. Dalil Boubakeur a rappelé que la Constitution française reconnaissait le principe de la liberté de conscience. Il a estimé que l'arsenal législatif destiné à lutter contre les sectes pouvait être amélioré, mais qu'il était suffisant pour faire face aux dérives les plus graves. Il a observé que la création du délit de manipulation mentale était susceptible de porter atteinte au principe de la présomption d'innocence.

---

1. *JO* 13 juin 2001, p. 9337. – Voir aussi, *Dossier : Les nouvelles dérives sectaires : AJ pénal* 2021, 391. – A. Dorsner-Dolivet, *Loi sur les sectes : D.*, 2002, p. 1086. – Id., *La loi n° 2001-504 du 12 juin 2001 relative aux sectes : JCP* G 2001, act. p. 2181. – F.-J. Pansier et C. Charbonneau, La loi du 12 juin 2001 : LPA 2001, n° 125, p. 7-13. – J.-F. Seuvic, *Chronique législative - Loi du 12 juin 2001 : Rev. sc. crim.* 2001, p. 840. V. Fortier, *L'encadrement législatif du phénomène sectaire en France : Revue de droit canonique*, 2001, n° 2, p. 26-34. – P. Rolland, *La loi du 12 juin 2001 contre les mouvements sectaires portant atteinte aux droits de l'homme : Archives de sciences sociales des religions* 2003, p. 149-166.

M. Joseph Sitruk a tout d'abord souligné que la proposition de loi évoquait un domaine difficile à cerner, celui des croyances et de la définition même de l'homme. Il a estimé que la création d'un délit de manipulation mentale pourrait avoir de graves conséquences. Il a ainsi noté que tout orateur ayant un ascendant naturel sur son auditoire pourrait être accusé de manipulation mentale. Il a observé que tout discours religieux tendait à convaincre ceux auxquels il s'adressait. M. Joseph Sitruk, réfutant le caractère absolu du discours, a considéré que son impact pouvait dépendre de l'orateur et de l'auditeur. Il a rappelé que l'ancien Premier ministre israélien Izthak Rabin avait été assassiné par un individu prétendant agir au nom de Dieu et ayant probablement mal compris un discours d'ordre religieux. Le grand rabbin a souligné que toute société devait protéger les plus faibles, en particulier les enfants, et que des progrès étaient sans doute possibles dans ce domaine. Il a estimé nécessaire d'exiger de l'ensemble des associations une très grande transparence. Après avoir estimé légitime la préoccupation des pouvoirs publics et précisé qu'il ne déniait pas au législateur le droit d'intervenir sur ces questions, il a indiqué que la République se devait de protéger de manière égale tous les citoyens dans le respect de la liberté religieuse.

M. Jean-Arnold de Clermont (...) a indiqué que la Fédération protestante de France avait toujours défendu, depuis la publication du premier rapport de M. Alain Vivien sur les sectes, l'idée que l'arsenal juridique permettant de lutter contre les sectes était suffisant, pour peu qu'il soit utilisé. (...) Il a fait valoir que le débat sur la lutte contre les sectes était vicié par l'impossibilité de définir juridiquement une secte. Il a rappelé que les termes de secte, de schisme ou d'hérésie étaient employés par référence à une norme et s'est demandé par qui cette norme pourrait être fixée dans une société marquée par la séparation de l'Église et de l'État. Il a indiqué que la lutte contre les sectes avait été marquée par des comportements extrêmement critiquables, en particulier par l'assimilation à des sectes de tous les groupements dont l'intitulé comportait le terme " évangélique ". Le président de la Fédération protestante de France s'est prononcé contre la création d'un délit de manipulation mentale. Il a observé que la création de cette infraction contribuerait à la judiciarisation croissante de la société et que les critères permettant de caractériser ce délit étaient beaucoup trop flous. Il a estimé préférable de tenter de définir les modalités qui conduisent à la manipulation mentale et d'étudier la manière dont se constitue un lien de dépendance. (...)

Mgr Jean Vernette a ensuite estimé que l'idée de créer un délit de manipulation mentale était à la fois séduisante et redoutable. Il a estimé que les intentions du législateur étaient claires pour le présent, mais qu'il était impossible de présager de l'avenir. Il s'est demandé si un tel délit serait conforme à l'article 9 de la Convention européenne des droits de l'Homme et des libertés fondamentales. Il a noté que le délit de manipulation mentale pourrait s'appliquer à tout groupe. Il a alors noté que les règles respectées par certaines congrégations religieuses, qu'il s'agisse de la clôture, du jeûne, des vœux d'obéissance, de pauvreté et de chasteté, n'étaient pas aujourd'hui assimilées à des manipulations, mais que le sentiment à ce sujet pouvait changer. Il a fait valoir qu'il n'existait aucune garantie que la nouvelle disposition ne serait pas appliquée à des religions ou à des mouvements de pensée. Il s'est demandé si l'adoption d'un tel délit ne finirait pas par donner à penser que toute conviction religieuse serait la manifestation d'une déficience de l'individu concerné. Mgr Jean Vernette a estimé contestable de vouloir protéger les victimes contre elles-mêmes, observant qu'une telle évolution pourrait conduire à la mise en place d'une police de la pensée. Il a souligné que les textes en vigueur invitaient les juridictions à consulter les grandes associations de lutte contre les sectes, notamment en ce qui concerne les mouvements susceptibles d'être qualifiés de sectes. Il a alors rappelé qu'un ouvrage publié par l'une des associations de lutte contre les sectes avait assimilé à des sectes certaines communautés telles que les Béatitudes ou le Chemin neuf. Il a exprimé la crainte que le délit de manipulation mentale conduise le juge à définir le " religieusement correct ". Mgr Jean Vernette a alors formulé quelques propositions. Il a souhaité que les dispositions existantes, en particulier l'article 313-4 du Code pénal relatif à l'abus frauduleux de l'état de faiblesse, soient pleinement appliquées. Il a observé qu'il existait parfois des dérives sectaires au sein même de l'Église catholique et que celle-ci avait pris des dispositions au sein du Code de droit canonique pour contenir de telles évolutions. Il a fait valoir que tout groupe humain connaissait des dérives sectaires et que l'Église catholique avait acquis une expérience dans la prévention de ce type d'évolution qui pourrait être utile dans le cadre des débats actuels (...) ». Monseigneur Jean Vernette avait déjà prévenu en dénonçant ceux qui voulaient « utiliser la lutte anti-sectes comme fusée porteuse d'une lutte anti-religieuse ».

Comme pour combattre les « sectes », les mêmes outils sémantiques ont ensuite visé les activistes djihadistes en empruntant la rhétorique du « lavage de cerveau », forgée aux États unis dans les années 1950 pour dénoncer les conversions de militaires au pacifisme, et ses avatars : manipulation mentale, conditionnement, embrigadement, viol psychique, etc. Cette proximité a été portée, d'une certaine façon, par les pouvoirs publics lorsqu'ils n'ont pas hésité à financer le Centre de prévention contre les dérives sectaires liées à l'islam, fondé en 2014 sous la houlette de Dounia Bouzar ancienne éducatrice spécialisée à la protection judiciaire de la jeunesse, rattaché un temps à la Mission interministérielle de lutte contre les dérives sectaires[1]. Cette « approche psychologique » ne cesse de susciter des répliques et de « multiples vies des dispositifs de surveillance » dont « l'activisme » en faveur de la loi précitée de 2001 « se donne à voir dans les archives des différents ministères » prenant la forme d'organisation des « mobilisations à bas bruit à l'intérieur de l'administration[2] ».

Mais revenons au dispositif concernant la tentative (qui ne dit pas son nom... puisqu'issue de la loi précitée du 12 juin 2001) de légiférer pour réprimer les manipulations mentales. Dorénavant, l'article 223-15-2 du Code pénal dispose que :

« Est puni de trois ans d'emprisonnement et de 375 000 euros d'amende l'abus frauduleux de l'état d'ignorance ou de la situation de faiblesse soit d'un mineur, soit d'une personne dont la particulière vulnérabilité, due à son âge, à une maladie, à une infirmité, à une déficience physique ou psychique ou à un état de grossesse, est apparente ou connue de son auteur, soit d'une personne en état de sujétion psychologique ou physique résultant de l'exercice de pressions graves ou réitérées ou de techniques propres à altérer son jugement, pour conduire ce mineur ou cette personne à un acte ou à une abstention qui lui sont gravement préjudiciables. Lorsque l'infraction est commise par le dirigeant de fait ou de droit d'un groupement qui poursuit des activités ayant pour but ou pour effet de créer, de maintenir ou d'exploiter la sujétion psychologique ou physique des personnes qui participent à ces activités, les peines sont portées à cinq ans d'emprisonnement et à 750 000 euros d'amende. Lorsque l'infraction est commise en bande organisée par les membres d'un groupement qui poursuit des activités ayant pour but ou pour effet de créer, de maintenir ou d'exploiter la sujétion psychologique ou physique des personnes qui participent à ces activités, les peines sont portées à sept ans d'emprisonnement et à un million d'euros d'amende. »

Ce dispositif répressif vise non les manipulations mentales en tant que telles mais « l'exercice de pressions graves ou réitérées ou de

---

1. D. Bouzar, *Désamorcer l'islam radical. Ces dérives sectaires qui défigurent l'islam*, Les Éditions de l'Atelier, éd. Ouvrières, 2014.

2. E. Ollion, *Raison d'État. Histoire de la lutte contre les sectes en France*, éd. La découverte 2017 (not. *Epilogue. Des sectes au djihad : les hoquets de l'histoire*).

techniques propres à altérer son jugement... gravement préjudiciables[1] ». Certains auteurs osent ainsi la critique de ce texte : « que penser des méthodes autoritaires d'éducation ou d'obéissance comportant brimades et punitions, des jeûnes et mortifications pratiqués dans certaines congrégations religieuses ainsi que certaines techniques employées par les psychothérapeutes... Quid de l'orateur brillant, habile à séduire voire à subjuguer son auditoire[2] ? ». Présentant des difficultés d'appréciation, ce texte répressif n'a donné lieu qu'à peu de condamnations pénales, ce alors que nul ne dispose de réelles données chiffrées en la matière et sur l'état du contentieux correspondant. Mais, tel un marronnier journalistique, cette problématique revient régulièrement dans l'actualité. Qu'on en juge à l'article publié dans Le Monde du 8 février 2023 sous le titre « L'abus spirituel, une attaque contre « ce qu'il y a de plus profond en nous » ? ». Cette expression aurait largement été employée ces derniers mois en référence aux commentaires relatifs aux affaires de violences sexuelles au sein de l'Église catholique. Selon Le Monde « Le travail des chercheurs vient jeter une lumière crue sur la mécanique des abus spirituels et des violences sexuelles qu'ils ont permises », écrivait par exemple Aymeric Christensen, directeur de rédaction de La Vie, le 31 janvier, au moment de la publication de rapports mettant en lumière les agissements répréhensibles des Frères Philippe et du fondateur de L'Arche, Jean Vanier. L'expression ne concerne pas que les catholiques. C'est même en milieu protestant qu'elle semble être apparue, puisqu'on la trouve dès les années 1990 dans les travaux de deux pasteurs évangéliques américains, David Johnson et Jeff Van Vonderen (*Le Pouvoir subtil de l'abus spirituel. Comment reconnaître la manipulation et la fausse autorité spirituelle dans l'Église et comment y échapper ?*, Emeth, 1998). Elle a également pu être employée au sujet de récents scandales ayant frappé des centres liés au bouddhisme tibétain ! (...) Quant à « spirituel », il désigne d'abord le contexte au sein duquel se déroulent ces abus : pendant le sacrement de confession ou un prétendu rite d'exorcisme chez les catholiques, par exemple, ou durant des séances mystico-sexuelles sous le couvert de textes tantriques, comme les pratiquait le lama Sogyal Rinpoché, fondateur de l'école Rigpa ».

1. A. Dorsner-Dolivet, *La loi n° 2001-504 du 12 juin 2001 relative aux sectes : JCP* G 2001, p. 2181 ; *Loi sur les sectes : D.* 2002, p. 1086-1096.

2. Cf. « *Droit pénal et sectes* » in F. Messner, P.-H. Prélot, J.-M. Woerling, I. Riassetto (sous la dir.), *Traité de droit français des religions, LexisNexis*, 2013, p. 573.

Il faudra suivre le projet de loi déposé au Sénat le 15 novembre 2023, par l'ex-Première ministre et le ministre de l'Intérieur, dans le but de renforcer la lutte contre les dérives sectaires dont le chapitre Ier tend à « faciliter et renforcer les poursuites pénales ». Le projet de loi vise à créer dans le Code pénal un nouveau délit de placement ou de maintien en état de sujétion psychologique ou physique (projet de nouvel article 223-15-3 du Code pénal). Pour le Gouvernement, « le délit d'abus de faiblesse par sujétion psychologique prévu par l'article 223-15-2 (...) ne permet pas dans sa rédaction actuelle d'appréhender directement l'état de sujétion psychologique ou physique qui résulterait de manœuvres et techniques destinées à soumettre la victime à l'emprise de son auteur. Il ne permet pas non plus de distinguer les faits selon le contexte particulier dans lequel ils s'inscrivent. En effet, les abus commis dans des univers sectaires sont singuliers, tant par le contexte que par leur nature et leur gravité. Outre les abus relatifs aux biens, ils peuvent concerner des actes sexuels, des pratiques dangereuses pour la santé physique ou mentale, voire des actes extrêmes tels que le suicide, le viol ou le meurtre. Ils sont souvent répétés dans le temps, à l'issue d'un processus progressif d'assujettissement qui place certaines victimes en position de bourreau pour les victimes suivantes, et laissent des séquelles durables pour les personnes qui ont été entraînées dans la dérive sectaire. Par conséquent, afin de tenir compte des spécificités de l'emprise sectaire, en plus du délit d'abus de faiblesse causé par un état de "sujétion psychologique" dont les acquis, importants, sont conservés, la définition d'un nouveau délit apparaît nécessaire pour réprimer les situations de sujétion psychologique ou physique qui sont la source d'une altération grave de la santé physique ou mentale pour les victimes, dont le préjudice corporel pourra être désormais reconnu ». Dans son *Avis du 9 novembre 2023*, rendu public par le Gouvernement, l'Assemblée générale du Conseil d'État suggère qu'« en dépit du titre choisi par le Gouvernement, visant seulement les phénomènes sectaires, le projet de loi appréhende en réalité des menaces et agissements très hétérogènes, dont la plupart de ceux qui émergent ne se réfèrent plus à des croyances ou des idéologies et tirent une large part de leur dangerosité du recours aux réseaux sociaux. Le Conseil d'État suggère de ce fait de modifier le titre du projet, en y ajoutant la « lutte contre les emprises gravement dommageables[1] ».

Le radicalisme religieux répréhensible qui se déploie au sein même des organisations religieuses reste plus que jamais sous tension alors que, pour certains, même le droit canon au sein de l'Église catholique confrontée à une récente affaire d'exclaustration forcée d'une religieuse, Sœur Marie Férreol, aurait été « transformé en chiffon de papier[2] ». Les organisations religieuses, quelles qu'elles soient, sont aujourd'hui soumises à des mises en cause répétées quant à leur mode de fonctionnement. Ainsi du rapport de 758 pages, rendu public le 1er février 2023, qui a donné lieu à une publication aux Éditions du Cerf par Tangi Cavalin, historien, sous le titre *L'affaire. Les dominicains face au scandale des Frères Philippe*, mettant en cause dans le domaine des abus sexuels, une « machinerie perverse "systémique" avec des ramifications de fondations déviantes dans leur fonctionnement[3] ». Le rapport de 2021 de la *Commission indépendante sur les abus sexuels dans l'Église* (CIASE) a laissé des traces durables au cœur même de l'Église catholique. « Violences sexuelles » ou « abus », l'Église catholique cherche ses mots en référence à l'abus du pouvoir religieux qui s'est exprimé dans le domaine sexuel[4]. Pour *Le Monde* du 22 décembre

---

1. Suite au texte adopté en première lecture, le Sénat a amendé le projet qui a ensuite été déposé le 20 décembre 2023 à l'Assemblée nationale. Là réside une nouvelle affaire à suivre qui ponctue les incessants débats politiques et parlementaires sur les dérives sectaires et/ou religieuses.

2. F. Sureau, *Le droit canon a été transformé en chiffon de papier : Le Monde*, 24 juin 2021

3. « Au nom du père et du vice », Le Monde, 15 avril 2023. – Lire aussi, B. Chelini-Pont, « *On sait que les crimes sexuels existent au sein d'autres institutions religieuses* », Entretien : *Le Monde*, 11 janvier 2023.

4. L. Atlani-Duault, C. Lazerges, J. Molinario, *Violences systémiques dans l'Église catholique : apprendre des victimes*, Dalloz, coll. Les sens du droit, Essai, 2023.

2022, « La multiplication des scandales s'accompagne d'une controverse sémantique sur la façon de nommer les choses ». Mais il y a plus : Céline Béraud, sociologue, souligne que « la question centrale pour l'Église de France est de savoir comment sortir d'un système qui permet de telles violences[1] ». Or, il semble bien que certains responsables religieux tardent à prendre en considération ces dérives institutionnelles et systémiques qui obligent leurs responsables à repenser leur mode d'organisation et de fonctionnement. Toutes les religions semblent visées par le radicalisme répréhensible, des révélations ne cessant d'être faites. Ainsi révélée la mise en examen de sept responsables d'une communauté juive ultra-orthodoxe, la yeshiva Beth Yossef à Bussières en Seine-et-Marne pour violences aggravées, privation de soins et abus de faiblesse[2]. Pendant des décennies le religieux a bénéficié d'une sorte de présomption de bonne foi, en quelque sorte. Dès lors que les gouvernements ont agité le spectre des dérives sectaires au sein même des religions et des formes de radicalisation en référence à une sorte de dangereux mirage du risque zéro, le bénéfice du doute a disparu notamment de la procédure pénale.

Hanté par le risque d'avoir à répondre à la question « qu'avez-vous fait ? », avec le terrorisme islamique scintillant sous les radars, « on entre dans l'ère des suspects », selon l'expression de Jacques Toubon, ancien Défenseur des droits. On voit même poindre des interrogations générales, c'est-à-dire hors de tout litige, sur l'acceptabilité en soi de certaines croyances religieuses... Serait-ce ainsi que certaines croyances religieuses devraient être jugées comme non « raisonnables » au sens qu'en donne John

---

1. C. Béraud, « Les scandales sexuels dans l'Église catholique font bouger les lignes au sein du catholicisme français », *Le Monde*, 22 novembre 2022 ; « Certains évêques ont encore du mal à reconnaître le caractère systémique des violences sexuelles », *Le Monde*, 15 avril 2023. – Lire son livre, *Le catholicisme français à l'épreuve des scandales sexuels*, Seuil, 2021.

2. « Soupçon de maltraitance dans une yeshiva », Le Monde, 6 et 7 février 2022.

Rawls[1], selon leur aptitude à participer à la coopération sociale sans contrevenir au principe de réciprocité, l'État devant par défaut contraindre des citoyens « déraisonnables[2] » ? Vaste question posée par les spécialistes de théorie politique, qui avec d'autres, s'interrogent sur les limites juridictionnelles tracées par le droit étatique pour sanctionner certaines pratiques religieuses répréhensibles[3].

---

1. J. Rawls, *Political radicalism*, Columbia University Press, 2005, p. 38.
2. J. Quong, *Liberalism without Perfection*, Oxford University Press, 2010, p. 30.
3. A. Von Busekist, *La religion au tribunal. Essai sur le délibéralisme*, Albin Michel, Collection Humanités politiques, 2023, p. 40, p. 48, p. 52 et note 30, p. 291. Cette auteure précise que l'État sait *« renoncer à tracer des frontières étanches entre le citoyen et le croyant et faire preuve de souplesse pragmatique »*. – Rappr. C. Laborde, *Liberalism's Religion*, Harvard University Press, Cambridge, 2017, p. 109.

CHAPITRE 3

LE RADICALISME RELIGIEUX DANS L'ENSEIGNEMENT

I. Grand témoignage

Co-entretien avec Dominique Schnapper et Isabelle de Mecquenem

Présidente du Conseil des sages de la laïcité
et des valeurs de la République
Membre du Conseil des sages de la laïcité
et des valeurs de la République

***Alain Garay**: Selon vous, peut-on dire que le monde de l'éducation rencontre une montée en puissance en même temps qu'une accélération des actes portant dérive radicale religieuse ?*

Habermas a remis en cause la thèse de la sécularisation et, en 2008, il notait que les sociétés « post-séculières » subissaient « une activation de la violence potentielle des religions » dont le terrorisme islamiste était déjà un exemple. Il serait étonnant que l'école publique laïque puisse rester à l'écart d'une opposition entre sécularisation et désécularisation aussi fondamentale. De fait, le terrorisme djihadiste a frappé notre pays à plusieurs reprises depuis 2015, comme d'autres démocraties européennes et d'autre pays du globe. En 2020, l'assassinat de Samuel Paty a constitué un véritable traumatisme dans le monde de l'enseignement.

Mais c'est également à l'École que l'on demande de prévenir les risques de radicalisation dite « religieuse » par l'enseignement et l'éducation, car elle est désormais le lieu de revendications politico-religieuses sous forme d'incidents dont un certain nombre font l'objet de signalements à l'administration et sont recensés sous la catégorie « suspicion de radicalisation ». Ces signalements, comptés comme des atteintes à la laïcité, font l'objet d'un traitement spécifique en fonction de l'évaluation des risques effectuée par les services compétents, c'est-à-dire les équipes académiques « valeurs de la République » et les référents radicalisation de l'Éducation nationale, également présents dans chaque académie. Ces services peuvent le cas échéant se mettre en lien avec les Renseignements territoriaux.

Plus que d'une montée en puissance ou d'une accélération, nous préférons parler d'une territorialisation. Le ministère, qui centralise les données, connaît les académies les plus sensibles de ce point de vue et il existe de fortes disparités locales. Des analyses plus fines seraient donc nécessaires pour appréhender les raisons et les facteurs de ces concentrations locales. La temporalité de l'année scolaire doit également jouer, puisque cela est valable pour les faits de violence scolaire en général.

Enfin, une règle de prudence générale s'impose pour apprécier la nature et le degré d'un phénomène que nous ne connaissons qu'à travers un filtre. Les signalements forment des indices forts et concordants, même si nous savons bien qu'ils ne sont pas exhaustifs.

Philippe Coursier: *Diriez-vous que pour y répondre, les enseignants et les responsables d'établissement bénéficient aujourd'hui de règles juridiques suffisamment claires ?*

Les chefs d'établissement et leurs équipes connaissent les procédures applicables. Ils savent comment faire un signalement comme ils savent réagir à toutes les formes de violence en milieu scolaire. Plus précisément, ils savent ainsi « quand et comment » saisir le procureur sur le fondement de l'article 40 du Code pénal et la protection de l'enfance quand cela s'impose, puisqu'ils sont les garants de la légalité républicaine dans leur établissement. La sécurité des élèves constitue une priorité qui ressortit directement à leur responsabilité pénale. Ils ont également l'habitude de travailler avec les services de police et de justice pour traiter toutes les formes de violences et de délits qui peuvent survenir dans leur établissement.

L'appropriation de cette culture est différente chez les enseignants, en raison d'une division du travail éducatif. Les enseignants ont une culture de la pédagogie et souscrivent avant tout au postulat de l'éducabilité des élèves. Ils sont réticents à se concevoir comme des « auxiliaires » de la justice ou de police, a fortiori lorsqu'il s'agit de mineurs. Nombre d'entre eux perçoivent leurs élèves comme des victimes de la société et non comme des vecteurs de la radicalisation politico-religieuse.

Cette hétérogénéité des cultures professionnelles (administration, éducation, enseignement) est une donnée structurelle des établissements scolaires. Cependant, elle ne doit pas constituer un frein à l'action, en raison des compétences propres aux chefs d'établissement et à leurs services éducatifs placés sous l'autorité des conseillers principaux d'éducation. Il y a une complémentarité des différents acteurs de terrain et la légitimité du travail des enseignants n'est pas en cause, au contraire. L'enseignement est intrinsèquement la meilleure prévention de la radicalisation politico-religieuse.

Alain Garay : *Pensez-vous que notre droit pourrait user d'autres concepts pour rendre plus efficaces ses réponses au radicalisme religieux ? Si oui, lesquels ?*

Les établissements scolaires font déjà partie d'un écosystème et travaillent naturellement avec des partenaires, dont font partie les services régaliens de justice et de police. Les cellules de prévention de la radicalisation et d'accompagnement des familles

(CPRAF) regroupent ces partenaires sous l'autorité des préfets. Pour sa part, l'académie de Paris a mis en place un signalement simultané au Parquet, aux services de police et à l'équipe Valeurs de la République du rectorat. Il est donc possible d'augmenter l'efficacité des dispositifs existants, plutôt que d'en inventer de nouveaux. Il faut avoir le courage d'appliquer les dispositifs existants.

L'efficacité dépend en effet d'un facteur humain, l'analyse lucide et le courage sont déterminants dans toute situation de crise. Notons que la loi du 24 août 2021 a créé un « déféré laïcité » pour renforcer l'action publique dans ce domaine. Mais la radicalisation dite « religieuse », ou plutôt politico-religieuse, qui est documentée dans les services publics, est souvent difficile à qualifier. Quand le phénomène est indubitable, il est souvent trop tard pour agir.

***Philippe Coursier**: Les drames malheureusement rencontrés ces dernières années ont mis en lumière certains manques dans les processus de prise en charge des phénomènes de radicalisme religieux dans l'enseignement. Selon vous, quelles seraient les priorités à instaurer en la matière ?*

Le monde de l'enseignement illustre par excellence ce que Norberto Bobbio appelait « l'éthique désarmée des démocraties ». Les enseignants sont du côté de la raison, pas du côté de la violence, pour reprendre une grande dichotomie philosophique. Pour des raisons de vocation et de convictions, une partie des enseignants répugnent à se rapprocher des services qui représentent les forces de l'ordre associées schématiquement à la répression, voire à la stigmatisation de leurs élèves, et qui les renvoient aussi à une forme d'échec et de limite de leur action.

Des associations partageant les objectifs républicains de l'École mènent des actions de prévention à propos des réseaux socio-numériques qui sont aujourd'hui à l'origine de diverses emprises idéologiques visant les jeunes, dont la radicalisation politico-religieuse fait partie. Des initiatives et des compétences existent donc dans la société civile. Systématiser ce type d'action dans des projets éducatifs en collaboration avec les enseignants est souhaitable, à condition d'évaluer l'efficacité de ces partenariats et leurs services rendus effectifs, car le temps de l'enseignement est rare et précieux. Nous ne pouvons pas le gaspiller.

Alain Garay : *Selon vous, quelles procédures devraient être instaurées pour rendre plus efficiente, au plan national comme au niveau local, la lutte contre le radicalisme religieux dans l'enseignement ? Seraient-elles les mêmes selon que l'enseignement concerné est primaire, secondaire ou supérieur, voire universitaire ?*

La circulation rapide de l'information entre les différents services est un facteur primordial d'efficacité dans toutes les organisations. Répliquer les référents radicalisation peut être efficace à condition qu'ils se coordonnent, car une segmentation des dispositifs peut aussi conduire à l'inertie. Un plan national de lutte et de prévention de la radicalisation n'a de sens que si le monde de l'enseignement se sent véritablement concerné. Et, là, nous risquons d'achopper sur des conflits de valeur, comme nous l'avons déjà souligné.

L'université se conçoit comme foncièrement indépendante du politique. S'engager dans des causes « sociétales » ne lui est pas chose facile, même si l'on observe sa mobilisation à propos de priorités soutenues par des politiques publiques, comme la lutte contre les violences sexuelles et sexistes et la défense de l'égalité entre femmes et hommes. Des postes d'enseignants-chercheurs fléchés « radicalisation » ont été créés sous l'impulsion du CNRS en réponse aux attentats de 2015. Comme l'école publique, le monde universitaire revient à ses compétences fondamentales articulant l'enseignement et la recherche pour apporter sa contribution. Diffuser les connaissances dans la société forme aussi une mission des universitaires et cela peut se faire à travers des formations destinées aux acteurs de la prévention de la radicalisation. Car l'action la plus efficace tient essentiellement dans la prévention. C'est une certitude sur laquelle le monde de l'enseignement, de la maternelle jusqu'à l'université, peut parvenir à s'accorder et à fonder son action en toute légitimité. Cela ne demande pas en effet aux enseignants de déroger à ce qu'ils savent faire et font déjà auprès de leurs élèves et étudiants.

II. – Analyse juridique

L'expression violente du radicalisme religieux ne cesse de connaître des répliques au sein des établissements d'enseignement notamment avec les assassinats de deux enseignants, Samuel Paty (à Conflans-Sainte-Honorine le 16 octobre 2020) et Dominique Bernard (à Arras le 13 octobre 2023). Ces affaires ont mis en exergue le fait que ce type d'actes atroces vise volontairement, telle une cible privilégiée, le monde de l'éducation qui englobe de nombreux intervenants à divers titres (enseignants, enseignés, personnels des établissements d'enseignements publics et privés, parents d'élèves, etc.).

Avec d'autres, Gilles Kepel constate à ce sujet que « face à la salafisation des esprits, l'école est la ligne de front[1] ». Selon lui, « l'attaque du Hamas impose à nouveau l'imaginaire de la razzia... La razzia du Hamas en Israël le 7 octobre fournit un écrin naturel au meurtre d'Arras ». Chacun est concerné et non les seuls enseignés, tous étant susceptibles d'être visés. Et la focale s'est progressivement déplacée en mettant sous le feu des projecteurs des agissements et des intrusions extérieurs aux différents

1. Selon Gilles Kepel, « *En France, l'école est identifiée comme le lieu de perdition des enfants musulmans et les professeurs d'histoire se trouvent particulièrement ciblés parce qu'ils sont chargés d'enseigner la laïcité, qui est l'ennemi car elle dilue l'appartenance exclusive à la communauté et détruit l'obéissance à la* charia » (*Le Monde des livres*, 20 oct. 2023).

espaces du monde de l'éducation, y compris sportifs[1], souvent symbolisés sous le type de « sanctuaire laïc » ou de « creuset républicain ». Face à ces symboles, l'injonction religieuse autant qu'elle peut effrayer revêt de multiples facettes dans le monde de l'éducation, ce que révèlent plusieurs enquêtes et des observations de terrain[2]. Les réactions des responsables politiques n'ont pas manqué après l'assassinat de l'enseignant Dominique Bernard. Le 19 octobre 2023, le ministre de l'Éducation nationale a annoncé vouloir protéger et à cet effet « sortir des établissements scolaires les élèves signalés pour des faits de radicalisation ».

Bien loin paraît le temps de la lettre de Jules Ferry aux instituteurs du 17 novembre 1883 qui en appelait à la neutralité éducative des enseignants. Aujourd'hui, les termes de l'article L. 111-1 du Code de l'éducation disposent que :

> L'éducation est la première priorité nationale. Le service public de l'éducation est conçu et organisé en fonction des élèves et des étudiants. Il contribue à l'égalité des chances et à lutter contre les inégalités sociales et territoriales en matière de réussite scolaire et éducative. Il reconnaît que tous les enfants partagent la capacité d'apprendre et de progresser. Il veille à la scolarisation inclusive de tous les enfants, sans aucune distinction. Il veille également à la mixité sociale des publics scolarisés au sein des établissements d'enseignement. Pour garantir la réussite de tous, l'école se construit avec la participation des parents, quelle que soit leur origine sociale. Elle s'enrichit et se conforte par le dialogue et la coopération entre tous les acteurs de la communauté éducative.

---

1. V. sur cette question, V. Cressin, *La prévention du radicalisme religieux dans le sport (Loi n° 2021-1109 du 24 août 2021 confortant le respect des principes de la République)* : *Rev. jur. et éco. du sport,* 2021, n° 224, p. 33. – Voir aussi, A.-L. Youhnovski Sagon, *Les glissements de terrain du principe de neutralité* : *D.*, 2023, p. 1995.
2. O. Galland et A. Muxel (ss dir.), *La tentation radicale. Enquête auprès des lycéens*, PUF, 2018.

Outre la transmission des connaissances, la Nation fixe comme mission première à l'école de faire partager aux élèves les valeurs de la République. Le service public de l'éducation fait acquérir à tous les élèves le respect de l'égale dignité des êtres humains, de la liberté de conscience et de la laïcité. Par son organisation et ses méthodes, comme par la formation des maîtres qui y enseignent, il favorise la coopération entre les élèves.

Dans l'exercice de leurs fonctions, les personnels mettent en œuvre ces valeurs.

Le droit à l'éducation est garanti à chacun afin de lui permettre de développer sa personnalité, d'élever son niveau de formation initiale et continue, de s'insérer dans la vie sociale et professionnelle, d'exercer sa citoyenneté.

Mais qu'en est-il réellement de l'appréhension juridique d'un radicalisme religieux sismique constaté au sein du monde éducatif ? Il a de toute évidence et depuis longtemps profondément modifié la façon d'agir et l'exercice même du métier d'enseignant et ce, du primaire à l'universitaire, en impliquant la communauté éducative au sens large.

1. Retour sur les évolutions juridiques déjà constatées

Depuis l'affaire en 1989 dite « port du foulard islamique » à Creil (Oise), les gouvernements successifs et la jurisprudence du Conseil d'État n'ont eu de cesse, tel un rempart, de brandir les garanties apportées au monde de l'éducation par le principe de laïcité. Ce tocsin était connu et reconnu depuis plus d'un siècle par le corps enseignant, mais certainement moins par ceux qui les entourent. Les éléments de langage officiels ont progressivement évolué en s'appuyant sur l'antiracisme, l'antisémitisme et l'intégration, puis en se portant non seulement sur le communautarisme (notamment dans les établissements privés), mais aussi sur le civisme, la civilité, l'égalité ou encore, la mixité. Les déclarations et les discours sur la « laïcité scolaire » ont fait florès, notamment par la publication en 2004 par le ministère de l'Éducation du *Guide républicain. L'idée républicaine aujourd'hui*, lequel représente le type même d'une mobilisation utile des principes précédemment invoqués. D'ailleurs, la position de fermeté dont a fait montre le ministre de l'Éducation nationale[1] face à un vaste mouvement revendicatif en faveur du voile dans les collèges et les lycées lors de la rentrée de septembre 2023, a permis de le démontrer. Mais en dehors des affaires relatives au « port du foulard » ont également éclos d'autres préoccupations laïques en référence à la place et aux statuts des parents, des accompagnants, des aumôniers, au contenu des programmes, aux tenues dans divers espaces (par exemple, les piscines), aux menus alimentaires, aux prières pendant les temps de pause, etc[2]. Sur fond d'une certaine surenchère d'affichages et de polémiques, tel un nuage toxique, cette forme de « tchernobilisation » des espaces éducatifs a semblé ne pas connaître de limites.

S'agissant des interrogations du corps enseignant, le rapport de l'Inspection générale de l'éducation nationale (avril 2001) sur la formation des personnels à la laïcité et aux valeurs de la République, élaboré par Jean-Pierre Obin, avait pointé l'importance des conditions matérielles d'exercice des activités religieuses et cultuelles en précisant que « l'implantation des lieux de culte est aussi, pour nos interlocuteurs, un élément important de la vie du quartier et de celle des élèves... Ici une seule mosquée, à l'affiliation connue et à la gestion semble-t-il transparente. Là, à l'inverse, une multitude de lieux de culte, certains quasi-clandestins et hébergés dans les endroits les plus divers, à tel point que dans ce

1. « Notre école est testée. Ces derniers mois, les tenues religieuses comme les *abayas* ou les *qamis* ont fait leur apparition dans certains établissements. La fermeté de la réponse de l'école est mise à l'épreuve par ces nouveaux phénomènes, face aux coups de boutoir, face aux attaques, face aux tentatives de déstabilisation. Nous devons faire bloc. Et nous allons faire bloc », a assuré le ministre devant les recteurs réunis à la Sorbonne à Paris le 24 août 2023.

2. Parmi les innombrables références, voir J.-M. Pastor et E. Royer (coord.) *Laïcité*, Grand angle, Dalloz 2019.

quartier d'une grande ville du sud de la France, un "comité de citoyens" musulmans s'est constitué pour enquêter sur la nature et les responsables de ces lieux. Peu de professeurs savent qu'une mosquée n'est en général pas seulement un lieu de culte, mais aussi un lieu d'enseignement comportant des salles de classe. Elle est aussi souvent le siège d'associations culturelles et d'action sociale s'adressant à des publics particuliers (femmes, jeunes, enfants...), tendant notamment à encadrer des aspects essentiels de la vie des élèves en offrant des services comme les loisirs et le soutien scolaire. C'est aussi parfois un centre de propagande et de diffusion de divers matériels : livres, brochures, cassettes audio et vidéo, édités en France ou au Moyen-Orient, que des élèves possèdent et diffusent. Connaître l'idéologie qui y est propagée est donc important pour comprendre certains de leurs comportements. Même les chefs d'établissement ne savent pas tous discerner entre les différents courants ou groupes qui animent les lieux de culte fréquentés par les élèves. En conséquence, les personnels se rendent rarement compte que ce qu'ils perçoivent le plus souvent comme un mouvement général et indifférencié de progression du religieux chez leurs élèves peut être le résultat d'une surenchère entre mouvements rivaux dans une perspective de contrôle des populations et d'un quartier ». Ce constat sur le rôle social et la fonction religieuse des lieux dits de culte n'est nullement anodin alors même que la loi fondatrice du 9 décembre 1905 ne s'intéresse pas à la question scolaire à l'exception de la possibilité de subventionner par des budgets publics « les dépenses relatives aux services d'aumônerie destinées à assurer le libre exercice des cultes dans les établissements publics tels que lycées, collèges, écoles » (article 2). Ce constat reste central alors même que la désaffection des lieux de culte par les enseignés ne peut occulter l'expression de certaines de leurs revendications religieuses dans les établissements publics. Le renvoi au culte est aujourd'hui dépassé par des questions religieuses bien plus larges. Que faire à cet égard ? Comment agir et réagir ? Plusieurs voies ont été explorées, des mesures juridiques instituées, préventives et répressives.

2. Arrêt sur les tentatives de résolution des tensions par le dialogue

Dans sa présentation du numéro spécial *Des religions et l'école* de la revue *Diversité*, son rédacteur en chef Régis Guyon invite à explorer des relations souvent tendues qui menacent de « déclencher des polémiques à la moindre étincelle » et ce, sur fond de paroles publiques souvent éruptives ou erratiques sur ces sujets[1]. En près de 30 pages, la longue circulaire du ministre de l'Éducation nationale du 5 novembre 2022 a souhaité instituer un « Plan laïcité dans les écoles et les établissements scolaires[2] » qui fait état du recours au paradigme de la phase de dialogue en ces termes : « sanctionner systématiquement et de façon graduée le comportement des élèves portant atteinte à la laïcité lorsqu'il persiste après une phase de dialogue ». La logique du dialogue s'inscrit dans celle d'une forme de règlement alternatif des litiges. En mettant l'accent sur les enseignés et sur la seule notion de laïcité, la circulaire exprime le recours classique à ce principe constitutionnel alors qu'aujourd'hui la prise en compte du radicalisme religieux à l'école le dépasse largement. La circulaire précise à cet égard :

> Plus de 80 % des atteintes au principe de laïcité sont le fait des élèves... Lorsqu'il constate un comportement susceptible de porter atteinte à la laïcité, le chef d'établissement entame une phase de dialogue avec l'élève et ses représentants légaux lorsqu'il est mineur. Ce seul dialogue peut à lui seul, dans de nombreux cas, permettre de dissiper toute tension ou incompréhension et ainsi de débloquer des situations.
>
> Toutefois, lorsque les comportements constituent bien des manquements aux obligations des élèves et qu'ils persistent après cette

---

1. R. Guyon, *Des religions et l'école : Diversité* 2023, n° spécial, n° 201.
2. Circ. MENJ-SG du 9 nov. 2022 : *BO* 10 nov. 2022, n° 42 (NOR : MENG2232014C).

phase de dialogue, le chef d'établissement doit engager une procédure disciplinaire. La mise en œuvre de cette procédure peut s'avérer délicate, notamment lorsque les manquements sont difficiles à qualifier ou lorsque des personnels se sentent menacés. Pour autant, on ne saurait s'accommoder d'une absence de sanctions dans de telles situations. C'est la raison pour laquelle je vous demande de veiller personnellement à ce que les suites apportées soient en rapport avec la gravité des faits constatés.

S'agissant de la difficulté à qualifier certains faits et notamment le port des tenues à connotation religieuse, vous inviterez les chefs d'établissement à s'appuyer plus systématiquement sur l'expertise des équipes académiques des valeurs de la République (EAVR). Vous vous assurerez en outre de la diffusion des éléments de doctrine existants et en particulier des nouvelles fiches pratiques qui sont annexées à la présente circulaire, notamment les fiches relatives à la conduite à tenir en cas de port de tenue manifestant ostensiblement une appartenance religieuse, aux cyber-atteintes à la laïcité et aux points d'attention concernant la procédure disciplinaire applicable aux élèves en cas d'atteinte à la laïcité et aux valeurs de la République.

S'agissant des procédures disciplinaires, vous apporterez une attention particulière à l'utilisation de modalités adaptées à chaque situation. À l'initiative de la procédure disciplinaire, le chef d'établissement peut décider de réunir le conseil de discipline, y compris en dehors des cas où cette formalité est obligatoire. Lorsqu'il décide de réunir le conseil de discipline et que les circonstances excluent la possibilité de le tenir dans l'établissement, le chef d'établissement peut décider de délocaliser le conseil de discipline dans un autre établissement ou un service départemental de l'éducation nationale. Dans les cas les plus graves, il peut en outre saisir le conseil de discipline départemental, à la place du conseil de discipline de l'établissement. Il est rappelé que quelles qu'en soient les modalités, la procédure disciplinaire est toujours une procédure contradictoire, qui donne sa place aux explications de l'élève et de ses représentants légaux s'il est mineur.

Enfin, je vous demande d'accorder une attention particulière à l'effectivité des sanctions apportées aux manquements les plus graves. À cette fin, vous assurerez un suivi des passages en conseil de discipline motivés par un comportement portant atteinte à la laïcité.

S'agissant de la phase de dialogue, des données chiffrées permettraient certainement d'en évaluer la pertinence alors que certains auteurs en décrivent les vertus, celles sur « le délibéralisme » entre autres[1]. À ce titre, l'universitaire Astrid von Busekist, professeure de théorie politique à Sciences Po Paris, a ainsi étudié la situation d'une famille chrétienne évangélique qui en Allemagne refusait d'envoyer ses enfants à l'école publique, préférant l'enseignement à la maison. Dans cette affaire, dans un premier temps, la liberté éducative des parents face à l'autonomie des enfants n'avait pas été admise par la Cour européenne des droits de l'homme, la famille ayant finalement rejoint les États-Unis. Cette universitaire étudie par ailleurs l'obéissance à la loi face à l'intégrité physique du garçon (la circoncision rituelle) et le pouvoir que la religion accorde au mari face à l'égalité entre les sexes (la pratique du Get juif, dans le cadre du divorce), scénarii pour lesquels les commandements religieux butent sur les principes généraux du droit. S'intéressant au rapport entre la justice et le terrain du religieux, selon elle, l'État démocratique n'offre pas de réponse univoque : les magistrats saisis des questions contentieuses correspondantes peuvent appliquer de manière stricte le principe de séparation entre le religieux et le droit étatique ou choisir de dialoguer avec des autorités religieuses. Ils sont parfois conduits à arbitrer entre les exigences de liberté, d'égalité et d'intégrité, quitte à recomposer notre Code de valeurs, en tenant notamment compte du contexte social, médiatique et politique[2]. Cette approche ne semble cependant pas coïncider avec les traditions et les usages de la société française qui a tendance à considérer cette façon d'agir comme un accommodement difficilement acceptable. De toute évidence, la voie du dialogue ne semble pas suffisante en terre de laïcité.

---

1. A. von Busekist, *La religion au Tribunal. Essai sur le délibéralisme*, éd. Albin Michel, 2023.

2. Pragmatiques et contextuelles (plus souples selon la professeure Astrid Von Busekist), leurs décisions nous instruisent sur la souplesse de ce qu'elle désigne appelle le « délibéralisme ».

3. D'une certaine forme de déni au discours sur la submersion radicale, vers les cantonnements laïcs dans le monde de l'enseignement

Dans un entretien publié dans le quotidien *Le Figaro* du 29 mars 2023, Madame Sonia Backès, alors secrétaire d'État à la Citoyenneté, avait souligné comment les services de l'État tentaient d'endiguer des formes d'extrémisme religieux notamment dans les établissements d'enseignement hors contrat. Elle se félicitait du contrôle administratif opéré dans quarante-sept établissements : « six ont été fermés définitivement et cinq sont visés par une fermeture temporaire » soulignant que « la loi s'applique à tous les séparatismes et pas seulement à l'islam radical même si l'essentiel des dérives concerne ce dernier. Mais nous avons aussi procédé par exemple à la fermeture d'une école juive intégriste... Nous contrôlons aussi les contrats de travail ou l'honorabilité des professeurs. Les cellules départementales de lutte contre l'islamisme radical et le repli communautaire jouent un rôle essentiel... On est passé d'une forme de déni à la prise en compte de la réalité avec la mobilisation de tout l'appareil d'État sur une priorité gouvernementale ». Mais au-delà des annonces et des éléments de langage, la loi du 24 août 2021 confortant le respect des principes de la République a adopté un amendement dit « Samuel Paty » ainsi codifié à l'article 431-1 du Code pénal[1] : « Le fait d'entraver, d'une manière concertée et à l'aide de menaces, l'exercice de la fonction d'enseignant est puni d'un an d'emprisonnement et de 15 000 euros d'amende ». L'article 9 de la loi de 2021 est également venu ajouter un article 433-3-1 au Code pénal selon lequel « est puni de cinq ans d'emprisonnement et de 75 000 euros d'amende le fait d'user de menaces ou de violences ou de commettre tout autre acte d'intimidation à l'égard de toute personne participant à

1. L. nº 2021-1109, 24 août 2021, art. 10 : *JO* 25 août.

l'exécution d'une mission de service public, afin d'obtenir pour soi-même ou pour autrui une exemption totale ou partielle ou une application différenciée des règles qui régissent le fonctionnement dudit service. Lorsqu'il a connaissance de faits susceptibles de constituer l'infraction prévue au premier alinéa, le représentant de l'administration ou de la personne de droit public ou de droit privé à laquelle a été confiée la mission de service public dépose plainte. »

En outre, une batterie de moyens administratifs a été mise en œuvre pour tenter de cantonner ces dérives à leur partie visible. Selon la circulaire du ministre de l'Éducation nationale du 9 novembre 2022, il s'agit de « renforcer le suivi et l'accompagnement méthodologiques, juridiques et humains des situations sensibles qu'il s'agit désormais de rendre systématiques dans les premier et second degrés[1] ». Le ministre a ainsi défini quatre axes :

– Sanctionner systématiquement et de façon graduée le comportement des élèves portant atteinte à la laïcité lorsqu'il persiste après une phase de dialogue,

– Renforcer la protection et le soutien aux personnels,

– Appuyer les chefs d'établissement en cas d'atteinte à la laïcité,

– Renforcer la formation des personnels et en premier lieu celle des chefs d'établissement.

Circulaire ministérielle MENJ-SG du 9 novembre 2022 Plan laïcité dans les écoles et les établissements scolaires (BO 10 nov. 2022, n° 42) [Extrait]

Une annexe VI portant sur les infractions issues de la loi du 24 août 2021, qui comprend en sous-annexes un « modèle de plainte » et un « modèle de signalement » en application de l'article 40 du Code de procédure pénale, organise l'action juridique en ces termes :

1. Cf. Circ. MENJ-SG du 9 nov. 2022 : *BO* 10 nov. 2022, n° 42 (NOR : MENG2232014C).

Plusieurs délits ont été créés par la loi n° 2021-1109 du 24 août 2021 confortant le respect des principes de la République afin de renforcer la protection des agents publics qui concourent au service public de l'éducation nationale.

I. Le délit de menaces, violences ou actes d'intimidation à l'encontre d'une personne participant à l'exécution d'une mission de service public aux fins d'obtention d'une dérogation aux règles régissant ce service (article 433-3-1 du Code pénal)

En vertu de l'article 433-3-1 du Code pénal : « Est puni de cinq ans d'emprisonnement et de 75 000 euros d'amende le fait d'user de menaces ou de violences ou de commettre tout autre acte d'intimidation à l'égard de toute personne participant à l'exécution d'une mission de service public, afin d'obtenir pour soi-même ou pour autrui une exemption totale ou partielle ou une application différenciée des règles qui régissent le fonctionnement dudit service. Lorsqu'il a connaissance de faits susceptibles de constituer l'infraction prévue au premier alinéa, le représentant de l'administration ou de la personne de droit public ou de droit privé à laquelle a été confiée la mission de service public dépose plainte ».

Ce délit vise à interdire à quiconque de se prévaloir de ses croyances religieuses pour déroger aux règles de fonctionnement des services publics et de permettre à l'administration de porter plainte pour de tels actes commis à l'encontre de ses agents. Il est puni de cinq ans d'emprisonnement et de 75 000 euros d'amende.

A. Cette infraction suppose la réunion de trois conditions

• L'usage de menaces, violences ou de tout autre acte d'intimidation

Les violences renvoient à tout acte ou comportement de nature à causer une atteinte à l'intégrité physique ou psychique – caractérisée par un choc émotif ou une perturbation psychologique d'une personne (Cour de cassation, chambre criminelle, 2 septembre 2005, n° 04-87.046).

La notion d'acte d'intimidation est plus large que celle de menaces ou violences car elle permet d'inclure les notions de voies de fait (violence légère sans lésion corporelle[11]) et de manœuvres (moyen ou agissement destiné à tromper[2]).

1. Définition issue de *Vocabulaire juridique*, Gérard Cornu, 9e édition, p. 1071.

2. Usage d'une fausse qualité, de faux documents, ruse (définition issue de *Vocabulaire juridique*, Gérard Cornu, 9e édition, p. 637.

L'intimidation, qui inspire la crainte d'un mal (Cour de cassation, chambre criminelle, 11 juin 1937), est constituée dès lors que l'auteur a agi dans le but d'influencer la victime dans un acte relevant de sa fonction. Il s'agit par exemple d'une attitude intimidante et inquiétante ayant pour objet d'empêcher un huissier de justice de procéder à une expulsion (Cour de cassation, chambre criminelle, 18 mai 1999, nº 98-80.482).

• À l'encontre d'une personne participant à l'exécution du service public

Cette notion est plus large que celle de « personne chargée d'une mission de service public » en ce qu'elle permet d'inclure les collaborateurs occasionnels du service public.

• Un élément intentionnel

L'infraction n'est caractérisée que si les menaces, violences ou actes d'intimidation ont été commis dans le but d'obtenir une exemption ou une application différenciée des règles de fonctionnement du service public. Cette intention de l'auteur de l'infraction doit être démontrée.

Exemples de volonté d'échapper à la règle commune : demande d'être soigné par un professionnel de santé de même sexe, demande de non-mixité d'un équipement sportif, report d'une date d'examen qui tomberait le jour d'une fête religieuse.

B. L'administration peut déposer plainte

En principe, il appartient aux victimes de déposer une plainte pénale.

La nouveauté introduite au 2e alinéa de l'article 433-3-1 du Code pénal est de permettre aux représentants de l'administration de déposer une plainte pénale en le nom et pour le compte de l'État alors que l'article 40 du Code de procédure pénale lui permet seulement d'effectuer un signalement au procureur de la République.

S'agissant d'une simple plainte, sans constitution de partie civile, il n'existe pas de formalisme particulier : tout représentant de l'administration peut donc déposer une plainte en application de l'article 433-3-1 du Code pénal (ministre, recteur, DASEN, chef d'établissement, etc.).

S'agissant d'une plainte avec constitution de partie civile, en revanche, seul l'agent judiciaire de l'État est compétent en application de l'article 38 de la loi nº 55-366 du 3 avril 1955.

II. Le délit d'entrave à la fonction d'enseignant (article 431-1 du Code pénal)

Le 3e alinéa de l'article 431-1 du Code pénal dispose : « Le fait d'entraver, d'une manière concertée et à l'aide de menaces, l'exercice de la fonction d'enseignant est puni d'un an d'emprisonnement et de 15 000 euros d'amende ».

Les éléments constitutifs de cette infraction sont au nombre de trois :

– Une entrave à l'exercice de la fonction d'enseignant,
– Un ou plusieurs agissements concertés,
– L'existence de menaces.

En principe, un simple trouble n'est pas de nature à caractériser le délit d'entrave. Ainsi, par exemple, la circonstance que des manifestants, dont le visage était dissimulé par un masque, aient fait irruption dans la salle du conseil municipal en criant à des fins de protestation ne constitue pas une entrave dans la mesure où l'attitude des manifestants n'a fait que troubler quelques instants la réunion sans en entraver le déroulement et les débats (Cour de cassation, chambre criminelle, 11 juin 2013, n° 12-85-104[1]).

La notion de menaces recouvre, quant à elle, tout acte ou propos propres à faire naître sérieusement chez la personne qui en est l'objet la crainte ou l'appréhension pour sa sécurité personnelle (Cour d'appel de Nancy, 22 mai 1951). Par exemple, a été considéré comme une menace le fait de dire à un ouvrier non gréviste « C'est bien, nous t'aurons ! » (Cour de cassation, chambre criminelle, 24 juin 1914[2]).

III. Le délit de mise en danger de la vie d'un agent public par diffusion d'informations relatives à la vie privée, familiale ou professionnelle (article 223-1-1 du Code pénal)

L'article 223-1-1 du Code pénal prévoit : « Le fait de révéler, de diffuser ou de transmettre, par quelque moyen que ce soit, des informations relatives à la vie privée, familiale ou professionnelle d'une personne permettant de l'identifier ou de la localiser aux fins de l'exposer ou d'exposer les membres de sa famille à un risque direct d'atteinte à la personne ou aux biens que l'auteur ne pouvait ignorer est puni de trois ans d'emprisonnement et de 45 000 euros d'amende (...) Lorsque les faits sont commis au préjudice d'une personne (...) chargée de mission de service public (...), les peines sont portées à cinq ans d'emprisonnement et à 75 000 euros d'amende (...) ».

1. Arrêt rendu au visa du premier alinéa de l'article 431-1 du Code pénal, notamment relatif au délit d'entrave du déroulement des débats d'une assemblée parlementaire ou d'un organe délibérant, d'une collectivité territoriale ou de l'exercice de la liberté du travail.

2. Idem.

Cette nouvelle incrimination vise à réprimer la mise en danger des personnes, notamment des agents publics, par la révélation d'informations de nature privée ou professionnelle.

Les éléments constitutifs de cette infraction sont au nombre de trois :

– Le fait de révéler, diffuser ou transmettre des informations relatives à la vie privée, familiale ou professionnelle d'une personne ;
– Les informations révélées, transmises ou diffusées doivent permettre d'identifier ou de localiser cette personne c'est-à-dire d'acquérir la connaissance, par exemple, de ses nom et prénom, de sa date de naissance, ou de son adresse personnelle ou professionnelle ;
– Ces faits doivent être commis dans le but d'exposer la personne ou les membres de sa famille à un risque direct d'atteinte à la personne ou aux biens que l'auteur de l'infraction ne peut ignorer.

Enfin, la peine peut être aggravée en fonction de la qualité de la victime (personne mineure, personne vulnérable, personne chargée d'une mission de service public).

Par exemple, il a récemment été fait application de cet article dans une affaire où le père d'une élève avait publié une vidéo en libre accès sur Internet, intitulée « Discrimination des musulmans à l'école-collège du Haut Allier de Langeac », dans laquelle le principal du collège était clairement identifié et localisé comme étant le directeur dudit collège (tribunal judiciaire du Puy-en-Velay, 13 septembre 2022, n° 587/2022ST). »

L'ensemble du dispositif juridique et administratif repose sur l'hypothèse d'une possible régulation publique du religieux et d'une mise en conformité des subjectivités religieuses[1]. Bien qu'extrêmement noble, la tâche paraît bien redoutable... immense sans doute. Les professionnels peuvent-ils exercer une telle mission qui appelle non seulement des connaissances spécifiques concernant les problématiques liées à la « radicalisation religieuse » mais aussi leur bonne appréhension, c'est-à-dire

1. V. par exemple, C. Donnet, *Les signalements pour « risque de radicalisation » dans les établissements scolaires en France, nouvel outil de régulation de l'islam : Déviance et société*, 2020, 3, vol. 44, p. 220-452. Cette universitaire souligne ainsi que « l'analyse des motifs de signalement, basée sur les perceptions subjectives des enseignants, met en lumière la construction différenciée du "risque" ».

objective, factuelle, circonstanciée et proportionnée, souvent sans commune mesure avec les causes des alertes communément véhiculées ? Un livret intitulé *Prévenir la radicalisation des jeunes à l'usage des chefs d'établissement et de leurs équipes éducatives*, actualisé en 2018, appelle « à une attention particulière envers des élèves en risque dont on peut repérer des signes d'engagement dans la radicalisation. [...] Il permet d'identifier chez un ou plusieurs individus l'apparition de signes caractéristiques afin d'aboutir à un faisceau d'indices probants et cumulatifs qui peut justifier un signalement ». Telle une aide à la détection et un support d'échanges pluriprofessionnels, une grille d'indicateurs est présentée dans ce livret invitant à la vigilance face à divers comportements volatiles : « contestations répétées d'enseignements, multiplication des absences, tentatives répétées d'affichage de tenues et signes religieux ostensibles, déscolarisation soudaine, refus d'activités mixtes ». Des « signes caractéristiques » et des « faisceaux d'indices probants » reposent sur le référentiel des indicateurs de basculement dans la radicalisation qui a été élaboré par le Comité interministériel de prévention de la délinquance et de la radicalisation (V. *infra* chapitre 6). Comme nous l'indiquons ci-après, ces grilles administratives ont été considérées peu opérationnelles et potentiellement discriminatoires par la Commission nationale consultative des droits de l'homme, dans son avis sur la prévention de la radicalisation du 18 mai 2017.

La sociologue Claire Donnet explique de façon très argumentée et articulée ce qu'elle qualifie être une « pratique intuitive et normative » :

> Importée par les services de renseignement, cette notion de signal faible est née de la littérature sur la stratégie et le management des entreprises. Promue dès l'origine par des arguments anxiogènes, elle cherche à anticiper les conséquences d'événements difficilement prévisibles, et surtout menaçant la survie économique d'une organisation, à partir seulement d'informations partielles (Alloing, Moinet, 2016). La difficulté réside alors moins dans la détection du signal que

dans la décision de savoir quelles informations sont ou non pertinentes, ce qui rapprocherait le signal faible d'une catégorisation intuitive (Castagnos, Lesca, 2004). Le signal faible est donc un « signe » dont le sens reste négociable, qui ne repose ni sur des signaux perceptibles de la même façon par chaque récepteur, ni sur une intentionnalité de la part de l'émetteur. Le « signe faible » n'est alors que subjectivité, au sens où il répond à une intentionnalité, une volonté de le voir là où d'autres n'y prêteraient pas attention (Alloing, Moinet, 2017). C'est donc en majorité à partir de leurs connaissances ordinaires formées en grande partie par le traitement politique et médiatique de la question, que le personnel éducatif va procéder au signalement, entre indétermination sur ce qu'est le radical et surdétermination religieuse des signes qui font le radical (Galembert, 2016). Si les signalements cités ont déjà pu illustrer quels « signaux » peuvent être recueillis par les équipes, c'est avant tout leurs interconnexions, replacées à l'intérieur de problématiques scolaires et/ou familiales par les signalants, qui transforment la succession d'éléments épars et de signes en un ensemble cohérent constituant une mise en récit où chaque élément fonctionne comme des arguments de danger. (...)

La prégnance du registre lexical de l'anormalité pour caractériser le comportement et les caractéristiques de l'élève est symptomatique de la construction « intuitive » de la catégorisation de radicalisation. Cependant, cette « intuition » se forme largement sur la diffusion des « signaux faibles de la radicalisation ». Ces éléments disparates – l'absentéisme sélectif, la demande d'aménagement d'un lieu de prière sur le lieu de stage, les prières en cachette à l'école, la précarité familiale, le changement de tenue vestimentaire, qui n'auraient pas fait sens pour le signalant avant 2014 – vont fonctionner comme les signes d'une possible radicalisation, parce qu'ils entrent en résonance avec les « indices probants » qui légitiment le signalement. En replaçant rétrospectivement son acte de signalement au sein d'un contexte d'emballement politique et médiatique, le CPE illustre la contingence de ces signaux qui ne deviennent systémiquement pertinents que grâce au dispositif qui les fait exister, sans se soucier ni de la pluralité de leurs significations, ni de la multiplicité des interprétations qu'ils peuvent susciter. Ainsi, la polysémie que peut revêtir une expression ou un comportement d'ordre religieux et leur réduction à des symptômes potentiels de radicalisation, se retrouvent masquées par leur conceptualisation en termes de signaux faibles, renouant alors avec leur finalité proprement sécuritaire. Cet élément est d'autant plus renforcé par la méconnaissance et l'incompréhension de ce que peuvent anthropologiquement recouvrir la croyance et le religieux dans le milieu enseignant (Le Meur, 2019, 48). Envisager la radicalisation sous l'angle sécuritaire ou de protection de l'enfance permet aux professionnels de l'éducation de se protéger de l'illégitimité de l'acte d'intrusion dans l'intimité des croyances personnelles et familiales des élèves, dans leurs systèmes de valeurs et leurs conceptions du monde.

Le registre de l'anormalité dénote aussi le caractère normatif inhérent à l'appréhension des « signaux faibles » et leur surdétermination religieuse. D'un « look tout à fait normal » à une tenue dont on veut voir une manifestation de l'appartenance religieuse, d'un absentéisme sélectif à son explication par le refus de certains enseignements, etc., les « signaux faibles de la radicalisation » drainent avec eux des situations où l'expression et le comportement des élèves – souvent imputés à une causalité religieuse – s'en trouvent nécessairement suspectés. Le dispositif de signalement de la radicalisation permet dorénavant de faire remonter aux institutions régaliennes des comportements déviants qui seraient jusqu'alors demeurés sans suite ou gérés en interne par l'établissement scolaire.

Invariablement se pose donc la question de la perception de tels éléments et celle de la grille de valeurs des personnels éducatifs eux-mêmes. Une certaine prudence reste de mise. Dans tous les cas, même si du point de vue des effets juridiques, notamment disciplinaires, tout ne relève pas des textes administratifs, dont le *vade-mecum* intitulé *La laïcité à l'école* et ses fiches pratiques, ni du Plan de formation[1], l'effort par le haut est des plus ambitieux. Le piège des dérives radicales prenant la forme de provocations et d'agissements incitatifs, il appelle non

1. Selon les annonces ministérielles, c'est plus de 1 000 formateurs qui animeront chaque année la formation de 250 000 personnels enseignants et administratifs.

seulement à une certaine prudence et à de l'objectivité mais aussi à la mise en œuvre d'échanges systématiques entre professionnels de l'éducation. Une question centrale demeure néanmoins : quelle mission éducative face au radicalisme religieux ? Parce que la mission des enseignants a par ailleurs profondément changé ces trente dernières années[1], laquelle déborde désormais la seule mission de transmission des contenus pédagogiques traditionnels, la réponse n'est pas simple. Les nouvelles formes pédagogiques doivent assurément tenir compte de l'environnement culturel, religieux, médiatique et numérique des enseignés, ce qui pose en écho la question même du substrat des enseignants en la matière. Plus qu'enseignants ces personnels seraient-ils en quelque sorte conduits à exercer aussi et par ailleurs des fonctions d'éducateurs ? Est-ce bien ainsi ? Plus que jamais, cela participe du renouvellement de la mission des enseignants. Dans sa dimension disciplinaire et préventive, en offrant de la norme comportementale, le droit est susceptible de constituer une balise essentielle, les ministres de l'éducation successifs n'hésitant d'ailleurs pas à emprunter invariablement la voie de l'exercice du pouvoir administratif par voie de circulaires interposées[2]. Pourtant, au règne de la circulaire ministérielle, les dérives radicales dans le monde de l'éducation se perpétuent au rythme des tempos extérieurs souvent élaborés à l'extérieur du monde éducatif, le principe de laïcité étant systématiquement appelé à la rescousse.

---

1. D. Bouzar (ss dir.), *Quelle éducation face au radicalisme religieux*, Paris, Dunod, 2006.

2. Il est vrai que quels qu'ils soient les agissements appellent un gigantesque effort de mise en conformité au droit.

CHAPITRE 4

LE RADICALISME RELIGIEUX DANS LE MONDE DU TRAVAIL

I. – Grand témoignage

Entretien avec Philippe Vivien

Vice-président du groupe ALIXIO

Alain Garay: *Selon vous, peut-on dire qu'aujourd'hui certaines entreprises se trouvent confrontées en leur sein à des phénomènes ou, plus simplement, à l'expression de certaines formes de radicalisme religieux ? Si oui, lesquels ?*

L'Institut Montaigne a publié son *Baromètre du fait religieux en entreprise 2022-2023*. Ce rapport est particulièrement intéressant et illustratif car il possède une double particularité : sa récurrence (sa première édition datant de 2013) et la précision des questions posées au soutien de son élaboration, ce qui permet une vision détaillée et la mise en perspective de la situation réelle.

Tout d'abord, il confirme que la place du fait religieux en entreprise se renforce depuis dix ans. Si la proportion de celui-ci est stable depuis 2015, « deux tiers des répondants repèrent des situations marquées par le fait religieux dans leur environnement de travail ».

Fait également remarquable : les situations sont particulièrement hétérogènes, disparates et doivent être traitées de manière appropriée, au plus près du terrain. Le plus souvent, elles ne créent pas de perturbation majeure, mais elles doivent appeler à une certaine vigilance (V. ci-dessous le tableau énumératif issu du rapport de l'Institut Montaigne, *Religion au travail – Baromètre du fait religieux en entreprise 2022-2023*, piloté par le professeur Lionel Honoré et publié en juillet 2023).

Les faits religieux observés dans les situations de travail

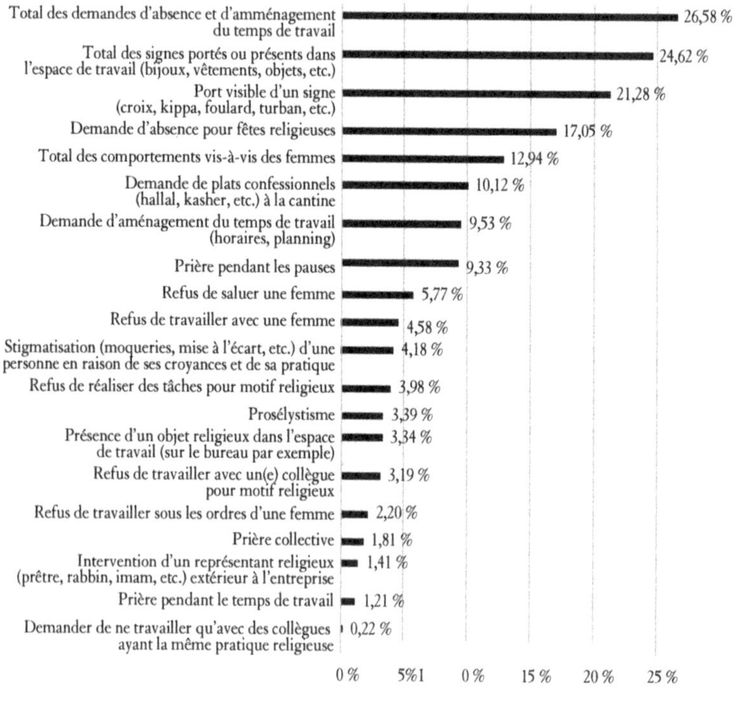

Si le principe de l'existence du fait religieux n'est pas mis en cause par la plus grande partie des répondants à l'étude, une majorité des acteurs du monde du travail reconnaît que certains comportements ne peuvent être admis en entreprise (V. également ci-dessous le tableau explicatif issu du rapport de l'Institut Montaigne, *Religion au travail – Baromètre du fait religieux en entreprise 2022-2023*).

Fréquences des effets négatifs du fait religieux

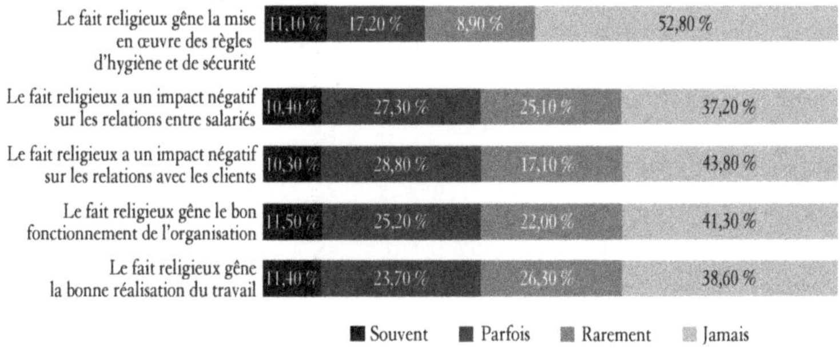

Ce point est d'autant plus important que la fréquence du phénomène vient à s'accélérer. Ainsi, de façon plus précise, il ressort de l'étude que le nombre de personnes ayant fait face à des comportements rigoristes a été multiplié par près de deux entre 2019 et 2022, passant de 7,8 % à 14 %. De même, la proportion des situations aboutissant à des tensions, voire à des conflits, est passée de 6 % en 2013 à 21 % en 2022. Plus la densité du fait religieux est importante, plus le risque de conflit est fort... ce qui suscite un besoin grandissant de réponses concrètes, essentielles au bon fonctionnement du collectif de travail.

Philippe Coursier: *Dans la mesure où les règles applicables aux entreprises, à leurs instances représentatives du personnel et aux organisations syndicales exigent une certaine « neutralité » à l'égard des éventuelles convictions religieuses des salariés, le phénomène doit sans doute être relativement marginal, non ?*

Beaucoup d'entreprises concernées par le développement du fait religieux ont mis en place des dispositifs structurés de gestion. Ces derniers constituent une sorte de « boîte à outils » relativement complète et qui intègrent généralement un certain nombre de dispositions incluses dans le règlement intérieur ainsi que des guides pratiques et de la formation destinée à l'encadrement. Il en est de même de certaines consignes spécifiques destinées aux encadrants pour répondre à des demandes individuelles précises ou à des situations extrêmes, ce qui vient parfaitement compléter le dispositif.

Dans le respect des dispositions légales et conventionnelles applicables dans l'entreprise, ces mesures visent à permettre non seulement de gérer les situations rencontrées, mais aussi de maintenir le dialogue avec toutes les personnes concernées (auteurs, victimes, représentants du personnel, éventuel public, etc.).

Alain Garay: *À travers le règlement intérieur, les règles propres à la sécurité et à la discipline dans l'entreprise relèvent de l'autorité de l'employeur et ce, même si les représentants du personnel ne manquent pas d'être consultés, voire associés, sur son contenu. Diriez-vous que l'employeur dispose là d'un outil essentiel à la mise en œuvre d'une véritable politique de prévention-sanction contre un potentiel développement du radicalisme religieux dans l'entreprise ?*

La boîte à outils mise à disposition des entreprises et des représentants des salariés est large et permet de traiter la grande majorité des situations et, à ce titre, il ne fait aucun doute que le contenu du règlement intérieur est important. Toutefois, les situations les plus radicales, qu'elles soient individuelles ou collectives relèvent davantage de la relation individuelle, de l'expression du pouvoir d'organisation et du maintien d'un climat social apaisé que de l'empilement de nouvelles dispositions qui risque de complexifier encore un peu plus la situation. Il convient donc de se garder de trop vouloir enrichir le règlement intérieur de ces sujets. C'est une question de juste équilibre à trouver.

À tout le moins, la jurisprudence doit accompagner et éclairer l'évolution de la société en la matière, ce qu'elle n'a pas manqué de faire lorsqu'elle a été sollicitée. Chaque professionnel du droit des relations de travail a connaissance d'une décision de justice venue dénouer une situation dans laquelle ces questions étaient en débat.

Philippe Coursier: *Si la négociation collective peut offrir un moyen aux acteurs du monde du travail pour appréhender le phénomène, à quel niveau devrait, selon vous, se placer cette négociation ? Faudrait-il imaginer de négocier un ANI relatif à l'inclusion positive du monde du travail et à l'éradication de toute forme de radicalisme religieux dans l'entreprise ?*

La place de la négociation en cette matière est complexe à définir. S'agissant de la liberté religieuse, il nous semble que c'est par nature au niveau législatif que le débat doit être porté. La question de l'éventuelle négociation d'un accord interprofessionnel pourrait se poser mais il convient de noter qu'elle n'a toutefois pas été programmée à l'agenda des partenaires sociaux.

En vérité, il n'est pas certain que les acteurs du dialogue social souhaitent se saisir de ce sujet sensible. Et puis, est-ce vraiment aux partenaires sociaux de proposer des solutions qui dépasseraient le seul champ du Code du travail afin qu'elles soient reprises – totalement ou de façon partielle – dans une loi ? Rien n'est moins sûr. Selon moi, une telle approche relativement complexe ne constitue pas un terrain favorable au consensus.

Alain Garay: *Selon vous, pour faire face à des tentatives d'incursion du radicalisme religieux dans le monde du travail, peut-on considérer que le secteur public – lequel se trouve expressément soumis au « principe de laïcité » – est mieux armé que le secteur privé ?*

Au-delà de la règle juridique que constitue le principe de laïcité, la réalité du terrain est très disparate et ce, selon le secteur d'activité ou encore, la taille de l'entreprise.

Le secteur public étant composé de grandes entreprises et de grandes administrations, il est par nature très visible. L'effet de loupe est permanent et l'accès au public beaucoup plus large. Par conséquent, la densité du fait religieux est plus forte. C'est un constat nécessairement différent qui est fait lorsque l'on se penche sur les milliers d'entreprises, le plus souvent des TPE-PME, qui composent le secteur privé.

Dans ces entreprises, un travail remarquable est réalisé quotidiennement sur le terrain par l'encadrement afin de maintenir un équilibre souvent instable, tout en veillant à l'inclusion de toutes et de tous. À ce titre, les questions relatives à la religion sont abordées dans les réflexions et les moyens d'action. Il en a d'ailleurs toujours été ainsi, notamment en matière d'aménagement du temps de travail.

Les phénomènes liés au radicalisme religieux, encore peu fréquents à mon sens, sont également pris en compte lorsqu'ils se présentent ou s'annoncent dans les organisations. Pour autant, il ne s'agit pas forcément de vouloir les anticiper à tout prix à travers l'énonciation de règles ou de process qui pourraient être mal vécus par les salariés. Là réside sans doute la force des entreprises privées qui, portées par une longue expérience des relations de travail, disposent d'une capacité de réaction relativement grande.

II. – Analyse juridique

Le monde du travail appréhendé ici vise les employés des entreprises privées liés par une relation contractuelle et non statutaire, contrairement au cas des agents publics qui sont tenus par un cadre réglementaire statutaire ou déontologique de service public[1], même si leurs différences tendent à s'estomper avec l'essor de la pensée économique néo-libérale et son paradigme

---

1. Ainsi, selon la Cour de justice de l'Union européenne, l'interdiction par une administration publique à l'ensemble de ses employés du « port visible, sur le lieu de travail, de tout signe révélant, notamment, des convictions philosophiques ou religieuses peut être justifiée par la volonté de ladite administration d'instaurer, compte tenu du contexte qui est le sien, un environnement administratif totalement neutre pour autant que cette règle soit apte, nécessaire et proportionnée au regard de ce contexte et compte tenu des différents droits et intérêts en présence » (CJUE, 28 nov. 2023, aff. C-148/22, Commune d'Ans : *JurisData* n° 2023-021721 ; *JCP* S 2023, act. 469 ; *Europe* 2024, n° 1, comm. 1, note D. Symon).

néo-managérial[1]. Et, tout comme dans le monde de l'éducation, la problématique du radicalisme religieux dans le monde du travail touche une multiplicité d'acteurs, employeurs et employés, organisations syndicales, représentants patronaux et élus du personnel, etc. Traditionnellement peu traitée, cette question fait dorénavant surface dans le monde du travail alors qu'elle déborde très largement l'approche en termes de respect du principe de neutralité en accordant la primauté aux règles contractuelles et au fonctionnement régulé. Selon les enseignements de l'arrêt *Loste contre France* rendu le 3 novembre 2022 par la Cour européenne des droits de l'homme[2], tout ne se réduit pas dans les relations de travail à édicter une clause contractuelle dite « de neutralité religieuse » et à veiller à son respect. Pas davantage le principe de laïcité qui se déploie dans le cadre statutaire des différentes fonctions publiques, est transposable dans le monde du travail à caractère privé qui fait l'objet de ce chapitre spécifique. Dans un premier temps, les observateurs et les décideurs ont préféré s'intéresser, il est vrai, à la question de la neutralité et non à celle des dérives radicales religieuses tant la problématique du fait religieux dans les entreprises a été historiquement prioritaire. Le monde du travail, à l'exception de quelques entreprises et de certains territoires, semblait moins touché que d'autres. Rien n'est moins sûr dès lors que se déploient partout des demandes, des revendications et des agissements qui de toute évidence sont liés au radicalisme religieux, assises sur des positions intransigeantes. Et de plus, de profondes mutations traversent les entreprises qui reflètent de nouvelles problématiques jadis ou méconnues ou minimisées.

---

1. Se pose ainsi la question de savoir si les agents publics sont encore ou pas, en l'état des évolutions du droit, des travailleurs différents des employés ? (V. sur cette question, Ch. Froger, *L'agent public est-il encore un travailleur du salarié ? : AJDA*, 10 juillet 2023). Pour l'heure, nous n'abordons pas ici la spécificité de la situation juridique des entreprises privées à mission de service public.

2. S. Ramaciotti, « La clause de neutralité religieuse, une pratique transversale du droit du travail au droit de la famille », *Recueil Dalloz*, 21 sept. 2023, n° 31.

1. L'approche traditionnelle de la gestion du fait religieux en entreprise privée

Dans les entreprises, s'est toujours posée la présence de faits religieux au sein des relations de travail. Mais qu'entend-on par « fait religieux[1] », question d'une importance certaine dès lors que plusieurs dimensions ne peuvent être occultées dans le monde du travail en présence de comportements ou de revendications dérivés d'expressions religieuses, d'appartenances, de demandes spécifiques et d'identité ? Distinctement dans le monde des entreprises privées les pratiques, les exercices, les célébrations d'un rite (prière, jeune, jours de repos, etc.), les revendications, les demandes et les injonctions, les comportements a priori religieux ont toujours existé sans soulever de réels problèmes. Tel n'est plus le cas aujourd'hui en présence de certains phénomènes d'exacerbation religieuse dans les relations de travail. En outre, ces dynamiques sont des plus évolutives comme dans le cas des incidences liées à de nouvelles conversions religieuses d'employés qui expriment alors des demandes non prévues dans les contrats initiaux ou encore, dans certaines entreprises, à propos d'effets en lien avec les changements géopolitiques majeurs dans certaines zones du monde et secteurs d'activité (Asie, Proche- et Moyen-Orient, Golfe persique, etc.)

Pendant des décennies, la gestion du fait religieux dans le monde du travail ne soulevait pas de graves questions en termes d'exacerbation de tensions, de litiges et de contentieux concernant leurs formes même d'organisation. Restaient connues des dérives d'une certaine façon radicales au sein de quelques collectivités religieuses refusant de respecter le Code du travail en recourant à des formes illicites de travail dissimulé sur fond de débats contentieux : concernant le personnel religieux, étaient-elles soumises au droit du travail

---

1. Régis Debray, « Qu'est-ce qu'un fait religieux ? », *Études*, 2002, vol. 397, n° 9.

ou dévouées à une vie religieuse hors contrat civil d'emploi ? L'intransigeance de certaines positions religieuses hostiles à la reconnaissance d'activités soumises au respect du Code du travail ne sont plus tenables aujourd'hui. Ainsi, sous les radars de la Mission interministérielle de vigilance et de lutte contre les dérives sectaires, ce contentieux récurent a touché l'association catholique Famille Missionnaire Donum Dei (FMDD), personne légale non déclarée en préfecture, qui mettait à contribution des dizaines de femmes venues d'Afrique ou d'Asie[1]. Dans un premier temps, après le placement en garde à vue de la représentante légale de l'association et au terme d'une information judiciaire, sur les poursuites du procureur de la République, demandeur, par un jugement de 24 pages, le 16 août 2022 le tribunal correctionnel d'Épinal a déclaré la FMDD coupable d'emploi d'un étranger non muni d'une autorisation de travail et d'exécution d'un travail dissimulé. Le tribunal lui a infligé une amende de 200 000 euros pour avoir eu notamment recours, entre 2013 et 2016, à des travailleuses missionnaires de l'Immaculée (selon la FMDD des « laïques consacrées ») de nationalité étrangère au service de restauration et d'hébergement lié à des basiliques et sanctuaires dans quelque 14 sites en France[2]. En outre, à titre de peine complémentaire, le tribunal a ordonné avec exécution provisoire la confiscation des sommes saisies sur ses comptes bancaires pour un montant de 943 120 euros. Sur appel interjeté par l'association FMDD, la Cour d'appel de Nancy aura à se prononcer très prochainement sur l'issue de cette affaire[3].

---

1. À la barre du Tribunal d'Épinal, l'association FMDD, prévenue poursuivie, qui faisait citer comme témoin Patrick Valdrini, ancien recteur de l'Institut catholique de Paris, s'est prévalu d'une attestation de l'Archevêque de Marseille.

2. Concernant les activités du restaurant « L'Eau-Vive » de Notre-Dame de la Garde à Marseille, le jugement souligne que « selon les témoignages recueillis, ces jeunes filles une fois arrivées en France, étaient cloitrées sans travail sans formation... étaient dépossédées de tout bien y compris de leurs pièces d'identités ».

3. V. *infra*, chapitre 9 - La relative inadaptation de l'appareil pénal dissuasif et répressif.

De façon plus générale, l'Institut Montaigne, en publiant l'édition 2022-2023 du *Baromètre du fait religieux en entreprise*, illustre l'approche traditionnelle de la gestion du fait religieux en entreprise. En s'appuyant sur un questionnaire réalisé à l'été 2022 auprès de plus de mille cadres et managers, la neuvième édition de ce *Baromètre* souligne l'existence de faits religieux dans deux entreprises sur trois marquées par des actes, des comportements ou des demandes à dimension religieuse.

L'Institut Montaigne signale ainsi :

> Alors même que le phénomène est de plus en plus connu et que les organisations développent des outils de gestion du fait religieux, cette normalisation en entreprise n'est pas toujours suivie d'une normalisation des comportements et de nouvelles situations dysfonctionnelles apparaissent, analyse Lionel Honoré, directeur de l'Observatoire du fait religieux en Entreprise. Il précise : « Sans cesse réinventé, le fait religieux nécessite d'être appréhendé de manière singulière d'une situation et d'une personne à l'autre. Son management est donc davantage affaire de méthodes que de solutions définitives ».
>
> Le baromètre note que la majorité des situations de travail ne sont pas concernées par les dysfonctionnements liés au fait religieux. Selon l'échelle de mesure du degré de dysfonctionnement organisationnel généré par le fait religieux au travail réalisée dans le cadre de cette étude, dans 54 % des cas, les dysfonctionnements liés au fait religieux sont faibles (contre 58 % en 2020-2021 et 63 % en 2019). Toutefois, la part des situations dysfonctionnelles augmente régulièrement : 28 % de cas dysfonctionnels modérés contre 26 % en 2020-2021 et 25 % en 2019, et 18 % de cas fortement dysfonctionnels contre 16 % en 2020-2021 et 12 % en 2019.
>
> La part des situations nécessitant une intervention managériale et aboutissant à des tensions et des conflits atteint 21 % en 2022 contre 19,5 % en 2020-2021 et 6 % en 2013 La majorité des personnes interrogées ne considèrent pas repérer de comportements religieux rigoristes dans leur situation de travail. Toutefois, cette tendance semble être à la baisse puisqu'en 2022, 14 % des interrogés repèrent régulièrement des comportements religieux considérés comme

rigoristes, contre 7,8 % en 2019. Si la typologie des faits rencontrés est la même que les années précédentes, ceux ayant une dimension transgressive et dysfonctionnelle continuent à progresser : 23 % des situations repérées sont à forte densité de fait religieux, contre 22 % en 2019-2020 et 19 % en 2018.

La majorité des répondants (70 %) considèrent que le principe de liberté religieuse doit être pris en compte par les entreprises avec comme limite la bonne réalisation du travail. Paradoxalement, la même proportion considère que le champ d'application du principe de laïcité devrait être étendu aux entreprises privées (70 %, contre 68,7 % en 2021 et 64 % en 2019). Parallèlement, les situations de stigmatisation et de discrimination progressent : elles sont régulièrement ou occasionnellement repérées par 30 % des répondants, contre 27 % en 2020-2021 et 19,3 % en 2019. Elles touchent tous les pratiquants quelle que soit leur religion, bien que la discrimination à l'embauche concerne principalement les salariés musulmans.

Si le fait religieux est quantitativement peu genré (53 % des situations impliquent des femmes et des hommes), il l'est en revanche davantage qualitativement. Les faits religieux féminins sont moins dysfonctionnels car principalement centrés sur le port de signes ou des demandes d'absence. À l'inverse, les comportements rigoristes et dysfonctionnels issus de faits transgressifs (refus de réaliser des tâches, refus de travailler avec des personnes, etc.) sont plus souvent le fait d'hommes jeunes, peu qualifiés et le plus souvent musulmans.

Ce type d'approche repose sur une vision managériale en termes de « normalisation en entreprise », laquelle est en principe distincte de la « normalisation des comportements », de « nouvelles situations dysfonctionnelles » étant soulignées. Or, ces trois notions ne sont pas en soi définies mais simplement affirmées telles quelles. Mais la normalisation et les dysfonctionnements, chacun en ce qui les concerne, peuvent-ils être mesurés et selon quels critères objectifs ? L'approche traditionnelle de la gestion du fait religieux en entreprise privée est ainsi empruntée par des cadres et dirigeants d'entreprises qui ne disposent pas forcément de points de repère et de balises normatives que le droit trace, notamment par la jurisprudence, de façon évolutive. Cependant, les questions se rapportant au radicalisme religieux appellent semble-t-il des éléments de réponse réfléchis et pragmatiques d'un ordre spécifique.

2. Les principes de laïcité et de neutralité dans le monde du travail

La tentation reste grande d'imposer les principes de laïcité et de neutralité dans la relation de travail reposant sur un cadre contractuel inscrit dans la sphère privée. A priori ces deux principes relèvent du seul cadre statutaire de la sphère administrative publique. Contrairement à une opinion fort répandue ces deux principes ne s'imposent pas naturellement au sein des entreprises privées, ni par le fait du contrat de travail. Dans sa décision du 21 février 2013, « Association pour la promotion et l'expression de la laïcité », le Conseil constitutionnel expliquait ainsi le principe de laïcité, non défini par le législateur : « il en résulte la neutralité de l'État, le principe de laïcité impose notamment le respect de toutes les croyances, l'égalité de tous les citoyens devant la loi sans distinction de religion... ». Pour autant, l'exercice du travail dans la sphère privée ne permet pas d'écarter ce principe du fait de son pendant que constitue le droit à la liberté de religion (qualifiée aussi de « liberté religieuse »), garanti par l'article 9 de la Convention de sauvegarde des droits de l'homme et des libertés fondamentales[1]. De plus, le droit au principe de neutralité dans l'entreprise privée (V. *infra* § 3) n'est pas un « joker » opposable aux garanties fondamentales des droits de l'homme[2].

---

1. M.-H. Bensadoun, *Le silence religieux dans l'entreprise - Propos introductifs : JCP* S 2017, 1259.

2. V. en ce sens, L.-L. Christians dans sa préface au livre de Léopold Vanbellingen, *La neutralité de l'entreprise face aux expressions religieuses du travailleur.*

À défaut d'applicabilité du principe de laïcité dans la sphère privée, le droit à la liberté de religion dans les relations privées de travail opère en quelque sorte par défaut dès lors que l'obligation juridique à la non-discrimination doit être respectée. En effet, le préambule de la Constitution du 27 octobre 1946, auquel renvoie le préambule de la Constitution en vigueur du 4 octobre 1958, dispose que « nul ne peut être lésé dans son travail en raison de ses origines, de ses opinions ou de ses croyances ». Ce texte solennel doit également être analysé sous le prisme du Code du travail et de son article L. 1132-1 qui indique que : « Aucune personne ne peut être écartée d'une procédure de recrutement ou de nomination ou de l'accès à un stage ou à une période de formation en entreprise, aucun salarié ne peut être sanctionné, licencié ou faire l'objet d'une mesure discriminatoire, directe ou indirecte, [...] notamment en matière de rémunération, au sens de l'article L. 3221-3, de mesures d'intéressement ou de distribution d'actions, de formation, de reclassement, d'affectation, de qualification, de classification, de promotion professionnelle, d'horaires de travail, d'évaluation de la performance, de mutation ou de renouvellement de contrat en raison [...] de ses convictions religieuses... ». De plus, l'article 225-1 du Code pénal prévoit que « constitue une discrimination toute distinction opérée entre les personnes physiques sur le fondement [...] de leur appartenance ou de leur non-appartenance, vraie ou supposée, à [...] une religion déterminée. »

Si le principe de non-discrimination tolère d'éventuelles différences de traitement, c'est uniquement « lorsqu'elles répondent à une exigence professionnelle essentielle et déterminante et pour autant que l'objectif soit légitime et l'exigence proportionnée » et ce, en application de l'article L. 1133-1 du Code du travail. Dans le cas particulier des entreprises dites « de tendance », il est admis

---

Test de compatibilité en droit européen de la liberté de religion et de la non-discrimination, coll. Droit et Religion, n° 11, Bruylant, 2022.

des différences de traitement dans la relation de travail, celles-ci pouvant imposer des obligations religieuses déterminées ainsi que des restrictions plus importantes aux libertés des employés. Pour le reste, sous certaines conditions encadrées par les textes précités, les restrictions aux libertés des salariés dans l'entreprise doivent être justifiées et proportionnées, les libertés individuelles et collectives relevant des garanties fixées par les articles L. 1121-1 et L. 1321-3 du Code du travail. Appréciées au cas par cas, elles doivent être fondées sur la nature de la tâche à accomplir et proportionnée au but recherché, une jurisprudence abondante existant en la matière.

Dès lors, dans un souci de plus grande efficacité, la loi n° 2016-1088 du 8 août 2016 relative au travail est venue insérer un article L. 1321-2-1 dans le Code du travail qui précise que : « le règlement intérieur peut contenir des dispositions inscrivant le principe de neutralité et restreignant la manifestation des convictions des salariés si ces restrictions sont justifiées par l'exercice d'autres libertés et droits fondamentaux ou par les nécessités du bon fonctionnement de l'entreprise et si elles sont proportionnées au but recherché[1] ».

Dans les entreprises privées l'institutionnalisation du principe de neutralité dans un règlement intérieur peut donc être justifiée :

– Par les nécessités du bon fonctionnement de l'entreprise du point de vue de la nature de son activité tant au regard des employés que des tiers (les tribunaux ont ainsi jugé licite une clause de règlement intérieur d'une crèche imposant la neutralité à ses employés en appréciant de façon très concrète ses conditions de fonctionnement dont sa dimension réduite)[2] ;

---

1. Déjà, selon la Cour de cassation, l'interdiction du port de signes religieux en entreprise ne pouvait être fondée que sur le règlement intérieur (Cass. soc., 22 nov. 2017, n° 13-19.855 : *JurisData* n° 2017-023284 ; *Dr adm.* 2018, n° 1, alerte 10).

2. Cass., ass. plén., 25 juin 2014, n° 13-28.369.

– Ou lorsqu'une pratique religieuse individuelle ou collective porte atteinte au respect des libertés et droits d'autrui (par exemple, cas de pratiques prosélytes ou d'exercice de pressions, d'inégalités de genre, etc.)[1].

Par deux arrêts du 14 mars 2017, la Cour de justice de l'Union européenne (CJUE) est venue valider la compatibilité de telles clauses de neutralité avec le droit de l'Union[2]. Dans un arrêt du 15 juillet 2021, elle a même affiné les conditions de leur édiction. De son côté, la Chambre sociale de la Cour de cassation avait déjà statué en ce sens dans un arrêt du 22 novembre 2017[3]. La mise en œuvre d'une politique de neutralité religieuse à l'égard des clients ou des tiers d'une entreprise privée constitue, selon elle, un objectif légitime si les moyens utilisés pour y parvenir sont appropriés et nécessaires. Pour la CJUE, l'interdiction de porter sur le lieu de travail toute forme visible d'expression des convictions religieuses peut aussi être justifiée dans le cadre de la prévention de conflits sociaux. Dans un arrêt du 13 octobre 2022, la Cour confirme qu'une réglementation intérieure prohibant le port visible de signes religieux ne relève pas en soi d'une discrimination directe[4]. Une telle clause peut être valablement instituée si

---

1. Selon la CJUE, la directive 2000/78/CE du 27 novembre 2000, portant création d'un cadre général en faveur de l'égalité de traitement en matière d'emploi et de travail, autorise une entreprise à développer une politique de neutralité qui permet de distinguer selon la taille des signes religieux portés sur le lieu de travail « à condition que cette politique soit véritablement poursuivie de manière cohérente et systématique » (CJUE, concl. 25 févr. 2021, aff. jtes C-804/18 et C-341/19 : *JCP* E 2021, act. 188).

2. CJUE, 14 mars 2017, aff. C-157/15, G4SS, Secure Solutions.

3. Cass. soc., 22 nov. 2017, n° 13-19.855 : préc.

4. CJUE, 13 oct. 2022, aff. C-344/20, *S.C.R.L. : Europe*, 2022, n° 12, comm 409, note A. Rigaux. – Rappr. à propos d'une mutation disciplinaire prononcée à la suite du refus d'une mutation professionnelle pour un motif religieux, laquelle ne constitue pas une discrimination directe injustifiée dès lors que la décision de l'employeur répondait à une exigence professionnelle essentielle et déterminante et proportionnée au but recherché, Cass. soc., 19 janv. 2022, n° 20-14.014, B : *JurisData* n° 2022-000437 ; *JCP* G 2022, act. 324, note J. Colonna et V. Renaux-Personnic.

elle répond à un besoin réel de l'entreprise, l'employeur pouvant le démontrer en prenant notamment en considération les légitimes attentes des clients, ainsi que les conséquences économiques et/ou sociales défavorables qu'il subirait en l'absence de telles mesures et ce, compte tenu de la nature de ses activités ou du contexte dans lequel celles-ci s'inscrivent. En outre, il est précisé qu'une telle interdiction doit être appliquée de manière générale et indifférenciée à tous les employés placés dans la même situation et qu'elle vise, ensemble, toutes les convictions sans se limiter aux seules convictions religieuses[1]. La clause doit être spéciale et expresse en référence aux conditions précitées. De la sorte, le travail d'élaboration de telles clauses, par exemple dans le corps d'un contrat de travail ou dans celui du règlement intérieur d'une entreprise, appelle l'assistance d'un juriste spécialisé, voire d'un contrôle extérieur éventuel par un avocat. Son élaboration semble difficilement relever du seul service des ressources humaines dès lors que celui-ci ne serait pas rompu aux arcanes du droit des contentieux, aux exigences procédurales et à l'office du juge. Le droit enseigné puis interprété en interne dans une entreprise ne suffit sans doute pas.

En résumé, dominent dans l'entreprise privée les principes de l'autonomie contractuelle et des libertés organisationnelles, la neutralité publique ne pouvant pas lui être imposée. Le particularisme d'une certaine neutralité dans l'entreprise privée doit satisfaire aux trois conditions suivantes : le respect de la légalité[2], la légitimité et la proportionnalité et ce, nous insistons, hors de toute logique d'intégration dans l'entreprise privée du concept de neutralité étatique et administrative. Et comme toute institution, l'entreprise privée peut devenir le lieu de confrontation de valeurs et de pratiques dont les facteurs religieux mêmes rigoristes ne leur ont jamais été inconnus, ce que révèle aujourd'hui

1. *Ibid.*
2. C. trav., art. L. 1121-1 et ancien art. L. 132-3.

une jurisprudence en plein essor au sein des cours et des conseils de prud'hommes. En exprimant des dynamiques religieuses absolutistes d'exacerbation des croyances, des appartenances et des identités, les dérives radicales religieuses en sont l'acmé.

3. Les dérives religieuses radicales dans le monde du travail

Aujourd'hui encore, des instances officielles continuent de traiter les questions du radicalisme religieux par le seul prisme des faits religieux généralement admis au sein du monde du travail ou de considérer qu'« il ne s'agit pas de traiter le phénomène de radicalisation dans l'entreprise qui ne peut ni ne doit être confondu avec la manifestation des convictions religieuses et fait l'objet de réponses spécifiques[1] ». Une telle dichotomie repose sur un refus de prétendues confusions en faisant cependant l'impasse sur les liens objectifs et directs entre les manifestations religieuses en général et certaines de leurs manifestations radicales. Ce radicalisme éventuel qui prend sa source en quelque sorte dans le religieux, ne peut selon nous être nié en tant que tel. Oui, la spécificité des dérives religieuses radicales dans le monde du travail doit être traitée à part entière en considération de situations liées à l'intransigeance et à l'absolu revendiqué par certains agissements religieux[2]. Cependant, elles n'en constituent pas moins et également des faits religieux. La difficile question des frontières entre des « faits religieux admissibles » et ceux relevant du « radicalisme religieux », si elle est d'une redoutable complexité, appelle bien des explications.

---

1. *Guide pratique du fait religieux dans les entreprises privées* (version employeur), Direction générale du travail, ministère du travail, mise à jour janvier 2023, p. 4.

2. Sur ce point, la situation peut être rapprochée de celle que rencontre parfois le chef d'entreprise à propos de revendications identitaires, lesquelles prennent parfois la forme d'une véritable croisade (V. sur cette question, la très riche étude de B. Couturier et E. Thévenon, *L'entreprise face aux revendications identitaires*, coll. société, PUF 2022).

Certains auteurs soulignent que « la radicalisation religieuse obéit à une logique de remise en cause du fonctionnement de l'entreprise[1] ». S'il n'appartient pas au juriste de discuter cette affirmation générale, il lui revient tout d'abord de distinguer dans le cadre de l'entreprise privée plusieurs situations distinctes et spécifiques qui peuvent susciter des réponses, en amont et en aval, aux dérives radicales religieuses et ce, en évitant de la sorte le piège des généralisations. Plusieurs niveaux d'intervention doivent sans doute être distingués :

– Phases de recrutement-sélection ou d'embauche (entretien, rédaction de contrat, communication de règlement intérieur, etc.) : hors critères fondés sur la prise en considération religieuse au risque de stigmatiser et/ou de discriminer, sur la connaissance via des médias par exemple ou de tiers des fiches Sûreté de l'État (dites « fiches S ») ;

– Organisation du travail privé (individuel et collectif, distanciel, etc.) : sont ici répertoriés le travail dans des zones sécurisées (zones aéroportuaires, maritimes, ferroviaires, nucléaires, digitalisées et numérisées, secteurs sanitaires, carcéral, militaire, constructions, etc.) ainsi que les conditions matérielles et de droit dans lesquelles il se réalise ;

– Exécution du travail et ses modalités de contrôle : méthodes impartiales, refus de statuer sur les doctrines religieuses et leurs interprétations, rejet des tendances préventives absolutistes sur l'affichage religieux... ;

– Instance et mécanisme de dialogue interne : qualifications, compétences, capacités des intervenants représentants l'entreprise ;

– Vie collective (rôle et place des syndicats, des représentants élus du personnel, etc.).

– Objectivation et preuve contradictoire des comportements : témoignages, enregistrements vidéo ou sonores, explications

1. L. Honoré, « L'entreprise et les managers face à la radicalisation religieuse au travail », *Management et Avenir*, 2016, 8, n° 90.

recoupées, captations de données électroniques, enquêtes internes équitables, sans jugement de valeur, ni approches « théologiques » ou « cléricales », ni militantes-partisanes ;

– Conditions de sortie de l'entreprise, dont le licenciement : fonction déterminante des preuves et des motivations retenues et expliquées aux parties en présence (responsables et intéressés).

Les exigences requises, palier par palier, subissent l'impact sur les responsables des entreprises de certains titres de presse véhiculant une part de perception-alerte, comme un article intitulé « Face à l'islam radical, des entreprises désarmées[1] ». Dans de tels commentaires, les réponses de ces dernières sont décrites en termes de « paranoïa, frilosité, réactions disproportionnées… faute d'un cadre juridique clair, le DRH peine à répondre à la montée de l'intégrisme et des comportements mettant en danger les collectifs de travail[2] ». Ainsi rapportée à travers le prisme journalistique, la référence à une prétendue « faute d'un cadre juridique clair » ne doit pas faire diversion. Cette façon de voir n'est pas sérieuse. En souhaitant alerter sur un phénomène, l'approche empruntée par l'auteure tend à confondre plusieurs choses. Le droit existant reste « clair », comme cela est souvent le cas, mais le régime de la preuve qui lui est attaché est des plus difficiles à manier pour parvenir à objectiver et à caractériser non pas une doctrine ou une foi religieuse, mais des agissements et des comportements factuels répréhensibles ou illicites. Ce travail susceptible de déboucher sur des mesures préventives et des sanctions n'est pas l'apanage des seuls managers qui ne disposent pas nécessairement de connaissances suffisantes en droit du travail ou en droit pénal. Existent des grilles d'analyse des situations radicales religieuses évaluées de façon générale et donc peu opératoires, ainsi décrites par des « faits religieux déviant (prescriptions comportementales incompatibles avec l'activité

1. S. Benz, « Face à l'islam radical, des entreprises désarmées », *L'Express*, 26 janv. 2016.
2. *Ibid.*

professionnelle), le fait religieux transgressif (salarié qui refuse de prendre de la distance avec la religion)[1] ». Difficiles à appréhender, ces dérives qui peuvent être soumises à des biais cognitifs se rapportent à un éventail de situations sur fond de dynamiques individuelles ou collectives, connues des juristes, praticiens, avocats et magistrats, que l'on peut tenter de décrire de la façon indicative suivante (donc non exhaustive) :

– Refus d'exercer un travail impliquant des marchandises alcoolisées ou certains produits animaliers ou alimentaires ;

– Injonctions vestimentaires religieuses *versus* tenues de sécurité minimales ;

– Exigences sans discussion des demandes d'aménagement des horaires du temps de travail, des fêtes, pèlerinages et célébrations religieuses ;

– Exercice désordonné des prières religieuses individuelles ou collectives dans les locaux de l'entreprise ;

– Rites de prières religieuses pendant le temps de travail ;

– Activités prosélytes religieuses pendant le temps de travail (dans son *Guide* précité, le ministère du Travail tente ainsi de définir le prosélytisme : « zèle ardent pour recruter des adeptes, pour tenter d'imposer ses convictions religieuses [...] constitue un abus de la liberté d'expression ») ;

– Mise à l'écart de certains collègues de travail non-coreligionnaires ;

– Refus de saluer ou d'obéir aux ordres hiérarchiques d'une femme, refus de la mixité ;

– Réactions extrémistes face aux explications qui intiment aux employés d'en rebattre sur leurs convictions religieuses au sein de l'entreprise,

– Attitudes d'ostracisme ou de diabolisation de prétendus « ennemis » au sein de l'entreprise ;

---

1. CESE, Dossier *La prise en compte du fait religieux par le management* : https:// www. lecese. fr :/content/projet-davis-sur-le-fait-en-entreprise.

– Entrisme dans certaines structures syndicales (exercice de mandats) ou de l'entreprise au cours d'opérations électives professionnelles ;

– Refus ou impossibilité de pouvoir s'adapter ou s'accommoder aux impératifs de l'emploi pour des raisons religieuses affirmées comme non négociables.

Ces différents agissements portent la marque de l'absolu et du rigorisme sans appel, sans discussion possible, conduisant à une sorte de blocage total. Isolés ou cumulés, ils appellent une certaine mise à distance, de l'objectivité, du pragmatisme et un haut degré de preuves documentées et établies de façon chronologique et ce, dans un laps de temps souvent très court (donc dans la réactivité mais hors de toute précipitation). Le recours au faisceau d'indices bien connu des juristes est l'un des moyens juridiques qui, devant le juge du contrat ou pénal, permet de conclure à la vérification des dérives radicales religieuses dans l'entreprise.

4. L'incidence juridique des réponses managériales de l'entreprise

Le monde de l'entreprise reste façonné par la recherche optimale du management interne en termes de réalisation et d'exécution du travail, de fonctionnement collectif et d'optimisation. Cette approche technique, en forme de gestion inclusive, a des incidences juridiques quant à la gestion des manifestations issues du radicalisme religieux. Un auteur a dressé les « dix commandements » à respecter pour « gérer au mieux l'expression du fait religieux au travail » (V. encadré ci-dessous)[1].

---

1. H. Gaillard, *Gérer au mieux l'expression du fait religieux au travail - Quatre études de cas*, coll. Analyser, éd. AFMD, 2020. – V. aussi, H. Gaillard, G. Galindo et L. Honoré, *Religion, fait religieux et management - Diagnostic et perspectives*, éd. EMS Éditions, 2022 (Ouvrage labellisé FNEGE (2023), catégorie « Ouvrage de Recherche Collectif »).

Les dix commandements à respecter pour gérer au mieux l'expression du fait religieux au travail

[Extrait de l'ouvrage de Hugo Gaillard, *Gérer au mieux l'expression du fait religieux au travail - Quatre études de cas, publié en 2021 par l'Association française des managers de la diversité]*

1. N'ayez pas peur !

Les convictions religieuses relèvent de l'intime et sont chargées d'émotions et de significations personnelles. On leur accorde donc souvent un statut à part. Et les managers ou les chefs d'entreprise ne savent pas comment les aborder. C'est une erreur : toute manifestation du fait religieux dans l'entreprise doit être considérée comme similaire à toutes les autres attitudes des salariés. La croyance, même si elle relève d'une liberté imprescriptible, ne doit pas donner lieu à des manifestations hors du droit commun et de nature à troubler le bon fonctionnement de l'entreprise, comme tous les autres agissements des salariés.

2. Pas de déni !

Les salariés doivent pouvoir s'expliquer sur une attitude ou une tenue vestimentaire liées à leurs pratiques religieuses et leur foi. Mais il faut d'abord leur en parler, pas les éviter ou discuter d'eux à leur insu. Cela permet de juger du degré de « rigidité identitaire » de la personne. Il ne s'agit pas de juger de cette croyance, mais de demander dans quel cadre elle s'inscrit : le port d'un voile au retour d'un congé maternité, le refus d'exécuter telle tâche ou de travailler sous les ordres d'une femme, l'acte de prier dans un local de l'entreprise – même si tous ces exemples ne relèvent pas de la même gravité – doivent pouvoir être abordés et justifiés autrement que par « ma foi m'y oblige ! ».

3. Installer des capteurs !

Face au fait religieux ou communautaire, il faut une remontée d'informations régulière. Il s'agit de capteurs, pas de mouchards ! Les managers de proximité sont en première ligne sur le sujet. Mais les représentants du personnel sont aussi informés de beaucoup de choses. Plus le chef d'entreprise sera clair sur ses intentions vis-à-vis du fait religieux, plus cette remontée d'informations sera facile et plus elle soulagera les encadrants de proximité.

4. Refuser le « premium du barbu » !

On doit l'expression « premium du barbu » à l'anthropologue Florence Bergeaud-Blackler. Il s'agit de s'organiser afin de ne pas voir s'installer des attitudes et rites qui vont se généraliser. Contre le prosélytisme, l'entreprise doit s'affirmer face à l'extension d'une culture ou d'une identité qui se diffuse au détriment de ses règles.

5. Pas de théologie !

Le manager doit chercher à faire entendre raison à ceux qui refusent, par exemple, d'être en contact avec le porc ou l'alcool comme dans notre exemple introductif. S'agissant de l'islam, chacun sait que la religion interdit d'en manger ou d'en boire, pas de s'en approcher !

Attention, il est délicat de prendre appui sur des raisons religieuses pour ramener à la raison les religieux. Pas de théologie dans l'entreprise, c'est un impératif.

6. Ne pas être trop savant !

La formation est essentielle, celle des managers notamment. Mais la formation ne doit ne pas amener à en savoir trop sur l'histoire des religions. On ne demande pas aux managers d'être calés en matière de rites. Cela évite aussi le risque de faire de la théologie.

7. Bannir les accommodements raisonnables !

Venu du Canada, ce qu'on appelle « accommodement raisonnable » consiste à accorder des dérogations aux croyants. Du moment que le travail avance, on s'arrange. Or, la plupart du temps, l'accommodement ne reste pas longtemps raisonnable. L'accommodement est souvent à la fois apaisement à court terme et source de problèmes à plus long terme.

8. Privilégiez le commun !

C'est le commun, c'est-à-dire la capacité de travailler tous ensemble qu'il faut rechercher. En matière religieuse, il ne faut donc rien accorder qui ne soit extensible à tous les salariés.

9. Favoriser la « dispute sur le travail » plutôt que sur la religion !

En cas de demande particulière liée à la religion, ne « disputez » pas sur la religion elle-même mais sur les conditions dans lesquelles se réalise le travail, la manière concrète de le réaliser qui peut être désorganisée par l'expression religieuse (par exemple, une demande de pause spéciale pour prier ou d'aménagement d'horaires pour le ramadan).

10. Écrire un règlement intérieur !

Il est possible, depuis 2016, de faire figurer dans le règlement intérieur une neutralisation des manifestations religieuses. Cela suppose de repartir de la mission de l'entreprise et de ses valeurs, de l'image de neutralité qu'elle souhaite offrir à ses clients, par exemple, afin de bâtir aussi cette limitation sur l'expression d'un monde commun du travail.

Ces « commandements », une fois énoncés, n'épuisent pas – bien au contraire – la variété des situations que les chefs d'entreprise et les encadrants ont à affronter quotidiennement. Ils indiquent une méthode à suivre qui doit être confrontée sans cesse à la réalité au cours de formations ou d'observations en situation.

L'orientation de ces conseils pragmatiques d'ordre professionnel ne doit être ni sous- ni surestimée. Ils s'inscrivent dans une lecture managériale par anticipation alors que des guides et avis, divers et variés, pullulent sur le sujet des seuls faits religieux en général dans l'entreprise. Conscientes des failles du paradigme théorique du contrat de travail, nombreuses sont les institutions qui ont depuis peu élaboré un kaléidoscope de documents techniques :

– Observatoire de la laïcité : *La gestion du fait religieux dans l'entreprise privée*, 2018 ;

– Conseil économique, social et environnemental : *Avis sur le fait religieux dans l'entreprise*, 2013 ;

– Haut conseil à l'intégration : *Avis sur l'expression religieuse et laïcité dans l'entreprise*, 2021 ;

– Ministère du travail, direction générale du travail : *Guide pratique du fait religieux dans les entreprises privées* (version employeurs), mise à jour 2023.

Pour autant, ces seuls outils ne permettent pas de se repérer au mieux entre le « management des différences et indifférence à leur égard », selon l'expression du professeur Isabelle Desbarats[1]. Si l'on se réfère aux balises dressées par le droit, dont celles issues de l'article L. 1321-2-1 du Code du travail, précité, les restrictions doivent, au regard du principe de neutralité et des restrictions aux manifestations des convictions des salariés, être « justifiées par l'exercice d'autres libertés et droits fondamentaux ou par les nécessités du bon fonctionnement de l'entreprise et si elles sont proportionnées au but recherché[2] ». Le cadre généraliste et impersonnel de ce dispositif légal doit être lu à la lumière de la jurisprudence connue, nationale et européenne[3].

---

1. I. Desbarats, « Gestion du fait religieux en milieu de travail : le juge français, garant d'un équilibre des droits », *Rev. dr. comp. et international de la sécurité sociale* 2023, 2.

2. C. trav., art. L. 1321-2-1.

3. V. en ce sens, Cass. soc., 22 nov. 2017, n° 13-19.855 : préc. – V. aussi, CJUE, 13 oct. 2022, aff. C-344/20, *S.C.R.L.* – Rappr. CJUE, concl. 25 févr. 2021,

Reste donc à construire et à élaborer une sorte de guide pratique juridique du radicalisme religieux dans le monde du travail... parce que cette problématique ne peut rester, en l'état des ressources et des analyses disponibles, traitée à la marge à travers le seul prisme des manifestations du fait religieux en général. Lionel Honoré, précité, opine ainsi que « les leviers d'action du management ont fatalement une portée limitée. Il n'appartient pas aux entreprises, à leurs dirigeants ou à leurs managers de terrain, de résoudre la question de la radicalisation de manière générale. Au mieux peuvent-ils préserver l'espace de travail de ce type de dérives et tenter d'apporter des réponses efficaces lorsque, malgré tout, elles apparaissent ». La prise en compte du radicalisme religieux dans le monde du travail ne relève donc pas de la seule gestion managériale dès lors que celle-ci entraîne des effets juridiques d'une subtilité certaine et ce, sur fond de problématique suscitée par la discrimination indirecte et la détermination des conditions admises pour écarter sa constitution. Tenter d'éviter d'envenimer le rapport tendu existant entre la liberté de l'entreprise et la liberté de religion en son sein est affaire de droit. Le déficit de culture, les dénis et l'autocensure, d'un côté, la surdétermination du facteur religieux, d'autre part, ne doivent pas être ignorés alors que la majorité des situations problématiques restent ni conflictuelles ni litigieuses, et encore moins contentieuses.

---

aff. jtes C-804/18 et C-341/19. – CJUE, 14 mars 2017, aff. C-157/15, *G4SS, Secure Solutions*.

CHAPITRE 5

LE RADICALISME RELIGIEUX DANS LES PUBLICATIONS ET L'ESPACE NUMÉRIQUE

I. – GRAND TÉMOIGNAGE

Entretien avec Maître Basile ADER

Avocat, ancien vice-bâtonnier de l'Ordre des avocats de Paris,
Directeur de la rédaction de Légipresse

***Alain Garay**: Selon vous, dans quelle mesure pouvons-nous parler d'un encadrement juridique de l'expression publique du radicalisme religieux ?*

Le radicalisme religieux peut s'exprimer librement. Rien dans la loi n'interdit le prosélytisme et l'expression publique des discours religieux, y compris radicaux. C'est ainsi que se conçoit la liberté d'expression qui, en application de l'article 10 de la Convention européenne de sauvegarde des droits de l'Homme et des libertés fondamentales, « vaut non seulement pour les informations ou idées accueillies avec faveur ou considérées comme inoffensives ou indifférentes, mais aussi pour celles qui heurtent, choquent ou inquiètent : ainsi le veulent le pluralisme, la tolérance et l'esprit d'ouverture sans lesquels il n'est pas de société démocratique », tel qu'affirmé par la Cour européenne des droits de l'homme (CEDH) depuis son arrêt du 7 décembre 1976, dans l'affaire *Handyside contre Royaume-Uni*.

Mais le discours religieux n'est pas non plus sans limites. La première de ces limites tient aux incriminations d'incitation ou d'apologie des actes de terrorisme. Ces délits sont sévèrement punis par le Code pénal, surtout depuis la loi du 13 novembre 2014 venue renforcer les dispositions relatives à la lutte contre le terrorisme. Bien entendu, une telle « incitation » suppose que soit établie « la volonté ou la conscience de l'auteur, quelque ait été, son mobile, et son but final, de créer, par un acte de provocation, l'état d'esprit propre à susciter » des actes de terrorisme. De son côté, l'apologie est une infraction certes moins exigeante mais elle se suffit de discours qui présentent un acte terroriste de telle sorte que « le lecteur est incité à porter sur ce crime, un jugement de valeur favorable, qui en efface la réprobation morale », et ce, selon l'arrêt rendu le 7 décembre 2004 par la chambre criminelle de la Cour de cassation dans l'affaire Aussarres. Il a également été jugé, le 17 mars 2015, par la même chambre, que le fait d'habiller son enfant d'un T-shirt portant l'inscription : « né le 11 septembre – je suis une bombe », caractérise un jugement bienveillant sur des actes criminels, ce qui constitue un acte d'apologie. De même, l'humoriste Dieudonné a-t-il été condamné de ce même chef, le 18 mars 2015 par le tribunal de grande instance de Paris, pour avoir publié l'expression « ce soir, je me sens Charly Coulibaly » qui, quelle que soit la vocation satirique que son auteur prétendait donner à cette expression, contient, selon le jugement, une approbation implicite d'un acte terroriste.

La seconde limite à la liberté d'expression tient à la nécessaire protection des adeptes des autres religions, lesquels sont protégés par les infractions posées par la loi dite Pleven de 1972 aux termes des délits de diffamation ou d'injure à raison de l'appartenance religieuse, et surtout du délit réprimant la provocation à la haine et à la discrimination à raison de l'appartenance ou de la non-appartenance à une religion. La jurisprudence est très abondante en la matière. L'incitation suppose de faire naître un sentiment d'hostilité. Il faut un discours clairement incitatif au rejet des autres religions. Ainsi que le veut le principe de laïcité, pilier de notre République, cela suppose que chaque religion et ses membres soient respectés par les autres, donc protégée en ce sens par la loi.

Philippe Coursier : *Les messages répréhensibles sont-ils poursuivis quel qu'en soit le support ?*

La loi vise tous les modes d'expression publique, ce quel qu'en soit le support. Si la loi sur la liberté de la presse de 1881 a été conçue et principalement imaginée pour l'écrit et la parole dans l'espace public, elle s'est très vite adaptée aux autres moyens de communication qui sont apparus par la suite : la radio, le cinéma, la télévision et plus récemment l'espace numérique d'Internet. La question majeure que pose ce dernier est néanmoins celle de la responsabilisation des plateformes qui y hébergent les messages litigieux. La loi sur la confiance dans l'économie numérique (LCEN) du 21 juin 2004[1], qui opère la transposition de plusieurs directives européennes[2], a posé comme principe que lesdites plateformes peuvent être mises en cause dès lors que leur avait été préalablement notifié le caractère illicite d'un message et qu'elles n'ont pas fait le choix de le supprimer. C'est donc une responsabilité en deux temps qui est retenue. La responsabilité des grands intermédiaires techniques d'Internet ne peut ainsi être recherchée que pour autant qu'on a l'assurance qu'ils ont eu connaissance du message, la loi n'entendant pas leur imposer une modération a priori.

En revanche, le fait que les messages ne soient accessibles que sur abonnement ou qu'ils soient cryptés est totalement indifférent. Ceux-ci peuvent générer des poursuites dès lors qu'ils sont accessibles publiquement, ce qui est bien le cas même s'il faut que les futurs lecteurs souscrivent un abonnement ou s'enregistrent

---

1. L. n° 2004-575, 21 juin 2004, pour la confiance dans l'économie numérique : *JO* 22 juin.
2. Dir. 2000/31/CE, 8 juin 2000, relative à certains aspects juridiques des services de la société de l'information, et notamment du commerce électronique, dans le marché intérieur (« directive sur le commerce électronique ») : *JOUE* n° L 178, 17 juill. – Dir. 2002/58/CE, 12 juill. 2002, concernant le traitement des données à caractère personnel et la protection de la vie privée dans le secteur des communications électroniques (« directive vie privée et communications électroniques ») : *JOUE* n° L 201, 31 juill.

préalablement sur un site. Ces pseudo-obstacles sont donc insuffisants pour échapper aux poursuites. Suscite la même solution le fait de réserver l'accès au message incriminé aux seules personnes ayant souscrit un abonnement permettant de le décrypter celui-ci, la responsabilité de l'éditeur pouvant donc être engagée.

Alain Garay: *Selon votre expérience, l'article 10 de la Convention européenne de sauvegarde des droits de l'homme et des libertés fondamentales est-il trop protecteur de la liberté d'expression en la matière ?*

L'affirmation selon laquelle la défense de la liberté d'expression serait trop importante, au point de ne pouvoir justement réprimer les agissements répréhensibles issus du radicalisme religieux me paraît excessive. Les propos visant à mettre en cause des personnes à raison de leur appartenance confessionnelle font régulièrement l'objet de poursuites, lesquelles sont diligentées tant par le parquet que par les associations de lutte contre le racisme et les discriminations qui comptent au moins cinq années d'exercice (comme le MRAP, la LICRA, la Ligue des Droits de l'Homme, Touche pas à mon Pote, etc.). L'article 10 de la Convention européenne n'est donc pas un sauf-conduit en toutes circonstances. Et la jurisprudence la plus récente de la Cour de Strasbourg concernant la condamnation de propos discriminatoires et incitant à la haine est clairement aujourd'hui que l'expression raciste ne peut pas être considérée comme une opinion. La Cour tend d'ailleurs aujourd'hui à déclarer irrecevables les recours formés devant elle, à raison de condamnations nationales contre des poursuites du chef d'injure, de diffamation ou de provocation à la haine ou à la discrimination, à raison des origines ou de l'appartenance religieuse.

Philippe Coursier : *Mais en matière numérique, le droit de la preuve est-il adapté ?*

Le droit de la preuve en matière numérique est relativement encadré. Ainsi, pour qu'un tribunal puisse être valablement saisi, il faut établir de manière incontestable non seulement l'accessibilité publique du message, mais aussi sa teneur exacte. Pour ce faire, le mieux est de demander à un huissier de justice de constater cette accessibilité et ce contenu au sein d'un rapport circonstancié établi par lui. Certes, cela représente à chaque fois un coût mais c'est le seul moyen pour éviter ensuite de se heurter à une contestation en termes de preuve. Il est clair que c'est un peu lourd de faire systématiquement établir un constat d'huissier, mais au regard des manipulations techniques possibles quant à la réalité des publications, c'est la seule façon certaine de faire valoir ses droits en justice. De simples enregistrements ou captures d'écran ne suffisent pas.

Alain Garay : *En définitive, quelle est la place du droit contre ces formes d'expression répréhensible du radicalisme religieux ?*

Le droit ne manque pas de s'inviter dans l'expression publique du radicalisme religieux. Il reste que si des lois existent, il peut y avoir de véritables difficultés dans leur mise en œuvre, en particulier dans la recherche des responsabilités. À cet égard, l'anonymat qui est souvent de mise sur Internet, peut constituer un véritable écueil difficilement franchissable par les justiciables pour obtenir la suppression d'un message ou la réparation du préjudice qu'il a pu en résulter. Le *Digital Service Act* (DSA) récemment adopté par la Commission européenne, qui a été aussitôt transposé par la loi du 16 août 2022, dite « loi Avia 2[1] », est censé offrir des voies de recours utiles dans ces

---

1. L. n° 2022-1159, 16 août 2022, portant diverses dispositions d'adaptation au droit de l'Union européenne en matière de prévention de la diffusion de contenus à caractère terroriste en ligne : *JO* 17 août. – V. aussi, L. n° 2020-

cas de figure, en obligeant notamment les plateformes à collaborer avec l'autorité judiciaire, à fournir sur simple requête les données de connexion des auteurs des messages et ensuite à procéder aux suppressions qui seraient ordonnées par le juge. Elles sont ainsi tenues de coopérer, à défaut de quoi elles peuvent se voir infliger une amende prononcée par l'Autorité de la Communication (l'ARCOM), qui est désormais une sorte de « gendarme de l'Internet » (une telle amende pouvant aller jusqu'à 10 % de leur chiffre d'affaires !).

Outre cette nécessaire collaboration, il faut également que les procureurs disposent de moyens leur permettant de détecter les messages haineux et d'engager des poursuites sans s'en remettre systématiquement aux seules associations, à l'inverse de certaines habitudes prises depuis l'instauration de la loi Pleven de 1972. Sans compter que parmi ces associations, certaines sont anciennes et légitimes mais d'autres sont plus contestables pour avoir été instituées pour offrir un bras armé judiciaire à certains lobbies et sectarismes, lesquels ont pu être récemment interdits par le ministre de l'Intérieur. Il faudrait donc que les parquets bénéficient de moyens plus importants à la fois techniques et humains pour établir une surveillance efficace sur Internet, non seulement en matière d'expression du radicalisme religieux, mais aussi pour tous les autres délits, en particulier le harcèlement ou la mise en danger des personnes dans l'espace numérique, qui s'exercent aujourd'hui encore le plus souvent dans une quasi-totale impunité !

766, 24 juin 2020, visant à lutter contre les contenus haineux sur Internet : *JO* 25 juin.

II. – Analyse juridique

Le rapport nécessairement prégnant que le radicalisme religieux entretient avec les publications et les contenus numériques revêt, en l'état évolutif des pratiques observées, différents aspects impliquant de multiples supports. Il s'en nourrit. Plusieurs moyens techniques sont en effet utilisés, la révolution numérique les ayant quasiment tous renouvelés. Tel le cas du *World Wide Web* – littéralement la « Toile (d'araignée) mondiale » ou « la Toile » – qui offre un vaste système d'hypertexte « public » fonctionnant via Internet, support de toutes les nouvelles formes d'actions sociales et facteur de modifications comportementales profondes. À ce titre, on sait que la Toile remplit plusieurs fonctions : instrument de surveillance, outil amplificateur, espace de polarité (qui agrège des personnes disposant d'affinités électives suscitant un sentiment entretenu d'appartenance exorcisé), type démultiplié de prosélytisme, de recrutement, voire de propagande externe et interne[1]. Dans son ouvrage *Le feu sacré*, Régis Debray décrit une « planète enchantée » soumise aux fonctions du religieux. En se référant à « l'alliance passé entre les dieux et les “puces” », il relaye ainsi l'information selon laquelle « les sites pornos ont rendu Ben Laden insaisissable (qui faisait passer ses messages par ces sites-là, parce que plus fréquentés et les moins contrôlables)[2] ». Depuis quelques décennies, tous les moyens sont mobilisés pour déployer les formes les plus répréhensibles du radicalisme religieux agitées par la « pulsion vitale des croyances et des violences qui lui sont attachées[3] ».

---

1. V. sur la mise à disposition planétaire de toute une littérature radicale religieuse par le biais de sites de discussion jihadistes, Rapport de G. Hussain, E. M. Saltman, *Jihad Trending, A Comprehensive Analysis of Online Extremism and How to Counter it*, Quilliam, 2014 (www.quilliamfoundation.org).

2. Fayard, 2003, p. 341. *Libération, Le Monde*, France Info, Transfert ont notamment relayé cette affirmation.

3. Cf. R. Debray, *Dieu, un itinéraire*, Fayard 2003, p. 351.

Si, avec certains spécialistes, il est permis de considérer que la radicalisation est un « phénomène ultra-minoritaire », Farhad Khosrokhavar, directeur d'études à l'EHESS, est l'un des premiers à avoir décrit les « nouvelles formes d'acculturation symbolique par Internet (...) la fermeture sur soi de l'individu qui "s'autoradicalise" [...] en tissant des attaches via les médias sociaux (Facebook, Twitter...) avec d'autres personnes qu'il ne connaît que sur la Toile[1] ». L'intéressé a aussi expliqué qu'« une fois en acte, la radicalisation implique encore une mobilisation symbolique où les médias sont mis à contribution pour fabriquer le statut de "héros négatif" que les radicalisés adoptent bien volontiers », les « groupes activistes provenant d'autres parties du monde jouant un rôle d'amplificateur, notamment par la Toile[2] ». Les risques causés par ces outils ont-ils été mesurés par les autorités publiques à l'aune des divers droits applicables ? Si les États ont d'abord mis à contribution le monde académique (identification des discours et des profils) ainsi que des acteurs publics chargés de questions de sécurité civile et militaire (prévention, suivi-vigilance, protection, riposte), de nombreuses questions ont surgi en termes de cadres et de régimes juridiques... suivies d'un contentieux significatif. C'est à ce sujet que les présentes réflexions ont été mises en perspective dès lors que ces questions peuvent menacer, par des effets collatéraux négatifs en forme de ricochets toxiques, nos libertés publiques les plus affirmées.

1. Les publications et l'espace numérique, une opportunité pour le radicalisme religieux

Nouveauté des temps modernes, la puissance des publications et de l'espace numérique nous rend immédiatement témoins des horreurs perpétrées quasi quotidiennement au nom d'approches

---

1. F. Khosrokhavar, *Radicalisation*, Éd. Maison des sciences de l'homme 2014, p. 10.
2. *Ibid.*, p. 15-16.

religieuses radicalisées. Sans cesse confrontés au direct de ces violences et dérives commises en leur nom, nous sommes frappés par cette immédiateté qui nous singularise de nos prédécesseurs, lesquels apprenaient souvent de tels évènements a posteriori, c'est-à-dire une fois ceux-ci déployés ou commis. À l'ère du numérique, de la mondialisation des échanges et de l'information en continue, un pas supplémentaire a été franchi. Il permet de passer en temps réel la porte de nos espaces mentaux et démocratiques, de dépasser nos frontières usuelles. Les chaînes audiovisuelles d'information à jet continu et les flux numériques déploient, en même temps que les réseaux sociaux, une sorte de Toile qui tisse ses liens partout, maintenant et simultanément, renforçant ainsi les bulles cognitives. L'envahissement de nos champs de vision par des manifestations violentes issues du radicalisme religieux (attentats, décapitation, suicide collectif, prise d'otage, « bombe humaine », etc.) a durablement compromis la perception que beaucoup ont de notre temps et de notre espace.

A) Des affirmations juridiques de principe relativement propices au phénomène

Frappées comme une médaille, car fondamentales en droit, trois prescriptions emblématiques et fondatrices de la Déclaration des droits de l'homme et du citoyen de 1789 apparaissent d'une brûlante actualité :

– La liberté consiste à pouvoir faire tout ce qui ne nuit pas à autrui : ainsi, l'exercice des droits naturels de chaque homme n'a de bornes que celles qui assurent aux autres membres de la Société la jouissance de ces mêmes droits. Ces bornes ne peuvent être déterminées que par la loi (article 4) ;

– Nul ne peut être inquiété pour ses opinions, même religieuses, pourvu que leur manifestation ne trouble pas l'ordre public établi par la loi (article 10) ;

– La libre communication des pensées et des opinions est un des droits les plus précieux de l'homme : tout citoyen peut donc parler, écrire, imprimer librement, sauf à répondre de l'abus de cette liberté dans les cas déterminés par la loi (article 11).

Principes grandioses, ces textes se trouvent placés au sommet de notre pyramide normative, au rang des principes constitutionnels. Or ils se trouvent éminemment discutés dès lors que les porteurs de radicalisme religieux revendiquent, au nom de leurs convictions ou de leurs croyances religieuses, l'exercice des libertés qu'ils ébranlent[1] ! Ce paradoxe est en quelque sorte pervers alors que le droit admet que le principe de la liberté d'expression soit non seulement assorti de limites et de bornes fixées par loi mais aussi contrôlé a posteriori par les juridictions. Selon le Conseil constitutionnel, « [...] il est loisible au législateur d'édicter des règles concernant l'exercice du droit de libre communication et de la liberté de parler, d'écrire et d'imprimer. Il est aussi loisible, à ce titre, d'instituer des dispositions destinées à faire cesser les abus de la liberté d'expression et de communication qui portent atteinte à l'ordre public et aux tiers[2] ». Les titulaires du droit aux libertés doivent donc répondre de façon symétrique des troubles et des abus correspondants, nos droits à la protection (les droits à la protection d'autrui) demeurant soumis à de graves mises en cause du fait du radicalisme religieux. Dans le domaine de la liberté d'expression, la juste pesée entre la protection des droits d'autrui et celles des émetteurs de messages radicaux religieux visant les premiers posent de redoutables questions juridiques. Certains juristes universitaires considèrent à ce sujet que la Cour européenne des droits d'homme, juge suprême de l'article 10 de la Convention européenne des droits de l'homme, se livre à une « appréciation casuistique »

1. Extrait de la problématique du colloque *Liberté des médias et libertés de convictions religieuses*, Aix-en-Provence, 4 au 5 juin 2004, Université Paul Cézanne Aix-Marseille III, Droit et Religion. Annuaire 2015, tome I, Presses universitaires d'Aix-Marseille, p. 91-104

2. Cons. const., 18 juin 2020, n° 2020-801 DC (loi visant à lutter contre les contenus haineux sur Internet) : *AJDA* 2020, 1265.

rendant difficile la rationalisation d'une grille de critères en la matière[1]. Quid d'une conciliation en miroir de ces droits et de ces obligations ? Vœu pieux, promesse démocratique, miroir aux alouettes ? À ces questions nul ne peut répondre en l'état des enjeux majeurs que soulève le droit de l'information et de la communication sous l'emprise des phénomènes de déstructuration des paysages de l'information[2]. La métamorphose des moyens d'information et de communication s'accomplit par la multiplication sans filtre de contenus autoproduits souvent virtuels construits sur la base de postulats religieux déconnectés de tout fondement même doctrinal ou théologique. Le ruissellement et la déferlante des messages radicaux sont tels qu'il semble même illusoire de tenter de les réguler ou de les contrôler ! Et de plus, les outils du métavers seront de nature à susciter des univers encore inconnus où nous serons plongés dans une confusion exponentielle entre les espaces du réel et ceux du virtuel, sous l'emprise d'une sorte de Léviathan technique. Cependant, il convient d'avancer.

B) Des difficultés liées au surgissement volatile des écrits numériques

Depuis la « révolution Gutenberg », aujourd'hui sorte de « révolution e-Gutenberg », le radicalisme religieux s'exprime par l'emploi de messages directs ou indirects, subliminaux ou virtuels, d'une grande fulgurance. Ce domaine s'en est même fait une spécialité. En raison de son immédiateté, de son accessibilité mondialisée et de la fabuleuse capacité de prolifération et de viralité de ses outils, de sa relative anonymisation, l'écrit numérique constitue une arme absolue entre les mains des plus

1. K. Blay-Grabarczyk, *Conciliation de la protection des droits d'autrui et de la liberté de la presse : une quête d'un équilibre introuvable* : *RTDH* 2014, n° 97, p. 237-252.
2. Cf. le rapport remis en janvier 2022 au Président de la République, sous le titre « Les lumières à l'ère numérique », élaboré par une commission présidée par l'universitaire sociologue Gérald Bronner.

radicaux. La commission présidée par Gérard Bronner[1] constate à ce titre un « chaos informationnel ». L'ère du numérique et sa révolution bousculent nos temps, nos agendas et nos espaces démocratiques. Le « en ligne » planétaire démultiplie le nombre de ses destinataires. Même fantasmé, le sentiment d'anonymat qu'induit « la Toile » suscite non seulement des comportements toxiques et des discours haineux, mais aussi des provocations et des incitations à des discriminations, voire à des délits et des crimes. Du « *fake* » aux rouages de la « post-vérité » comment faire face au bouleversement de l'écosystème numérique mondialisé qui engendre des quantités astronomiques de contenus en ligne ? Plus que jamais, les approches juridiques pour prévenir et répondre à leurs agissements illicites doivent être systémiques et non plus individualistes, ce qui paraît constituer une tâche redoutable, laquelle nous dépasse.

Un enchevêtrement de droits et d'intérêts divers suscite un imbroglio juridique, un véritable labyrinthe : la liberté d'expression des émetteurs, les droits de propriété intellectuelle des titulaires de droits de contenus protégés, le droit à la protection des données des internautes, les droits à la non-discrimination et à la réputation des personnes, le droit à l'information des destinataires, la liberté d'entreprise des acteurs du numérique, le droit des victimes de contenus illégaux ou dommageables, la prévention et la lutte contre les infractions pénales. Il reste par ailleurs extrêmement délicat de tracer les limites entre les écrits licites et ceux illicites. Tous ces droits semblent se télescoper, les compétences territoriales des organes de contrôle, de surveillance et de sanction restant des plus difficiles à déterminer. Certes, la question du droit à la liberté d'expression est centrale, le Conseil constitutionnel ayant déclaré à ce titre non conforme à la Constitution certaines des dispositions de la loi dite Avia du 24 juin 2020 visant à lutter contre les contenus haineux sur Internet alors

1. Voir *supra* note 2, p. 179.

que leur définition et la détermination du degré suffisant de prévisibilité sont de toute évidence éminemment volatiles. Aussi, de véritables zones d'ombre obscurcissent ces questions pratiques de toute première importance. En matière de lutte contre les contenus terroristes en ligne, la doctrine a dénoncé le caractère large de la notion de « contenu terroriste », englobant de nombreux comportements, qui lui confrère un caractère flou et vague, au préjudice des principes de légalité et de proportionnalité, alors que le *Digital Services Act* européen (DSA) du 19 octobre 2022, entré en application le 17 février 2024, ne définit pas les catégories de contenus illicites en ligne[1]. Il en est de même au sujet des contenus radicaux religieux alors que de nombreux thuriféraires sans bornes s'activent partout dans le monde[2]. À l'heure de la globalisation et de la mondialisation des échanges, aucun territoire n'est épargné, l'homme ayant envahi le monde. Quant aux institutions religieuses, elles ont souvent acquis une réelle expérience de l'usage des médias traditionnels (*ecclesiarium modus communicandi*)[3]. Comme d'autres, elles sont en quelque sorte dépassées alors que très peu d'études ont été publiées sur le thème du rapport du radicalisme religieux aux médias et aux mondes du numérique. D'immenses questions restent donc non résolues.

Le passage à l'acte d'information et de communication par le moyen de transmission lui-même, au-delà du seul contenu des messages, constitue-t-il une manifestation qui peut devenir

---

1. A. Michel, *La régulation de la modération des contenus en ligne, une affaire de droits humains ? : RTDH* 2023, n° 133, p. 56.

2. V. *infra*.

3. VIIème colloque international, *Les Églises et les médias*, Faculté de droit de l'Université d'Aix-Marseille III, 15 au 16 avril 1993 ; H. Tincq, G. Defoix, *Les médias et l'Église. Évangélisation et information : le conflit des deux paroles*, Éditions CFPJ, 1997 ; Sous la dir. P. Bréchon, J-P Willaime, PUF, *Politique d'aujourd'hui*, 2 000 ; M. Rizzon, *La communication religieuse, des médias traditionnels à Internet*, Institut d'Études Politiques d'Aix-en-Provence, 2000-2001 ; Colloque franco-italien de Rome, 20 au 21 mars 1998, *Églises et Médias, Doctrine et Droit, L'année Canonique*, tome XLI, 1999.

répréhensible au plan juridique du terme ? La transmission est le véhicule de la propagation et d'une forme de légitimité idéologique du radicalisme religieux, souvent transnationale. Si « le message, c'est le médium », phrase emblématique de la pensée de Marshall Mc Luhan, philosophe des médias canadiens, la nature d'un moyen d'information ou de communication, canal de transmission, peut dans certaines circonstances davantage compter que le sens ou le contenu du message. Au-delà du message religieux et de son contenu, il faut donc s'intéresser à ses moyens de propagation, de la page écrite à l'emploi de l'Internet, devenus communs à l'humanité tout entière. La manière dont les entreprises du numérique conçoivent leurs services notamment par l'éditorialisation algorithmique impacte indubitablement de façon considérable l'acceptabilité des contenus en question[1]. Dans un monde numérique dérégulé les informations sont en effet régies selon des logiques algorithmiques susceptibles d'orienter la construction des opinions, des croyances et des convictions à notre insu. Pour la Commission Bronner, précitée, « les prescriptions algorithmiques des réseaux sociaux, peuvent participer à la radicalisation des esprits. Selon un rapport interne de Facebook, par exemple, les individus ayant intégré un groupe extrémiste sur le réseau social l'ont fait dans deux tiers des cas suite à une recommandation de l'algorithme. Les algorithmes façonnent ainsi notre rapport à l'information d'une manière qui reste encore souvent trop opaque pour l'utilisateur comme pour le législateur[2] ». Le moyen peut donc constituer à lui seul un outil répréhensible, l'on pense ici à certains matériels de transmission de messages cryptés ou pas. Se pose alors la question de la responsabilité des gestionnaires des plateformes en ligne dont la

1. J. Barata, *La législation sur les services numériques et le pouvoir des médias sociaux de réguler le discours : obligations, responsabilités et protections* in *Décrypter la législation sur les services numériques, Coll. Iris spécial, Observatoire européen de l'audiovisuel*, M. Cappello (éd.), Strasbourg, 2021.
2. *Ibid.*, p. 22.

conception, la forme retenue et leurs algorithmes démultiplient la viralité de certains contenus en lien avec du radicalisme religieux illicite. Cette question revêt une importance cruciale alors qu'outre-Atlantique, la Cour suprême des États-Unis a écarté le 18 mai 2023 (dans les affaires *Twitter contre Taamneh* et *Gonzalez contre Google*), notamment sur le fondement de la théorie de la « neutralité algorithmique », la responsabilité de *Google* et de *Twitter* pour l'aide et l'assistance aux actes terroristes du 13 novembre 2015 à Paris et du 1er janvier 2017 à Istanbul[1]. Ce type d'immunité est d'autant plus significatif que le radicalisme religieux a recours à des formes de guérilla sémantique et numérique, en apposant sans crier gare des mots aux maux. Ce mode opératoire empreint d'une hostilité évidente s'est largement déployé, selon certains auteurs, en s'appuyant « sur l'utilisation propagandiste de mots récurrents qui imprègne les discours ambiants, légitime une idéologie contamine les politiques publiques et conditionne les sociétés[2] ».

L'explosion de la « bulle Internet », c'est-à-dire du nombre de supports d'information et de communication, a démultiplié partout dans le monde et en même temps les moyens d'expression du radicalisme religieux. Celle-ci prend alors la forme d'une sorte de machine à outrage et à manipuler. Un grandiose changement d'échelle s'est ainsi produit. Des traditionnelles pages imprimées aux multiples recours diversifiés aux outils du numérique via Internet[3], le champ de diffusion et de prolifération des messages s'est considérablement élargi depuis le début du XXIe siècle. Tout un chacun peut émettre des signes numériques et des messages

---

1. C. Fabre, *Irresponsabilité en droit américain de Google et Twitter pour aide et assistance aux actes terroristes du 13 novembre 2015 à Paris et du 1er janvier 2017 à Istanbul : D.*, 26 oct. 2023, n° 36.

2. P. Farbiaz, *Comment manipuler les médias. 101 recettes subversives*, Denoël, 1999, p. 193

3. M. Guidère, *Internet, haut lieu de la radicalisation : Pouvoirs* 2016, n° 158, p. 115-123.

électroniques quels qu'en soient les contenus depuis le territoire national ou pas. Or, ni l'adresse postale ni électronique ne permet de déduire l'identité de son auteur, anonyme ou non au règne des pseudos et autres masques, virtuels ou non au règne des robots, de la cryptographie et de la stéganographie. Qui parle ? Identifier l'auteur ou le provocateur d'un agissement répréhensible n'est-il pas devenu une gageure dans le monde multiple des publications numériques ?

Dans le cadre d'une inflation régulatoire, plusieurs moyens sont progressivement mis en place pour tenter de limiter les effets négatifs des écrits numériques, notamment véhiculés via Internet, telle la régulation de la modération des contenus en ligne[1]. Concernant les nécessaires pondérations, plusieurs catégories de contenus illégaux ont été décrites dont celles relatives aux discours de haine, racistes ou xénophobes, ainsi que les contenus « terroristes[2] ». La définition proposée du contenu illicite concerne toute information qui n'est pas conforme au droit de l'Union européenne ou au droit d'un État membre et ce, quelle qu'en soit la nature ou l'objet précis. Cette approche est éminemment limitative. Silence sur les discours répréhensibles du radicalisme religieux susceptibles d'entraîner directement des agissements illicites. Ne serait-il pas, par exemple, envisageable de retenir le critère de « contenu à référence religieuse susceptible de troubler l'ordre public » ? Certes le *Digital Services Act* (DAS) s'inscrit dans une dynamique de responsabilisation accélérée pour les contenus diffusés et postés par les utilisateurs ainsi que pour les entreprises du numérique[3]. Mais l'ensemble de ces

1. A. Michel, *La régulation de la modération des contenus en ligne, une affaire de droits humains ?* : *RTDH* 2023, n° 133, p. 35-65.

2. J. Englebert (coord.), *La régulation des contenus haineux sur les réseaux sociaux*, éd. Anthémis 2022.

3. Parmi les obligations posées par ce règlement européen, figure l'instauration d'un mécanisme de notification et d'action permettant le signalement des contenus illicites et des comportements abusifs, jusqu'à la notification des soupçons d'infraction pénale.

normes nouvelles en cours de ratification et de mise en œuvre forme un imposant système dont l'application sera longue et fastidieuse. Invariablement, pour les entreprises du numérique assurant la diffusion des écrits numériques se pose la question de la capacité et des compétences, de la légitimité et l'expertise requises pour entreprendre des mesures et des évaluations de leur licéité et de leur illicéité. Il s'agit d'identifier précisément les problématiques juridiques à traiter[1]. C'est affaire de juristes spécialisés en droit des libertés publiques et des droits fondamentaux, ce que les entreprises du numérique ne disposent pas. Quels moyens intellectuels, techniques et professionnels seront requis d'un employé d'une grande entreprise du numérique pour évaluer un propos ? Quelle sera la qualification juridique de ce dernier au regard des nombreuses catégories d'infractions concernées par la loi et leurs subtilités jurisprudentielles d'ordre interprétatives ? Peut-on espérer des entreprises du numérique qu'elles appliquent les subtiles jurisprudences françaises issues des chambres de presse spécialisées des cours et tribunaux ainsi que de la Cour de cassation ? Dans le doute, l'employé modérateur d'une entreprise privée confronté à un contenu préjugé illicite prendra-t-il le risque, si le contenu n'était pas retiré, de voir son employeur être contraint à subir une sanction financière importante, voire exorbitante, assortie d'une infamante mesure de publicité ? Encore une fois se pose la question de la définition des contenus licites et illicites confiée à ces sortes de « *gatekeepers* » ce qui ne saurait relever de l'air du temps, des prescripteurs d'opinion, de la majorité silencieuse, des bonnes consciences, de la rumeur, des non-dits, des polémiques, des prénotions, etc. S'agissant des prénotions, dans *Les règles de la*

1. V. à cet égard, le point 14 de la note d'orientation du Conseil de l'Europe, adoptée les 19 au 21 mai 2021 par son Comité directeur, sur les médias et la société d'information : *Modération de contenu : meilleures pratiques en vue de la mise en place de cadres juridiques et procéduraux efficaces pour les mécanismes d'autorégulation et de corégulation de la modération de contenus.*

méthode sociologique de 1894, l'éminent sociologue Émile Durkheim prévenait ainsi :

> Il faut écarter systématiquement toutes les prénotions. [...] Il faut que le sociologue [...] s'affranchisse de ces fausses évidences qui dominent l'esprit du vulgaire, qu'il secoue, une fois pour toutes, le joug de ces catégories empiriques qu'une longue accoutumance finit souvent par rendre tyranniques. [...] Ce qui rend cet affranchissement particulièrement difficile en sociologie, c'est que le sentiment se met souvent de la partie. Nous nous passionnons, en effet, pour nos croyances politiques et religieuses, pour nos pratiques morales [...] ; par suite, ce caractère passionnel se communique à la manière dont nous concevons et dont nous nous expliquons les premières. Les idées que nous nous en faisons nous tiennent à cœur, tout comme leurs objets, et prennent ainsi une telle autorité qu'elles ne supportent pas la contradiction. Toute opinion qui les gêne est traitée en ennemie.

Selon certains, s'inspirant des conseils de presse des mécanismes privés de contrôle externe, des pratiques de modération devraient être mises en œuvre[1]. Mais rien n'est moins sûr en l'état des évolutions constatées alors qu'au niveau européen sont progressivement élaborées par les acteurs du numérique des mesures s'inscrivant dans le cadre d'une politique de lutte contre les contenus illégaux, dynamique instaurée par ces derniers sous forme d'instruments d'autorégulation (Code de bonnes pratiques contre la désinformation, Code de conduite visant à combattre les discours de haine illégaux en ligne). Les mesures administratives de suppression ou de blocage d'accès ou de retrait de contenus considérés comme étant illicites restent soumises au contrôle de proportionnalité au regard de circonstances exceptionnelles,

---

1. Voir l'initiative de l'ONG Article 19, désignée « *Social Media Councils* », sorte de forum indépendant, volontaire, inclusif, transparent et responsable accordant à toutes les parties prenantes, dont des représentants de la société civile, un espace d'intervention sur la modération des contenus.

d'exigences contextuelles et du droit à la liberté d'expression. La Cour européenne des droits de l'homme à plusieurs reprises s'est prononcée en ce sens[1].

En outre, les praticiens des médias et ceux du droit de la presse, avocats et magistrats, qui se satisfaisaient de moyens traditionnels en présence de publications diffusées par photocopies ou tout autre moyen de reproduction visuelle ou audio, sont aujourd'hui confrontés à de redoutables problèmes de preuve. Les services d'enquête de police judiciaire instruisent, sous l'autorité des magistrats du parquet du procureur de la République, des procédures en matière de diffamation religieuse, d'incitation et de provocation à la haine religieuse sur la base de recherches documentaires, écrites, visuelles, audio ou numériques[2]. Les questions de preuve pour identifier les contenus des messages répréhensibles et leurs auteurs sont à ce titre capitales. Or, rapporter ces preuves n'est pas simple, les services de renseignement restant confrontés à la nébuleuse des moyens, du « Darknet » notamment (le Darknet est un ensemble de sous-réseaux d'Internet qui ne sont pas accessibles via les moteurs de recherches classiques mais à l'aide de techniques spécifiques). Pour une partie à un procès dit « de presse[3] » le constat d'huissier, élément de preuve, permet de fixer des éléments matériels qui peuvent

1. V. en ce sens, CEDH, 20 avril 2019 *Kablis C. Russie*. – CEDH, 23 juin 2020, *Flavus et autres C. Russie*. – CEDH, 23 juin 2020, *Bulgakov C. Russie*. – CEDH, 23 juin 2020, *Vladimir Kharitonov contre Russie*. – CEDH, 23 juin 2020, *Engels C. Russie*).

2. A. Garay, *Diffamations, injures et convictions en procès mises en perspectives : Droit et Religions*. Annuaire 2015, tome I, Presses universitaires d'Aix-Marseille, p. 91-104.

3. Le droit de la presse, élaboré à partir de la loi fondatrice du 29 juillet 1881 sur la liberté de la presse, a été prolongé par d'autres dispositifs légaux adaptés aux nouveaux modes de communication, comme les lois des 29 juillet 1982 sur la communication audiovisuelle, celle du 21 juin 2004 pour la confiance dans l'économie numérique ou encore, la loi du 24 juin 2020 visant à lutter contre les contenus haineux sur Internet et sa petite sœur du 16 août 2022 portant diverses dispositions d'adaptation au droit de l'Union européenne en matière de prévention de la diffusion de contenus à caractère terroriste en ligne.

disparaître très vite, en vue d'établir la vérité sur une situation alors passée. Internet, milieu dématérialisé par excellence, pose de nouveaux problèmes en matière d'administration de la preuve à la fois d'un point de vue technique et juridique (adresse IP, cookies, fichiers temporaires, historique de navigation, mémoires cachées...). La norme AFNOR Z67-47 détaille les conditions de validité des constats d'huissier sur Internet.

L'administration du ministère de l'Intérieur a mis en place en 2009 un dispositif permettant le signalement des faits illicites dit « de l'Internet », selon l'expression retenue par ses soins. La Direction centrale de la police judiciaire dispose en effet d'une section nationale à vocation interministérielle et opérationnelle destinée à lutter contre la criminalité liée aux technologies de l'information et de la communication. Il s'agit de l'Office central de lutte contre la criminalité liée aux technologies de l'information et de la communication qui met à la disposition des internautes la plateforme désignée PHAROS (Plateforme d'Harmonisation, de Recoupement et d'Orientation des Signalements). Cet outil permet de dénoncer en ligne les contenus et comportements illicites de l'Internet, que ceux-ci soient présents sur des sites, blog, forum, tchat, réseaux sociaux, etc. Le ministère souligne que « les contenus ou comportements que vous jugez simplement immoraux ou nuisibles n'ont pas à être signalés sur PHAROS. Les affaires privées, même si elles utilisent Internet (insultes, propos diffamatoires, harcèlement) relèvent de la compétence du commissariat de police ou de la brigade de gendarmerie de votre lieu d'habitation et non de PHAROS ». Ce dispositif généraliste n'offre cependant pas un service dédié aux agissements répréhensibles du radicalisme religieux à défaut d'imputation pénale correspondante ad hoc. Le meurtre sauvage le 16 octobre 2020 de l'enseignant Samuel Paty qui avait montré à ses élèves des caricatures du prophète Mahomet dans le cadre d'un cours sur la liberté d'expression, est l'archétype des risques de dérives sur Internet, moyen par lequel plusieurs personnes avaient préalablement ouvertement critiqué ce professeur d'histoire-géographie donnant des indications utiles à la préparation de cet homicide[1]. Cet assassinat avait suscité une réflexion sur le rôle de la plateforme PHAROS chargée depuis de surveiller les contenus illégaux véhiculés via Internet. En 2022, de hauts responsables appelaient à une révision de son fonctionnement afin de lutter plus efficacement contre le « cyberislamisme », selon l'expression ministérielle retenue alors.

2. Les publications et l'espace numérique sous surveillance, un espoir contre le radicalisme religieux ?

A) La constante adaptation du droit de surveillance nationale face à l'évolution des moyens modernes d'expression du radicalisme religieux

À l'heure des labels médiatiques et du légitime débat d'intérêt général sur le radicalisme religieux, le droit de la presse et du numérique constitue un cadre juridique en constante évolution en matière de poursuite et de sanction des agissements répréhensibles du radicalisme religieux. Il faut donc étudier l'état des relations en question dès lors que, sous tension, elles peuvent être soumises au contrôle du juge notamment en présence de faits de nature diffamatoire ou injurieuse[2]. Sont en cause les droits de la personne et de la personnalité[3]. De même, se trouve convoqué le droit au respect des convictions ou des sentiments dits « religieux » qui ne relèvent pas du seul régime de la

1. Selon l'universitaire Xavier Boy, au sujet de l'assassinat de l'enseignant Samuel Paty, « les réseaux sociaux ont été les artisans de sa mort, appelant à sa punition pour avoir exposé des dessins jugés blasphématoires par des parents d'élèves et donnant les indications utiles à son agression » (Cf. X. Boy, *La loi confortant le respect des principes de la République et la liberté d'expression : AJDA* 2021, p. 2084).

2. A. Lacabarats, « Le juge et la laïcité : le droit au respect des croyances », *Les Petites Affiches*, 3 oct. 1997.

3. *La protection de la personne face aux médias*, Numéro spécial, *Gazette du palais* (2 au 6 septembre 1994) qui comporte les réflexions utiles des praticiens spécialisés (magistrats et avocats).

diffamation ou de l'injure. En effet, la poursuite des atteintes aux convictions religieuses n'est pas cantonnée aux seuls régimes légaux de la diffamation ou de l'injure[1]. Peuvent également être mises en œuvre les règles concernant la provocation à la haine ou à la discrimination fondée sur l'appartenance religieuse. Or, il semble bien que les législateurs et les gouvernements successifs n'ont peut-être pas pris la pleine mesure de la portée des moyens utilisés pour commettre des agissements répréhensibles du radicalisme religieux. Ces décideurs se sont bornés à élaborer des dispositifs visant les actes de terrorisme mais non des actes de radicalisation religieuse. Ainsi de l'article 421-2-5 du Code pénal disposant que « le fait de provoquer directement à des actes de terrorisme ou de faire publiquement l'apologie de ces actes est puni de cinq ans d'emprisonnement et de 75 000 € d'amende. Les peines sont portées à sept ans d'emprisonnement et à 100 000 € d'amende lorsque les faits ont été commis en utilisant un service de communication au public en ligne. Lorsque les faits sont commis par la voie de la presse écrite ou audiovisuelle ou de la communication au public en ligne, les dispositions particulières des lois qui régissent ces matières sont applicables en ce qui concerne la détermination des personnes responsables. »

S'est également posée la question de la compétence des juridictions françaises en présence de propos d'apologie du terrorisme islamique diffusés depuis l'étranger par Internet. La chambre criminelle de la Cour de cassation par un arrêt du 7 novembre 2023 a jugé que ce type d'acte est réputé commis sur le territoire de la République dès lors que les propos ont été émis en langue française et présentaient à la fois dans la publication et quant au thème un lien avec la France (tweets illustrés par des photographies représentant la France et stigmatisant cette dernière « comme un pays de mécréance, opposé à l'organisation

---

1. M.-N. Louvet, *Liberté d'expression et respect des croyances – TGI Paris, 20 février 1997, AGRIF contre Société Columbia Tristar Films* : *Légipresse* 1997, n° 140, p. 49 et s.

dite État Islamique », ou encore incitant « les musulmans à se sentir étrangers sur “toutes les terres qui refusent d’appliquer et combattent les lois d’Allah”, notamment la France ». L’article 113-2-1 du Code pénal fixe les règles d’application de la loi dans l’espace pour « tout crime ou tout délit réalisé au moyen d’un réseau de communication électronique ». Il admet un rattachement au territoire français à raison de la résidence de la personne physique ou du siège de la personne morale subissant un préjudice du fait de l’infraction. L’apologie sur Internet montre l’inadaptation d’un tel texte à la situation présente. En cas d’infraction via Internet, peuvent être mis en œuvre de manière alternative l’article 113-2 du Code pénal (en retenant un rattachement dès lors que l’infraction est tournée vers le public français) et l’article 113-2-1 visant les atteintes aux systèmes automatisés de données.

Dans un tout autre domaine se rapportant à l’adaptation du droit français, l’article 19 de la loi du 19 juin 2001 tend à renforcer la prévention et la répression des mouvements sectaires portant atteinte aux droits de l’homme et aux libertés fondamentales en s’élevant contre la publicité des mouvements sectaires. Son dispositif vise à punir « le fait de diffuser, par quelque moyen que ce soit, des messages destinés à la jeunesse et faisant la promotion d’une personne morale, quelle qu’en soit la forme juridique ou l’objet, qui poursuit des activités ayant pour but ou pour effet de créer, de maintenir ou d’exploiter la sujétion psychologique ou physique des personnes qui participent à ces activités, lorsqu’a été prononcée au moins une fois, contre la personne morale elle-même ou ses dirigeants de droit ou de fait, une condamnation pénale définitive pour l’une ou l’autre des infractions mentionnées ci-après :

1e Infractions d’atteintes volontaires ou involontaires à la vie ou à l’intégrité physique ou psychique de la personne, de mise en danger de la personne, d’atteinte aux libertés de la personne, d’atteinte à la dignité de la personne, d’atteinte à la personnalité, de mise en péril des mineurs ou d’atteintes aux biens prévues par les articles 221-1 à 221-6, 222-1 à 222-40, 223-1 à 223-15, 223-15-2, 224-1 à 224-4, 225-5 à 225-15, 225-17, 226-1 à 226-23, 227-1 à 227-27, 311-1 à 311-13, 312-1 à 312-12, 313-1 à 313-3, 314-1 à 314-3 et 324-1 à 324-6 du Code pénal ;

2e Infractions d'exercice illégal de la médecine ou de la pharmacie prévues par les articles L. 4161-5 et L. 4223-1 du Code de la santé publique ;

3e Infractions de publicité mensongère, de fraudes ou de falsifications prévues par les articles L. 121-6 et L. 213-1 à L. 213-4 du Code de la consommation.

Les mêmes peines sont applicables lorsque les messages visés au premier alinéa du présent article invitent à rejoindre une telle personne morale.

Les personnes morales peuvent être déclarées pénalement responsables dans les conditions prévues par l'article 121-2 du Code pénal des infractions définies au présent article. La peine encourue par les personnes morales est l'amende, suivant les modalités prévues par l'article 131-38 du Code pénal. »

Encore récemment, le parlement a adopté la loi nº 2021-1109 du 24 août 2021 confortant le respect des principes de la République qui consacre un chapitre IV intitulé *Dispositions relatives à la lutte contre les discours de haine et les contenus illicites en ligne* (article 36 à 48, dont le texte reste globalement et particulièrement illisible, tout au moins indigeste, pour le justiciable). Dans les suites du meurtre « suscité » de l'enseignant Samuel Paty, la censure de propos nuisibles, au regard notamment de la mise en danger de la vie d'autrui, est prévue par l'article 36 de cette loi qui a inséré un nouvel article 223-1-1 au Code pénal : « Le fait de révéler, de diffuser ou de transmettre, par quelque moyen que ce soit, des informations relatives à la vie privée, familiale ou professionnelle d'une personne permettant de l'identifier ou de la localiser aux fins de l'exposer ou d'exposer les membres de sa famille à un risque direct d'atteinte à la personne ou aux biens que l'auteur ne pouvait ignorer est puni de trois ans d'emprisonnement et de 45 000 euros d'amende. Lorsque les faits sont commis au préjudice d'une personne dépositaire de l'autorité publique, chargée d'une mission de service public ou titulaire d'un mandat électif public ou d'un journaliste, au sens du deuxième alinéa de l'article 2 de la loi du 29 juillet 1881 sur la liberté de la presse, les peines sont portées à cinq ans d'emprisonnement et à 75 000 euros d'amende. Lorsque les faits sont commis au préjudice d'une personne mineure, les peines sont portées à cinq ans d'emprisonnement et à 75 000 euros d'amende. Lorsque les faits sont commis au préjudice d'une personne dont la particulière vulnérabilité, due à son âge, à une maladie, à une infirmité, à une déficience physique ou psychique ou à un état de grossesse, est apparente ou connue de leur auteur, les peines sont portées à cinq ans d'emprisonnement et à 75 000 euros d'amende. Lorsque les faits sont commis par voie de presse écrite ou audiovisuelle ou de communication au public en ligne, les dispositions particulières des lois qui régissent ces matières sont applicables en ce qui concerne la détermination des personnes responsables ».

Selon ce texte, il doit s'agir de faits d'incitation et de fourniture de moyens à l'atteinte directe aux personnes, la mesure respective de l'élément matériel et de l'élément moral de cette nouvelle infraction restant très délicate à élaborer[1]. De même, la loi de 2021 renforce des procédures de protection et répression contre des propos nuisibles en instaurant des mesures de lutte contre les « sites miroir[2] » et de nouvelles obligations pour les grands acteurs d'Internet et ce, en leur laissant la responsabilité de réguler eux-mêmes les contenus « haineux » mis en ligne sous le contrôle vigilant et intrusif du Conseil supérieur de l'sudiovisuel devenu

1. X. Bioy, « La loi confortant le respect des principes de la République et la liberté d'expression », *AJDA*, 25 octobre 2021, p. 2086 ; S. Detraz, « Le nouveau délit de risque causé à autrui par diffusion d'informations », *Gazette du Palais*, 23 novembre 2021, n° 41, p. 69-72

2. Sites Internet qui reprennent des contenus illicites, déréférencés ou bloqués par décision de justice sur le fondement du paragraphe 7 de l'article 6-I de la loi du 21 juin 2004 (contenus « haineux »).

l'Autorité de régulation de la communication audiovisuelle et numérique (ARCOM)[1]. La loi de 2021 pose ainsi une obligation de contrôle des contenus mis en ligne pour les diffuseurs de contenus numériques destiné à retirer et rendre inaccessibles les contenus illicites ou haineux. La loi en question définit ces contenus en référence à l'article 6, I et 7 de la loi du 21 juin 2004 pour la confiance dans l'économie numérique : « Compte tenu de l'intérêt général attaché à la répression de l'apologie des crimes contre l'humanité, de la provocation à la commission d'actes de terrorisme et de leur apologie, de l'incitation à la haine raciale, à la haine à l'égard de personnes à raison de leur sexe, de leur orientation ou identité sexuelle ou de leur handicap ainsi que de la pornographie enfantine, de l'incitation à la violence, notamment l'incitation aux violences sexuelles et sexistes, ainsi que des atteintes à la dignité humaine, les personnes mentionnées ci-dessus doivent concourir à la lutte contre la diffusion des infractions visées aux cinquième, septième et huitième alinéas de l'article 24 de la loi du 29 juillet 1881 sur la liberté de la presse et aux articles 222-33, 225-4-1, 225-5, 225-6, 227-23 et 227-24 et 421-2-5 du Code pénal. » Ce texte instituerait une sorte de « privatisation de la lutte contre les contenus prétendument illicites » ce qui poserait la question de savoir s'il est « pertinent de laisser à des entités privées, a fortiori lorsqu'elles sont juges et parties, la responsabilité de définir le licite ou l'illicite... Les pouvoirs exorbitants donnés à des autorités privées qui deviendront inévitablement les censeurs puis les délateurs de propos politiquement dérangeants doivent conduire à mettre en garde contre ce déclin du droit et l'atteinte inédite qu'il porte aux garanties les plus essentielles ». Enfin, sans viser expressément les agissements répréhensibles du radicalisme religieux en tant que tels, la loi du 24 août 2021 prévoit un alourdissement global de la répression.

---

1. D. Dassa-Le Deist, « Régulation des contenus en ligne et loi du 24 août 2021 : du déclin du droit au triomphe du politiquement correct », *Gazette du palais*, 23 novembre 2021, p. 73-75

Au total et en présence d'une construction politique en quelque sorte byzantine pour combattre efficacement le radicalisme religieux en ses agissements illicites et répréhensibles, l'ensemble du texte de 2021 ne cesse d'interroger. Et si l'imputation de « radicalisation » offre un outil de disqualification à large spectre, les moyens de contrôle demeurent souvent insuffisants et limités face aux dérives du radicalisme religieux dans les publications et le monde numérique[1]. C'est donc une œuvre à poursuivre. Il s'agit non plus de définir de seuls outils normatifs mais surtout d'instituer des outils opérationnels permettant d'aller au-delà des seules déclarations d'intention des responsables gouvernementaux et des élus politiques.

B) La plus difficile et lente adaptation du droit européen face à l'évolution des moyens modernes d'expression du radicalisme religieux

À l'origine l'apport du droit européen des droits de l'homme a été des plus limités en la matière. L'arrêt rendu le 20 septembre 1994 par la Cour européenne des droits de l'homme dans l'affaire *Otto-Preminger-Institut contre Autriche* avait même pu donner l'impression qu'en se fondant sur le caractère fondamental de la liberté de religion en tant qu'assise d'une société démocratique, ce dans le droit fil de l'arrêt *Kokkinakis contre Grèce*, la Cour souhaitait privilégier une « protection renforcée des sentiments religieux[2] ». Cette décision avait également consacré le contrôle européen de l'ingérence dans les convictions religieuses par la protection de l'article 10 qui ne concerne que la seule liberté

---

1. V. sur ce point, la thèse en préparation de T. Le Gall (ss dir. X. Crettiez), *La stratégie de communication du groupe État Islamique, sociologie d'un discours violent de propagande et de sa réception par le droit pénal français*, Univ. Cergy-Pontoise, Sciences politiques – Cergy (en préparation depuis octobre 2017).

2. CEDH, 20 sept. 1994, *Otto-Preminger-Institut C. Autriche : AJDA*, Paris, 20 mars 1995, p. 215. – V. aussi, p. Wachsmann, « La religion contre la liberté d'expression : sur un arrêt regrettable de la Cour européenne des droits de l'homme », *RUDH,* 1994, p. 44149. – F. Rigaux, *« La liberté d'expression et ses limites », RTDH*, Bruxelles, 1995, p. 401-415.

d'expression dénaturant de la sorte, semble-t-il, le contenu même du principe de la liberté de manifestation de l'article 9. Depuis, a même fleuri à Strasbourg un bouquet de décisions rendues dans les espèces *Refah Partisi contre Turquie*, *Murphy contre Irlande*, *Gunduz contre Turquie*, *Arslan contre Turquie* à travers lesquelles la Cour européenne n'a pas souhaité entrer dans une logique d'acquiescement à l'exacerbation des convictions religieuses[1]. N'a-t-elle pas décidé, en ce sens, d'exercer son contrôle des restrictions aux convictions ou sentiments religieux en référence à la liberté d'expression en évitant de la sorte d'entrer dans un débat sur la légitimité et le degré d'acceptabilité des croyances dans une Europe partagée du point de vue confessionnel[2] ?

Il est acquis que la Cour européenne reconnaît aux États une large liberté d'appréciation dans la mise en œuvre de mesures visant à préserver les sensibilités religieuses[3]. Dans deux arrêts rendus dans des affaires visant la Turquie[4], la Cour européenne a semblé admettre plus aisément qu'un discours empreint d'intolérance d'un homme de foi puisse bénéficier de la protection du droit à la liberté d'expression en comparaison du discours blasphématoire d'une personne non-croyante. La juridiction européenne a adopté de la sorte une « vision restrictive de ce qui peut constituer un discours appelant à la haine religieuse[5] ». Pour autant, d'autres décisions semblent montrer que tel n'est pas toujours le cas (V. encadré ci-dessous).

---

1. Gérard Gonzalez, *La convention européenne des droits de l'Homme et la liberté des religions*, Economica, Paris, 1997

2. G. Gonzalez, *Haro sur les « sectes » mais... pas trop ! (CEDH, Leela Förderkreis e. a. contre Allemagne, 6 novembre 2008) : RTDH, Bruxelles,* 2009, n° 78, p. 553-568.

3. P.F. Docquir, *La Cour européenne des droits de l'homme sacrifie-t-elle la liberté d'expression pour protéger les sensibilités religieuses ? (Note sous l'arrêt* Giniewski contre France *31 janvier 2006) : RTDH*, 1er oct. 2006, n° 68, p. 827, p. 839-849.

4. CEDH, 4 déc. 2003, *Gündüz C. Turquie*. – CEDH, 6 juill. 2006, *Erbakan C. Turquie*.

5. M. Candela Soriano, A. Defossez, *La liberté d'expression face à la morale et à la religion : analyse de la jurisprudence de la Cour européenne de religion : RTDH*, 1er oct. 2006, n° 68, p. 827.

Illustration de décisions de la CEDH se rapportant à la liberté d'expression

Dans plusieurs affaires, la Cour européenne des droits de l'homme s'est prononcée sur des contentieux suscités par des plaignants invoquant une ingérence injustifiée au droit à la liberté d'expression.

Tel a été le cas en présence d'une condamnation pénale du fait d'apologie de crimes et d'atteintes volontaires à la vie pour avoir offert à un enfant de trois ans un tee-shirt porté à l'école arborant les inscriptions, sur la face avant, « je suis une bombe » et, sur la face arrière, « Jihad, né le 11 septembre[1] ». Dans cette affaire *Z.B. contre France*, la Cour européenne a jugé que la condamnation pénale en question n'était pas contraire au droit à la liberté d'expression. Mais à l'époque des faits, trouvaient à s'appliquer les articles 23 et 24 de la loi du 29 juillet 1881 sur la liberté de la presse[2]. Depuis le vote de la loi du 13 novembre 2014 renforçant les

---

1. CEDH, 2 sept. 2021, *Z.B. c. France*. – V. sur cette décision, A. Berrendorf, L. Midrez et L. Monaco, *Satire ou apologie du terrorisme, peut-on rire de tout ? : RTDH*, 2022, n° 130, p. 397-420.

2. L'article 23 disposait que « seront punis comme complices d'une action qualifiée crime ou délit ceux qui, soit par des discours, cris ou menaces proférés dans des lieux ou réunions publics, soit par des écrits, imprimés, dessins, gravures, peintures, emblèmes, images ou tout autre support de l'écrit, de la parole ou de l'image vendus ou distribués, mis en vente ou exposés dans des lieux ou réunions publics, soit par des placards ou des affiches exposés au regard du public, soit par tout moyen de communication au public par voie électronique, auront directement provoqué l'auteur ou les auteurs à commettre ladite action, si la provocation a été suivie d'effet ». L'article 24 de la même loi édictait que « seront punis de cinq ans d'emprisonnement et de 45 000 euros d'amende ceux qui, par l'un des moyens énoncés à l'article précédent, auront directement provoqué, dans le cas où cette provocation n'aurait pas été suivie d'effet, à commettre l'une des infractions suivantes : 1° Les atteintes volontaires à la vie, les atteintes volontaires à l'intégrité de la personne et les agressions sexuelles, définies par le livre II du Code pénal ; 2° Les vols, les extorsions et les destructions, dégradations et détériorations volontaires dangereuses pour les personnes, définis par le livre III du Code pénal.Ceux qui, par les mêmes moyens, auront directement provoqué à l'un des crimes et délits portant atteinte aux intérêts fondamentaux de la nation prévus par le titre Ier du livre IV du Code pénal, seront punis des mêmes peines. Seront punis de la même peine ceux qui, par l'un des moyens énoncés en l'article 23, auront fait l'apologie des crimes visés au premier alinéa, des crimes de guerre, des crimes contre l'humanité, des crimes de réduction en esclavage ou d'exploitation d'une

dispositions relatives à la lutte contre le terrorisme, l'article 421-2-5 du Code pénal prévoit désormais que « le fait de provoquer directement à des actes de terrorisme ou de faire publiquement l'apologie de ces actes est puni de cinq ans d'emprisonnement et de 75 000 € d'amende. Les peines sont portées à sept ans d'emprisonnement et à 100 000 € d'amende lorsque les faits ont été commis en utilisant un service de communication au public en ligne. Lorsque les faits sont commis par la voie de la presse écrite ou audiovisuelle ou de la communication au public en ligne, les dispositions particulières des lois qui régissent ces matières sont applicables en ce qui concerne la détermination des personnes responsables ».

Face à une condamnation pénale du requérant pour provocation à la discrimination et haine religieuse envers la communauté musulmane française, en raison de propos tenus en 2016 au cours d'une émission télévisée, Éric Zemmour avait invoqué la violation du droit à la liberté d'expression. Tout en rejetant l'exception préliminaire du Gouvernement fondée sur l'article 17 de la Convention (interdiction de l'abus de droit), la Cour s'est appuyée sur cette disposition comme une aide à l'interprétation de l'article 10 au regard de l'appréciation de la nécessité de l'ingérence litigieuse. Après avoir relevé, à l'instar des juridictions françaises que les propos du requérant contenaient des assertions négatives et discriminatoires de nature à attiser un clivage entre les Français et la communauté musulmane dans son ensemble, la Cour a considéré que les propos litigieux ne relevaient pas d'une catégorie de discours bénéficiant d'une protection renforcée de l'article 10 de la Convention[1]. Elle en déduit que les autorités françaises jouissaient

---

personne réduite en esclavage ou des crimes et délits de collaboration avec l'ennemi, y compris si ces crimes n'ont pas donné lieu à la condamnation de leurs auteurs.Tous cris ou chants séditieux proférés dans les lieux ou réunions publics seront punis de l'amende prévue pour les contraventions de la 5e classe. Ceux qui, par l'un des moyens énoncés à l'article 23, auront provoqué à la discrimination, à la haine ou à la violence à l'égard d'une personne ou d'un groupe de personnes à raison de leur origine ou de leur appartenance ou de leur non-appartenance à une ethnie, une nation, une race ou une religion déterminée, seront punis d'un an d'emprisonnement et de 45 000 euros d'amende ou de l'une de ces deux peines seulement.Seront punis des peines prévues à l'alinéa précédent ceux qui, par ces mêmes moyens, auront provoqué à la haine ou à la violence à l'égard d'une personne ou d'un groupe de personnes à raison de leur sexe, de leur orientation sexuelle ou identité de genre ou de leur handicap ou auront provoqué, à l'égard des mêmes personnes, aux discriminations prévues par les articles 225-2 et 432-7 du Code pénal. (...) »

1. CEDH, 22 déc. 2022, *Zemmour C. France*.

d'une large marge d'appréciation pour y apporter une restriction. Notant qu'ils ont été tenus au cours d'une émission télévisée diffusée en direct à une heure de grande écoute et rappelant que le requérant, journaliste chroniqueur n'échappait pas aux « devoirs et responsabilités » d'un journaliste, la Cour a considéré que ces propos ne se limitaient pas à une critique de l'Islam mais comportaient, compte tenu du contexte d'attentats terroristes dans lequel ils s'inscrivaient, une intention discriminatoire de nature à appeler les auditeurs au rejet et à l'exclusion de la communauté musulmane. Elle en déduit que les motifs retenus par les juridictions françaises pour entrer en voie de condamnation étaient suffisants et pertinents. En conclusion, la Cour considère que l'ingérence dans l'exercice par Éric Zemmour de son droit à la liberté d'expression était nécessaire dans une société démocratique afin de protéger les droits d'autrui qui étaient en jeu en l'espèce et qu'il n'y a donc pas eu violation de l'article 10 de la Convention[1].

Il en a été de même à propos de la condamnation pénale d'un dessinateur du chef d'apologie de crimes d'atteintes volontaires à la vie, pour avoir publié une caricature deux jours après l'attentat du 11 septembre 2001 à New York symbolisant le terrible événement avec une légende pastichant le slogan publicitaire d'une marque célèbre, « Nous en avions tous rêvé... Le Hamas l'a fait[2] ». À l'identique, la non-violation du droit à la liberté d'expression a été retenue par la Cour européenne après une analyse concrète de lettres diffusées et de leur impact, leur langage haineux qui appelaient à la vengeance sanglante, doublé du contexte terroriste turc était susceptible d'attiser la haine et la violence[3].

En réalité, il faut prendre le temps d'analyser avec soin les centaines et centaines de pages de ces différents arrêts rendus par la Cour européenne des droits de l'homme pour en mesurer la réelle portée, notamment en termes de pesée des intérêts

1. S'agissant de formules punissables d'Eric Zemmour, la professeure Laurence Burgorgue-Larsen pointe dans son commentaire de l'arrêt de la Cour européenne « un parcours intellectuel marqué par la malédiction de la radicalisation, révélateur d'une dérive contemporaine où les passions obscurcissent les jugements » (*Actualité de la Convention européenne des droits de l'homme : AJDA*, 30 janvier 2023, p. 1223)

2. CEDH, 2 oct. 2008, *Leroy C. France*.

3. CEDH, 8 juill. 1999, *Sürek C. Turquie* (n° 1).

juridiques en présence. Cet ensemble européen repose sur de fragiles équilibres, la liberté des uns et des autres se confrontant à des principes fondamentaux de toute première importance et dont le juge reste en quelque sorte « le gardien des promesses » selon l'expression d'Antoine Garapon. Le législateur puis le juge national et international cheminent ainsi sur les sentiers escarpés de l'État de droit démocratique. Par « petites touches », presque à tâtons, le premier ne semble pas toujours mesurer l'effectivité des dispositifs votés qui sont souvent pris sous les feux de l'actualité alors que le second se prononce au cas par cas.

Partie II

LE TRAITEMENT JURIDIQUE DU RADICALISME RELIGIEUX

CHAPITRE 6

LA POLITIQUE DE PRÉVENTION ET DE LUTTE CONTRE LE RADICALISME RELIGIEUX

I. Grand témoignage

Entretien avec Elyamine Settoul

Maître de conférences en science politique
au sein de la chaire de criminologie du CNAM de Paris

Alain Garay: *Quels sont les contours actuels de la politique publique de prévention et de lutte contre la radicalisation même religieuse ?*

La question du radicalisme religieux a surgi au détour des dérives islamiques, ses contours actuels reposant sur une série d'évènements successifs, notre pays ayant pendant longtemps baigné dans une certaine naïveté à l'égard du phénomène. Il est vrai que la France a été touchée plus tardivement que d'autres par le phénomène des attentats terroristes islamistes de masse (États-Unis en 2001, Angleterre en 2004, Espagne en 2005...). Même si la France a subi le 8 octobre 2004 un attentat à la bombe devant l'ambassade d'Indonésie à Paris qui a fait dix blessés, le Front islamique français armé ayant revendiqué l'attentat, elle avait précédemment essuyé une autre attaque à la bombe à Paris le 3 décembre 1996 à la station Port-Royal du RER B qui a fait 4 morts et 91 blessés. Bien entendu, d'autres attentats à connotation religieuse peuvent être cités avant cette période, mais il s'agissait pour beaucoup d'attentats ciblés ou de tentatives d'attentats déjoués par les services du renseignement et de la sécurité intérieure, donc moins spectaculaires. Néanmoins, entre décembre 1994 et décembre 1996, le Groupe islamique armé a perpétré 11 attaques sur le sol français, au cours desquelles 12 personnes ont perdu la vie et plus de 300 autres ont été blessées. Entre 1995 et 2012, la France a connu une période plutôt calme comparativement à d'autres évènements survenus à l'étranger, donc les pouvoirs publics sont restés assez en retrait sur ces questions, tout en faisant montre d'une certaine vigilance néanmoins, ce qui montre l'importance du contexte dans l'élaboration des politiques publiques. De plus, nous étions persuadés à l'époque d'avoir réussi en termes de politique d'intégration et d'avoir sans doute les meilleurs services de renseignement d'Europe.

À partir de 2012 (année des tueries à Toulouse et Montauban ayant fait sept morts dont trois enfants et six blessés), des collectifs de familles vont alerter les services de l'État sur la radicalisation de leurs enfants et le départ de ceux-ci pour aller faire le jihad à l'étranger. À ce titre, la France est particulièrement concernée puisque sa population est devenue le premier fournisseur de djihadistes à l'organisation de l'État islamiste (4e ou 5e à l'échelle mondiale !). Face à la mobilisation des familles concernées, notamment autour des idées de l'anthropologue Dounia Bouzar qui va fonder en avril 2014 l'association Centre de prévention des dérives sectaires liées à l'Islam, cette ancienne éducatrice de la Protection judiciaire de la jeunesse se positionnera sur un certain nombre d'appels d'offres du Comité interministériel de la délinquance et de la radicalisation (CIPDR). Face à une certaine médiatisation du phénomène, les autorités publiques ne vont pas rester sans réagir. Elles vont cependant être nettement influencées par les travaux de Dounia Bouzar en privilégiant une approche en termes de manipulation ou d'emprise mentale à l'égard d'une partie de la jeunesse. Or, si une telle approche, plutôt orientée vers des formes sectaires ou mentales, est juste et correspond bien à une réalité, elle n'est pas la seule. En vérité la réalité sociologique de ces dynamiques est plus complexe, voir en ce sens, le rapport sénatorial du 1er avril 2015 de la commission d'enquête sur l'organisation et les moyens de la lutte contre les réseaux djihadistes en France et en Europe, sous la présidence conjointe de Nathalie Goulet et d'André Reichardt. Parmi les jeunes djihadistes, on a recensé des engagés politiques, des adeptes de la violence, des enragés de religiosité et, plus simplement, des jeunes paumés ou en situation de détresse économique et/ou morale. Or, pour réagir plus efficacement, il aurait fallu tenir compte de cette diversité, de cette mosaïque de situations d'engagement au djihad.

À partir de 2018-2019, une nouvelle équipe ministérielle va prendre en charge ces questions avec une approche plus dure, clairement orientée en faveur d'une laïcité érigée en rempart à un phénomène clairement religieux, dans une sorte de « dévotion » à la lutte contre un salafisme conquérant, s'inspirant ici des thèses de Gilles Kepel, c'est-à-dire à l'opposé de celles défendues par Olivier Roy. Selon ce dernier, la question religieuse est davantage un vernis superficiel dans la mesure où le phénomène se rapporte davantage à une islamisation sur fond de radicalité sociale qu'à des groupes ou réseaux de salafistes qui iraient jusqu'au bout de leur logique. Dans tous les cas, ce très net changement d'approche va conduire à la mise en place d'un plan d'assistance aux familles et de prévention de la radicalisation violente avec le site Internet stop-djihadisme et un numéro vert : 0 800 005 696. Ainsi qu'à des actions en direction de toutes les associations islamistes, doublées d'une lutte ouverte contre le salafisme et ce, dans l'ensemble du tissu social concerné.

Pourtant, si l'on regarde de près les milieux et les personnes qui ont été touchés par le départ de jeunes pour le djihad, la question est beaucoup plus complexe que cela. Pour reprendre des formules utilisées par Olivier Roy ou Farhad Khosrokhavar dans son article « Qui sont les jeunes Jihadistes français », il s'agit plutôt d'une « islamisation de la radicalité » que l'inverse, dans une sorte de « sacralisation de la haine ». Dès lors, évoquer la présence en France d'un écosystème islamiste est clairement exagéré tant les causes du phénomène résultent d'une dynamique sociale aux ressorts aussi multiples que divers. De même, sur les dernières années, ce que l'on pourrait appeler la « queue de la comète » des violences, les attentats ont été davantage l'œuvre de personnes présentant des faiblesses psychiatriques.

Dès lors, il convient de s'interroger sur les effets de la nouvelle politique mise en œuvre depuis 2019 et ce, dans la mesure où elle conduit à paupériser encore davantage les personnes susceptibles d'être approchées par des mouvements salafistes. Le scandale révélé autour de la gestion du Fond Marianne créé après l'assassinat de Samuel Paty participe également d'une certaine dérive dans la gestion de ces questions.

Enfin, il faut reconnaître que les carences présentées par la politique publique mise en place ne sont peut-être pas totalement pour rien dans la montée d'une autre forme de radicalité, peut-être en réponse au non-traitement de la première, à savoir l'extrême droite. Depuis deux ans, nos services de renseignement n'ont eu de cesse que de démanteler ou de déjouer l'action issue de tels réseaux, dont certains peuvent avoir une connotation religieuse Les services de la DGSI estiment à peu près en France à 3 000 le nombre de militants d'extrême droite, dont 1 000 potentiellement dangereux. On est cependant loin de la situation de l'Allemagne qui en compte au total plus de 25 000 sympathisants, dont 14 000 susceptibles de passer à des actions radicales. Ce phénomène relativement hétérogène – puisqu'il peut emprunter une doctrine racialiste ou, à l'inverse, culturaliste – n'est cependant pas spécifique à la France. Il se constate partout en Europe une montée en puissance des groupes d'ultradroite comme les dénomment les services de la DGSI. De l'autre côté du spectre politique, il est permis également de signaler la radicalité empruntée de plus en plus par des groupes de gauche extrême, de types « groupe antilibéral » ou « éco-délinquants ». L'État a d'ailleurs accru la répression et la surveillance autour des mouvements écologistes les plus radicaux.

Philippe Coursier: *Pour quelles raisons les dérives islamiques ne constituent-elles pas un objet spécifique de la mise en œuvre des opérations conduites sous l'égide de la MIVILUDES ?*

La MIVILUDES a été très sollicitée sur ces questions à partir de 2014-2015... peut-être trop. Aujourd'hui la dynamique administrative est éclatée, du renseignement à l'action préventive. L'action de la MIVILUDES ne saurait appréhender l'ensemble du phénomène qui ne se cantonne pas aux seuls phénomènes d'emprise mentale ou de groupes à tendance sectaire. Parmi les jeunes partis faire le djihad, certains ont fait des études, sont très équilibrés et ne se trouvent sous l'emprise de personne. De même, certains phénomènes de radicalisation se développent en milieu carcéral où les jeunes détenus disposent de temps pour lire et emprunter une voie nouvelle pour eux, y compris celle d'un islam radicalisé. Dans tous ces cas, l'action de la MIVILUDES si elle peut être utile dans certains cas, ne saurait être opérante pour la majorité des cas.

Alain Garay: *Quel est le contenu juridique des actions, les moyens et les outils, les données matérielles de l'Unité de contre-discours républicain ?*

Il faut sans doute s'interroger sur le contenu et les moyens d'un tel discours présumé comme permettant de faire l'unité dès lors qu'il s'inspire d'une approche très laïque, sans doute à l'extrême de notre société. Dès le vote de la loi de 1905, des oppositions ont continué à se manifester. La société française a toujours été traversée de courants de pensée qui se sont opposés ce qui n'est forcément pas une mauvaise chose en soi. Tendances « soft » et tendances « dures » se sont immédiatement confrontées sur l'application de ce texte et la France a mis plusieurs années avant de trouver un certain équilibre dans sa mise en œuvre au quotidien. Aujourd'hui, le mouvement « Printemps Républicain » qui inspire une partie de l'action actuelle des pouvoirs publics fait ressurgir une vision dure du texte. Mais je ne suis pas sûr que la réponse se trouve dans une vision laïciste. Le « terreau des terros », comme je l'explique dans mon livre, se cristallise essentiellement dans notre difficulté à créer un sentiment d'appartenance nationale pour des segments entiers de notre jeunesse. La promotion d'une laïcité affirmée n'aura que peu d'impact sur la réalité sociale.

Philippe Coursier*: La démultiplication des mécanismes et la multiplicité des structures administratives ne sont-elles pas contre-productives ?*

Le paysage national est effectivement très fragmenté. D'ailleurs, le phénomène n'a pas été appréhendé de la même façon d'un territoire à l'autre. Alors que certaines villes ont souhaité réagir en menant des actions d'information et de prévention auprès de leurs populations (Montreuil, Nice, Sarcelles, Bordeaux, etc.), d'autres n'ont pas réagi. Peut-être que certains élus locaux n'ont pas souhaité inquiéter leurs administrés ou peut-être ont-ils craint de se voir reprocher de la part de ces derniers la présence d'éléments radicalisés dans leur commune.

Dans tous les cas, comme précédemment expliqué, ce phénomène obéit à une mosaïque de causes et d'orientations face auxquelles aucune politique nationale d'ensemble n'a été forgée pour leur être opposée. Dès lors, chaque territoire, chaque préfet ou chaque responsable politique local appréhende le problème par le biais auquel il est le plus sensible selon une approche théorique différente d'un endroit à l'autre (approche religieuse, situation de certains « quartiers », analyse géopolitique, impact en termes de manipulation, explication économique et sociale, etc.). Il en résulte de nombreuses incohérences entre les différentes actions menées et certains n'hésitent pas à parler de gâchis.

Plusieurs exemples permettent de comprendre que tout ne saurait être résolu par une approche strictement laïque de ces questions. Le milieu carcéral, qui est soumis à cette question sous couvert de la radicalisation de certains détenus, a parfaitement compris que la lutte-sanction contre le phénomène était vaine. Très souvent, des jeunes se « radicalisent » pendant leur période d'incarcération afin de mieux vivre leur passage en prison, puis reviennent à un mode de vie moins marqué lorsqu'ils retrouvent la liberté.

Il faut retisser des liens dans les territoires urbains. *De facto*, les courants religieux les plus rigoristes tendent à prospérer là ou l'espérance sociale est la plus faible. Il s'agit donc de mobiliser de véritables moyens, de rebooster le tissu associatif et permettre l'émergence et la visibilité de figures de réussite. Autre exemple d'actualité : les contrôles au faciès de la police dans certains quartiers sont contre-productifs en ce qu'ils tendent à stigmatiser certains jeunes qui vont alors être davantage enclins à écouter les discours de certains salafistes qui peuvent leur faire comprendre « vous ne faites pas partie de cette communauté nationale ». La police de New York a quasiment abandonné les contrôles de police aléatoires pour se focaliser sur les véritables délits, cela a considérablement amélioré les relations police-société.

Il faut donc être extrêmement prudent et réfléchi lorsqu'il s'agit de passer à des actions de prévention et/ou de répression.

Alain Garay : *Selon vous, quelles sont les définitions juridiques et les approches administratives retenues par la MIVILUDES pour recourir dans le respect de la légalité aux termes d'une part de « signalement » et d'autre part de « saisine » ? Est-il possible de les examiner, de façon anonymisée, par la voie préalable de la communication des documents administratifs ? Pour quelles raisons leur traitement administratif ne porte-t-il pas systématiquement, comme en matière de procédure pénale, sur la consultation ou l'enquête contradictoire des personnes morales ou physiques mises en cause ?*

L'analyse des actions de signalement auprès des services de l'État de la part des populations (numéro vert) est extrêmement intéressante puisqu'elle a montré que près de 99 % des situations dénoncées ne correspondaient pas à des phénomènes de radicalisation. Il s'agissait le plus souvent de phénomènes de conversion religieuse toujours inquiétante pour les familles, de vengeances strictement privées, notamment au sein des couples en situation de divorce avec enfants ou non, de jeunes en rupture familiale, etc. Pour 1 % des cas, il s'agit de jeunes qui se laissaient doucement gagner par des discours de radicalisation et qui ont pu être informés et remis vers des voies de réintégration sociale. De sorte que seule une extrême minorité pouvait correspondre à des situations plus graves de radicalisation pouvant donner lieu à un passage à l'action ultérieur.

Dans ces derniers cas, même très peu nombreux, la préfecture est immédiatement saisie afin qu'une action de prévention (secondaire ou tertiaire) puisse être mise en œuvre en associant des acteurs locaux (services administratifs, services sociaux, CAF, associations, etc.) ou en transmettant le dossier au parquet et aux services de police. Certains se sont plaints que le processus de signalement (numéro de vert) ne fonctionnait pas le week-end, mais globalement le système fonctionne.

Dans tous les cas, il faut bien comprendre que le phénomène de radicalisation peut se déclencher presque partout (une cage d'escalier, une association sportive, un centre culturel, une manifestation festive... et sur Internet !) et que dès lors, le contrôle ne saurait porter sur les seules mosquées. D'autant que la plupart des mosquées sont en France en concorde absolue avec les lois de la République. Dès lors, outre une approche nécessairement globale de toutes ses causes, le phénomène appelle une appréhension aussi pragmatique que possible, sans doute de façon moins connectée à des préoccupations politiciennes comme cela semble être le cas aujourd'hui.

II. – Analyse juridique

Influencés depuis des décennies par des discours politiques sur la laïcité, les pouvoirs publics n'ont pas porté pendant des années une attention particulière aux agissements issus du radicalisme religieux. Cette expression « radicalisme religieux » n'était pas usitée, cette question ne figurant pas à leur agenda. Quasiment méconnue jusqu'aux années 2000, cette question en tant que telle relevait principalement de travaux issus des sociologues des religions. Elle a néanmoins surgi lorsqu'il s'est agi de répondre aux manifestations violentes de l'islam politique. Les autorités françaises ont alors décidé d'appréhender les mouvements religieux, notamment l'islam tout d'abord, comme potentielles sources de radicalisme, puis également sous l'angle de leurs dérives sectaires. De la même manière, la prévention et la lutte contre les dérives radicales au sein même des religions ont été tardives, notamment au regard des abus sexuels constatés dans l'Église catholique du fait d'une conception intransigeante du secret ou encore à l'égard des violences avérées au cœur d'une guerre entre plusieurs islams[1]. Sur le plan juridique, un bref retour en arrière s'impose afin de comprendre comment, sur fond d'emballement politico-médiatique, une forme d'obsession française a pu se manifester en particulier contre les sectes qui se revendiquaient religieuses pour certaines, puis à l'encontre du radicalisme religieux en général. En agissant comme un effet miroir, s'est récemment opérée une sorte d'inversion réciproque de cibles : des sectes, toujours l'objet de réprobation sociale et d'une politique publique (V. *infra* les développements sur la MIVILUDES), vers des mouvements religieux, reconnus comme tels, mais aujourd'hui mis en cause notamment sur le

---

1. À cet égard, celui des dérives liées à des formes d'islam radical, l'ancienne secrétaire d'État à la citoyenneté Sonia Backès avait pu expliquer comment « on a été effectivement trop longtemps en réaction et on paie des décennies d'insuffisance » (*Le Figaro*, 30 mars 2023).

plan pénal[1]. Au nom des dérives sectaires, les mesures publiques de vigilance et de lutte visent, aujourd'hui sans distinction, les unes et les autres. Mais quelles ont été les évolutions des mesures prises contre les dérives sectaires et religieuses et quel est exactement l'état actuel du droit sur ce point ?

1. Des sectes aux dérives sectaires, jusqu'au radicalisme religieux

Le radicalisme religieux a semblé déborder la question des sectes qui ne revendiquent d'ailleurs pas toutes une identité religieuse. Dans un premier temps, en France, des moyens de lutte contre les agissements répréhensibles du radicalisme ont été mis en œuvre contre certains mouvements qualifiés de sectes par les parlementaires dans le cadre d'un premier rapport sur les sectes résultant des travaux en 1995 d'une commission d'enquête instituée à cet effet à l'Assemblée nationale[2]. Situer la lutte contre les sectes sur le même plan que celle contre le radicalisme religieux n'allait pas de soi puisque l'un des postulats politiques de départ se fondait sur une séparation entre « religion » et « secte ». Bonne religion, d'un côté, mauvaise secte, de l'autre. Or, cet antagonisme de principe n'a pas résisté à l'évolution des faits qui sont venus démentir cette dichotomie de principe précédemment posée par les pouvoirs publics. Les réponses aux sectes et aux dérives sectaires se sont étendues, en effet miroir, aux agissements répréhensibles issus du radicalisme religieux et ce, de façon symétrique et combinée.

---

1. *V. supra* chapitre 2 – Le radicalisme au sein des organisations religieuses et *infra* chapitre 9 - La relative inadaptation de l'appareil pénal dissuasif et répressif.

2. Nous faisons ici le choix de ne pas mettre entre guillemet le mot secte, son sens polysémique faisant l'objet de débats constants. Même sans réelle définition légale, il reste soumis de façon prégnante à une constante appréhension juridique et administrative. En France, non défini même juridiquement, l'usage politique, administratif et médiatique du mot domine constamment sa signification volatile.

A) Le rôle central de la MIVILUDES et le constant durcissement des mesures administratives

Placée depuis 2020 sous l'autorité du Secrétariat général du Comité interministériel de prévention de la délinquance et de la radicalisation (SG-CIPDR) dépendant du ministère de l'Intérieur, la Mission interministérielle de vigilance et de lutte contre les dérives sectaires (MIVILUDES) joue un rôle pivot. En 2023, la MIVILUDES a ainsi dressé le bilan de vingt années de prévention et de lutte contre les dérives sectaires dont elle a elle-même retenu la définition suivante :

> Il s'agit d'un dévoiement de la liberté de pensée, d'opinion ou de religion qui porte atteinte à l'ordre public, aux lois ou aux règlements, aux droits fondamentaux, à la sécurité ou à l'intégrité des personnes. Elle se caractérise par la mise en œuvre, par un groupe organisé, quelle que soit sa nature ou son activité, ou par un individu isolé, de pressions ou de techniques ayant pour but de créer, de maintenir ou d'exploiter chez une personne un état de sujétion psychologique ou physique, la privant d'une partie de son libre arbitre, avec des conséquences dommageables pour cette personne, son entourage ou pour la société. Plusieurs infractions pénales peuvent être commises dans ce cadre, qu'il s'agisse d'atteintes aux personnes (ex. agressions sexuelles, violences) ou d'atteintes aux biens (ex. extorsions, abus de confiance).

Cette seule définition administrative résulte directement de la construction historique de l'action publique contre les sectes.

La permanence de la référence publique aux sectes, y compris religieuses, comme élément de la politique publique relative à la radicalisation

Les dérives sectaires de certaines organisations dites « religieuses » ou revendiquées comme telles ne leur confèrent pas un statut juridique particulier. Si, dans un premier temps, l'Assemblée nationale n'a pas hésité en 1995-1996 à cibler 173 organisations définies comme des sectes, la circulaire du Premier ministre du 27 mai 2005 avait, dans un second temps, écarté le recours, même évolutif, à des listes de sectes et ce, en préconisant de prévenir et de lutter contre les seules dérives sectaires sans préjuger de la stigmatisation de tel ou tel groupe ou mouvement. Ladite circulaire avait ainsi souligné que :

« L'action menée par le Gouvernement est dictée par le souci de concilier la lutte contre les agissements de certains groupes, qui exploitent la sujétion, physique ou psychologique, dans laquelle se trouvent placés leurs membres, avec le respect des libertés publiques et du principe de laïcité. L'expérience a montré qu'une démarche consistant, pour les pouvoirs publics, à qualifier de "secte" tel ou tel groupement et à fonder leur action sur cette seule qualification ne permettrait pas d'assurer efficacement cette conciliation et de fonder solidement en droit les initiatives prises. Aussi a-t-il été décidé, plutôt que de mettre certains groupements à l'index, d'exercer une vigilance particulière sur toute organisation qui paraît exercer une emprise dangereuse pour la liberté individuelle de ses membres afin d'être prêt à identifier et à réprimer tout agissement susceptible de recevoir une qualification pénale ou, plus généralement, semblant contraire aux lois et règlements.

Ce souci de sécurité juridique, loin d'affaiblir l'action menée, ne fait que mieux garantir son efficacité ».

Cette prise de position au sommet de l'État est restée régulièrement et constamment remise en cause par certaines administrations qui continuent de viser des organisations sectaires en tant que telles pour procéder notamment à des contrôles (Fisc, Urssaf, etc.), de nombreux organes de presse se faisant constamment et par ailleurs l'écho des méfaits des sectes. Aujourd'hui l'opinion publique retient par dérives sectaires l'action des sectes ce que confirme la référence faite en mars 2023 par Sonia Backès, alors secrétaire d'État à la citoyenneté (*infra*), aux Témoins de Jéhovah et à la Scientologie assurant une sorte de produit d'appel et de leadership des sectes. À défaut de nommer expressément la secte, la notion de « dérive sectaire » s'y réfère sans nul doute. Mais nul n'est dupe. Le narratif parlementaire sur les sectes, qualifiées par la MIVILUDES de « mouvements toxiques[1] », continue d'agir depuis 1995 tel un récit mobilisateur sous la forme d'un discours englobant visant toujours et encore les 173 groupes épinglés par le premier rapport d'enquête parlementaire. Il semble donc justifié dans une certaine mesure de faire usage du terme de secte à partir

1. Cf. le mot du Président de la MIVILUDES *in* Rapport d'activité 2021, p. 9.

des mesures administratives qui continuent de les cibler nonobstant le refus euphémisé d'en parler du point de vue d'une stricte logique « légaliste ». Le terme de secte à lui seul constitue, sans nuance, une sorte d'incrimination valant prévention et lutte tout à la fois, une sorte de « mise au ban » taxinomique. L'usage stratégique du récit alarmiste sur les sectes, sur fond de lexique politique et médiatique, amalgame toute une galaxie de mouvements et de mouvances agissant dans plusieurs domaines, du religieux à la santé, à l'éducation, au bien être, etc.[1]. En continuant de cibler les sectes, nonobstant les déclarations théoriques sur l'obsolescence de la liste des 173 initialement visées comme telles, les hauts responsables politiques peuvent ainsi justifier l'extension des réponses publiques contre les sectes, sans les nommer toujours, et leurs dérives sectaires. Aujourd'hui, et plus que jamais, le sacre des résultats électroniques sur Internet, d'apparence analogique, par des mots-clés entièrement laissés à l'imaginaire de biais cognitifs sur les sectes, fait table rase du syllogisme, de la vision symétrique, de la méthode déductive, le droit au déférencement restant un vœu pieux. Le mot de secte relève d'un stigmate qui s'affranchit souvent des analyses juridiques.

Sonia Backès, alors secrétaire d'État auprès du ministre de l'Intérieur et des Outre-mer, chargée de la Citoyenneté, annonçait en mars 2023 que « depuis l'année 2022, un réel durcissement et un renforcement des moyens administratifs ont été décidés par les pouvoirs publics. Le rapport d'activité 2021 la MIVILUDES a alerté les Français quant à l'ampleur du phénomène sectaire dans notre pays. D'abord en faisant le constat de l'augmentation continue des signalements d'une année sur l'autre. (...) Derrière la permanence des "multinationales de la spiritualité", telles que la Scientologie ou les témoins de Jéhovah, la MIVILUDES souligne une évolution générale du phénomène avec la multiplication de petites structures et l'émergence de "gourous 2.0", manipulateurs isolés et autonomes qui propagent leur doctrine sur les réseaux sociaux, particulièrement dans le domaine de la santé, du bien-être et des soins. La crise sanitaire a assurément

1. A. Garay, *L'activisme anti-sectes. De l'assistance à l'amalgame*, Préface Émile Poulat, The Edwin Mellen Press, Lewiston, 1999.

constitué un terreau fertile pour ces mouvements. Cette période, marquée par plusieurs confinements et des situations économiques et sociales difficiles, a favorisé l'émergence de discours exploitant l'isolement. En remettant en question la science et la crédibilité des autorités sanitaires, ces discours mettent en péril la santé publique. Face à ces constats d'un phénomène sectaire qui représente un réel danger sanitaire et une remise en question de notre cohésion sociale, j'entends adapter l'organisation et la réponse de l'État [...] ».

Au cours des premières Assises nationales de lutte contre les dérives sectaires, tenues dans les locaux du ministère de l'Intérieur les 9 et 10 mars 2023, trois axes principaux de travail et différentes actions portés par la MIVILUDES ont été retenus, dont il a résulté une « feuille de route interministérielle » ainsi organisée :

Axe nº 1 : Renforcement de la prévention

1. Création d'une campagne nationale de prévention
2. Communication sur les réseaux sociaux
3. Suppression des contenus en partenariat avec les directions des réseaux sociaux
4. Création d'un observatoire européen de veille sur les dérives sectaires

Axe nº 2 : L'accompagnement des victimes

1. Accentuer le maillage territorial de la MIVILUDES et nommer des référents locaux
2. Signer des conventions de partenariat avec les associations
3. Travail à mener sur l'indemnisation des victimes en lien avec le ministère de la Justice

Axe nº 3 : Poursuite des auteurs et mise à jour de l'arsenal juridique

1. Mise en place d'un dispositif qui encadrera les pratiques non-conventionnelles de soin
2. Renforcer le pouvoir des ARS pour les interdictions d'exercice
3. Créer une démarche parlementaire transpartisane pour créer un délit d'incitation à l'arrêt d'un traitement
4. Renforcer les sanctions pour abus de faiblesse
5. Créer une interdiction de publicité pour les médecines non-conventionnelles quand elles concernent des maladies graves

Largement médiatisé par la diffusion d'un dossier destiné à la presse, ce plan d'action a semble-t-il élargi le spectre des actions de l'administration en les étendant aux dérives constatées dans le domaine des médecines dites « non conventionnelles » et des « gourous 2.0[1] ». Le succès de la politique publique contre les dérives sectaires répond encore et toujours en partie au recours à la grille de lecture utilisée contre les sectes. On sait que ce narratif a conquis la sphère publique depuis la fin du XXe siècle et, ce, bien au-delà des données et des seuls contentieux contre les sectes.

Cette extension peine cependant à englober le séparatisme islamique et ses dérives sectaires. Contre toute attente, le dernier Rapport de la MIVILUDES, publié en 2022, n'y consacre aucun développement spécifique. Au sein de la galaxie administrative dédiée aux activités sectaires, on ne trouve qu'une seule structure consacrée nommément aux dérives islamiques, les Cellules départementales de lutte contre l'islamisme et le repli communautaire (CLIR). Cette situation est d'autant plus paradoxale que, sans réels contradicteurs, le pouvoir exécutif dispose de larges et multiples soutiens, publics et à bas bruits. Plus qu'un large consensus dans les faits, le très fort ancrage politique et médiatique de ses choix assure presque à lui seul la légitimité de ses mesures. Le monde des juristes des libertés publiques, en partie critique sur les effets disproportionnés ou contre-productifs de certaines mesures législatives et administratives, essuie même des accusations de laxisme. Critiquer de telles mesures, même dans le champ universitaire, expose à la vindicte, voire à l'accusation de complicité objective avec les sectes. La méfiance est dès lors érigée en mode opératoire administratif[2]. Sur fond de panique

1. Le même jour, le 9 mars 2023, des organes de presse annonçaient le placement en garde à vue de Thierry Casanovas, un naturopathe soupçonné de se livrer à des dérives sectaires... le tout dans une apparente conjonction médiatique mais organisée entre annonces médiatiques et ministérielles.

2. Le caractère non public des Assises sur les dérives sectaires des 9 et 10 mars 2023, organisées par le ministère de l'Intérieur, témoigne en soi d'une méthode

morale et de peur, l'appel au consensus signe d'une certaine façon la mise en sommeil de ceux qui osent opiner différemment par la nuance et la rigueur juridique. De ce point de vue, le constant recours au droit reste un rempart utile et nécessaire, notamment par le prisme des règles du procès équitable fondées sur le respect des principes d'égalité des armes, du contradictoire, de la neutralité et de l'indépendance des juges. L'exercice et la garantie des droits fondamentaux face aux capacités d'imposition de l'État et de ses administrations ne doivent jamais être sous-estimés au cœur de notre « démocratie du contrôle[1] ».

Pourtant, force est de reconnaître que plusieurs questions juridiques restent à étudier d'un point de vue opératoire et pragmatique face aux choix étatiques qui reposent en partie sur des signalements et des dénonciations (*infra*). Il faudrait pour cela recourir à des moyens d'enquête idoines et ce, à l'égard du durcissement renforcé des moyens administratifs de vigilance et de lutte contre les dérives sectaires. La nécessité d'un tel travail ne constitue nullement une quelconque mise en cause de la MIVILUDES. La démarche devrait simplement relever de l'analyse concrète de la conduite d'une politique publique comme c'est le cas dans d'autres domaines de l'action de l'État comme en matière sociale, environnementale, sanitaire, stratégique, etc. Pour l'heure, rares sont les études disponibles à cet égard, à l'exception de quelques travaux déjà relativement anciens (Étienne Ollion, Cyrille Duvert : voir en bibliographie). De nouvelles investigations et analyses seraient de nature à répertorier les effets des moyens administratifs mis en œuvre ces dix dernières années ainsi qu'à mesurer leur opérabilité et leur effectivité... alors que les 173 sectes identifiées par la MIVILUDES poursuivent leurs activités en France en contestant les travaux

---

de travail supposée protectrice contre des réactions présumées hostiles en provenance des sectes ainsi « démonétisées ».

1. M. Gauchet, *L'Avènement de la démocratie : Le Nouveau Monde,* Paris, Gallimard, 2017.

de cette dernière (par exemple, par des recours administratifs visant à la suppression de certains passages des rapports de la MIVULIDES) et/ou en se victimisant. À bien des égards, plusieurs questions demeurent qui devraient être analysées de façon scientifique et empirique au-delà du seul prisme politico-administratif.

B) La progressive extension des réponses publiques aux agissements répréhensibles du radicalisme religieux

À partir des actes terroristes commis dans les années 1990, la politique publique de prévention et de lutte contre la radicalisation s'est déployée tous azimuts. Aujourd'hui les pouvoirs publics, dont la MIVILUDES, reconnaissent officiellement que des mouvements religieux peuvent se livrer à des dérives sectaires. L'état des lieux du rapport sur les nouvelles tendances des dérives sectaires rendu public le 24 février 2021 par Marlène Schiappa, alors ministre déléguée auprès du ministre de l'Intérieur, pointait des « mouvements religieux » en ces termes : « se basant sur des principes des grandes religions et des dogmes originaux, certains groupes y ajoutent des perceptions et des concepts qui favorisent un repli communautaire, une atteinte à l'équilibre social, moral et surtout financier ». On sait que les frontières entre religions et dérives sectaires, même floues, continuent de soulever d'épineuses questions juridiques dont cet ouvrage n'est pas l'objet. Bernard Godard, ancien fonctionnaire du ministère de l'Intérieur qui a été un acteur important des politiques publiques liées à l'islam, a posé la question de savoir si la radicalisation djihadiste constituait ou non une dérive sectaire[1]. Il précisait que la MIVILUDES semble avoir « reçu certaines catégories de jeunes recrutés par les djihadistes » après avoir expliqué, dans les suites d'une approche sociologique assez classique, que « l'histoire de toutes les religions est truffée

1. B. Godard, *La question musulmane en France*, Fayard, 2015, p. 231 et s.

de luttes entre les dogmes imposés et ceux qui, s'en éloignant, ont été qualifiés d'adeptes de sectes ». Il ajoute que « la sociologie des religions préfère voir dans la secte celle qui sort du cocon de l'Église établie ». En 2017, le sociologue Étienne Ollion considérait quant à lui que « les adeptes des groupes accusés de sectarisme [...] n'ont rien à voir avec les djihadistes, sauf peut-être le langage qui est utilisé pour décrire la logique de leur engagement [...] Comme pour les sectes, les mêmes variations autour du thème de l'influence furent déployées pour expliquer l'action des djihadistes [...] La proximité n'est pas que sémantique, puisque le principal centre créé en France pour assurer la prévention dans ce domaine entretient des liens étroits avec la question des sectes. Par son nom d'abord : fondé en 2014, le Centre de prévention contre les dérives sectaires liées à l'islam [...] crée à la publication d'un ouvrage au titre explicite : *Désamorcer l'islam radical.* Ces dérives sectaires qui défigurent l'islam [...] Institutionnellement, le centre est d'ailleurs rattaché à la MIVILUDES [...] de 2014 à 2016, le centre a reçu la caution des financements étatiques importants[1][...] ». Il apparaît que les pouvoirs publics se sont résolus à inclure même l'islam au rang des groupements religieux inspirant des agissements répréhensibles au nom de leur essence radicale. L'islam radical a fait son entrée dans la sphère du contrôle public des dérives sectaires entraînant à sa suite les religions établies du pays. Le dernier rapport d'activité de la MIVILUDES, précité, contient à cet égard les contributions des principaux responsables des institutions représentatives des cultes islamiques, catholique, protestant, évangélique et juif, de tels travaux faisant parfois état de l'existence de dérives sectaires en leur sein. Cette évolution était prévisible. Des groupes dits sectaires revendiquaient le statut religieux et dans le même temps les groupes religieux se refusaient à admettre le caractère sectaire de certains agissements commis au nom de leurs croyances

1. E. Ollion, *Raison d'État. Histoire de la lutte contre les sectes en France*, Éd. La découverte, 2017, p. 217-219.

religieuses. Ce refus des seconds n'a pas duré. Jean Vernette, secrétaire national de l'Épiscopat français pour l'étude des sectes et nouveaux mouvements religieux, avait prévenu que « la lutte contre les sectes est la fusée porteuse d'une lutte antireligieuse », établissant ainsi et en quelque sorte un lien entre les religions et les sectes. Mais, en l'état des « multiples vies des dispositifs de surveillance », cette question « religion et/ou secte ? » est loin d'être close (V. *infra*). En effet, le droit applicable, décrit tel un « arsenal juridique permettant de lutter contre les dangers des sectes[1] », est sans cesse appelé à la rescousse par les principaux acteurs politico-administratifs confrontés aux contentieux portés devant les juridictions année après année.

2. La progressive structuration du contrôle administratif à l'égard du radicalisme religieux

Sur fond de politisation du phénomène, les mesures administratives adoptées prennent aujourd'hui la forme d'une politique publique se référant à des objectifs définis en termes de protection de la sécurité et de l'ordre public. À chaque fois qu'elle emprunte une voie politique, la question religieuse radicale et sectaire relève en effet de l'ordre public sous plusieurs sens.

A) La politisation des questions soulevées par le radicalisme religieux

L'attention politique accordée au fonctionnement de la société française s'est toujours intéressée aux questions religieuses. Leur politisation est constante. Le jeu politique, au sens de la science politique, continue de susciter des prises de position sur la place du religieux dans l'espace public démocratique, quelquefois moins à partir des principes de l'État de droit que de perceptions

1. A. Gest (prés.) et J. Guyard (rapp.), *Rapport parlementaire de la Commission d'enquête sur les sectes*, enregistré à la Présidence de l'Assemblée nationale le 22 décembre 1995.

personnelles, de points de repères idéologiques ou de réactions militantes à l'actualité. Selon le politologue Jacques Lagroye, la politisation relève d'« une requalification des activités sociales les plus diverses, requalification qui résulte d'un accord pratique entre des agents sociaux enclins, pour de multiples raisons, à transgresser ou à remettre en cause la différenciation des espaces d'activités ». L'attention des élus politiques prend la forme de diverses manifestations publiques ou masquées à bas bruit, diverses façons d'agir explicites ou implicites, des interventions visant à peser sur les processus décisionnels au cœur de l'appareil administratif ou encore, en protestant dans les médias sur de prétendus aveuglements ou inactions. Très tôt, le rôle du politique a marqué l'architecture de la lutte contre les sectes et désormais celle conduite contre les agissements répréhensibles issus du radicalisme religieux. Ainsi, ont pu influer les élus nationaux[1] sur la présidence de la MIVILUDES, jadis confiée à des hommes politiques (Georges Fenech, Serge Blisko), les agendas politiques, le recours massif aux questions écrites parlementaires, la constante prise de parole des élus dans les médias permettant de façonner les prises de décision publique, etc. Le poids des cabinets successifs du Premier ministre et du ministre de l'Intérieur ne cesse d'influer sur les administrations[2]. On dénombre à ce jour plusieurs dizaines de circulaires ministérielles, d'instructions et de guides administratifs, qui composent une doctrine administrative au service de l'action publique. D'ailleurs, sous

---

1. Il est permis de citer ici Alain Vivien, Jean-Pierre Brard, Alain Gest, Jacques Guyard, Georges Fenech et Jacques Guyard, ainsi que tous les députés de l'ancien groupe d'études sur les sectes à l'Assemblée nationale.

2. Plus près de nous, une sorte d'engagement politique personnel de Sonia Backès, ex-secrétaire d'État, sous la tutelle de laquelle était placée la MIVILUDES, a pu sembler animer le renforcement des moyens administratifs, la mère de l'intéressée ayant été ou étant membre de l'Église de Scientologie (voir Ph. Rioux, « Ma mère était scientologue » : le témoignage poignant de la ministre Sonia Backès, *La Dépêche*, 13 févr. 2023. – V. aussi, C. Tervé, « Sonia Backès raconte son enfance auprès de sa mère scientologue », *Huffpost*, 3 nov. 2022).

pression du politique, l'action de l'État repose sur cette doctrine qui reste évolutive[1]. Un exemple illustre tout particulièrement cette influence des cabinets ministériels. Lorsqu'il s'est agi de décider de l'admission des candidats à la « déradicalisation », le Groupe de configuration pluriprofessionnel, en charge de la préparation du programme du Centre de prévention et d'insertion et de citoyenneté (CPIC) situé à Pontourny (Indre-et-Loire), a préconisé de n'admettre que des personnes faisant l'objet d'une mesure judiciaire. Or, le cabinet du Premier ministre a arbitré ce point en faveur du volontariat des candidats, décision qui a notamment pu expliquer une certaine désaffection du dispositif.

Les réponses politiques face aux agissements répréhensibles du radicalisme religieux ont connu une sorte d'acmé lors du discours du président de la République devant le Parlement réuni le 16 novembre 2015 en congrès à Versailles, puis aux Mureaux. Ces deux actes politiques présidentiels, forts et solennels, constituent le socle idéologique de la prévention et de la lutte contre le radicalisme religieux sur fond de résistance à l'ignominie. Ils prennent la forme d'un discours de « reconquête », selon les termes du chef de l'État, en une sorte d'acte fondateur de la politique publique de prévention et de lutte contre les agissements répréhensibles issus du radicalisme religieux. Pourtant, l'appel à une politique de reconquête signe l'aveu d'un certain retard face aux actes liés au séparatisme islamique voire, sans le dire, d'un déficit de prise en compte des dérives sectaires correspondantes. Pour quelles raisons les pouvoirs publics n'ont-ils pas, pendant plusieurs années, utilisé la focale sur ces dérives

1. V. par exemple, le *Guide interministériel de prévention de la radicalisation* de mars 2016, le *Plan national de prévention de la radicalisation* et ses 60 mesures annoncés le 23 février 2018, le *vade-mecum Agir contre les séparatismes en concrétisant la promesse républicaine d'égalité des chances* du 24 juin 2021, la circulaire du Premier ministre du 14 janvier 2022 dont l'objet concerne la « mobilisation des cellules de lutte contre l'islamisme radical et le repli communautaire (CLIR) pour lutter contre le séparatisme islamiste et les atteintes aux principes républicains », etc.

islamiques en référence directe à la politique publique visant les dérives sectaires ? À défaut de focus sur les dérives islamiques, la fabrique politique de l'énoncé d'une politique publique a façonné un nouveau « label politiquement disqualifiant[1] », celui de « radicalisation ». L'intense mobilisation politique qui a suivi les attentats a produit l'activité même de construction, telle une fabrique, d'un nouvel énoncé politique discursif sur la radicalisation[2]. Le processus d'identification d'un public de victimes est demeuré l'un des dénominateurs communs de la politique contre la radicalisation et contre les sectes[3]. Le sociologue Étienne Ollion[4] fait état à cet égard de ce que « la politique française d'exception est avant tout le produit de contingences comme de logiques internes à l'appareil d'État[5] ». Il écarte la thèse du réductionnisme religieux qui est souvent la marque des explications sur les sectes et les dérives sectaires : « Un déplacement s'est produit à partir des années 1970, qui oblige à ne plus analyser la question des sectes sur le simple mode de la controverse sur les bonnes formes de la religion ». « Plutôt que des frontières

---

1. E. Settoul, *Penser la radicalisation djihadiste. Acteurs, théories, mutations*, PUF, 2022, p. 27.

2. V. en ce sens, Ph. Zittoun, *Dans La fabrique politique des politiques publiques*, Presses de Science Po, 2013 ; lequel rend compte de la politisation de certaines questions en termes de problèmes mis à l'agenda politique et souligne que « l'analyse des jeux de langage qui concourent à donner du sens à une proposition en la transformant en solution, des jeux d'acteurs [...] et des jeux de pouvoirs [...] permet non seulement de mieux comprendre la façon dont se fabrique une politique publique mais aussi d'en saisir son caractère éminemment politique » (p. 21).

3. V. *infra* chapitre 10 - La prise en compte des victimes revendiquées, défendues et protégées.

4. Etienne Ollion a conduit son étude publiée notamment à partir de « phases longues d'observation (plus ou moins) participantes » auprès de deux « sites » : des « associations antisectes » et une « association qui se réclame des libertés religieuses et qui figure au premier plan des opposants à la politique française » (p. 25-26).

5. E. Ollion, *Raison d'État. Histoire de la lutte contre les sectes en France*, éd. La Découverte, 2017, p. 15.

religieuses, c'est parce que ces groupes avaient en commun de transgresser des normes d'État, établies de longue date et régulièrement répétées par des pouvoirs publics aux importantes capacités de diffusion qu'ils se sont vu accuser de sectarisme en France – et moins dans d'autres pays[1] ». Quelles que soient les raisons invoquées, les dérives islamiques restaient cependant à l'abri des radars administratifs. Paradoxe alors qu'une certaine forme de mobilisation consensuelle de l'opinion publique et de l'appareil d'État favorisait le recours une politique publique contre les dérives islamiques de loin les plus visibles et dangereuses en termes d'ordre public. Étienne Ollion souligne qu'« une analyse attentive à l'État s'avère de nouveau féconde, si on ne considère pas seulement son fonctionnement concret, mais sa capacité d'imposition sur les manières de voir des individus qu'il gouverne. Le caractère structurant de l'action des pouvoirs publics sur les subjectivités individuelles est ici un élément central[2] ». Cet appel à la sortie de la seule explication religieuse s'appuie sur la manière dont l'action publique est conduite concrètement par le fonctionnement des services administratifs en tant qu'organisation. Il invite à étudier l'action publique par le prisme d'une sociologie de l'État. L'action administrative en la matière aussi intense et forte que diverse, même consensuelle, n'est cependant pas aussi homogène qu'on ne le croit. Se trouve remise en question, par exemple au sein même du ministère de l'Intérieur, la façon dont sont simultanément considérés certains mouvements, telle une secte qualifiée de « mouvement toxique » pour la MIVILUDES et considérée comme un culte pour le Bureau central des cultes (bénéfice du statut d'association cultuelle de la loi du 9 décembre 1905). Cette approche ambivalente au sein d'un même ministère traduit de notables différences de traitement administratif selon ses services centraux,

1. *Ibid.*, p. 18.
2. *Ibid.*, p. 16.

en termes de nombre de saisines et de signalements pour la MIVILUDES et selon les enseignements de la jurisprudence du Conseil d'État et de la Cour européenne des droits de l'homme pour le Bureau central des cultes.

Reste donc à entreprendre une étude scientifique de l'action publique en la matière sur la base de recherches de l'ordre des sciences administratives et des sciences politiques. Étienne Ollion a pu se livrer à « une enquête symétrique, et parfois schizophrène, en terrain clivé ». En 33 pages dans l'annexe de son livre, il rend compte de la mise en œuvre exigeante de ses méthodes d'investigations sociologiques. Ayant conduit son enquête auprès de sectes et d'associations dites « antisectes », il explique la controverse sur les sectes au regard de la mise en cause des sociologues des religions décrits comme de « distingués protecteurs » ou des compagnons de route des sectes dont il faudrait se défier, taxés d'aveuglement autant que soupçonnés[1]. Il s'est ainsi référé à « une logique de camp contre camp » alors que « toute tentative de prise de distance par rapport à l'un des pôles est alors immédiatement interprétée comme une prise de position en faveur de l'autre » (p. 238). Entre « polarisation du terrain et méfiance généralisée » (p. 240), « dans ce domaine surchargé de prises de position déjà orientées vers l'action » (p. 254), Étienne Ollion décrit ainsi les effets accusatoires de l'incrimination de secte à l'égard de ceux qui tentent de s'écarter du seul discours dénonciateur des victimes. Cette sempiternelle controverse sociale sur les sectes ne semble pas prête à disparaître alors qu'en même temps la question du radicalisme religieux semble faire table rase de la question sectaire notamment au cœur de la religion de l'islam.

1. *Ibid.*, p. 27.

B) La forte mobilisation, le paroxysme administratif et la bureaucratisation des questions radicales religieuses

Sur fond de narratif éprouvé, les décideurs ont, pas à pas, érigé un monumental édifice technocratique prenant la forme d'une galaxie de structures pour faire face aux agissements répréhensibles du radicalisme religieux. Cette galaxie se déploie par l'accumulation, la démultiplication et la dissémination de dizaines de structures de surveillance et de renseignement, de contrôle et de répression, d'assistance et d'accompagnement, superposées et de juxtaposées, en forme de mille-feuille administratif. Constitue-t-elle une réponse adaptée aux enjeux ? Qu'on en juge d'abord au tableau descriptif suivant (voir tableau page ci-après).

La politique publique de prévention et de lutte contre les agissements répréhensibles du radicalisme religieux donne ainsi à voir un entrelacs de mécanismes et de structures, épars, soumis à une certaine marée législative et réglementaire. L'ensemble fortement façonné par la culture du renseignement repose sur un appareil d'État « policier », au sens de police administrative et du droit pénal. Dans son avis sur la prévention de la radicalisation du 18 mai 2017, la Commission nationale consultative des droits de l'homme dressait à cet égard les recommandations suivantes :

> La CNCDH invite les pouvoirs publics à engager une réflexion sur la dérive d'une logique de répression des infractions vers une logique de détection anticipée de ces dernières, dérive à l'œuvre dans le dispositif de prévention de la radicalisation mis en place par les pouvoirs publics. La CNCDH recommande de renouveler les grilles de détection des personnes « radicalisées » en impliquant davantage les chercheurs dans l'élaboration des critères. [...] Afin d'éviter tout amalgame entre le terrorisme et certaines expressions d'appartenance à l'islam, la CNCDH appelle les pouvoirs publics à éviter toute confusion entre les deux dans leurs déclarations publiques. [...] La CNCDH recommande de déconnecter des services de renseignement le dispositif d'écoute mis à la disposition des familles et de l'entourage des personnes dites radicalisées, et de le transférer au 119 qui gère l'enfance en danger. La CNCDH appelle les pouvoirs

La galaxie administrative face au radicalisme religieux

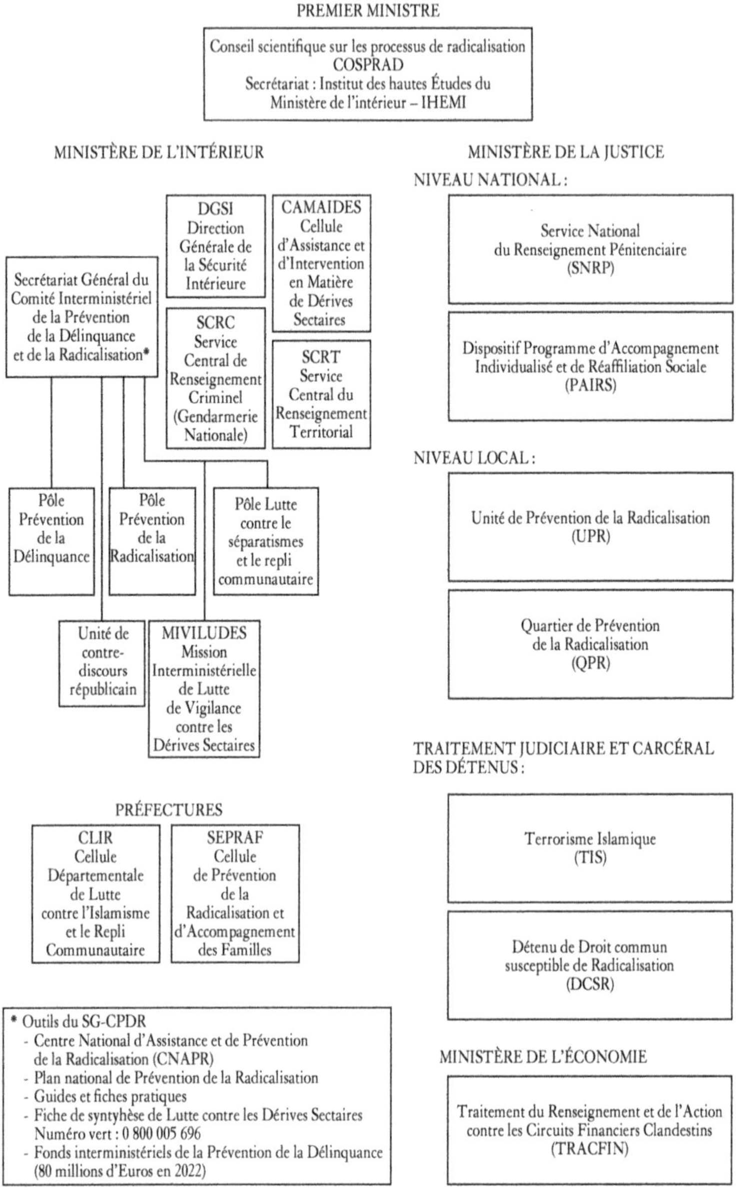

> publics à supprimer le fichier des signalés pour la prévention et la radicalisation à caractère terroriste (FSPRT). La CNCDH invite les pouvoirs publics à préciser les modalités de l'articulation des différents fichiers utilisés dans la lutte contre le terrorisme (le fichier judiciaire national automatisé des auteurs d'infractions terroristes (FIJAIT) ; le fichier des personnes recherchées (FPR) et le fichier des signalés pour la prévention et la radicalisation à caractère terroriste (FSPRT). La CNCDH recommande de favoriser la prise en charge des mineurs dits radicalisés dans le cadre du droit commun, par des professionnels de l'enfance œuvrant dans un cadre pluridisciplinaire, et indépendant des services de police et de renseignement. La CNCDH invite les pouvoirs publics à dresser le bilan et à tirer toutes les conséquences de l'échec de l'expérimentation du centre de « contre-radicalisation » de Pontourny. La CNCDH recommande de ne pas axer la prise en charge des personnes dites radicalisées sur une remise en cause de leurs convictions religieuses. Pour les détenus, la CNCDH appelle l'administration pénitentiaire à s'inspirer des dispositifs de droit commun existants, tels que les programmes de prévention de la récidive (PPR). [...] La CNCDH appelle les pouvoirs publics à définir des directives claires sur le partage et la communication, au sein de la sphère judiciaire, des informations recueillies dans le cadre de la prévention de la radicalisation, ainsi qu'à garantir le respect du contradictoire. [...].

La constitution d'une « unité de contre-discours républicain » s'inscrit le cadre du Plan de prévention de la radicalisation. La fiche-repère *Sensibilisation au discours alternatif* fait état d'une « stratégie de contre-communication » qui vise à contrer la propagande djihadiste en référence à trois contre-discours, politique, sociétal et religieux, ce dernier porté par les autorités religieuses compétentes et dans lequel « il est préférable que les gouvernements ne s'impliquent pas, a fortiori dans une République régie par le principe de laïcité ». Le contre-discours moral porté par la société civile reposerait sur la narration alternative (proposer un récit alternatif reposant par exemple sur les témoignages de victimes), les contre-messages fondés sur des statistiques (par exemple, les talibans ont tué plus de musulmans que les drones américains) et les contre images (battre en brèche la vision romantique de l'extrémisme en montrant des images prises sur le terrain de massacres de civils).

L'objectif affiché serait de renforcer la sensibilisation des populations aux risques de basculement dans la radicalisation. « Combattre la radicalisation, c'est enfin – et c'est sans doute le plus difficile – construire de puissants contre-discours [...]. C'est ainsi que nous gagnerons cette bataille ». Manuel Valls, Premier ministre, achevait ainsi le 9 mai 2016 l'annonce de son plan d'action contre le terrorisme. Depuis 2015, avec le site officiel *Stop au djihadisme* (www.stop-djihadisme.fr) et deux campagnes de communication, *Ils te disent* et *Toujours le choix*, du Service d'information du Gouvernement, les autorités ont tenté d'investir le web devenu un nouveau lieu d'affrontement symbolique pour bâtir une parade aux messages de haine. Toute aussi légitime qu'elle soit, cette stratégie appelle une évaluation par l'analyse de son contenu et de ses effets. Enfin et par ailleurs, dans une perspective de droit administratif et de droit fondamental, le jour viendra où des recherches pourront être conduites sur les documents des ministères impliqués (lettres, courriels, notes, pièces et documents, etc.) sur lesquels se sont appuyés les services administratifs pour exercer leurs missions de prévention et de contrôle. Viendra sans nul doute l'heure de conduire, sur le fondement des dispositions de la loi du 17 juillet 1978, un vaste travail de consultation de ces données recueillies par le service des Archives nationales afin de vérifier ce que l'État pourra ou voudra donner à voir. Le travail précité d'Étienne Ollion y incite utilement, selon le quotidien *Le Monde*, au regard d'« une panique sur la place de l'État dans la société », « à voir dans la lutte contre des dérives contemporaines l'ombre du pouvoir de l'État et l'écho des doutes de la société à son égard »[1].

---

1. Rappr. L. Couvelaire, *Radicalisation* : « Le double mouvement de déni et de panique est préoccupant » pour la secrétaire générale du Comité de prévention (propos recueillis auprès de Mme Muriel Domenach lorsque celle-ci a quitté la tête du comité interministériel de prévention de la délinquance et de la radicalisation), *Le Monde*, 18 juin 2019.

Conclusion

Il est incontestable que les Français ont globalement accepté la mise en œuvre par les pouvoirs publics d'une politique publique de prévention et de lutte contre les agissements illicites et répréhensibles issus des dérives sectaires et du radicalisme religieux. Deux facteurs peuvent l'expliquer. S'agissant de ce dernier, d'une part, le scepticisme ambiant vis-à-vis des manifestations d'expression religieuse souvent jugées absurdes et intolérantes, voire manipulatrices, qui favorise des mesures de cantonnement. En France, d'une certaine façon, la religion n'a pas bonne presse sur fond de laïcisation des mentalités, le religieux étant généralement cantonné au seul for intérieur et à la vie privée selon ce que perçoivent les Français[1]. D'autre part, la panique morale engendrée par la peur liée aux attentats terroristes a suscité une très forte adhésion aux mesures publiques adoptées en réaction. Le penseur Jacques Ellul soulignait à cet égard que « l'angoisse, la peur, l'insécurité font partie aujourd'hui de la structure psychique de l'homme occidental [...] toute initiative pour réduire les déviances est bien accueillie ». Par un effet repoussoir des plus ancrés dans la société française, le radicalisme, quelle que soit son expression, dérange et déroute, déstabilise le droit applicable. À sa façon Gustave Flaubert dira du « radicalisme » qu'il est « d'autant plus dangereux qu'il est latent ». Il façonne lentement le soft power des régimes autoritaires et théocratiques autant qu'il entraîne par ricochet des dérives au cœur des États démocratiques. Progressivement notre démocratie s'est évertuée à assurer le respect du principe républicain fondateur selon lequel « pas de liberté pour les ennemis de la liberté », le droit devenant alors la référence convoquée pour légitimer les mesures de

1. Le relatif succès en librairie des ouvrages de Maître Richard Malka, avocat de *Charlie Hebdo*, est le signe d'une forme d'irrévérence nationale envers la matière du religieux, voire d'une forme de déni de légitimité morale des croyances et des institutions religieuses.

prévention et de lutte contre le radicalisme religieux et ses dangers immédiats. Telle une antienne, c'est en parant au plus pressé que notre conscience démocratique menacée continue de rendre encore plus prévalant le principe de l'article 4 de la Déclaration des droits de l'homme et du citoyen de 1789 : « la liberté consiste à pouvoir faire tout ce qui ne nuit pas à autrui, ainsi l'exercice des droits naturels de chaque homme n'a de bornes que celles qui assurent aux autres membres de la société la jouissance de ces mêmes droits. Ces bornes ne peuvent être déterminées que par la loi ».

Addendum sur le travail à bas bruit de surveillance des services de renseignements à l'égard des agissements issus du radicalisme religieux

Audition de Mme Lucile Rolland, cheffe du Service central du renseignement territorial (SCRT) de la Direction générale de la police nationale, vendredi 15 janvier 2021

[Extrait du rapport de la Commission spéciale de l'Assemblée nationale chargée d'examiner le projet de loi préparé par le Gouvernement confortant le respect des principes de la République, 25 janvier 2021]

Mme Lucile Rolland :

[...] La mission attribuée au SCRT visait à recueillir, rechercher, centraliser, analyser et synthétiser toutes les informations dans les domaines institutionnels, sociaux, sociétaux et économiques ainsi que les phénomènes pouvant affecter l'ordre public. Sa mission principale est donc le renseignement d'ordre public, afin de savoir si tel ou tel phénomène provoquera des troubles à l'ordre public. Notre travail concerne aussi le repli communautaire ou identitaire, puisqu'il peut poser des problèmes d'ordre public. [...].

Depuis les attentats de 2015, il participe à la prévention de la lutte contre le terrorisme et de la radicalisation. Auparavant, en 2014, il travaillait également sur les pratiques religieuses – pas uniquement musulmanes – s'opposant à la paix publique. Le SCRT intervient donc aussi sur les dérives sectaires. [...] Pour notre part, nous ne considérons pas que ce repli ou ces atteintes aux principes fondamentaux de la République sont le seul fait de la religion musulmane – ni même de quelque religion que ce soit. [...] J'apporterai tout d'abord une précision sémantique sur les différents termes de repli communautaire, séparatisme et radicalisation. La radicalisation est traitée au niveau individuel. Ainsi, un individu est radicalisé ou ne l'est pas. Ce sont ses convictions et son comportement – la manière dont il les fait vivre et les actions portées par ces convictions. Pour un individu radicalisé, la violence est un moyen comme un autre de faire triompher ses idées, quelles qu'elles soient. De plus, il n'y a pas forcément d'identité entre repli communautaire et séparatisme. Le repli communautaire peut être subi : lorsque nous vivons dans un quartier, nous n'avons pas forcément le choix des commerces que l'on peut fréquenter, d'autant plus si tous ses habitants ont à peu près la même origine. Alors que le repli communautaire peut donc être subi et n'est pas forcément volontaire, en revanche, le séparatisme s'inscrit plutôt dans une démarche volontariste, avec une mise en marge vis-à-vis de la société telle qu'elle est communément acceptée par le peuple et l'idée selon laquelle sa propre façon de voir est supérieure aux autres. Par conséquent, elle est aussi légitime qu'une autre, si ce n'est plus.

Je suis gênée pour vous répondre sur l'économie souterraine et les financements étrangers, car notre service n'a pas les moyens de les caractériser. Cependant, nous discutons et échangeons beaucoup, évidemment, avec les autres services de la communauté du renseignement. Actuellement, l'économie souterraine dans les quartiers défavorisés ne bénéficie pas de financements étrangers – sauf à considérer que les stupéfiants n'étant pas créés en France, il s'agit en conséquence d'un financement étranger. Ce ne sont pas des financements étrangers étatiques volontaires visant à provoquer des troubles dans une volonté d'ingérence. Je ne peux vous répondre davantage, car mon service n'est pas spécialisé dans cette recherche.

Vous posiez la question du nombre de lieux de culte séparatistes et pour lesquels nous n'avons pas d'outils pour agir. Il y a environ 2 400 lieux de culte musulman en France, sachant que moins d'une centaine tient un discours séparatiste, qui ne respecte pas les principes fondamentaux que sont la liberté, l'égalité, la fraternité et la laïcité. Nous n'avons pas d'outils pour l'instant, puisque c'est celui que vous avez entre les mains qui permettra de lutter contre cela. En revanche, ces lieux reçoivent du public et sont donc soumis à la réglementation afférente. Nous ne détournons pas la loi et ne profitons pas de la réglementation sur les établissements recevant du public (ERP) pour nous y attaquer, mais nous ne nous interdisons pas non plus d'y recourir, comme pour tout autre lieu.

Fin 2019, le précédent ministre de l'Intérieur avait demandé aux préfets de départements de créer des cellules de lutte contre l'islamisme radical (CLIR). Les préfectures réunissent en leur sein toutes les administrations permettant de trouver des solutions sur le plan collectif et non pas individuel – ce qui est le but des groupes d'évaluation départementaux (GED). Les GED examinent les individus radicalisés et déterminent quels sont les outils pour réduire leur radicalisation, tels que des outils éducatifs et une aide pour trouver un emploi, afin qu'ils soient plus épanouis et, partant, moins radicalisés. Les CLIR travaillent quant à elles sur les structures tenant des discours séparatistes. Par exemple, des clubs de sport, avec des propos tels que : « ici, nous n'acceptons pas les femmes », « ici, il n'y a pas de mixité » ou « ici, nous faisons la prière avant chaque match ou rencontre ». Toutes les administrations essayent de trouver, autour du préfet, comment revenir à la normalité lorsque de telles structures sont identifiées.

Comme je l'ai indiqué dans ma présentation liminaire, les outils liés à la radicalisation – qu'il s'agisse de celle d'individus ou de méthodes pour imposer un point de vue dans divers lieux – existent, mais ils ne sont pas dirigés contre le séparatisme. Ils ne peuvent donc pas prendre en compte la totale réalité du phénomène. Ces limites nous empêchent d'agir de façon optimale.

Par ailleurs, les dispositifs anti-putsch sont intéressants. Ainsi, nous avons parfois été appelés à l'aide, lorsque des lieux de culte ont été dépossédés du prêche et de l'imamat par des individus particulièrement radicalisés qui exerçaient une forte pression sur les bureaux des associations les gérant. Le putsch est assez insidieux, car il n'a pas lieu par la récupération du bureau ou du conseil d'administration de l'association. C'est plus brutal, avec une opposition frontale et cela ne respecte pas le fonctionnement normal d'une association bien administrée. De telles dispositions pourraient éviter qu'un président d'association ou le bureau du conseil d'administration se laissent faire, car ils se sentiraient fragilisés. La présence d'un organe délibératif peut aider à juguler ce type de phénomènes.

Cela rejoint la question visant à savoir si les propos incitant à la haine sont uniquement tenus par des imams ou s'ils le sont également par d'autres personnes. Dans certaines salles, des imams – autoproclamés, puisqu'il n'y a pas encore d'équivalent au séminaire – retiennent quelques jeunes autour d'eux pour leur expliquer la vraie foi lorsque la prière classique est achevée, car ils savent parfaitement que les propos tenus en public et de façon récurrente les exposent à la répression. Les discours tenus à ce moment-là, en petit comité, devant quatre ou cinq jeunes – ce que nous savons grâce aux méthodes de recherche du renseignement –, sont des discours de haine contre les autres religions et les mécréants en général. Le problème tient au fait que les administrateurs de l'association ne sont pas conviés à cette post-séance.

Concernant ensuite la déclaration des fonds reçus de l'étranger : si j'ai bien compris, le projet de loi vise à inciter les associations cultuelles à basculer sous le régime de la loi de 1905 plutôt qu'à rester sous l'empire de la loi de 1901. Il n'y aura pas besoin d'étendre cette obligation si elles le font. Les associations de la loi de 1901 sont très diverses et il serait donc compliqué de calculer ce qu'apporterait cette extension. De plus, si ce dispositif était étendu à la totalité de la loi de 1901, nous devrions alors nous intéresser à toutes ces associations. Or je ne suis pas certaine que nous puissions le vérifier et cela serait compliqué.

Les conséquences du repli identitaire sur l'instruction à domicile sont un sujet qui catalyse des contestations tous azimuts. Nous le constatons actuellement par le biais d'un certain nombre de manifestations de voie publique : des manifestations contre la proposition de loi pour la sécurité globale deviennent désormais des manifestations contre les lois liberticides. Pourquoi ? Parce qu'elles regroupent à la fois des personnes opposées à la proposition de loi pour la sécurité globale, au port du masque obligatoire partout, au port du masque par les enfants, à l'obligation ou à l'incitation au vaccin, ainsi qu'à la restriction de l'instruction à domicile. Toutes se retrouvent ensemble, alors que leurs idéologies ne sont pas les mêmes. La difficulté de l'instruction à domicile – surtout pour l'Éducation nationale – est de s'assurer que les enfants recevront un programme d'éducation leur permettant d'avoir un esprit ouvert et la culture nécessaire pour comprendre la marche du monde et les phénomènes se déroulant autour d'eux. L'augmentation de l'instruction à domicile n'est pas que le fait des tenants d'un islam rigoriste fondamentaliste. Certains parents estiment qu'un enfant est mieux instruit par ses propres parents et qu'ils peuvent ainsi lui transmettre leurs propres valeurs. Ils considèrent soit que celles portées par l'Éducation nationale ne sont pas conformes aux leurs, soit qu'ils sont mieux placés que la plupart des enseignants pour les instruire dans le cadre d'un tête-à-tête – puisqu'un professeur doit gérer trente élèves. Il m'est donc compliqué d'établir un lien direct entre l'augmentation du repli communautaire et celle de l'instruction à domicile. La première n'est pas le seul moteur pour lequel la seconde est revendiquée par un certain nombre de personnes.

Je ne pourrais pas être précise sur les signalements des dérives séparatistes pour des raisons – que vous comprenez – de protection de nos sources. Toutefois, notre travail de renseignement territorial est réalisé en proximité. Nous appartenons à la DCSP et sommes un service mixte entre police et gendarmerie, car nous considérons que nos collègues policiers et gendarmes – qui s'occupent de la sécurité au quotidien – sont des capteurs de renseignements ou d'informations. Schématiquement, l'information est remontée tandis que le renseignement est recherché. L'information est brute ; le renseignement est travaillé. Il est important de conserver ces capteurs, qui peuvent mettre en évidence des phénomènes grâce aux patrouilles ou aux dépôts de plainte ou de main courante. C'est une formidable armée de capteurs – bien que cela puisse être compliqué à gérer, puisque les informations sont nombreuses et doivent pouvoir être triées. Le SCRT déploie également une politique de renseignement par le biais de la fréquentation de tous les acteurs locaux. Nous agissons à visage découvert – sauf lorsqu'il s'agit de surveillances et de filatures, puisqu'elles ne sont pas menées en voiture sérigraphiée et en uniforme. Ainsi, nous nous présentons à un chef d'entreprise, à un syndicaliste, à un petit commerçant ou à un responsable associatif, en lui disant : « Bonjour, je suis Lucile Rolland. Je suis policière et j'appartiens au service central du renseignement territorial. » Cette volonté de relations ouvertes avec les acteurs nous permet aussi d'être alertés par ceux-ci.

Beaucoup d'entreprises ont des difficultés avec la radicalisation. Elles souhaitent par exemple savoir si leurs employés peuvent leur demander une salle de prière – quelle que soit la religion considérée – et s'absenter du service. Leurs heures de prière peuvent-elles être décomptées ? Peuvent-ils être licenciés de ce simple fait ? Elles ont de nombreuses questions et nous pouvons les sensibiliser pour leur expliquer ce qu'ils ont le droit – ou non – de faire. Elles peuvent nous alerter en nous indiquant, par exemple : qu'un agent refuse de serrer la main des femmes – hors contexte sanitaire, car cela sera désormais compliqué à déterminer –, qu'il refuse de participer aux moments de convivialité à cause de la présence d'alcool ou d'une nourriture qu'il estime contraire à ses croyances ou qu'il tient des propos proches de l'apologie et qu'il estime que les dessinateurs de *Charlie Hebdo* ont eu ce qu'ils méritaient, car ils insultaient le Prophète. Nous recevons ce type de signalements de toutes les couches de la société, puisque notre travail est d'être en contact avec tout le monde.

Comment repérer les personnes radicalisées isolées et, surtout, les empêcher de passer à l'acte ? C'est le sujet d'inquiétude de tous les services de renseignement. Nous n'avons pas de moyens pour repérer les individus isolés de toute vie sociale, car par définition, nos capteurs s'inscrivent dans une vie sociale. Le SCRT s'occupe des personnes figurant dans le bas du spectre du fichier de signalement des personnes radicalisées et terroristes (FSPRT), c'est-à-dire des individus qui ne sont pas encore en train de fomenter des attentats et proches du passage à l'acte. Or une proportion non négligeable de ces derniers – entre 23 et 25 % – a avant tout des problèmes d'ordre psychologiques graves, voire psychiatriques et diagnostiqués comme tels. Il nous est quasiment impossible de détecter à quel moment une personne souffrant d'un problème psychologique grave ou psychiatrique diagnostiqué passera à l'acte. Nous essayons d'avoir un dialogue avec les autorités médicales (notamment psychiatriques), mais celui-ci est empêché par le respect du secret médical – c'est un constat et non pas une appréciation. Cette personne est-elle entourée par sa famille et ses amis ? Dans la négative, c'est un facteur aggravant, qui doit nous alerter. Cette personne est-elle toujours sous traitement ? L'interruption du traitement peut nous alerter sur le fait qu'elle risque de passer à l'acte.

Néanmoins, personne ne connaissait l'auteur de l'attentat de la cathédrale de Nice. Il venait d'arriver sur le territoire national et j'ignore comment nous aurions pu, concrètement, empêcher son acte. De même, comment imaginer que l'individu qui s'est rendu devant les anciens locaux de *Charlie Hebdo* passe à l'acte de cette façon – parce qu'il vient d'un pays où l'islam est quasiment une religion d'État et où des manifestations de rue ont eu lieu contre la republication des caricatures du Prophète –, alors qu'il n'avait pas attiré l'attention sur lui jusqu'alors ? C'est le défi auquel nous sommes confrontés, mais nous n'avons aucune solution miracle et je ne peux pas vous dire que nous pourrons empêcher ces passages à l'acte.

Quels sont les services publics les plus exposés ou les plus concernés par une augmentation du radicalisme ou du séparatisme ? Comme vous le savez, monsieur le député – puisque nous en avons discuté il y a deux ans –, il devient compliqué pour un médecin masculin de soigner une patiente dans certains hôpitaux, car son mari s'y opposera et demandera qu'elle soit examinée par une femme, ou vice-versa. De plus, il nous a été rapporté que, dans certaines associations sportives, il est impossible d'intégrer l'équipe sans partager la même religion que ses membres. En outre, des discours s'opposant à ceux tenus par l'Éducation nationale ou l'enseignement supérieur peuvent être tenus dans les universités comme dans les autres écoles. Je ne suis toutefois pas certaine que ce soit dans les universités que se trouvent le plus grand nombre d'individus susceptibles de passer à l'acte terroriste. Des discussions et des contestations s'y tiennent, mais n'est-ce pas justement le rôle des universités de les favoriser ? Les universités ont pour but le développement de l'esprit critique et non pas seulement la délivrance d'un enseignement minimal.

Nous avons porté beaucoup d'attention à la radicalisation au sein même de l'institution de police et de gendarmerie et en particulier au sein des services de renseignement, car cela nous a touchés au premier plan. Un système de signalement des cas de radicalisation, déjà instauré, a été renforcé. Son traitement est suffisamment construit pour permettre, d'une part, de caractériser la radicalisation des individus et, d'autre part, de les neutraliser administrativement – en allant jusqu'à les évincer de l'institution s'il est avéré qu'ils sont très radicalisés.

Par ailleurs, il n'y a pas forcément de lien de cause à effet entre séparatisme et attentat. Certains attentats ont été commis par des individus qui n'avaient pas prêché un séparatisme et qui ne considéraient pas qu'il fallait créer une sorte de sous-République islamiste sunnite au sein de la République française. Toute la propagande d'Al Qaeda et de l'État islamique en Irak et au levant – Daesh – repose sur l'instauration d'un califat mondial et d'une conversion de tous les mécréants. Parmi eux se trouvent les musulmans chiites, de même que les sunnites n'ayant pas la même acception de la religion qu'Al Qaeda et Daesh. Ceux-ci veulent « porter le feu chez les mécréants » pour qu'ils soient saisis de terreur et se convertissent ou qu'ils démettent les gouvernements et les autorités qu'ils ont portés au pouvoir, afin qu'ils ne les empêchent plus de devenir de vrais croyants.

Je ne peux pas – et je ne veux pas – dire que tous les tenants du séparatisme islamiste en France sont des suppôts du terrorisme. Ce serait, d'une part, totalement caricatural et, d'autre part, presque entièrement faux. Par exemple, les Frères musulmans ont un discours séparatiste, mais s'inscrivent dans la société – contrairement aux salafistes – et utilisent ses ressorts pour faire progresser leur propre vision du monde. En cela, ils sont moins brutaux. Ils ne recourent pas à la force et à la violence, mais à la dialectique, afin de s'insérer au sein des institutions, pour pouvoir les modifier de l'intérieur. Ainsi, elles ne répondront plus aux principes de la République démocratique telle que nous la connaissons, mais à ceux d'une théocratie conforme à leur propre vision.

Les terroristes islamistes qui ont agi – parce qu'ils étaient scandalisés et horrifiés par la republication et l'utilisation des caricatures du Prophète, car ils considèrent que le blasphème est un acte méritant la mort – peuvent être qualifiés de séparatistes. En effet, ils refusent la version républicaine et démocratique de notre pays, qui ne recourt pas à la peine de mort et pour lequel le blasphème n'est pas une infraction. Tous les séparatistes ne sont pas des terroristes en puissance. Il n'y a ni blanc ni noir, mais de nombreuses nuances de gris.

Je ne pourrais pas vous répondre quant à l'ultra-droite et à ses réseaux armés. Nous travaillons certes sur l'ultra-droite, mais cela relève du champ de compétence de la DGSI lorsqu'elle s'organise en milice armée susceptible de passer à l'acte. Nos deux services dialoguent toutefois en permanence sur ce sujet. La menace vient-elle plus de l'islam sunnite séparatiste terroriste ou de l'ultra-droite ? Ce sont des menaces de natures différentes, mais des menaces dans l'un et l'autre cas. Nous sommes des services chargés de préserver la sécurité et l'intégrité de nos citoyens : il n'y a donc pas de gradation dans la gravité. Il est aussi grave que des individus veuillent s'attaquer à l'intégrité physique de nos concitoyens et de nos résidents qu'aux institutions républicaines.

Vous mentionniez les sectes et pratiques religieuses venant d'Églises américaines. Je suppose que vous faites référence aux évangélistes. Elles sont effectivement en hausse, car beaucoup de ces Églises sont implantées en France – et pour certaines, depuis des années. Néanmoins, je suis incapable de répondre à votre question sur leur progression et leur nombre, car nous ne nous intéressons à un sujet qu'à partir de l'instant où il devient dangereux ou qu'il s'oppose frontalement aux principes de la République. Les dérives sectaires sont des sujets que nous regardons de près. Cependant, une dérive sectaire suppose – dans notre acception, fondée sur les infractions judiciaires –, une emprise psychologique sur l'individu qui l'empêche de penser par lui-même. Elle se double très souvent d'une volonté de récupération de son avoir financier. Or ces phénomènes ne se retrouvent ni chez les Églises évangélistes ni dans l'islam sunnite radical fondamentaliste – voire séparatiste. Ce sont véritablement deux systèmes différents. [...]

CHAPITRE 7

LES MESURES DE POLICE ADMINISTRATIVE CONTRE LES AGISSEMENTS RÉPRÉHENSIBLES DU RADICALISME RELIGIEUX

I. – Grand témoignage

Entretien avec Philippe Galli

Préfet Hors Classe, membre du Conseil supérieur
de l'appui territorial
et de l'évaluation placé auprès du ministre de l'Intérieur

Alain Garay: *D'un point de vue de l'administration d'État, comment identifier les agissements répréhensibles issus du radicalisme religieux et quelles procédures d'enquête et de vérification appellent-ils ?*

Avant d'entrer dans le vif du sujet, je tiens à préciser que mon implication dans les questions relatives au radicalisme religieux relève d'une période de ma vie professionnelle dans le département de Seine-Saint-Denis qui se situe principalement entre 2013 et 2017, c'est-à-dire dans une période marquée par les attentats islamistes.

Le radicalisme religieux est devenu un sujet d'intérêt et de préoccupation pour le préfet dès lors que le conflit Irakien s'est exporté sur la scène internationale et que certains membres de la communauté musulmane se sont sentis concernés voire attaqués. Si l'on regarde bien, le sujet est cependant plus ancien et c'était le cas en Seine-Saint-Denis. Le conflit israélo-palestinien par les prises de position, d'une part, de la communauté juive pro-Israël et, d'autre part, de certaines mairies de gauche soutenant les victimes palestiniennes de la répression par l'État d'Israël, a jeté les prémisses d'un clivage qui a progressivement glissé du champ politique vers le champ religieux et ce depuis le début des années 2000.

La création de l'État islamique, le départ de nombreux jeunes de certains quartiers pour faire le Jihad (près de 700 tentatives entre 2013 et 2015 dans le 93), soutenu par un prêche de certains « imams » lors de la prière du vendredi ou par Internet, ont conduit les services de renseignement, à s'intéresser de plus près au sujet religieux.

Alertés également par la multiplication de crises au sein de certaines mosquées faisant l'objet de tentatives de prise de contrôle des instances de direction par une jeune génération formée et soutenue par les frères musulmans, qui déstabilisaient la génération ancienne totalement soumise à l'acceptation des lois de la République.

L'aptitude des services à suivre l'évolution au sein des mosquées ou des lieux de prière clandestins qui se sont multipliés dans les cités, était particulièrement faible ; peu de policiers comprenant l'arabe ou les dialectes du bled, une faible culture sur l'organisation interne, les règles et rites de l'islam principalement sunnite. Ce qui fait que l'État local à défaut d'être aveugle manquait cependant d'acuité pour comprendre ce qui se passait.

Les procédures de fermeture de lieux de cultes n'étaient ni bien connues ni maîtrisées par les services. Les procédures d'interdiction de séjour ou de déchéance du droit au séjour pour des individus développant des discours de violence, de haine ou de remise en cause des lois laïques de la République, restaient de fait rarement mises en œuvre et jamais d'initiative locale (décisions à la main du ministre).

Les attentats de 2012, 2013 et 2014 ont été les prémices d'une sensibilisation qui a abouti après *Charlie* en janvier 2015 et ceux du 13 novembre suivant au déploiement des procédures d'exception instauré par la loi sur l'état d'urgence et les adaptations législatives ultérieures.

Philippe Coursier: *Selon vous, face à la variété et à l'ampleur de tels agissements, disposons-nous d'une panoplie suffisante de moyens de police administrative ?*

La panoplie législative s'est largement élargie mais la difficulté réside dans la mise en œuvre des textes par la mise en lumière de faits objectivement répréhensibles, le constat des infractions et la production de preuves qui résistent à l'examen des juges soient-ils administratifs ou judiciaires.

Le propre des agissements illicites est leur caractère souvent confidentiel ou caché, voire clandestin, ce qui pose la question de l'action des services en milieu ouvert et de la pénétration des milieux communautaristes par définition fermés à ceux qui ne font pas partie de la communauté. Ainsi, le prêche ouvertement hostile et répréhensible a rapidement disparu des réunions religieuses par prudence et sens de la dissimulation. Le discours à double sens est lui plus difficile à caractériser pour en conclure une infraction. Se pose donc la question de « l'entrisme » par la pénétration physique ou par la mise en œuvre d'outils technologiques, armés par des services compétents et disponibles.

Alain Garay: *Quel est le rôle d'un préfet en la matière ?*

La mise en œuvre des procédures de police administrative dans le cadre de l'état d'urgence (perquisitions administratives, assignations à résidence, etc....) ou dans le cadre classique des procédures de fermetures administratives, les refus de renouvellement de titres de séjour, etc....relève de la responsabilité directe et personnelle du préfet. Proposée et mise en œuvre par les services de police, la décision relève bien du préfet qui n'a pas une compétence liée mais un large pouvoir d'appréciation faisant en permanence la balance entre liberté individuelle et protection de la population.

Un rôle moins connu mais tout aussi important est la capacité du préfet à entretenir des relations personnelles et permanentes avec les responsables de toutes les communautés religieuses. C'est tout le travail mené en amont pour susciter une organisation du culte musulman (avec tous les revers du Conseil français du culte musulman), créer des liens avec les responsables des associations cultuelles et culturelles. En Seine-Saint-Denis, un travail intense a été mené avec mon adjoint Didier Leschi, préfet délégué pour l'égalité des chances et ancien chef du bureau des cultes au ministère. Gilles Kepel est venu régulièrement nous appuyer dans notre démarche de créer une communauté des responsables religieux.

Le préfet ne peut rester passif, indifférent ou rétif à la prise en compte du fait religieux, en englobant toutes les religions présentes sur le terrain, au-delà du catholicisme, des protestants et israélites et musulmans (bouddhisme, sikhs, chiites, etc.).

***Philippe Coursier**: Selon vous, existe-il une réelle spécificité relative aux mesures administratives dédiées aux agissements répréhensibles issus du radicalisme religieux ?*

La spécificité réside dans le particularisme de la matière religieuse qui nécessite une connaissance la plus fine possible non seulement des rites, de l'organisation et de la formation des cadres religieux mais également des flux financiers qui peuvent être particulièrement importants et d'origines diverses (nationales et internationales).

Une connaissance précise est nécessaire pour caractériser ce qui relève de la liberté de conscience et l'infraction aux règles de la République. Les mesures administratives soumises au contrôle du juge se doivent d'être solides, motivées avec précision et d'une portée proportionnelle à la gravité des faits. Les pressions médiatique et politique compliquent un exercice serein et proportionné pouvant résister à la censure du juge.

Alain Garay: *D'un point de vue opératif et pragmatique, que peut le droit en présence des agissements répréhensibles issus du radicalisme religieux ?*

Une application raisonnée et proportionnée des règles, confortée par le juge et une jurisprudence stabilisée au meilleur niveau de la norme juridique (Conseil d'État et Cour de Cassation), permet de forger un cadre d'action de l'administration robuste et connu de tous, y compris des radicaux et des avocats qui les défendent.

Chaque annulation d'une décision prise par un préfet dans l'exercice de son pouvoir de police administrative affaiblit globalement la position de l'État face aux adversaires de la laïcité et de l'État de droit.

II. – Analyse juridique

Certains agissements issus du radicalisme religieux peuvent percuter l'ordre public républicain et susciter le recours à des mesures dites de police administrative. À cet effet est invoquée la notion d'atteinte à l'ordre public – dont les contours évolutifs sont délimités par la loi – telle que visant à la préservation ou au rétablissement de la sécurité, la tranquillité et la salubrité ainsi que la moralité publique et la dignité de la personne humaine. À ce titre, paraissent s'inscrire dans cette veine les nouveaux articles L. 412-7 et suivants du Code de l'entrée et du séjour des étrangers et du droit d'asile, tels qu'issus de l'article 46 de la récente loi sur l'immigration[1], qui organisent la souscription d'un « contrat

1. L. n° 2024-42, 26 janv. 2024, pour contrôler l'immigration, améliorer l'intégration, art. 46: *JO* 27 janv. – Rappr. Cons. const, Déc. n° 2023-863 DC, 25 janv. 2024, § 166 et s.: *JO* 27 janv.

d'engagement au respect des principes de la République » par tout étranger qui sollicitera à l'avenir un document de séjour[1]. Mais, même si les termes de l'alinéa 2 de l'article L. 412-8 dispose que « le manquement au contrat d'engagement au respect des principes de la République résulte d'agissements délibérés de l'étranger portant une atteinte grave à un ou à plusieurs principes de ce contrat et constitutifs d'un trouble à l'ordre public », cet engagement républicain ne permettra pas de résoudre toutes les situations[2]. La question est en réalité bien plus large.

René Chapus, universitaire averti, expliquait en référence à l'ordre public en tant qu'ordre moral que « si la protection d'un certain ordre moral (expression qui n'a aucun caractère péjoratif) est au nombre des buts légaux du pouvoir de police, ce dernier peut être exercé pour prévenir (ou faire cesser) le trouble de conscience susceptible d'être provoqué par des faits publics considérés comme contraires à la morale et aux bonnes mœurs[3] ». Cependant, il ne nous revient pas ici de faire l'exégèse du bien-fondé de la notion de morale publique dont ce n'est pas le but du présent ouvrage[4]. Alors que l'article 9 de la Convention

---

1. Interrogé sur la conformité constitutionnelle de ce texte, le Conseil constitutionnel a précisé qu'« en souscrivant à ce contrat, l'étranger s'engage à respecter la liberté personnelle, la liberté d'expression et de conscience, l'égalité entre les femmes et les hommes, la dignité de la personne humaine, la devise et les symboles de la République au sens de l'article 2 de la Constitution, l'intégrité territoriale, définie par les frontières nationales, et à ne pas se prévaloir de ses croyances ou de ses convictions pour s'affranchir des règles communes régissant les relations entre les services publics et les particuliers. Ni la notion de contrat ni les obligations que ce contrat emporte pour l'étranger ne sont inintelligibles » (Cf. Cons. const., Déc. nº 2023-863 DC, 25 janv. 2024, § 170 : *JO* 27 janv.).

2. Il en va de même pour le type de « contrat » introduit entre l'État et les associations par la loi dite « séparatisme » du 24 août 2021 (A. S. de Jotemps, « Contrat d'engagement républicain : une difficulté dans les relations entre l'État et les associations », *Jurisassociations*, 15 déc. 2023, p. 22-24).

3. R. Chapus, *Droit administratif général*, coll. droit public, éd. Domat Montchrestien, 2001, t. 1, p. 596.

4. Il y aurait bien des points à expliquer mais c'est un autre débat, certes passionnant, mais différent.

européenne des droits de l'homme énonce que « [...] la liberté de manifester sa religion ou ses convictions ne peut faire l'objet d'autres restrictions que celles qui, prévues par la loi, constituent des mesures nécessaires, dans une société démocratique, à la sécurité publique, à la protection de l'ordre, de la santé ou de **la morale publique**, ou à la protection des droits et libertés d'autrui » (*N.B.* : c'est nous qui soulignons en gras), la question reste de savoir ce que l'on entend par « morale publique », aujourd'hui référée en quelque sorte au « respect des principes de la République », laquelle présente de nombreux détours plus que délicats d'un point de vue juridique[1]. Pour la Cour européenne des droits de l'homme la marge nationale d'appréciation est d'autant plus grande dans cette matière que les différents États européens ne disposent pas d'une conception commune et partagée en la matière. Alors que le Conseil d'État entend « faire prévaloir les principes juridiques sur la tourmente politique du moment[2] », à défaut de morale européenne commune, la prudence du juriste est donc de mise telle qu'exprimée par l'important avis consultatif du 14 décembre 2023 rendu par la Cour européenne des droits de l'homme (voir en Annexe).

1. La délicate appréhension par l'administration des agissements répréhensibles issus du radicalisme religieux

En amont de la protection de l'ordre public, le ministère de l'Intérieur a élaboré un faisceau d'indices par le prisme d'une polysémie résultant de délicats arbitrages. On peut en juger, par exemple, au titre de la synthèse des « indicateurs de basculement dans la radicalisation » opérée dans le Guide

---

1. J.-M. Pontier, « La moralité publique », *AJDA*, 28 févr. 2022, p. 384-391.
2. A. Goin, L. Cadin, « Pour la bonne cause ? Le contrôle du juge administratif sur la dissolution administrative des associations (Chronique de jurisprudence du Conseil d'État) », *AJDA*, 18 déc. 2023, p. 2331.

interministériel de prévention de la radicalisation de mars 2016. Un groupe de travail interministériel avait ainsi recueilli et déterminé l'ensemble des indicateurs repérés au titre de la radicalisation. On peut y lire que « l'un des enjeux de ce travail de repérage des indicateurs de radicalisation est **d'éviter toute stigmatisation d'une pratique religieuse dans le respect du principe de laïcité**. La radicalisation se définit par trois caractéristiques cumulatives : un processus progressif, l'adhésion à une idéologie extrémiste et l'adoption de la violence. Ainsi, **le processus de radicalisation ne peut être caractérisé que s'il repose sur un faisceau d'indicateurs**. Les seuls indicateurs ayant trait à l'apparence physique ou vestimentaire ne sauraient caractériser un basculement dans la radicalisation. Chaque acteur doit donc **faire preuve de discernement** dans l'analyse des situations. Un seul indice ne suffit pas pour caractériser l'existence d'un risque de radicalisation et tous les indices n'ont pas la même valeur. C'est la combinaison de plusieurs indices qui permet le diagnostic. Cette approche en termes de faisceau d'indices permet **d'insister sur le fait qu'aucune attitude, aucun fait, ni contenu doctrinal ne peut être à lui seul révélateur d'un processus de radicalisation**. Un faisceau d'indices permet un diagnostic de la situation, il ne peut être interprété comme signe prédictif de l'évolution du processus. Dans le tableau ci-joint, il a été décidé de pondérer les indicateurs en distinguant les signaux forts qui doivent constituer une alerte et les signaux faibles qui imposent un état de vigilance. Toutefois, **les distinctions opérées restent à ce stade indicatives et mériteraient d'être confortées à l'avenir par des études qualitatives**. [...] Ce tableau de synthèse des indicateurs permet, aux membres des cellules de suivi départementales animées par les Préfets et aux partenaires impliqués dans la prévention de la radicalisation, de **pouvoir apprécier, dans le respect des libertés de chacun et notamment dans celui de la liberté de conscience et le principe de laïcité, les situations de basculement dans la radicalisation**. Il sera, pour les préfets de département, un outil indispensable pour apporter une réponse publique adaptée en matière de prise en charge et d'accompagnement des personnes concernées au titre de la prévention de la radicalisation » (*N.B.* : c'est nous qui soulignons en gras).

Cinq domaines ont ainsi été retenus par ce groupe de travail administratif : ruptures, environnement personnel de l'individu, théories et discours, technique et judiciaire. Pour chacun d'eux, ont été identifiés des « indices repérables » relevant de « signaux faibles » ou, à l'inverse, du « signal fort » d'une radicalisation à risques. De nombreux « indicateurs » sont aussi inventoriés en référence aux facteurs suivants : comportement de rupture avec l'environnement habituel, changement d'apparence, pratique religieuse hyper ritualisée, image paternelle et/ou parentale défaillante voire dégradée, environnement familial dégradé, environnement social, traits de personnalité, réseaux relationnels, théories complotistes et conspirationnistes, changements de comportements identitaires, prosélytisme, usage des réseaux virtuels ou humains, stratégie de dissimulation/duplicité, condamnation pénale et incarcération, antécédents, commission de certaines infractions et comportement en détention. Mais cette longue liste décline des critères moralisateurs, subjectifs, aléatoires et biaisés qui reflètent les subtils arbitrages quasi-idéologiques que doivent opérer les pouvoirs publics. Prenant acte à plusieurs reprises de la nécessité de ne pas entrer dans une approche subjective contraire au respect de la laïcité, le Guide interministériel souligne qu'il faut « être en capacité de distinguer entre rigorisme, communautarisme et radicalisation ». Il en appelle à ce titre à se « familiariser avec le fait religieux » et à suivre les enseignements d'un diplôme universitaire (DU) de formation civile et civique « pour appréhender la place du fait religieux dans la prévention de la radicalisation[1] ».

D'aucuns considèrent que partir de « la théorie controversée des "signaux faibles" sans les garanties de la procédure pénale [...]

1. Cf. *Guide interministériel de prévention de la radicalisation*, 2016, p. 7.

ne peut-il pas être considéré comme une érosion de l'État de droit[1] ? ». Dans sa thèse *La radicalisation confessionnelle appréhendée par le droit*, soutenue en 2022 à l'Université de Toulouse I, le même auteur précise que « le régime préventif à l'opposé du régime répressif est moins libéral [...] il n'a pas pour objet de sanctionner a posteriori des comportements fautifs mais d'empêcher qu'ils surviennent à l'instar des actes violents des individus radicalisés. Alors que le régime répressif repose sur la confiance en l'individu, le régime préventif s'appuie sur la suspicion à l'égard des activités humaines, une intervention accrue des pouvoirs publics, une préférence pour la sécurité au détriment de la liberté ». Cette façon de réagir interroge notre capacité à élaborer une conception équilibrée et pragmatique de la notion d'ordre public à l'abri non seulement des partis pris de nature idéologique mais aussi des approximations moralisatrices qui ne peuvent nullement justifier une forme d'arbitraire. Les débats parlementaires relatifs à l'affaire de la dissimulation du visage dans l'espace public avaient posé les termes de l'ordre public immatériel répondant à ce que le doyen Carbonnier désignait la « pulvérisation du droit en droits subjectifs ». Cet ordre public englobe des éléments hétérogènes telles que la dignité de la personne humaine, les exigences minimales de la vie en société ou encore, l'interdiction de la polygamie et de l'inceste, entre autres. La fonction substantielle de la notion d'ordre public immatériel vise à faire prévaloir des valeurs objectives y compris face à des droits et libertés subjectifs individuels, ce qui peut conduire à des restrictions excessives des droits et libertés subjectifs individuels. Dans sa thèse universitaire *L'ordre public immatériel en droit public français*, Marie-Odile Peyroux-Sissoko a retenu deux définitions de l'ordre public immatériel[2]. Dans un

---

1. N. Kassous, « L'État de droit : de la radicalisation religieuse au séparatisme », *Village de la Justice*, 4 févr. 2021.

2. M.-O. Peyroux-Sissoko, *L'ordre public immatériel en droit public français*, LGDJ, coll. Thèses, sous-coll. Bibl. constitutionnelle et de science politique,

sens restrictif, il permet de restreindre les droits et libertés subjectifs individuels en dehors de tout trouble matériel en vue de la protection d'une exigence supérieure (valeurs objectives). Dans un sens plus large, c'est un instrument de rééquilibrage de l'ordre juridique par la prévalence et la protection d'un système axiologique composé de valeurs objectives qui ne peut être exclusivement réglementé par les règles régissant le système des droits et libertés individuels. D'une certaine façon, cette conception de l'ordre public immatériel semble autoriser les pouvoirs publics à planifier la prévention du radicalisme religieux. L'indicateur relatif à « une pratique religieuse hyper ritualisée », retenu par le Guide interministériel de prévention de la radicalisation, ne peut selon ses auteurs constituer « à lui seul un critère de radicalisation alors même que des signes montrant un intérêt soudain et exclusif pour une pratique religieuse radicale, démonstrative et en rupture avec la pratique familiale, peuvent alerter. En effet, par exemple, la mise en place d'interdits alimentaires étendus à l'entourage, le retrait ou la destruction de toutes photos ou représentations humaines, voire l'obsession autour de rituels peuvent caractériser un processus de radicalisation. Dans tous les cas, l'analyse de la situation doit se faire avec discernement. Il convient en particulier de différencier de qui relève du fondamentalisme musulman et ce qui relève de l'adhésion à un groupe radicalisé[1] ».

Ces précautions ainsi mises en exergue, sur le plan déclaratif, en appellent à un retour d'expérience afin d'en évaluer la pertinence d'un point de vue pratique au titre des conditions cumulées de protection des valeurs démocratiques et de consolidation

tome 149, LGDJ 2018, 618 pages (prix de thèse du Conseil constitutionnel 2018).

1. Précaution à rapprocher de la « Mobilisation des cellules de lutte contre l'islamisme radical et le repli communautaire (CLIR) pour lutter contre le séparatisme islamiste et les atteintes aux principes républicains » (objet de la circulaire du Premier ministre du 14 janvier 2022).

de l'État de droit. Au regard des effets des mesures adoptées dans le cadre de la lutte contre la radicalisation, le Syndicat de la magistrature ne s'est-il pas inquiété des « dérives et abus que contiennent en germe des mesures préventives prises sans contrôle juridictionnel préalable et fondées non sur une infraction déterminée ou déterminable mais sur le critère dangereusement flou d'un « comportement suspect » ? De façon objective, ce retour d'expérience devrait être rendu public, sur la base de comptes-rendus factuels et explicatifs, d'autant plus que l'administration s'est dotée de larges moyens d'intervention. Aujourd'hui, de tels critères et méthodes doivent sans nul doute être rapprochés des critères précisément énoncés, relativement à la prévention, au contrôle et à l'éventuelle sanction de certaines appartenances religieuses, dans un très important avis consultatif rendu par la CEDH le 14 décembre 2023 et annexé au présent ouvrage[1].

Le cas particulier des fichiers de police et des « notes blanches » des services de renseignement

Les fichiers de police, outil utile de recensement et d'analyse

En amont et en aval, les fichiers de police constituent une forme d'acte administratif de traitement de données. Ils ont pour objectif la protection de l'ordre public, à la frontière de la répression et de la prévention. En effet, en collectant des données pour prévenir les troubles à l'ordre public, ils orientent l'action répressive de l'État. L'intense battage médiatique autour de l'utilisation des fichiers dits « S » a alimenté de nombreuses polémiques. Catégorie du « Fichier des personnes recherchées » (FPR) pour « atteinte à la sûreté de l'État », ce fichier recense des informations sur des personnes « faisant l'objet de recherches pour prévenir des menaces graves pour la sécurité publique ou la sûreté de l'État, dès lors que des informations ou des indices réels ont été recueillis à leur égard ». Dès que le comportement d'une personne fait naître une suspicion de menace pour la sûreté de l'État, elle fait normalement l'objet d'une fiche « S » à son insu et ce, sans que la menace soit nécessairement avérée et certaine. Pour ces raisons, le placement dans le fichier « S » n'a

1. V. *infra* Annexe.

pas de caractère définitif et n'impose nullement une surveillance permanente.

L'établissement des fiches « S » répond à un objectif plus modeste d'alerte et de recueil d'informations pour conditionner l'action des forces de police. En l'état normal de la légalité, le classement dans un fichier ne peut entraîner l'arrestation ou des restrictions majeures aux libertés d'un individu. Les fichiers de police peuvent, en un sens, se rapprocher des actes préparatoires, sorte de pré-actes juridiques potentiels. En principe, ils ne font pas grief puisqu'ils n'impliquent qu'une identification, pouvant conduire à une surveillance des individus. Ils se situent à la frontière des polices administrative et judiciaire. L'article 230-6 du Code de procédure pénale autorise ainsi les services de police à recueillir des données « afin de faciliter la constatation des infractions à la loi pénale, le rassemblement des preuves de ces infractions et la recherche de leurs auteurs ». Le recours à ce type de fichiers s'inscrit dans le recueil de données concernant des personnes susceptibles d'entretenir des liens avec des organisations ou des personnes mettant en jeu la sûreté de l'État sur la base de soupçons ou de profils et non sur des faits commis. Le Conseil constitutionnel, dans une décision du 23 juillet 2015 concernant sur la loi sur le renseignement, a estimé que la surveillance des individus ne portait pas en soi une atteinte disproportionnée au droit au respect de la vie privée[1]. La Cour européenne des droits de l'homme a retenu plusieurs critères de conciliation de la protection de la vie privée : de la nécessité du recours à ces fichiers en référence à l'existence de garanties internes, à la durée de conservation des données et à l'existence d'un contrôle indépendant de la justification du maintien des données[2].

Les dispositifs juridiques accordent ainsi de larges possibilités à l'administration pour recourir à la constitution de fichiers sous l'angle de la protection de l'ordre public, certes sous le contrôle du juge. L'article R 236-13 du Code de la sécurité intérieure prévoit que « L'interdiction prévue au I de l'article 6 de la loi n° 78-17 du 6 janvier 1978 relative à l'informatique, aux fichiers

1. Cons. const., 23 juill. 2015, n° 2015-713 DC.

2. CEDH, 25 févr. 1997, n° 22009/93, *Z. c/ Finlande : RSC* 1998, p. 387, obs. Koering-Joulin R ; CEDH, Gde ch., 4 déc. 2008, n°s 30562/04, *S. et Marper c/ Royaume-Uni : RSC* 2009, p. 182, obs. Marguénaud J.-P. ; CEDH, 18 sept. 2014, n° 21010/10, *Brunet c/ France : Rev. pénitentiaire* 2014, p. 915, obs. A. Bottou et obs. A. Barthuel. – V. aussi, J. Pradel, *Procédure pénale*, 18e éd., Éd. Cujas 2015, p. 415.

et aux libertés s'applique au traitement mentionné à l'article R. 236-11. Par dérogation, sont autorisés, pour les seules fins et dans le strict respect des conditions définies à la présente section, la collecte, la conservation et le traitement de données concernant les personnes mentionnées à l'article R. 236-11 et relatives : [...] à des activités politiques, philosophiques, religieuses ou syndicales. [...] Il est interdit de sélectionner dans le traitement une catégorie particulière de personnes à partir de ces seules données. » L'article R 236-11, précité, dispose que « Le ministre de l'Intérieur (direction générale de la police nationale) est autorisé à mettre en œuvre un traitement de données à caractère personnel dénommé " Prévention des atteintes à la sécurité publique ", ayant pour finalité de recueillir, de conserver et d'analyser les informations qui concernent des personnes physiques ou morales ainsi que des groupements dont l'activité individuelle ou collective indique qu'elles peuvent porter atteinte à la sécurité publique ou à la sûreté de l'État. Ce traitement a notamment pour finalité de recueillir, de conserver et d'analyser les informations qui concernent les personnes susceptibles de prendre part à des activités terroristes, de porter atteinte à l'intégrité du territoire ou des institutions de la République ou d'être impliquées dans des actions de violence collectives [...] Les données intéressant la sûreté de l'État sont celles qui révèlent des activités susceptibles de porter atteinte aux intérêts fondamentaux de la Nation ou de constituer une menace terroriste portant atteinte à ces mêmes intérêts. Ces données, de façon isolée ou groupée, font l'objet d'une identification dans le traitement. » Le large spectre du champ matériel de ces données élargit de façon notable des possibilités de « fichages » déjà existantes. Au-delà des possibles dérives il semble que l'opinion publique, chauffée à blanc par le terrorisme dit « islamique », ne s'en émeut guère. L'administration dispose de la sorte de très nombreuses informations qui préparent ses opérations de police.

Les « notes blanches » des services administratifs de renseignement, un outil souvent méconnu de l'opinion publique

Les services de renseignement ont été les acteurs influents des premiers constats politiques et administratifs concernant les sectes. Puis face aux attentats terroristes de 2015, les prérogatives discrétionnaires du ministère de l'Intérieur se sont déployées à partir des « notes blanches » établies par les services de renseignement. Il s'agit de document ni datés ni signés – pour assurer la protection de leurs auteurs – contenant « des extraits de rapports de police ou de renseignement au sujet du comportement d'un individu sans précision de leurs sources et qui sont produites par l'administration au soutien de ses dires ». Sorte de panoptique d'informations à large spectre, établies de manière non contradictoire, ces « notes » portent sur le comportement, la personnalité, l'environnement personnel et privé et professionnel, les fréquentations d'une personne, etc. Mises en œuvre par la Direction générale de la sécurité intérieure (DGSI) pendant l'état d'urgence terroriste de 2015 à 2017, certaines d'entre elles avaient pour but de préparer des décisions d'assignations à résidence, des perquisitions administratives et autres mesures d'exception. Sur l'ensemble du contentieux de l'état d'urgence porté devant les juridictions administratives jusqu'en décembre 2016 (inclus), soit 764 ordonnances, jugements et arrêts, plus de 300 « notes blanches » ont ainsi été produites pour motiver les mesures ministérielles[1]. Par un arrêt d'Assemblée, Ministre de l'Intérieur c/ Diouri du 11 octobre 1991, le Conseil d'État a admis que l'usage de telles « notes » pouvait constituer un élément de preuve parmi d'autres de l'existence d'une « atteinte à l'ordre public », à condition toutefois qu'elles aient été « débattues dans le cadre de l'instruction écrite contradictoire », ce qu'il a confirmé dans un arrêt Ministre de l'Intérieur c/ Rakhimov en date du 3 mars 2003. Leur valeur probante doit être examinée au regard des seuls éléments de fait [qu'elles contiennent] à l'exclusion de toute interprétation ou extrapolation. Hors procès administratif ou judiciaire ces documents internes prospèrent, restant a priori secrets...

Le juge administratif usant de ses pouvoirs d'instruction peut contraindre l'administration à produire les informations utiles à la résolution d'un litige contentieux et pourtant maintenues secrètes, sauf à se heurter à la nature des informations en cause en partie classées secret-défense ou stockées dans des fichiers régis par l'article 41 de la loi « informatique et libertés » de 1978, lequel prévoit la possibilité de refuser la communication de données lorsqu'elle est de nature à compromettre la finalité du fichier, à savoir la sauvegarde de la sécurité nationale. Dans un arrêt *Guja contre Moldavie* du 12 février 2008, la Grande chambre de la Cour européenne des droits de l'homme précise que le juge national dispose du pouvoir de consulter les informations secrètes afin de vérifier la réalité et la légitimité des motifs de sécurité publique invoqués par l'administration pour refuser de soumettre celles-ci au débat contradictoire. Dans le cadre de l'examen d'affaires contentieuses relatives à l'état d'urgence conduites devant les tribunaux administratifs de Dijon, Clermont-Ferrand, Grenoble et Lyon jusqu'à fin

1. J.-P. Foegle et N. Klausser, *La zone grise des notes blanches*, coll. Délibéré, Éd. La Découverte, 2017.

2016 et portant sur 93 jugements et ordonnances, 39 étaient exercées contre des décisions du ministère de l'Intérieur motivées expressément par des « notes blanches » (32 assignations à résidence, 10 perquisitions administratives et une fermeture de mosquée)[1]. La plupart des personnes concernées étaient suspectées d'avoir une pratique radicale de l'islam à des degrés divers : liens avec des « personnes connues pour leur fondamentalisme religieux », consultation de vidéos de propagande, activités au sein d'une association qui « aurait pour objectif de promouvoir l'islam radical », individus de retour de Turquie ou ayant été signalés pour avoir émis le souhait de partir dans la zone irako-syrienne, mais aussi des personnes « suspectées de détenir des armes ». Un arrêté de perquisition a pu être annulé en raison du caractère trop sommaire d'une note blanche laquelle se bornait à indiquer que la personne s'était radicalisée en prison et avait émis le souhait de se rendre en Syrie.

En revanche, dans un cas d'assignation à résidence, l'arrêté a été annulé alors que la note blanche semblait plus détaillée : « M. X pratique un islam rigoriste et fréquente la mosquée de Y, dont le responsable est enclin à accueillir plusieurs jeunes salafistes résidant à Z ou ses environs [...], compte parmi son tissu relationnel des individus connus de services partenaires évoluant dans la mouvance de l'islam radical et susceptibles de partir sur zone, et désire quitter la France pour aller vivre dans un pays musulman ». Le tribunal administratif de Grenoble a estimé que ces éléments étaient insuffisants pour caractériser « une activité de l'intéressé s'avérant dangereuse pour la sécurité et l'ordre public ». La caractérisation par les magistrats des agissements qui porteraient atteinte à la sécurité et à l'ordre public n'est pas uniforme. Selon Foegle J.-P., Klausser N., précités, « Une analyse partielle du contentieux de l'état d'urgence révèle ainsi la force probante attribuée aux "notes blanches" par le juge administratif : sur les 39 arrêtés évoqués, à l'appui desquels une note blanche a été utilisée, seuls quatre ont été annulés, dont un car la préfecture ne l'avait pas produite à l'audience. Cette statistique dénote une forme de "blanc-seing de légalité" dès lors qu'une certaine terminologie est utilisée par l'administration. [...] ». En revanche, en présence d'informations couvertes par le secret de la défense nationale ou relatives à la sûreté de l'État, la jurisprudence du Conseil d'État admet que l'administration délivre « tous éléments d'information appropriés sur la nature des pièces écartées de la communication et

1. *Ibid.*

les raisons de cette exclusion[1] ». Ce contrôle revient à un juge administratif spécialement habilité à connaître du secret-défense et apte à mettre en œuvre le contradictoire de façon asymétrique en se fondant sur des pièces non communiquées à un requérant, dite « formation spécialisée » régie par les articles L. 841-1, 2, L. 853-3 et L. 854-9 du Code de la sécurité intérieure et L. 773-1 à L. 773-8 du Code de justice administrative[2].

Ces deux formes d'outils de police administrative, utiles et nécessaires, requièrent des garde-fous démocratiques difficiles à mettre en œuvre tant le format même emprunté par ces moyens repose sur une sorte de toute-puissance publique agissant dans le secret des bureaux de l'administration. Ici, comme ailleurs, la fin ne justifie cependant pas tous les moyens. La vigilance reste de mise pour que la lutte contre des exactions théocratiques ne sape pas, par une sorte d'effet boomerang, l'État de droit démocratique. Vaste débat, s'il en est.

2. Le foisonnement des pouvoirs d'enquête et de contrôle de l'administration face aux agissements répréhensibles issus du radicalisme religieux

Bien entendu, l'action de l'administration peut reposer sur des signalements, signes de repérage initial, en provenance de tiers ou de ses propres services. La gestion de ces signalements est d'ailleurs un nœud gordien de la politique publique et ce, dans de nombreux services publics. Ces signalements devraient être ensuite recoupés afin de ne pas être pris pour argent comptant. À cet effet, a été mis en place un Centre national d'assistance et

1. CE, Ass., 6 nov. 2002, *Moon Sun Muyun : AJDA* 2002, p. 1337 (publié au *Lebon*).

2. C. Malverti et C. Beaufils, « L'espion qui venait du froid. La formation spécialisée du Conseil d'État », *AJDA*, 2021, n° 12, p. 2589 ; selon les auteurs, « après cinq années d'existence et plus de 300 décisions rendues, la formation spécialisée du Conseil d'État, chargée du contentieux de la mise en œuvre des techniques de renseignement soumises à autorisation et des fichiers intéressant la sûreté de l'État, méritait bien que la présente chronique s'arrête sur son quinquennat jurisprudentiel ».

de prévention de la radicalisation (CNAPR), doté d'un numéro vert (0800 005 696), permettant d'accéder à une plate-forme d'assistance (mission d'information et d'orientation). Le CNAPR peut être également saisi par courriel directement sur le site administratif www.stop-djihadisme.gouv.fr (quelle que soit la nature de l'information). Par exemple, le *Rapport sur la radicalisation et la lutte contre la radicalisation des agents exerçant au sein des établissements de santé*, remis en 2022 par le docteur Patrick Pelloux à la demande du ministre de la Santé, suggère de développer une méthode à disposition des services juridiques et ressources humaines des établissements de santé et médico-sociaux sur la prévention et le traitement de signalements.

L'administration est friande d'informations sur ces sujets sensibles, ce qui se comprend à bien des égards. Qu'en résulte-t-il ? Quelles formes prennent le traitement et le suivi de ces indications ? Le contexte dans lequel se situe l'action de l'administration explique l'ampleur des tâches accomplies par cet imposant système de collecte et de gestion des indications et des informations. L'étude publiée en avril 2021 par le Conseil d'État, sur *Les pouvoirs d'enquête de l'administration* (273 pages hors annexes), laisse en effet songeur à plus d'un titre. De façon générale, il s'avère des plus utiles de s'y référer pour mesurer par ricochet la difficulté des multiples services administratifs face aux manifestations répréhensibles du radicalisme religieux.

Étude du Conseil d'État d'avril 2021

[Extrait]

« Douaniers, contrôleurs des impôts, inspecteurs du travail, agents des U.R.S.S.A.F et des caisses de sécurité sociale, inspecteurs de l'environnement, agents de la DGCCRF, inspecteurs et contrôleurs des agences régionales de santé [...] enquêteurs de l'Autorité de la concurrence [...]. Ces différentes catégories d'agents sont des figures reconnues des pouvoirs d'enquête et de contrôle des administrations ; elles sont bien identifiées par nos concitoyens et par les entreprises. Une centaine d'autres le sont beaucoup moins. Toutes disposent de pouvoirs, parfois très étendus, pour réunir des preuves ou établir et caractériser des faits, afin de recouvrer des prélèvements obligatoires, de contrôler le respect de la réglementation, de rechercher et de constater des manquements ou des infractions dans certains domaines ou encore de réguler certaines activités [...].

Or, s'ils répondent à une forte demande sociale et sont perçus comme protecteurs – sans doute d'une façon plus aiguë dans le contexte de pandémie que nous vivons – les charges que ces contrôles font peser sur les administrés, acteurs économiques et particuliers, leurs redondances ou leur manque de coordination sont souvent dénoncées, nuisant au pacte social qu'ils sont pourtant censés garantir.

En effet, les pouvoirs de ces agents sont extrêmement développés et souvent intrusifs : ils peuvent inclure le droit de visite des locaux professionnels, voire du domicile d'un particulier, le droit d'obtenir la communication de documents ou d'informations par les intéressés, des tiers ou d'autres administrations, voire de saisir des documents ou des données, le droit de prélever des échantillons, de procéder à des auditions, celui de vérifier l'identité de certaines personnes. L'environnement numérique dans lequel ils s'exercent a affecté leur définition et leurs conditions de mise en œuvre. Tout contrôle de l'administration peut bouleverser la vie de celui qui en est l'objet.

Certes, les contrôles et les enquêtes menés par ces agents sont un maillon indispensable de la mise en œuvre des fonctions essentielles de l'État, des collectivités publiques et des régimes de sécurité sociale : redistribution et protection contre les risques sociaux, sécurité des infrastructures, protection de la santé publique, de la sécurité alimentaire et de l'environnement, protection des droits des travailleurs, régulation des marchés. Certes, ils visent à répondre aux objectifs propres à chacune de ces fonctions, en protégeant l'état de droit, en veillant à l'égalité de nos concitoyens devant les charges publiques, en luttant contre la fraude et en permettant le cas échéant de sanctionner les auteurs d'infractions ou de manquements. Néanmoins, les constats qui s'imposent au terme de cette étude sont, d'une part, celui de leur foisonnement et de la difficulté, même pour ceux qui les détiennent, de les connaître et, partant, d'en apprécier l'efficacité et la proportionnalité et, d'autre part, celui de l'éparpillement des textes qui les définissent et l'hétérogénéité des termes employés pour les désigner [...].

Les textes législatifs et réglementaires français désignent les pouvoirs qui y sont attachés par des termes – pouvoirs d'enquête, de contrôle, de visite, d'inspection, de vérification, de recherche et de constatation d'infractions – qui revêtent des significations différentes selon les matières considérées, pour des raisons tenant à l'histoire administrative. Le terme d'enquête est souvent associé à la recherche et à la constatation d'infractions et de manquements, et celui de contrôle à des activités préventives de police administrative ou de régulation.

Synthèse

Au cœur des administrations chargées d'enquêtes et de contrôles [...] les correspondants avec lesquels les membres du Conseil d'État ont eu des échanges suivis ont confirmé les intuitions qui sont à l'origine de la demande d'étude : le besoin d'harmoniser les pouvoirs d'enquête et de contrôle de l'administration, de leur donner des définitions communes, facilement accessibles, le besoin de simplifier un système devenu touffu et peu compréhensible pour ses acteurs eux-mêmes et dont les usagers dénoncent tant les redondances que le peu d'efficacité, et enfin, le besoin de mieux connaître ce système qui s'est développé sans vision d'ensemble et que l'on ne parvient plus à appréhender.

Le sujet des pouvoirs d'enquête de l'administration est difficile non seulement par son ampleur et sa complexité mais aussi parce qu'il est peu exploré et qu'il est largement méconnu par ceux-là mêmes qui sont chargés de le mettre en œuvre [...].

Le paysage actuel [...] est d'une grande disparité, et dans certains secteurs d'une grande confusion [...]. Cette impression est renforcée par le fait que, dans de nombreuses administrations, il n'est pas ou il n'est plus procédé au suivi de l'usage effectif des pouvoirs, ce qui fait que certaines directions ne connaissent plus vraiment l'arsenal dont elles sont dotées ou bien ne savent plus très bien à quoi il sert [...].

Il faut, en s'inspirant des meilleures procédures, définir un socle commun de règles qui s'imposent à tout contrôle d'un administré : l'information préalable (sous réserve de la nécessité de contrôles inopinés), les modalités de déroulement, les suites du contrôle et inscrire ce socle dans le Code des relations entre le public et l'administration. Il faut aussi donner une définition unique ou harmonisée des pouvoirs les plus intrusifs et de leurs modalités d'exercice. Entre ces deux niveaux de règles communes, applicables aux principes élémentaires et aux pouvoirs les plus coercitifs, il faut harmoniser les pouvoirs et les garanties en fonction d'un référentiel commun ou d'une « boîte à outils », en veillant à leur adaptation à leurs finalités. Si l'on agit ainsi, on dotera le législateur, le pouvoir réglementaire et les administrations et autorités des outils qui leur font aujourd'hui cruellement défaut pour la construction d'un système de contrôle cohérent, efficace et respectueux des droits des administrés.

Les deux autres objectifs imposent [...] de remédier à certains défauts ou certains manques. On peut insister en particulier sur deux points majeurs :

1° La nécessité de supprimer les pouvoirs inutiles, disproportionnés, jamais mis en œuvre dont sont aujourd'hui dotées certaines administrations ou autorités qui n'en n'ont pas besoin et d'ailleurs ne les maîtrisent pas [...]. On l'oublie sans doute un peu trop facilement : tout contrôle de l'administration bouleverse la vie de l'administré qu'il soit simple citoyen ou acteur économique, toute visite d'un contrôleur au domicile d'un particulier porte en elle-même atteinte à son droit de propriété et à sa vie privée [...]. Or l'habitude prise de copier les textes, le souhait de disposer des mêmes pouvoirs que l'administration ou l'autorité voisine font trop souvent méconnaître les exigences de proportionnalité et de nécessité qui pèsent sur toute mesure de police. En dotant certaines autorités de pouvoirs intrusifs alors même qu'ils ne leur sont pas utiles, on a oublié cela et il faut y remédier.

2° Pour réaliser cette tâche de simplification, l'impératif de mieux connaître les pouvoirs de contrôle et, dans ce but, d'imposer aux autorités de contrôle de rendre compte de l'usage des pouvoirs dont elles sont dotées et des suites données aux contrôles. Sans cela aucune évaluation de l'action administrative ne peut être raisonnablement menée, ce qui entraîne ces fuites en avant par empilement de pouvoirs jamais ou mal mis en œuvre.

Liste des recommandations : harmoniser, simplifier, mieux connaître et faire connaître

I. Harmoniser les pouvoirs d'enquête et de contrôle des administrations, autour d'une **base** de garanties communes à tous les contrôles administratifs, d'un cadre commun aux pouvoirs de police judiciaire qui leur sont conférés et, pour ce qui demeure propre à chaque domaine (impôts et sécurité sociale, régulation, environnement, etc.), d'une **"boîte à outils"** pour définir des pouvoirs pertinents, proportionnés et assortis de garanties appropriées pour les personnes contrôlées, en particulier pour les pouvoirs les plus intrusifs.

1. Fixer, dans le Code des relations entre le public et l'administration, un cadre commun aux garanties qui s'appliquent lors d'un contrôle administratif :

- Information de la personne contrôlée sur l'objet, le déroulement du contrôle et sur ses droits, en lui remettant une **charte du contrôle**,
- Protection du domicile des particuliers et des parties à usage d'habitation des locaux professionnels,
- Information des personnes concernées, avant l'intervention d'une décision prise à l'issue d'un contrôle, sur l'origine et la teneur des documents et données recueillis auprès de tiers et

d'autres administrations sur lesquels elle se fonde, et communication de ces éléments à leur demande.
2. **Continuer à harmoniser les pouvoirs spéciaux de police judiciaire** des agents de l'administration, en particulier les plus intrusifs (relevés d'identité, perquisitions) et les procédures de constatation des infractions (procès-verbaux).
3. Préciser et harmoniser la définition des infractions pénales d'obstacle à l'accomplissement d'un contrôle ou d'une enquête.
4. Harmoniser la définition des pouvoirs et des garanties applicables aux visites et saisies dans le cadre de contrôles administratifs en renvoyant en partie à des dispositions communes figurant dans le Code de procédure pénale (par exemple sur les scellés, les inventaires, les saisies de données).
5. Harmoniser la définition des pouvoirs d'enquête et de contrôle des administrations en fonction d'une **"boîte à outils"** comportant des modèles de dispositions (sur les droits d'accès aux locaux, de communication, etc.), et un rappel des questions à prendre en compte pour s'assurer de leur pertinence, de leur proportionnalité et du caractère suffisant des garanties pour les personnes concernées. »

[...]

3. L'amplitude des moyens d'action de l'administration face aux agissements répréhensibles issus du radicalisme religieux

Les différents organes de puissance publique chargés de prérogatives de police (préfet, maire, forces militaires, de police et de gendarmerie, les administrations financières et sociales, les représentants du ministère public devant les juridictions, etc.) mettent en œuvre les moyens légaux à leur disposition et ce, le plus souvent, sous la forme de pouvoirs spéciaux pour assurer la sécurité des populations et des biens. Ces organes publics disposent de possibilités de contrainte dont ils ont le légitime monopole au nom de la préservation et de la protection de l'ordre public et de l'intérêt général sur fond de consensus social. La police dite « administrative » désigne ainsi les fonctions et les activités des administrations qui ont pour but d'assurer le maintien de l'ordre public, ce dernier étant un objectif de valeur constitutionnelle.

Cette police concerne les activités liées à la sécurité publique en termes de prévention et de répression mais également les organes investis desdites fonctions et activités. La tâche est redoutable aujourd'hui en présence d'activités visibles ou invisibles, matérielles ou immatérielles, exercées individuellement ou collectivement, nationales et/ou transnationales. Face aux agissements répréhensibles du radicalisme religieux, les moyens traditionnels et les outils utilisés appellent des compétences hors du commun ne serait-ce que d'un point de vue notamment analytique, culturel, linguistique et informatique, ce que n'ignorent pas des théocrates en action.

En présence d'un radicalisme religieux qui se manifeste de manière violente ou en vue de commettre des actes violents, plusieurs moyens d'ordre public, telle une panoplie, peuvent être mobilisés par les pouvoirs publics en vertu notamment de certaines dispositions du Code de la sécurité intérieure (CSI)[1]. À ce titre, doit être mentionnée une vaste panoplie d'outils juridiques, divers et variés, en fonction des circonstances :

– La mise en œuvre du régime légal de l'état d'urgence[2] ;

– Les pouvoirs d'enquête et d'investigation des services administratifs de renseignement (voir ci-après) ;

– Les mesures individuelles de contrôle administratif et de surveillance (MICAS)[3] ;

– La fermeture d'un lieu de culte[4] ;

---

1. Code comportant 2 100 pages dans son édition 2023, publié aux éditions LexisNexis sous la direction des professeurs O. Gohin et X. Latour.

2. Const., 4 oct. 1958, art. 16.

3. CSI, art. L. 228-1 à L 288-7 (visant à prévenir la commission d'actes de terrorisme, s'il existe des « raisons sérieuses de penser que son comportement constitue une menace d'une particulière gravité pour la sécurité et l'ordre publics et qui soit entre en relation de manière habituelle avec des personnes ou des organisations incitant, facilitant ou participant à des actes de terrorisme, soit soutient, diffuse, lorsque cette diffusion s'accompagne d'une manifestation d'adhésion à l'idéologie exprimée, ou adhère à des thèses incitant à la commission d'actes de terrorisme ou faisant l'apologie de tels actes [...] »).

4. CSI, art. L. 227-1 (visant les propos tenus, idées ou théories diffusées, activités qui s'y déroulent provoquent à la haine ou à la discrimination, à la commission d'actes de terrorisme ou font l'apologie de tels actes).

– La dissolution d'association[1] ;

– La déchéance de nationalité[2] ;

– Le retrait du titre de séjour[3] ;

– Le refus d'acquisition de la nationalité[4],

– Les mesures de Contrôle administratif des retours ou de rapatriement de citoyens français sur le territoire (CART)[5] ;

– L'obligation de signalement au procureur de la République visé à l'article 40 du Code de procédure pénale[6] ;

– L'interdiction de sortie du territoire[7] et l'opposition à sortie de territoire d'un mineur[8] ;

– L'interdiction administrative du territoire[9] ;

– L'assignation à résidence[10] ;

---

1. CSI, art. L. 212-1.

2. C. civ., art. 25 et 25-7 (visant toute personne condamnée pour crime ou délit constituant une atteinte aux intérêts fondamentaux de la Nation ou pour un crime ou un délit constituant un acte de terrorisme, pour un acte qualifié de crime ou délit prévu et réprimé par le chapitre II du livre III du titre IV du Code pénal, pour s'être soustraite aux obligations résultant pour elle du Code du service national ; personne ayant commis, au profit d'un État étranger, des actes incompatibles avec la qualité de Français et préjudiciables aux intérêts de la France, par exemple, espionnage, et manque d'effectivité de la nationalité française).

3. Code de l'entrée et du séjour des étrangers et du droit d'asile, art. L 432-4.

4. C. civ., art. 21-4 ; dispositif qui vise l'« indignité » comme cause d'opposition gouvernementale à l'acquisition de la nationalité française. Est ainsi retenue par le Conseil d'État « la propagation de thèses contraires et hostiles aux valeurs essentielles de la société française » (CE, 24 oct. 2023, req. n° 469227).

5. CSI, art. L. 225-1 (visant toute personne ayant quitté le territoire national soupçonnée d'avoir rejoint un théâtre d'opérations de groupements terroristes et susceptibles de présenter une menace pour la sécurité publique)

6. Selon ce texte, toute autorité constituée, tout officier public ou fonctionnaire qui, dans l'exercice de ses fonctions, acquiert la connaissance d'un crime ou d'un délit est tenu d'en donner avis sans délai au procureur de la République et de transmettre à ce magistrat tous les renseignements, procès-verbaux et actes qui y sont relatifs.

7. CSI, art. L. 224-1.

8. C. civ., art. 371 et s.

9. CESEDA, art. L. 214-1 à L. 214-8 (en cas de menace grave pour l'ordre public, la sécurité intérieure, d'un comportement personnel, etc.).

10. CESEDA, art. L. 561-1, L. 563-1 et L. 624-4.

– L'expulsion d'étranger[1] ;
– L'obligation de quitter le territoire français (OQTF)[2] ;
– Le gel des avoirs[3].

L'administration est donc conduite à se livrer à une analyse *in concreto*, c'est-à-dire au cas par cas, notamment pour s'assurer des preuves matérielles invoquées, ce que la jurisprudence de la Cour européenne des droits l'homme ne cesse de contrôler lorsqu'elle est saisie. La Cour a ainsi pu sanctionner l'analyse insuffisante par les autorités françaises des risques concernant l'expulsion de ressortissants russes d'origine tchétchène vers la Russie[4] ou *a contrario* quant à l'examen complet de la situation d'un ressortissant en vue de son éloignement de la France[5].

Selon l'expertise de Thierry Toutin[6], l'ensemble de ces moyens juridiques place les pouvoirs publics dans « cette situation paradoxale : d'un côté, des personnes indésirables sur le sol français, "prêcheurs de haine" et autres, hostiles à la France et à ses intérêts qui refusent de quitter le pays et multiplient les recours administratifs ou judiciaires. De l'autre, à l'inverse, des personnes souvent mineures, qui veulent partir et que l'on tente

1. CESEDA, art. L. 521-1 et L. 521-5 (visant les comportements, les menaces graves pour l'ordre et la sécurité publique, les actes de provocation explicite et délibérée à la discrimination, à la haine ou à la violence contre une personne déterminée ou un groupe de personnes).

2. CESEDA, art. L. 611-1.

3. CMF, art. L. 562-1 et s. (visant des personnes physiques ou morales qui commettent ou tentent de commettre des actes de terrorisme).

4. CEDH, 5e sect., 30 août 2022, *R... c. France*, n° 49857/20.

5. CEDH, 15 févr. 2024, *U... c. France*, n° 53254/20 ; décision dans laquelle la Cour, procédant à l'appréciation *ex nunc* de la situation individuelle du requérant, considère qu'il n'a pas été démontré devant les juges qu'il existait des motifs sérieux et avérés de croire que, s'il était renvoyé en Russie, il encourrait un risque réel et actuel d'être soumis à un traitement contraire à l'article 3 de la Convention. Dès lors, elle conclut que la mise à exécution de la mesure d'éloignement de l'intéressé n'emporterait pas violation de l'article 3 de la Convention européenne.

6. Commandant de police divisionnaire honoraire, Thierry Toutin, docteur en droit privé-sciences criminelles, a été chargé de mission au Comité interministériel de prévention de la délinquance et de la radicalisation.

difficilement de retenir contre leur gré[1] ». Si depuis plusieurs années l'administration française est ainsi confrontée à des manifestations du radicalisme religieux dans un certain nombre de situations, l'approche juridique sanctionne – sous le contrôle du juge – les effets de pratiques religieuses jugées radicales, de façon explicite et expresse, dans l'examen de situations civiles individuelles. Les autorités publiques ne peuvent en effet rester indifférentes aux effets attachés à de telles pratiques dès lors qu'elles sont saisies de demandes particulières comme c'est le cas dans le cadre de procédures civiles d'acquisition de nationalité[2] ou de naturalisation[3].

---

1. Th. Toutin, *Le djihadisme, aspects criminologiques et juridiques*, Thèse de doctorat en droit privé, Université Paris II Panthéon-Assas, 30 nov. 2017, p. 346.

2. Statuant sur le critère du « *défaut d'assimilation* » énoncé par l'article 21-4 du Code civil, le Conseil d'État a jugé que l'adhésion à certaines pratiques radicales pouvait valablement conduire l'administration à s'opposer à la déclaration acquisitive de nationalité française d'un conjoint étranger. Saisi d'une affaire portant sur l'épouse d'un ressortissant français se réclamant du courant salafiste et revendiquant notamment le port du niqab, le Conseil d'État a jugé que la requérante avait « adopté une pratique radicale de sa religion, incompatible avec les valeurs essentielles de la communauté française, et notamment avec le principe d'égalité des sexes » (CE, 27 juin 2008, *Mme Mabchour : D.*, 2009, 345, Note Vallar). Dans cette affaire, au titre de l'appréciation de « *l'ensemble du comportement* » de Mme Mabchour, le Commissaire du Gouvernement précisait qu'elle et son mari s'étaient spontanément présentés comme « salafistes et revendiquaient leur appartenance à ce courant qui, d'après les services de la préfecture, avait gagné une partie des jeunes du quartier où ils habitaient à la suite du passage d'un imam particulièrement véhément ». Ainsi, exprimer son adhésion aux thèses d'un mouvement extrémiste que l'on répand est constitutif d'un défaut d'assimilation. Ainsi en a été également jugé en 1998 pour un ressortissant algérien marié depuis 1993 à une Française, militant actif d'un mouvement extrémiste dont il répand les thèses dans la région, notamment au sein de la « mosquée » de sa commune, manifestant un rejet des valeurs essentielles de la société française (CE, 14 oct. 1998, *Amiour : D.*, 1998, IR, 258), ou d'un individu qui « entretenait des liens étroits avec une organisation islamiste menant une action de propagande en faveur de thèses extrémistes et prônant le rejet des valeurs essentielles de la société française » (CE, 29 juill. 2002, *Bouaffad : AJDA* 2002, p. 1064), formulation reprise à l'identique dans une décision du 13 novembre 2006, avec cette nuance que c'est l'indignité qui a été retenue en l'espèce (CE, 13 nov. 2006, *M. H. : AJDA* 2007, p. 158).

3. À propos de la procédure de naturalisation, qui exige également l'« assimilation à la communauté française » (C. civ., art. 21-24), le Conseil

Des centaines de décisions de justice administrative dessinent ainsi le contour des règles applicables en la matière. Selon une jurisprudence évolutive et riche, car fortement ancrée dans les faits examinés, il s'agit d'opérer une difficile pesée entre les différents droits et libertés en cause, notamment sous le prisme du contrôle dit de proportionnalité. La jurisprudence du Conseil d'État s'emploie ainsi à définir l'étendue des pouvoirs du juge quant à l'excès de pouvoir sur les mesures de dissolution et ce, par un contrôle de proportionnalité prenant la forme du « triple test » : caractère adapté, nécessaire et proportionné, face à une « impossible riposte graduée » selon des membres du Conseil[1].

Dans le feu de l'action, la tâche de l'administration est donc des plus difficiles pour cerner les soubassements religieux des actes répréhensibles en cause, ce qui, comme précédemment

---

d'État a pu juger qu'un requérant ne remplissait pas les conditions légales puisqu'« à compter de l'année 2001, [il] s'est orienté vers un prosélytisme de plus en plus actif, au soutien direct d'un imam d'obédience salafiste [...] prônant des thèses violentes, refusant les valeurs essentielles de la société française d'égalité et de tolérance [...] que [...] M. O. est devenu trésorier de l'association mise en place et utilisée par M. Yahia Chérif pour son action où il le secondait, en dépit des positions extrêmes prises par celui-ci et de modes de financement dont la régularité n'est pas établie » (CE, 14 févr. 2007, *M. O.* : *AJDA* 2007, 654). Le défaut d'assimilation est également retenu concernant un étranger ayant tenu à plusieurs reprises des propos, à connotation discriminatoire, hostiles à la laïcité et à la tolérance révélant un rejet des valeurs essentielles de la société française (CE, 21 févr. 2007, *Naïmi* : *AJDA* 2008, 372) ou un imam qui « a tenu, à de nombreuses reprises, lors de ses prêches, des propos d'une teneur radicale, de nature à encourager la propagation de thèses contraires ou hostiles aux valeurs essentielles de la société française » (CE, 13 févr. 2008, req. n° 301711, *Lyes H.* : inédit). De sorte que restent mesurés et sanctionnés s'agissant du droit civil des personnes des agissements objectifs prenant la forme, sous couvert de religiosité, de manifestations dévoyées de militantisme et de prosélytisme, et non les croyances religieuses ou les convictions idéologiques en elles-mêmes. Le juge a ainsi pu ici pointer des « modes de financement dont la régularité n'est pas établie », ce qui renvoie à la question cruciale des ressources du radicalisme religieux (V. *infra* chapitre 8).

1. A. Goin et L. Cadin, « *Pour la bonne cause ? Le contrôle du juge administratif sur la dissolution administrative des associations (Chronique de jurisprudence du Conseil d'État)* », *AJDA*, 18 déc. 2023, p. 2333.

expliqué[1], ne constitue pas une excuse absolutoire certes, mais doit conduire à une réflexion sur leur dangerosité répétitive. Or, le recours à des mesures de police administrative en matière de radicalisme religieux a été très peu étudié en France de manière globale par les juristes (à l'exception des moyens mis en œuvre dans le domaine de la lutte antiterroriste mais sans que la question juridique de la source radicale religieuse ait pu être suffisamment explorée). Reste donc entière cette dernière problématique quant à son champ d'étude et de recherche-action via notamment le critère des retours d'expériences des mesures administratives.

L'épineuse question de la dissolution des associations et de la fermeture des lieux de culte

Face aux manifestations de l'islam politique et à ses dérives radicales, le législateur et le gouvernement ont souhaité un renforcement du cadre légal de la dissolution des associations et de la fermeture des lieux de culte et ce, à partir de l'idée que les activités cultuelles constitueraient le creuset d'agissements répréhensibles. Encore une fois, s'il apparaît légitime de prévenir et de lutter contre ces derniers agissements, il n'est pas sûr que durcir le contrôle public des activités et des structures cultuelles soit suffisant, le radicalisme religieux se déployant bien au-delà de la seule sphère cultuelle.

1. Le régime légal de la dissolution des associations et groupements de fait

L'article 212-1 du Code de la sécurité intérieure édicte :

« Sont dissous par décret en conseil des ministres, toutes les associations ou groupements de fait :

1° Qui provoquent à des manifestations armées ou à des agissements violents à l'encontre des personnes ou des biens ;

2° Ou qui présentent, par leur forme et leur organisation militaires, le caractère de groupes de combat ou de milices privées ;

3° Ou dont l'objet ou l'action tend à porter atteinte à l'intégrité du territoire national ou à attenter par la force à la forme républicaine du Gouvernement ;

1. V. *supra* Chapitre 1 - Le radicalisme religieux appréhendé par le droit.

4° Ou dont l'activité tend à faire échec aux mesures concernant le rétablissement de la légalité républicaine ;

5° Ou qui ont pour but soit de rassembler des individus ayant fait l'objet de condamnation du chef de collaboration avec l'ennemi, soit d'exalter cette collaboration ;

6° Ou qui, soit provoquent ou contribuent par leurs agissements à la discrimination, à la haine ou à la violence envers une personne ou un groupe de personnes à raison de leur origine, de leur sexe, de leur orientation sexuelle, de leur identité de genre ou de leur appartenance ou de leur non-appartenance, vraie ou supposée, à une ethnie, une nation, une prétendue race ou une religion déterminée, soit propagent des idées ou théories tendant à justifier ou encourager cette discrimination, cette haine ou cette violence ;

7° Ou qui se livrent, sur le territoire français ou à partir de ce territoire, à des agissements en vue de provoquer des actes de terrorisme en France ou à l'étranger.

Le maintien ou la reconstitution d'une association ou d'un groupement dissous en application du présent article, ou l'organisation de ce maintien ou de cette reconstitution, ainsi que l'organisation d'un groupe de combat sont réprimées dans les conditions prévues par la section 4 du chapitre Ier du titre III du livre IV du Code pénal. »

La loi n° 2015-1501 du 20 novembre 2015 prolongeant l'application de la loi du 3 avril 1955 relative à l'état d'urgence dans son article 6-1 prévoit que :

« Sans préjudice de l'application de l'article L. 212-1 du Code de la sécurité intérieure, sont dissous par décret en conseil des ministres les associations ou groupements de fait qui participent à la commission d'actes portant une atteinte grave à l'ordre public ou dont les activités facilitent cette commission ou y incitent.

Le maintien ou la reconstitution d'une association ou d'un groupement dissous en application du présent article ou l'organisation de ce maintien ou de cette reconstitution sont réprimés dans les conditions prévues aux articles 431-15 et 431-17 à 431-21 du Code pénal.

Par dérogation à l'article 14 de la présente loi, les mesures prises sur le fondement du présent article ne cessent pas de produire leurs effets à la fin de l'état d'urgence.

Pour la prévention des actions tendant au maintien ou à la reconstitution des associations ou groupements dissous en application du présent article, les services spécialisés de renseignement mentionnés à l'article L. 811-2 du Code de la sécurité intérieure et les services désignés par le décret en Conseil d'État prévu à l'article L. 811-4 du même Code peuvent recourir aux techniques de renseignement dans les conditions prévues au livre VIII dudit Code. »

À plusieurs reprises, le Conseil d'État a été conduit à confirmer des décrets de dissolution[1]. Dans son ordonnance en référé-suspension en date du 25 novembre 2020 dans l'affaire de l'Association Barakacity (req. n° 445774) le Conseil d'État statuant en la forme des référés, sans se livrer à un contrôle de proportionnalité, a confirmé le décret en conseil des ministres prononçant la dissolution en référence au lien existant entre l'association et le comportement personnel de son dirigeant et, d'autre part, de l'absence de modération par l'association des propos et commentaires provoqués sur les réseaux sociaux par ses prises de position[2]. Dans son arrêt *Ayoub et autres contre France* en date du 8 octobre 2020 la Cour européenne des droits a jugé que la dissolution de l'association Œuvre Française, qualifiée d'association d'extrême droite à caractère paramilitaire dont ses membres avaient commis des violences, était nécessaire pour prévenir le plus efficacement possible les troubles à l'ordre public. Les nouvelles dispositions concernant la dissolution des associations, telles que résultant de la loi du 24 août 2021, qui sont édictées à l'article L 212-1 du Code de la sécurité intérieure, soulèvent d'épineuses questions juridiques qui se déduisent notamment de la décision du Conseil constitutionnel du 13 août 2021 (infra) et de l'avis du Conseil d'État sur le projet de loi, ce dernier posant l'obligation d'un triple impératif de « nécessité, d'adaptation et de proportionnalité » (§ 25). Dans sa décision précitée du 13 août 2021 le Conseil constitutionnel a soumis les restrictions à la liberté d'association à un triple test de proportionnalité. Les atteintes portées à cette liberté doivent être « nécessaires, adaptées et proportionnées à l'objectif poursuivi ». Cette situation est ainsi interrogée par un universitaire : « Alors triple test sans véritable exigence de nécessité du côté du Conseil constitutionnel et triple test implicite du côté du Conseil d'État[3] ? ». La question qui ne se réduit pas au débat doctrinal, reste entière.

---

1. CE, 26 janv. 2018, *Association Rahma de Torcy Marne-la-Vallée*, req. n° 412312. – CE, 26 janv. 2018, *Association Fraternité Musulmane Sanabil-Les Epis*, req. n° 407220.

2. V. la note de Zakia Mestari sous CE, ord., 25 nov. 2020, *Association Barakacity : AJDA*, 17 mai 2021, n° 18. – V. aussi, Th. Rambaud, « Quel contrôle du Conseil d'État sur la dissolution administrative d'associations ? De la loi du 10 janvier 1936 sur les groupes de combat et milices privées au projet de loi confortant les principes de la République », *RDLF* 2020, chron. 85.

3. Valérie Goessel-Le Bihan, *La liberté d'association triple test à tous les étages ? : AJDA*, 20 juin 2022, n° 21, p. 1185.

2. Le régime légal de la fermeture des lieux de culte

L'article L 227-1 du Code de la sécurité intérieure dispose :

« I. Aux seules fins de prévenir la commission d'actes de terrorisme, le représentant de l'État dans le département ou, à Paris, le préfet de police peut prononcer **la fermeture des lieux de culte** dans lesquels les propos qui sont tenus, les idées ou théories qui sont diffusées ou les activités qui se déroulent provoquent à la violence, à la haine ou à la discrimination, provoquent à la commission d'actes de terrorisme ou font l'apologie de tels actes. Cette fermeture, dont la durée doit être proportionnée aux circonstances qui l'ont motivée et qui ne peut excéder six mois, est prononcée par arrêté motivé et précédée d'une procédure contradictoire dans les conditions prévues au chapitre II du titre II du livre Ier du Code des relations entre le public et l'administration. L'arrêté de fermeture est assorti d'un délai d'exécution qui ne peut être inférieur à quarante-huit heures, à l'expiration duquel la mesure peut faire l'objet d'une exécution d'office. Toutefois, si une personne y ayant un intérêt a saisi le tribunal administratif, dans ce délai, d'une demande présentée sur le fondement de l'article L. 521-2 du Code de justice administrative, la mesure ne peut être exécutée d'office avant que le juge des référés ait informé les parties de la tenue ou de l'absence de tenue d'une audience publique en application du deuxième alinéa de l'article L. 522-1 du même Code ou, si les parties ont été informées d'une telle audience, avant que le juge ait statué sur la demande.

II. Peuvent également faire l'objet d'une mesure de fermeture, selon les modalités prévues aux deux derniers alinéas du I., des locaux dépendant du lieu de culte dont la fermeture est prononcée sur le fondement du I. et dont il existe des raisons sérieuses de penser qu'ils seraient utilisés aux mêmes fins pour faire échec à l'exécution de cette mesure. La fermeture de ces locaux prend fin à l'expiration de la mesure de fermeture du lieu de culte. »

Par ailleurs, l'article 8 de la loi précité du 3 avril 1955 se lit ainsi :

« Le ministre de l'Intérieur, pour l'ensemble du territoire où est institué l'état d'urgence, et le préfet, dans le département, peuvent ordonner la **fermeture provisoire** des salles de spectacles, débits de boissons et lieux de réunion de toute nature, en particulier des **lieux de culte** au sein desquels sont tenus des propos constituant une provocation à la haine ou à la violence ou une provocation à la commission d'actes de terrorisme ou faisant l'apologie de tels actes, dans les zones déterminées par le décret prévu à l'article 2. Peuvent être également interdites, à titre général ou particulier, les réunions de nature à provoquer ou à entretenir le désordre. Les cortèges, défilés et rassemblements de personnes sur la voie publique peuvent être interdits dès lors que l'autorité administrative justifie ne pas être en mesure d'en assurer la sécurité compte tenu des moyens dont elle dispose. »

À titre d'exemple, et sans fournir ici une analyse juridique exhaustive de la jurisprudence, une affaire mérite d'être évoquée. À la suite de la fermeture provisoire de la Grande Mosquée de Montreuil le juge des référés du Conseil d'État en date du 25 novembre 2020 a estimé tout d'abord que la diffusion, le 9 octobre 2020, sur le compte Facebook de la Grande Mosquée de Pantin, d'une vidéo exigeant l'éviction d'un professeur d'histoire parce qu'il avait dispensé quelques jours plus tôt un cours sur la liberté d'expression au travers notamment de caricatures, ainsi que d'un commentaire mentionnant sur ce même compte l'identité de ce professeur, M. Samuel Paty, constitue des actes provoquant à la violence et à la haine en lien avec le risque de commission d'actes de terrorisme, de nature à justifier la fermeture administrative d'un lieu de culte en application de l'article L. 227-1 du Code de la sécurité intérieure. Le Conseil d'État a ensuite relevé que l'imam principal de la mosquée avait été formé dans un institut fondamentaliste du Yémen, que ses prêches étaient retransmis, avec la mention de son rattachement à la Grande Mosquée de Pantin, sur un site Internet qui diffusait des fatwas salafistes de cheikhs saoudiens et qu'il était impliqué dans la mouvance islamiste radicale d'Ile-de-France. Le Conseil d'État précisait que la Grande Mosquée de Pantin était devenue un lieu de rassemblement pour des individus appartenant à la mouvance islamique radicale dont certains n'habitaient pas le département de Seine-Saint-Denis et avaient été impliqués dans des projets d'actes terroristes. Il estimait dès lors que ces éléments établissaient la diffusion, au sein de la Grande Mosquée de Pantin, d'idées et de théories incitant à la violence, à la haine ou à la discrimination en lien avec le risque de commission d'actes de terrorisme, justifiant également la fermeture administrative du lieu de culte en vertu de l'article L. 227-1 précité. Enfin, le juge des référés du Conseil d'État précisait que la Fédération de la grande Mosquée de Pantin pourrait demander la réouverture du lieu de culte lorsqu'elle estimerait avoir pris les mesures de nature à prévenir la réitération des dysfonctionnements constatés, notamment par le choix des imams autorisés à officier, l'adoption de mesures de contrôle effectif de la fréquentation de la mosquée et des réseaux sociaux placés sous sa responsabilité.

Conclusion

Supposant une sorte de révolution administrative, la charge prométhéenne à accomplir par les représentants de l'administration est immense. L'étude du Conseil d'État précitée pointe du doigt les interstices béants dans lesquels peuvent s'engouffrer les acteurs du radicalisme religieux qui, pour beaucoup, n'ignorent pas les failles du système administratif. Son analyse ne doit pas être perdue de vue si l'on veut privilégier une approche empirique et pragmatique des moyens de contenir les agissements répréhensibles du radicalisme religieux. Tâche titanesque s'il en est, aujourd'hui l'action des administrations publiques ne repose pas sur des moyens illimités… alors que le législateur continue d'accumuler constamment des dispositifs de prévention, de contrôle, de poursuite et de sanction sans prendre la pleine mesure des limites matérielles, de la complexité normative et du mille-feuille administratif. S'impose, nous semble-t-il, plus que jamais un vaste travail de retours d'expérience afin d'évaluer la pertinence des nombreux outils juridiques et institutionnels mis à contribution.

Par ailleurs, sans doute faut-il aussi prendre garde face à certaines attentes populaires, surmédiatisées, comme les questions polémiques récurrentes sur la surveillance des « personnes fichées S » qui, sujet sensible s'il en est, réveillent des mentalités hostiles nourrissant des interprétations accusatoires sur le mode de formules telles que « il faut qu'on… » ou « il n'y a qu'à… ». Ces mises en cause, faciles, ne doivent pas cacher la forêt des acteurs administratifs impliqués qui, parfois, donnent l'impression de ne plus savoir où « donner de la tête » tant la tâche préventive est complexe.

Il apparaît donc indispensable de repenser la configuration des instruments et des mécanismes administratifs en vigueur, sans chercher à bouleverser les normes applicables. Harmoniser, simplifier, mieux connaître et faire connaître, oui. D'autre part, agir publiquement par le biais de rapports administratifs ou de révélations non contradictoires à certains organes de presse, en réaction, et en favorisant une forme de vindicte populiste sur la simple base d'indications souvent enregistrées sous forme de signalements, peut faire le lit de graves atteintes aux principes de l'État de droit. D'un point de vue strictement juridique, la prudence s'impose. Sorte de vœu pieux en la matière au risque, sinon, de retourner contre l'État de droit l'action de ses services par trop sous pression ?

CHAPITRE 8

LE RECOURS CIBLÉ AUX DROITS FINANCIER, FISCAL ET SOCIAL

I. Grand témoignage

Entretien avec Éric Delesalle

Expert-comptable diplômé, inscrit au tableau de l'Ordre des experts-Comptables de la région Paris Ile-de-France, Expert près la Cour d'Appel de Versailles

Alain Garay: *Existe-il ou pas d'après vous une spécificité fiscale relative aux manifestations illicites et répréhensibles du radicalisme religieux ?*

À ma connaissance, la réponse est négative. La réglementation applicable est celle réservée aux activités illicites de manière générale. C'est un sujet complexe, mais le principe est simple, même s'il existe des droits de la défense et des positions européennes encadrantes. Dès lors que l'activité connue et objectivée n'est pas licite, dans le respect à la fois de la loi et de l'objet des structures en question avec leur régime fiscal associé, il peut y avoir taxation économique (impôt sur le résultat et/ou taxe sur la valeur ajoutée). Au regard du réalisme fiscal dès lors qu'il y a une activité avec contrepartie au sens large du terme, quelle qu'elle soit, il peut y avoir déclaration et fiscalisation, si tel est le cas. En la matière, la taxation est susceptible d'intervenir opérée d'office sur la base des éléments cadrés ou comparatifs, en appliquant les majorations légales pour défaut de déclaration, de tenue comptable, de production de pièces justificatives. Par ailleurs, il faut aussi prendre en compte la liaison entre le pénal et le fiscal. Par exemple, s'il y autorité absolue de la chose jugée au pénal, il peut y avoir plafonnement des pénalités.

***Philippe Coursier**: Existe-il une politique de contrôle fiscal visant les manifestations illicites et répréhensibles du radicalisme religieux ?*

Seule l'administration fiscale pourrait répondre à cette question. En tant que professionnel comptable, tant l'éthique que les normes professionnelles applicables interdisent toute couverture, suivi et assistance de telles manifestations. Il s'agirait donc, par essence même, du refus de suivi professionnel d'entités pas ou mal déclarées, peu identifiées au plan administratif, n'ayant pas mis en œuvre la réglementation en matière d'émission de reçus fiscaux. On est donc plus dans les cas dits de fait avec des activités occultes. Le suivi, comme de manière générale pour tout ce qui est illicite, ne peut être raisonnablement opéré que sur trois bases : le suivi des flux bancaires ou des espèces, les informations de terrain et les comportements des responsables de droit ou de fait.

***Alain Garay**: Que pensez-vous de la préconisation faite par le magistrat, ancien député et président de la MIVILUDES, Georges Fenech, de créer au sein des pôles d'instruction économiques et financiers une spécialisation dans le domaine des flux litigieux d'origine sectaire ?*

En l'état des procédures judiciaires existantes, tout ce qui relève du traçage spécialisé permet, sous réserve des conditions de droit, d'assurer d'ores et déjà une identification et une compréhension des situations économiques en cause. Pas d'intérêt, pas de financement, pas d'action. Si on doit dans le cadre d'enquêtes administratives suivre l'un de ces axes, il est préférable d'avoir des équipes dédiées avec les outils ad hoc pour remettre les éléments en l'état, dans le cadre d'analyses triangulaires. Il faut néanmoins conserver à l'esprit que la partie financière peut être en pratique de plus en plus délicate à tracer, notamment du fait du recours aux cryptomonnaies.

***Philippe Coursier**: À votre avis que peut le droit d'un point de vue opératoire et pragmatique en présence des agissements illicites et répréhensibles dans le domaine économique du radicalisme religieux ?*

Votre question est particulièrement difficile en l'état du droit et des pratiques. Pour les mécanismes et les organisations ici visés, les outils classiques concernant des structures « normales » sous forme d'établissement des comptes, de vérifications, d'élaboration de chartes, d'organisation des assemblées de membres, de vérifications, de certifications, etc. ne sont pas applicables car il ne s'agit pas du même terrain si l'on peut dire. Les sanctions en cas de non-respect de la réglementation comme par exemple le défaut de comptes certifiés par un commissaire aux comptes ne sont pas déterminantes. Il y a sans doute à imaginer un cadre juridique dédié, d'une part, avec des mesures dissuasives en cas d'agissements hors la loi, et d'autre part, parallèlement, avec le recours à des sortes de « chartes » expresses pour protéger les mécanismes et les structures se conformant au droit. La notion de certification « qualité » des organes de gestion pourrait aussi être un outil très adapté, sous réserve que les responsables notamment associatifs adoptent au plan national un tel cadre sans doute trop ambitieux pour être réalisable de manière uniforme. Mais encore une fois, les pratiques illicites d'une extrême minorité ne doivent pas compromettre la conformité d'une immense majorité. Comme le disait Confucius, « On s'égare rarement en s'imposant soi-même des règles sévères ».

II. – Analyse juridique

Quelle « économie » se rapporte précisément aux manifestations répréhensibles du radicalisme religieux et quelles formes juridiques empruntent-t-elles exactement ? Quelles sont les ressources et les voies de financement qui s'y rattachent ? Pour assurer les conditions d'organisation et de fonctionnement des mécanismes et des structures qui les portent, ces dernières peuvent non seulement concerner des individus, des organisations, des entreprises, mais aussi se rapporter à des États. Une galaxie de moyens semble mobilisée. À partir d'une perception accusatrice, sur fond de descriptions récurrentes jugées a priori illicites, d'aucuns s'intéressent au sujet des finances dites « islamiques » ainsi qu'aux soutiens financiers apportés à la construction de lieux de culte en France provenant d'États et d'organismes privés du Golfe persique ou d'Arabie saoudite. L'exemple emblématique et rocambolesque de ce sujet étant entre autres celui de l'édification de la mosquée En-Nour à Nice pour lequel en 2016 le conseil municipal de la ville avait décidé de saisir TRACFIN, le service de renseignement du ministère de l'économie (v. *infra*, encadré). Au-delà de ces faits qui ont défrayé la chronique qu'en est-il réellement du rapport entre le radicalisme religieux et les droits financiers, fiscaux et sociaux ? De nombreuses inconnues demeurent et, en l'état d'opacité et de la méconnaissance de certains des circuits et des réseaux mobilisés, l'opposition récurrente entre le religieux et l'économique, elle-même inspirée de celle – centrale – entre le sacré et le profane, constitue un frein à la compréhension des ressorts économiques du radicalisme religieux. Pour autant, même opaque et méconnu, cet enjeu est de toute première importance. Les interrogations précitées dépassent très largement le cadre de la Convention internationale pour la répression du financement du terrorisme signée par la France le 10 juillet 2000 qui, selon son article 6, n'admet d'ailleurs aucune justification religieuse aux actes criminels dont il s'agit[1]. Il faut s'attarder sur cette problématique qui ne se réduit pas à la lutte contre le terrorisme pour en mesurer, pas à pas, sa dimension hétérogène.

La mosquée En-Nour, la ville de Nice et TRACFIN

Par délibération du 25 avril 2016, la ville de Nice décidait de saisir TRACFIN en ces termes :

« Considérant que la ville de Nice s'est toujours opposée à ce projet dans la Plaine du Var en raison de l'opacité des financements [...]. Considérant que la ville de Nice a saisi dès le 2 octobre 2012 le ministre de l'Intérieur, puis a écrit de nouveau le 3 juin 2015 au ministre de l'Intérieur, et enfin le 6 janvier 2016 a saisi le Premier ministre, le ministre de l'Intérieur et le préfet des Alpes-Maritimes, pour les informer de l'opposition de la municipalité niçoise à l'ouverture au public d'un lieu de culte d'une capacité de 1 000 personnes dans ce secteur, et obtenir des garanties sur le porteur du projet au niveau financier [...]. Considérant qu'aucune réponse n'a été apportée par l'État, sur l'origine des fonds qui permettent de financer l'aménagement du lieu de culte [...]. Considérant la volonté de la municipalité niçoise de s'opposer à ce que des fonds étrangers non contrôlés financent des lieux de culte sur le territoire niçois [...]. Considérant la volonté de la ville de Nice de protéger ses administrés et de leur apporter toutes les réponses sur ce projet, dont le statut juridique, le contenu et le financement sont opaques [...]. Considérant que la ville de Nice est vigilante sur les modes de financement des édifices cultuels dans le cadre de la loi de 1905 [...] s'interroge sur l'origine des fonds de cette association destinés à la réalisation de cet équipement [...] qu'au regard de ces éléments, la ville de Nice souhaite pouvoir saisir TRACFIN, le service de renseignement rattaché au ministère des Finances et des Comptes publics, chargé de la lutte contre le blanchiment d'argent, afin de s'assurer de l'origine éventuelle des fonds susceptibles de financer ce projet de lieu de culte, conformément à l'article L. 561-27 du Code monétaire et financier [...] que TRACFIN a pour mission de lutter contre les circuits financiers clandestins, le blanchiment de l'argent et le financement du terrorisme [...] qu'il agit par échange

1. Cf. article 6 de la Convention internationale pour la répression du financement du terrorisme souscrite à New York le 10 janvier 2000. Elle a été signée par la France le 10 juillet 2000 et publiée par le décret n° 2002-935 du 14 juin 2002 (*JO* 16 juin).

d'informations avec les administrations de l'État, notamment l'Office central de répression de la grande délinquance financière, l'Autorité de contrôle prudentiel, l'Autorité des marchés financiers ou avec les collectivités territoriales.

Après en avoir délibéré et procédé au vote, décide à la majorité absolue d'autoriser le maire ou son représentant à saisir la cellule de renseignement financier TRACFIN pour s'assurer des origines des fonds liés au projet de réalisation du Centre culturel et cultuel [...] porté par l'association culturelle et cultuelle de Nice la Plaine ».

1. Le contexte juridique se rapportant à l'économie des organisations religieuses en général

Dès 1912, Émile Durkheim, l'un des pères de la sociologie religieuse, signalait qu'« une seule forme de l'activité sociale n'a pas encore été expressément rattachée à la religion : c'est l'activité économique. Toutefois, les techniques qui dérivent de la magie se trouvent, par cela même, avoir des origines indirectement religieuses. De plus, la valeur économique est une sorte de pouvoir, d'efficacité, et nous savons les origines religieuses de l'idée de pouvoir. La richesse confère du mana ; c'est donc qu'elle en a. Par-là, on entrevoit que l'idée de valeur économique et celle de valeur religieuse ne doivent pas être sans rapport. Mais la question de savoir quelle est la nature de ces rapports n'a pas encore été étudiée[1] ». Plus d'un siècle après qu'en est-il aujourd'hui ? A priori, le respect par les croyants et leurs institutions des obligations et droits dits « économiques », notamment ceux issus du droit fiscal et du Code monétaire et financier, devrait reposer sur un encadrement normatif général ainsi que sur des contrôles spécifiques internes et externes, ces derniers étant largement ignorés par les philosophes ou sociologues même spécialistes des faits religieux. Un mutisme quasi général continue de

1. Durkheim, *Les formes élémentaires de la vie religieuse. Le système totémique en Australie*, Paris, CNRS, col. « Biblis », 2014, p. 638.

régner sur ces questions... sauf lorsque, sur fond d'éléments de langage et d'informations subtilement distillés à des journalistes (alors même qu'elles sont couvertes par le secret administratif et fiscal), quelques titres de presse portent sur les contrôles et les poursuites de nature financière visant certaines sectes et communautés religieuses.

La question centrale est pourtant celle de savoir comment des mesures peuvent être efficacement mises en œuvre face aux agissements répréhensibles du radicalisme religieux. En ce sens, les réalités du radicalisme religieux nous renvoient au-delà du simple droit des cultes. Certaines d'entre elles appellent une approche économique et financière ciblée, notamment quant à l'emploi de ressources à une échelle nationale et transnationale. Très peu d'études leur sont consacrées. Il est vrai que les religions emportent dans leur sillage une constellation d'activités marchandes ou pas, lucratives ou pas et ce dans différents secteurs de l'économie tels que philanthropiques, caritatifs, humanitaires, sanitaires, sociaux, culturels, éducatifs, éditoriaux, financiers, patrimoniaux, audiovisuels, artistiques, touristiques, agricoles, etc. Un « monde religieux » qui semble a priori s'opposer à celui du commerce, de la finance et des affaires. Dans les secteurs de l'économie religieuse, la question de la « contrepartie » et de sa nature a été peu étudiée telle qu'elle se pose par exemple dans le cadre du régime fiscal de l'apport immobilier. Dans tous les cas, la question des liens directs et indirects entre les religions et leurs activités économiques n'est pas facile à cerner. D'ailleurs, quels critères peut-on utiliser pour établir ou définir ce lien ? Plusieurs paramètres peuvent être retenus pour tenter de circonscrire le lien d'inspiration religieuse et ce, sous la forme d'approches multifocales retenues en cas de contrôle, notamment réalisé par les administrations fiscales ou de sécurité sociale. Citons ainsi les moyens permettant de circonscrire la participation et la référence aux acteurs religieux susceptibles de recourir aux arcanes du radicalisme religieux répréhensible :

– Le degré de participation matérielle et/ou financière des responsables religieux à la gestion du patrimoine et des ressources (titulaires et mandataires des contrats bancaires, modalités des mécanismes décisionnels *in concreto*, etc.) ;

– La mesure des conditions de constitution et de contrôle des structures utilisées par les institutions religieuses et leurs représentants ;

– Les modalités de gouvernance opérationnelle de ces structures ;

– L'objet et nature concrète des activités en question analysées du point de vue notamment comptable, bancaire et financier ;

– La détermination des mécanismes et des flux financiers, de destination des bénéfices et des produits réalisés ;

– Le système de décision en matière de contrôle, de discipline et de sanctions internes.

Ajoutons que l'examen des relevés des comptes et des titres bancaires ainsi que la détermination des titulaires et des mandataires correspondants constituent des moyens des plus pratiques pour identifier la qualité des acteurs qui détiennent une certaine forme de pouvoir financier au sein des organisations en question. Les opérations bancaires permettent de circonscrire la nature et la destination des fonds, la limitation exponentielle du recours aux espèces et au numéraire appelant en France la participation du secteur bancaire. C'est l'un des moyens de prédilection des contrôles de l'administration fiscale, au-delà des apparences et des réponses de ces organismes. Cette problématique dépasse la seule question des financements dits « étrangers » liés à la construction de certaines mosquées en France. D'ailleurs, lors du vote de la loi du 24 août 2021 confortant le respect des principes de la République, ce dernier volet politique a pu obnubiler les parlementaires lors des discussions portant sur le chapitre du texte dédié au contrôle du financement des cultes.

S'il est évident que les manifestations du radicalisme religieux et leurs financements débordent très largement le seul régime juridique associatif des cultes, les parlementaires s'en sont pourtant tenu à repenser la seule dimension cultuelle des activités religieuses alors même que celles-ci sont souvent portées, en dehors de ces dernières, par des mécanismes et des structures économiques, non cultuelles, marchandes ou financières. En effet le radicalisme religieux n'est nullement circonscrit en France par le périmètre du cultuel, ce d'autant plus que le régime légal des cultes fondé en 1905 limite considérablement le champ des activités strictement cultuelles assurées par les associations cultuelles. Les spécificités attachées à ces dernières continuent de reposer sur l'étroite spécialité de leur objet qui doit être exclusif de toutes autres activités. Rappelons ici que l'article 19 de la loi du 9 décembre 1905 a posé le principe de spécialité applicable aux associations formées pour subvenir aux seuls frais, à l'entretien et à l'exercice public d'un culte. Les associations cultuelles – distinctes des associations culturelles – doivent avoir « exclusivement pour objet l'exercice d'un culte [...] ».

Une circulaire ministérielle du 31 août 1906 est venue préciser qu'« il faut considérer comme rentrant dans les attributions exclusives des associations cultuelles non seulement la célébration du culte public sous toutes les formes, mais encore la propagande religieuse lorsqu'elle se manifeste publiquement par des pratiques cultuelles, ainsi que les dépenses de toute nature qui le rattachent à l'exercice public d'un culte, qu'elles concernent le personnel ecclésiastique (recrutement, préparation des futurs ministres du culte, traitements, secours et pensions à allouer aux ministres ou anciens ministres du culte, etc.) ou les édifices cultuels (décoration, réparations, etc.) ». La notion juridique de culte englobe ainsi toutes les activités qui contribuent à l'information religieuse des fidèles, la formation des candidats au ministère ecclésiastique, un avis du Conseil d'État en date du 14 novembre 1989 ajoutant que « l'entretien et la formation des ministres et autres personnes concourant à l'exercice du culte [...] ». Dans un autre avis du 24 octobre 1997, le Conseil d'État a admis que les associations exclusivement cultuelles peuvent procéder à « la célébration de cérémonies organisées en vue de l'accomplissement, par des personnes réunies par une même croyance religieuse, de certains rites ou de certaines pratiques. En outre, ces associations ne peuvent mener que des activités en relation avec cet objet telles que l'acquisition, la location, la construction, l'aménagement et l'entretien des édifices servant au culte ainsi que l'entretien et la formation des ministres et autres personnes concourant à l'exercice du culte. Le respect de la condition relative au caractère exclusivement cultuel de l'association doit être apprécié au regard des stipulations statutaires de l'association en cause et de ses activités réelles. La poursuite par une association d'activités autres que celles rappelées ci-dessus est de nature, sauf si ces activités se rattachent directement à l'exercice du culte et présentent un caractère strictement accessoire, à l'exclure du bénéfice du statut d'association cultuelle ». L'approche restrictive retenue en 1905 et confirmée en 2011 par le législateur pour caractériser juridiquement un culte ne permet pas d'appréhender pleinement la situation matérielle des organisations religieuses actuelles. L'histoire religieuse en témoigne, de grandes organisations religieuses ayant bâti une sorte d'économie de biens (patrimoine) et/ou de services (services hospitaliers, éducatifs, éditoriaux, etc.) au-delà du seul périmètre cultuel stricto sensu. Dans notre ouvrage *Les organisations religieuses face au droit* (Éd. du Cerf, 2022), nous invitons à considérer dans leur globalité les groupements et les mouvements religieux qui forment une espèce de galaxie, sorte de kaléidoscope, reposant sur un florilège de mécanismes financiers portés par des structures organisées sur le plan juridique selon des schémas extrêmement variés[1]. Ignorer ces aspects, c'est en quelque sorte faire l'impasse – sans doute par

1. Diffusés et disséminés dans le paysage français et international, ces groupements et mouvements ont recours à des montages spécifiques souvent méconnus. En effet, le discours commun exprime une extrême diversité de situations juridiques qui sont absorbées, le plus souvent, sous le vocable d'« association cultuelle » ou de « congrégation religieuse » alors même que ces terminologies renvoient à des schémas juridiques précis devant être strictement appréciés, de façon spécifique.

méconnaissance – sur l'extrême diversité des mécanismes et des structures juridiques susceptibles d'être générées pour assurer la bonne gestion économique des organisations et des entreprises religieuses. En même temps que ces schémas juridiques, la terminologie utilisée est tout aussi variée : communautés, congrégations, ordres, instituts, fondations, associations et unions d'associations, fond de dotation, syndicats ecclésiastiques, collectivités religieuses, sociétés diverses (civiles immobilières, anonymes, unipersonnelles, etc.), fonds éthique, fonds de solidarité sous forme de SICAV ou fonds commun de placement, etc.

Pour quelles raisons les récents débats parlementaires ayant conduit au vote de la loi précité du 24 août 2021 se sont-ils focalisés sur les seules associations sans prendre la mesure de l'extrême diversité des structures juridiques ainsi que des montages fiscaux et sociaux correspondants ? Pourquoi n'ont-ils pas pris en considération les mécanismes contractuels et les flux financiers très souvent utilisés par les organisations religieuses entre elles ? À cette question, la majorité des parlementaires est restée sourde, reflet d'une certaine forme de méconnaissance politique des réalités juridiques et financières alors que ni TRACFIN ni le Groupe d'action financière (GAFI), pour leur part, ne les ignorent (V. *infra*, encadré). Les pouvoirs publics ne disposant pas nécessairement d'une culture religieuse, ils agissent le plus souvent au coup par coup, sans réelle vision d'ensemble, chaque administration œuvrant à bas bruit et séparément l'une de l'autre. D'autant que, de nos jours, l'économie religieuse ne constitue pas un sujet politique ou administratif. Ses arcanes le sont encore moins alors que doivent souvent être pris en compte des paramètres différents de ceux se rattachant à la gestion des activités strictement religieuses et cultuelles, tels que le fractionnement du patrimoine immobilier et mobilier afin de préserver la sécurité juridique des opérations correspondantes, la spécialisation des activités à des fins de rentabilité ainsi que la dissémination des sources de revenus religieux, facteurs d'optimisation financière et fiscale. Les statuts et les régimes légaux qui peuvent servir à encadrer ces différentes activités offrent un large choix de solutions pratiques non seulement quant à la constitution desdites structures mais également au regard du recours à certains mécanismes contractuels ad hoc, voire à de véritables montages fiscaux et sociaux. Les organisations religieuses usent ainsi de plusieurs moyens juridiques visant à porter la segmentation ou la fragmentation financière et comptable requise et ce, dans le respect du verrou de l'article 19 précité de la loi du 9 décembre 1905. Si les mécanismes et les structures porteuses du radicalisme religieux ne sont pas en reste, il paraît nécessaire de cerner ces réalités afin de mesurer l'ampleur de la réflexion à mettre à œuvre bien au-delà de certaines contributions par trop théoriques.

2. Un « monde radical religieux », à l'exception des dérives sectaires, peu connu du point de vue économique

L'inventaire de l'économie du radicalisme religieux semble impossible, sources et gestion confondus. Selon que l'on adopte une démarche comptable ou non, il reste difficile d'appréhender de nombreuses activités relevant d'un monde opaque qui, sur fond de laïcisation des normes, paraît assez difficile, voire parfois impossible, à cerner. Mais s'agit-il là de la seule raison du déficit de connaissance constaté ? Rien n'est moins sûr. La perception française tend à réduire le statut des activités religieuses aux seules activités cultuelles. La référence systématisée à l'emblématique loi modifiée du 9 décembre 1905, concernant la séparation des Églises et de l'État, ne permet pas de comprendre que le religieux n'est pas réductible au seul statut des cultes. Religieux et cultuel qui ne sont juridiquement pas synonymes ne se recoupent pas systématiquement, ni ne se superposent. À cet effet, la loi de 1905 organise le seul statut des cultes et non celui des religions. Or, en France, juridiquement on entend par culte ce qui relève de la « vie paroissiale » dans son acception catholique, comme l'expliquait Gabriel Le Bras en décrivant l'action du Conseil d'État. L'analyse des activités radicales religieuses par le prisme du régime légal des cultes restreint considérablement leur perception telles qu'elles peuvent être décrites matériellement. Pourtant, ce choix restrictif a été fait par les parlementaires lors du vote de la loi du 24 août 2021, notamment en faisant l'impasse sur les mécanismes et les structures porteuses du radicalisme religieux, ce qui ne laisse pas d'interroger. Les cultes pour autant paient aujourd'hui les frais de cette législation du contrôle renforcé. La suppression en 1905 du système dit du « budget public des cultes reconnus ainsi que des établissements publics des cultes » a donné naissance à de fausses perceptions, telles que la stricte privatisation des pratiques religieuses et le renvoi de l'économie religieuse à la seule initiative privée, aux règles du marché et au contrat. Mais le religieux même radical et cultuel ne relève pourtant pas du seul secteur privé et marchand puisqu'il bénéficie en quelque sorte d'un statut public dès lors que la liberté de conscience et de religion constitue une liberté publique fondamentale. Le régime des exonérations fiscales en témoigne d'une certaine façon.

Dans tous les cas, l'analyse fiscale continue de dominer les rapports que l'État entretient avec le secteur de l'économie radicale religieuse. Dans leur rapport à l'État providence, les activités radicales religieuses sont souvent appréhendées, d'une part, sous le prisme des états comptables et, d'autre part, par celui du Code général des impôts. Or, ce serait ici faire une nouvelle fois fausse route que de réduire l'économie du radicalisme religieux au seul champ d'application de règles comptables et fiscales puisqu'une partie des mécanismes et des structures utilisés sont opaques. On relèvera que la question de l'économie du radicalisme religieux, d'une certaine façon, n'a jamais été autant étudiée en France qu'en 2006 dans le cadre des travaux de la Commission d'enquête parlementaire sur la situation financière, patrimoniale et fiscale des sectes, ainsi que précédemment sur leurs activités économiques et leurs relations dans les milieux économiques et financiers (rapport du 10 juin 1999). Par le jeu d'un miroir réfléchissant religion-secte[1], l'analyse très fouillée des parlementaires est aujourd'hui des plus utiles pour mesurer l'économie du radicalisme religieux.

3. Les difficultés à contrôler l'économie du radicalisme religieux

A) Les difficultés liées à la notion même de radicalisme religieux

S'agissant de dérives économiques issues de certaines croyances ou convictions radicales, la politique publique mise en œuvre dans un premier temps contre les sectes s'est intéressée à la définition d'un périmètre d'intervention. En 1996, les premiers travaux publics ont principalement ciblé les sectes en référence à 173 mouvements identifiés par les services administratifs de renseignement (« renseignements généraux ») puis, plus largement, sur les « dérives sectaires ». Cette approche a fait table rase de considérations sur la dimension religieuse des sectes, celles-ci n'ayant a priori rien à voir avec des religions. Puis, cette façon d'analyser la réalité a progressivement évolué afin que l'examen de l'économie du radicalisme religieux puisse englober les sectes ainsi que toutes les religions quelles qu'elles soient[2]. Les choix opérés dans le temps par les pouvoirs publics ont suscité des mesures visant à cibler les phénomènes religieux répréhensibles selon leurs sources de financement, voire à user de moyens de contrôle afin de les assécher. La question de la radicalisation a peu à peu pris le pas sur le seul sujet des sectes et ce, sur fond de prévention et de lutte contre le terrorisme. Parmi d'autres, un exemple peut être cité celui du site du gouvernement créé au début de l'année 2015 et référencé « www.stop-djihadisme.gouv.

---

1. V. *supra* chapitre 2 - Le radicalisme au sein des organisations religieuses et chapitre 6 - La politique de prévention et de lutte contre le radicalisme religieux.

2. V. *supra* chapitre 2 - Le radicalisme au sein des organisations religieuses.

fr ». Celui-ci présentait ainsi les expressions du radicalisme religieux en référence aux méthodes de recrutement de groupes terroristes : « Pour recruter les adolescents et jeunes adultes, garçons comme filles, les groupes terroristes utilisent aussi de véritables techniques de manipulation mentale. C'est cette stratégie qui peut apparenter les recrutements à une forme d'embrigadement sectaire. Ces techniques de manipulation ont pour but d'amener ces jeunes à rejeter progressivement leur environnement pour les isoler, les mettre sous l'autorité du discours radical et les convaincre. Ce sont des méthodes puissantes : des cas de radicalisation et de départs extrêmement rapides, en à peine quelques semaines, ont été observés. » Mais des moyens étaient ainsi décrits, sans explications fournies sur les sources de financement des systèmes de recrutement en question, coûts et origines confondus. La focale a porté sur la seule explication des mécanismes de radicalisation en soi. Auteur en 2014 d'un ouvrage intitulé *Radicalisation*, le sociologue Farhad Khosrokhavar considérait que ce phénomène était constitué par « la conjonction d'une idéologie extrémiste et d'un passage à l'acte[1] ». Certains psychiatres et psychanalystes l'analysaient aussi en termes d'aliénation, de fanatisme, de manipulation, de perversion, de « métapsychologie du meurtre totalitaire », voire de dérives ou de liens sectaires. Les mots-valises utilisés expriment chacun à leur façon des grilles de lecture du réel empreintes d'interprétations sociales et de perceptions symboliques que des organes de presse amalgament, souvent de façon irresponsable, en confondant les causes et les effets. Pendant ce temps, les formes matériellement violentes qu'empruntent certains radicalismes religieux connaissent des voies mondialisées et démultipliées par l'usage d'Internet et

1. Dans son rapport *Quelle politique de contre-radicalisation en France ?*, Pierre Conesa, ancien haut-fonctionnaire au ministère français de la Défense, cite Charles E. Allen, haut fonctionnaire des Services de renseignement des États-Unis d'Amérique, selon lequel il s'agit du « processus d'adoption d'une croyance extrémiste incluant la volonté d'utiliser, de soutenir ou de faciliter la violence comme méthode de changement de la société ».

des moyens de communication illimités auxquels recourent aujourd'hui des personnes et des biens, le tout porté par des moyens financiers que les États ont tentés a posteriori et tentent de contrôler de façon stratégique et prioritaire[1]. L'approche sémantique, tout comme certains débats médiatiques, reste de ce fait bien insuffisante en présence d'agissements illégaux, éventuellement délictueux ou criminels, commis au nom de pensées radicales. Mais, d'un strict point de vue juridique, la qualification des faits et des situations reste prégnante. Dès lors, ont été progressivement invoquées les qualifications issues du Code pénal, notamment dans son volet financier, plus que jamais opératoires. La voie répressive assure ce que les Anglo-Saxons nomment « *naming and shaming* », convoquant de la sorte le stigmate nominatif des auteurs[2].

B) Les difficultés liées à l'identification des circuits économiques du radicalisme religieux

L'une des priorités doit être la multiplication d'enquêtes administratives financières portant sur les réseaux et les sources de financement des organisations radicales religieuses. Mais une telle mobilisation appelle une série de décisions politiques, sous-entendant la contribution externalisée de spécialistes (praticiens du droit, chercheurs et *think tanks* (comme par exemple, l'Observatoire sur la radicalisation et l'extrême violence au Canada ou *The International Centre for the Study of Radicalisation and Political Violence* en Grande Bretagne). De toute évidence, les moyens de lutte financiers contre les formes matériellement violentes

1. V. *supra* chapitre 5 - Le radicalisme religieux dans les publications et l'espace numérique.

2. Des ghettos aux réseaux, certaines manifestations visibles du djihadisme salafiste n'ont nullement le monopole des formes matérielles du radicalisme religieux au regard de l'activisme, selon la description de Pierre Conesa, de certains néo-évangélistes protestants, d'extrémistes juifs, de milices armées du *Bharatiya Janata Party* en Inde, du *Hezbollah chiite* au Liban, etc.

du radicalisme religieux doivent être constamment renforcés au-delà des simples affichages et des discours politiques. C'est sans nul doute une affaire non seulement de choix politiques mais aussi de méthode institutionnelle. Sur fond de renouvellement des moyens administratifs conférés à la lutte contre la fraude fiscale internationale, il s'agit de tenter de priver le radicalisme religieux des moyens de son financement. En tant que service de renseignement, le service placé auprès du ministère de l'Économie dit TRACFIN a signalé, dans son rapport d'activité 2021, avoir élargi ses prérogatives en matière de suivi des financements de la radicalisation par des puissances étrangères en particulier dans le secteur associatif :

> « Les capteurs de TRACFIN ont justifié le besoin et la mise en œuvre directe et opérationnelle des dispositions relatives à la transparence du financement des associations cultuelles instituées par la loi nº 2021-1109 du 24 août 2021 confortant le respect des principes de la République et son décret d'application nº 2022-619 du 22 avril 2022 relatif au contrôle du financement étranger des cultes et portant diverses dispositions relatives aux libéralités et à la transparence des associations et fonds de dotation [...].
>
> En 2021, TRACFIN a reçu plus de 700 signalements en lien avec des soupçons de financement du terrorisme ou de radicalisation impliquant des structures associatives. Près de la moitié concerne le financement d'associations cultuelles, dont l'objet déclaré est la gestion ou la construction de lieux de culte. Cette typologie a été alimentée à hauteur de 73 % par des DS transmises par les établissements de crédit, tandis que la part des intermédiaires en financement participatif sur ce sujet, qui s'établissait à 49 % en 2019, a progressivement baissé pour atteindre 11 % en 2021, contre 37 % en 2020.
>
> Les investigations de TRACFIN mettent en exergue une tendance à la dissimulation des fonds perçus par des réseaux associatifs cultuels. Celle-ci se matérialise soit par des montages financiers complexes faisant intervenir plusieurs structures associatives ayant des liens, sans justification économique apparente, avec des sociétés du secteur du bâtiment, soit par le non-respect des obligations de transparence comptable. Dans une moindre mesure, TRACFIN a

également constaté le recours à des collectes de fonds organisées sur des plateformes de cagnottes en ligne recueillant plusieurs centaines de milliers d'euros sans que l'identité des donateurs soit recueillie. TRACFIN rappelle que ces acteurs sont désormais pleinement assujettis à la lutte contre le blanchiment et contre le financement du terrorisme.

Les circuits de financement observés par TRACFIN confirment les risques d'ingérence de puissances étrangères par le biais de structures associatives promotrices d'une idéologie radicale. Ces dernières peuvent être financées directement au moyen de dotations et de virements provenant des organes officiels des États impliqués ou par des rebonds via des pays tiers[1] ».

Si l'on se réfère au florilège de termes retenus, tels que « puissance étrangère », « réseau » ou « disconvenant », le vocabulaire administratif ici retenu reste cependant des plus flous. Aucun d'entre eux ne repose sur à une qualification juridique déterminée. À défaut d'éléments de définition plus concrets, les réponses juridiques ne peuvent qu'être qu'approximatives. Un tel flou, qui ne manque pas d'alimenter la suspicion[2], appelle un réajustement des méthodes d'étude et de présentation des agissements contrôlés. TRACFIN semble mettre en cause le recours légal au contrat associatif et ses « montages ». Cette façon de voir, assez approximative, peut même contrevenir au fondement constitutionnel de la liberté contractuelle qui garantit le recours à des moyens associatifs alors que le Conseil constitutionnel, dans une décision du 13 juin 2013[3], range le principe de liberté

1. Dans ce même rapport, TRACFIN a même publié un « cas typologique » sous le titre « Financement par une puissance étrangère d'un réseau d'associations cultuelles en lien avec un groupe scolaire disconvenant avec le caractère laïc de la République » (Cf. *Rapport d'activité* 2021, p. 77).

2. Recourir à la mise en œuvre de montages légaux semble dès lors souffrir d'un déficit de respectabilité, d'aucuns assimilant ce type d'opération juridique à une sorte de présomption de fraude ou d'optimisation dévoyée (voir ainsi, sur d'autres sujets, les raccourcis accusatoires entre « optimisation » et « fraude » fiscale)

3. Cons. const., Déc., 13 juin 2013, n° 2013-672 DC.

contractuelle parmi ceux qui découlent de l'article 4 de la Déclaration des droits de l'homme et du citoyen. La théorie du montage illicite entretient là un certain fantasme.

On sait aussi que les établissements bancaires peuvent procéder à la clôture de comptes bancaires dans des conditions souvent opaques, restant bien difficiles à appréhender. Le communiqué de presse conjoint de la Fédération bancaire de France (FBF) et du Forum de l'Islam de France (FORIF) du 14 février 2023, initiative portée par les pouvoirs publics, sur « la construction d'une relation durable et de confiance entre les associations du culte musulman et les banques », fait état des difficultés rencontrées par les premières avec les secondes : sur 118 associations consultées, 27 % des associations ont « vécu » au moins une clôture de compte à l'initiative d'une banque depuis leur constitution, parmi elles 53 % ont « vécu » deux clôtures ou plus. Le communiqué de presse fait le silence sur les motifs ayant conduit ces banques à décider de la clôture des comptes. Cela laisse la voie ouverte à bien des interprétations. On peut regretter ici un manque de transparence de la part de deux acteurs majeurs bancaire et religieux, jetant une certaine suspicion sur le monde religieux.

De même, les affaires de terrorisme ne manquent pas de susciter des traces sur la base de soupçons généralisés justifiant des mesures souvent disproportionnées. À l'aune de la lutte contre le blanchiment de capitaux et la lutte contre le financement du terrorisme (LBC-LFT) notamment étudiées par la sénatrice Nathalie Goulet, divers outils de surveillance et de contrôle sont devenus une réalité dans le quotidien des associations en particulier en vue d'assécher les circuits de financement du terrorisme et ce, en identifiant leurs différentes formes (ONG, fraudes fiscales, transferts de fonds, bitcoins, cagnottes en ligne, etc.), ainsi que d'anticiper de nouvelles modalités (réseaux sociaux, numériques, etc.). La Direction générale du Trésor public a édité plusieurs guides et *vade-mecum* sur ce sujet en 2016 (*Risque de financement du terrorisme : guide de bonne conduite à l'attention des associations*) et 2021 (*vade-mecum Sanctions et financement du terrorisme sur les opérations humanitaires en zone sensible*). Terrorisme ou pas, par ricochet l'un des points névralgiques concerne, pour un grand nombre d'acteurs associatifs religieux, le recours systématique et massif aux flux d'espèces ou numéraires, au niveau national et international, qui suscite la mise en œuvre ô combien complexe, sinon quasi impossible, de méthodes de vérification de l'identité des bénéficiaires par des techniques de traçage désigné par le vocable « le criblage ». Ainsi dans le monde des centaines de millions de personnes ne disposent pas de titre d'identité à défaut de registres d'état civil opérationnels. Les dispositions instaurées par la loi du 24 août 2021 confortant le respect des principes de la République s'inscrivent dans cette dynamique de surveillance des associations. En application des articles 21, 22, 73 et 75 de ladite loi, un état séparé des avantages et des ressources provenant de l'étranger doit figurer dans l'annexe des comptes annuels pour les associations, les associations cultuelles et les fonds de dotation lorsque ces organismes perçoivent des ressources provenant de l'étranger (les avantages et ressources en question sont ceux perçus notamment en numéraire ou en nature, provenant de l'étranger à détailler par État, reçus directement ou indirectement par le biais d'avantages consentis à une entité filiale de l'entité ou sur laquelle l'entité bénéficiaire finale des avantages exerce un contrôle ou un pouvoir d'influence déterminant). Vaste tâche s'il en est, qui suppose des moyens dédiés importants en présence notamment de mécanismes ou de structures intermédiaires.

C) Les difficultés liées aux moyens de contrôle des phénomènes de radicalisme religieux eux-mêmes

Depuis plusieurs années, les pouvoirs publics français ont pu prendre la mesure des manifestations du radicalisme religieux dans un certain nombre de situations intéressant des questions financières. S'agissant de la procédure de naturalisation, laquelle repose sur la preuve de l'assimilation à la communauté française[1], le Conseil d'État a jugé qu'un requérant ne remplissait pas les conditions légales puisqu'« à compter de l'année 2001 (il) [...] s'est orienté vers un prosélytisme de plus en plus actif, au soutien direct d'un imam d'obédience salafiste [...] prônant des thèses violentes, refusant les valeurs essentielles de la société française d'égalité et de tolérance [...] que [...] M. O. est devenu trésorier de l'association mise en place et utilisée par M. Yahia Chérif pour son action où il le secondait, en dépit des positions extrêmes prises par celui-ci et de modes de financement dont la régularité n'est pas établie[2] ». Cependant, tout en instituant à la fin des années 1990 des mesures de vigilance et de lutte contre les sectes et les dérives sectaires, les pouvoirs publics ont tardé à prendre en compte toutes les manifestations répréhensibles du radicalisme religieux dont les plus violentes, parmi lesquelles l'islam politique et ses financements. En dépit d'un premier rapport d'enquête de l'Assemblée nationale du 8 janvier 1996 sur *Les sectes en France*, puis le rapport du 10 juin 1999 intitulé *Les sectes et l'argent* et l'institution de la Mission interministérielle de vigilance et de lutte contre les dérives sectaires (MIVILUDES), les parlementaires n'ont pas porté une attention suffisamment féconde sur les expressions économiques du radicalisme islamique. Cette question ne cesse de nous interroger alors que selon la MIVILUDES une dérive sectaire est « un dévoiement de la pensée, d'opinion ou de religion, qui porte atteinte à l'ordre public, aux lois et aux règlements, aux droits fondamentaux, à la sécurité et à l'intégrité des personnes. Elle se caractérise par la mise en œuvre par un groupe organisé ou par un individu isolé, quelle que soit sa nature ou son activité, de pressions et de techniques ayant pour but de créer, de maintenir ou d'exploiter chez une personne un état de sujétion psychologique ou physique, la privant d'une

1. C. civ., art. 21-4.
2. CE, 14 févr. 2007, *M. O.* : *AJDA* 2007, p. 654.

partie de son libre arbitre avec des conséquences dommageables pour cette personne, son entourage ou la société ». Ne sommes-nous pas contraints d'admettre aujourd'hui qu'un grand nombre de manifestations répréhensibles du radicalisme religieux traduisent à leur façon des dérives sectaires au sens donné par la MIVILUDES, ladite mission interministérielle ayant apporté son concours à certains acteurs associatifs mobilisés par les dérives sectaires islamiques tel que le Centre de prévention des dérives sectaires liées à l'islam ? Le rapport remis à la demande du Premier ministre en 2008 par le magistrat Georges Fenech publié à la Documentation Française sous le titre *La justice face aux dérives sectaires* faisait une Préconisation 4 ainsi libellée : « créer au sein des pôles d'instruction économiques et financiers une spécialisation dans le domaine des flux litigieux d'origine sectaire ». Son auteur s'est d'ailleurs appuyé sur le lourd rapport accablant (347 pages) émis le 10 juin 1999 par une commission parlementaire sur « Les sectes et l'argent », comprenant plusieurs parties : l'organisation des sectes, c'est-à-dire des structures qui assurent l'opacité et la rentabilité d'un phénomène mouvant, par l'utilisation de statuts avantageux ; l'influence des sectes, un indéniable poids économique et financier ; les pratiques sectaires, une fraude très répandue. Ce rapport parlementaire concluait sans appel par ces mots : « Le phénomène sectaire s'appuie sur une organisation destinée à assurer l'opacité et la rentabilité de ses activités et a ainsi acquis un poids économique et financier important qui repose sur une pratique très répandue de la fraude ». Sans en tirer toutes les conséquences semble-t-il (mais le pouvaient-ils du point de vue des moyens requis ?), les pouvoirs publics ont été ainsi conduits à baliser le cadre général des multiples formes de financements directs et indirects des personnels, des structures et des activités radicales religieuses dont le cadre économique reste soumis à de subtils montages juridiques et financiers. C'est affaire de technicité et de moyens requis à laquelle reste confronté le personnel administratif. Certaines pratiques associatives dévoyées continuent de perdurer tels la mainmise incontrôlée sur le pouvoir de direction et de neutralisation du pouvoir souverain des assemblées générales (défaut de convocation, d'ordre du jour, de délibérations démocratiques, etc.), l'absence de registres des délibérations des organes associatifs, le fonctionnement associatif opaque (mandats et autres, etc.), l'absence de comptabilisation des offrandes collectées dans les lieux de culte, le défaut de registres comptables, l'absence de traçabilité des dons manuels, le recours irrégulier au dispositif fiscal du mécénat par la délivrance indue de reçus fiscaux, l'instrumentalisation et le dévoiement des procédures déclaratives en préfecture par des faux et usages de faux en écritures privées ainsi que par obtention indue de documents en préfecture, etc. Un véritable « marigot » pour lequel la proclamation de lois ne peut être la seule solution, de toute évidence. Selon de nombreux observateurs, le durcissement des contrôles administratifs tel qu'organisé par la loi précitée du 24 août 2021, n'est pas adapté dès lors que les administrations ne sont pas suffisamment pourvues en personnels et en moyens matériels pour y procéder. L'organisation des contrôles des services préfectoraux reste en l'état lacunaire en termes de ressources humaines. Comment répondre au défaut de contrôle de l'authenticité des déclarations adressées en préfecture dont certaines font état de décisions associatives illégales prises en amont et au labyrinthe des dispositions légales en matière de mécénat et de rescrits administratifs ? À cette question, la loi reste d'une certaine façon muette. En aval, les services du Parquet des procureurs de la République tentent d'agir au coup par coup en exerçant des poursuites pénales sur le fondement des dispositions du Code monétaire et financier notamment au titre des obligations relatives à la lutte contre le financement des activités terroristes[1].

Véritable nerf d'une politique administrative et judiciaire, le volet financier devrait être mobilisé afin de tenter de priver les

1. C. mon. et fin., art. L. 561-1 et s.

radicalismes religieux de leurs ressources matérielles. Pour ce faire, il convient de s'attacher aux conditions de l'« offre » notamment quant aux activités des organisations qui les emploient et ce, sur le modèle de la lutte économique contre le terrorisme. Ces réponses économiques appellent moins l'adoption dans la précipitation de nouveaux dispositifs légaux que l'application du droit financier existant, même perfectible, conjuguée au recours à des moyens administratifs idoines. À cet effet, tel qu'exposé dans un référé du 1er août 2013 de la Cour des comptes, « il est essentiel que les services du ministère des Finances puissent utiliser les informations obtenues par d'autres services de l'État ou par des organismes de contrôle. La recherche du renseignement doit s'appuyer plus fortement sur la Direction centrale du renseignement intérieur (DCRI) et sur la cellule française de lutte contre le blanchiment de capitaux et le financement du terrorisme (TRACFIN). Des échanges d'informations entre la DCRI et la Direction générale des finances publiques (DGFIP), ainsi que l'exercice d'un droit de communication fiscal à l'égard de la DCRI, permettraient de renforcer la lutte contre la fraude fiscale. S'agissant de TRACFIN, la DGFIP a la possibilité légale de lui demander la transmission de renseignements, mais elle ne le fait pas. » Ces carences pointées du doigt en 2013 en matière de coordination administrative ont pu faire d'une certaine façon le lit des modalités opaques et difficilement contrôlées des financements directs et indirects des radicalismes religieux au niveau national et transnational. Peu à peu la situation évolue mais comme dans de très nombreux autres domaines les administrations ne disposent pas de suffisamment de recours humains.

Les mesures de prévention et de répression financières et fiscales contre certains mouvements qualifiés en 1995 par les parlementaires de « sectes » ont tracé une stratégie administrative qui devait être élargie en référence au contrôle de leurs ressources perçues ou utilisées de manière illégale. Dans leur rapport du 10 juin 1999 fait au nom de la Commission d'enquête sur la situation financière, patrimoniale et fiscale des sectes, ainsi que sur leurs activités économiques et leurs relations avec les milieux économiques et financiers, les députés inventoriaient à leur façon les pratiques sectaires caractérisées par une « fraude très répandue » : l'opacité organisée des structures, des réseaux et des flux financiers fournit les conditions favorables aux infractions à la législation sociale, aux délits économiques et financiers, à la fraude fiscale, y compris dans leur dimension internationale. Elle justifie, de la part des pouvoirs publics, une réponse aussi rapide qu'efficace » (p. 191). À propos de l'action en la matière du ministère de l'Économie, les députés constataient que « si le ministère est apparu à la Commission souvent timoré et ses services parfois mal coordonnés dans le domaine de la lutte contre la fraude fiscale commise par les sectes, il faut en revanche souligner avec satisfaction, d'une part, l'activité de TRACFIN, d'autre part, la mobilisation de la Direction générale de la concurrence, de la consommation et de la répression des fraudes (DGCCRF) [...] A également été mis en place en mai 1997 une coopération permanente entre la DGCCRF, la Direction des douanes et droits indirects et la Direction générale des impôts afin d'élaborer, au niveau central, puis de mettre en œuvre, au niveau local, un plan d'action commun contre l'économie souterraine » (p. 245).

De l'action de la Mission interministérielle de lutte et de vigilance contre les dérives sectaires (MIVILUDES)

En l'état de la situation, l'action de la Mission interministérielle de lutte et de vigilance contre les dérives sectaires (MIVILUDES) devrait être centrale dans le cadre d'un plan spécifique d'actions de prévention et de contrôle notamment du financement du radicalisme religieux répréhensible. En effet, l'article 1er du décret n° 2002-1392 du 28 novembre 2002, instituant une mission interministérielle de lutte et de vigilance contre les dérives sectaires, fixe ainsi ses attributions :

1. Observer et analyser le phénomène des mouvements à caractère sectaire dont les agissements sont attentatoires aux droits de l'homme et aux libertés fondamentales ou constituent une menace à l'ordre public ou sont contraires aux lois et règlements ;

2. Favoriser, dans le respect des libertés publiques, la coordination de l'action préventive et répressive des pouvoirs publics à l'encontre de ces agissements ;

3. Développer l'échange des informations entre les services publics sur les pratiques administratives dans le domaine de la lutte contre les dérives sectaires ;

4. Contribuer à l'information et à la formation des agents publics dans ce domaine ;

5. informer le public sur les risques, et le cas échéant les dangers, auxquels les dérives sectaires l'exposent et de faciliter la mise en œuvre d'actions d'aide aux victimes de ces dérives ;

6. participer aux travaux relatifs aux questions relevant de sa compétence, menés par le ministère des Affaires étrangères dans le champ international.

La Mission est par ailleurs destinataire de la part des différentes administrations concernées des informations que celles-ci détiennent sur les mouvements à caractère sectaire visés à l'article 1er. Elle peut également saisir les services centraux des ministères de toute demande tendant à la réalisation d'études ou de recherches dans le domaine de la lutte contre les dérives sectaires. Elle leur signale les agissements portés à sa connaissance qui lui paraissent pouvoir appeler une initiative de leur part. Si ces faits sont susceptibles de recevoir une qualification pénale, elle peut les dénoncer au procureur de la République et avise de sa dénonciation le garde des Sceaux, ministre de la Justice.

Or, à ce jour, s'agissant des manifestations les plus violentes du radicalisme religieux en France, un certain silence continue de régner dans et hors les cabinets ministériels quant à la place et au rôle que la MIVILUDES devrait remplir pour assurer une action de pilotage stratégique en la matière, notamment en termes d'enquêtes financières et fiscales. L'évolution du contexte national, notamment en référence au déploiement criminel des manifestations du djihadisme n'appelle-t-elle pas aussi de façon prioritaire et systématique la mise en œuvre d'un plan d'action financier ad hoc à dimension interministérielle ? *L'Atlas de l'islam radical*, publié en 2007 par Xavier Raufer, directeur du Département sur les menaces criminelles contemporaines de l'Université Paris-Panthéon-Assas, faisait le constat de l'action de groupes islamistes les plus extrémistes de la Confrérie des Frères Musulmans constitutifs des *Jamaa Islamiyyah* dispersés, notamment dans les pays occidentaux à fortes minorités musulmanes. Dans cet *Atlas*, Alain Chouet, ancien chef du renseignement de sécurité à la Direction générale de la sécurité extérieure, soulignait que « ce qui est en jeu, ce sont les sommes énormes qui permettent aux Frères d'assurer leur influence et leur prédominance dans l'organisation de la religion musulmane [...] C'est le financement des imams extrémistes, des agents d'influence, des centres de formation, de propagande et de recrutement ». Étaient pointées les méthodes de financement, d'une part, par le haut dont le secteur bancaire islamique et un maillage serré et complexe d'organisations religieuses charitables et humanitaires, et d'autre part, par le bas dont la collecte, la gestion et la distribution de la *zakat*, quatrième pilier de l'islam et forme d'impôt religieux purificatoire sur la fortune, différent de l'aumône (*sadaqa*). Dans l'*Atlas* précité, Richard Labévière précisait qu'« hormis les collectes dans et aux abords de mosquées et autres lieux de rassemblement des communautés et des diasporas, s'organisent des systèmes de prélèvements, sorte d'impôts sur les activités traditionnelles : commerce de détail, artisanat et services, de même que sur les rentes des petites et moyennes délinquances : vols, escroqueries à la carte de crédit ou aux systèmes d'aides sociales [...] ».

À partir de tels constats, bien d'autres situations connues des juristes attirent l'attention. Selon un acteur impliqué, Habib S. Kaaniche, responsable régional des aumôniers pénitentiaires musulmans de Marseille, la situation des 2 000 imams dits « autoproclamés » (sur 2 500 au total) est révélatrice de l'existence d'une nébuleuse autarcique. L'intéressé pointe par ailleurs la porosité entre les activités religieuses et les activités lucratives du monde des affaires soulignant que « personne n'a intérêt à le dire mais le hallal finance la religion ». Le « marché dit du hallal représenterait en France plus de 5 milliards d'euros » caractérisé par des « querelles internes, des circuits financiers pas très transparents et des intérêts étrangers ». Les divergences d'appréciation sur les activités de certains « imams », la nature de leurs opérations matérielles et les volumes des échanges financiers avaient été mesurés dans le cadre de la constitution de la Fondation des Œuvres de l'Islam de France, reconnue par un décret du Premier ministre en date du 25 juillet 2005 comme établissement d'utilité publique, l'action de cette dernière devant « s'exercer en priorité en vue de la construction ou de l'aménagement ou de la rénovation de lieux de culte » et pouvant « soutenir la formation des personnels religieux ». Ce constat sur le rôle social et la fonction religieuse des lieux dits de culte souligne l'importance du travail administratif à entreprendre pour assurer une pesée juste et pragmatique des enjeux de pouvoir économique et de contrôle financier au regard des réalités bancaires et comptables des personnels religieux et des associations en majorité inconnues des services financiers de l'État, dont l'administration fiscale. Le Conseil d'État a d'ailleurs été conduit à préciser dans un arrêt du 30 mars 2018 que le ministre de l'Intérieur pouvait faire usage de son droit d'opposition à l'acceptation de libéralités, sous forme de legs, consenties à une association étrangère – ici le Mouvement raëlien international - lorsque les activités de cet établissement ou de ses dirigeants étaient contraires à l'ordre public et ce, qu'elles soient menées en France ou à l'étranger. Cet arrêt du Conseil d'État a précisé les motifs pour lesquels le ministre pouvait faire usage de son droit d'opposition. En l'espèce, le ministère de l'Intérieur s'était fondé sur la nature des activités du Mouvement raëlien international en particulier celles visées par l'article 1er de la loi du 12 juin 2001 tendant à renforcer la prévention et la répression contre les mouvements sectaires portant atteinte aux droits de l'homme et aux libertés fondamentales, partant au contrôle du respect de l'ordre public de cette association non seulement en France mais aussi à l'étranger.

L'urgence demeure donc de tenter de contrôler les sources de financement du radicalisme religieux sans porter atteinte au fragile équilibre qui doit être constamment respecté entre la garantie de la liberté de conscience et la protection de l'ordre public... au risque de se trouver piégé par les logiques radicales. En revanche, en œuvrant pour que la protection des libertés publiques demeure le fonds commun de la République laïque, les pouvoirs publics doivent plus que jamais en assurer matériellement leur préservation et, le cas échéant, leurs sanctions financières. Le réalisme des procédures étatiques financières et la conception pragmatique des droits fiscaux et douaniers doivent être associés dans une perspective strictement régalienne. Il en va ainsi de la préservation de l'État de droit qui doit s'appuyer sur des moyens de désarmement financier des radicalismes religieux, question d'intérêt public peu débattue par les relais d'opinion et leurs prescripteurs.

Conclusion

Si la constellation des activités participant de l'économie religieuse constitue sans nul doute un obstacle à la détermination d'un champ économique sur les bases d'une classification publique traditionnelle, il revient aux autorités publiques d'en contrôler précisément les flux d'autant que les instruments mis en œuvre par les groupes radicaux religieux peuvent recourir à des moyens, y compris même opaques, distincts de ceux des groupes religieux en général. L'usage légitime de la légalité républicaine est souvent revendiqué par des groupes radicaux qui n'hésitent pas à agir en revêtant le masque des apparences juridiques. Quelles règles comptables doivent être mises en œuvre par les structures auxquelles ont recours les groupements radicaux religieux ? Cette question soulève de redoutables problèmes comptables. Les échanges dont il est question ici entrent difficilement dans les items traditionnels des comptes dits « de classe » auxquels recourent les professionnels du chiffre, tels qu'experts-comptables, auditeurs et analystes financiers. De plus, les grilles de lecture des activités économiques radicales religieuses restent souvent interprétatives, c'est-à-dire sujettes aux appréciations des autorités administratives financières et sociales soumises au contrôle des tribunaux et des cours. Dès lors, la matière qui prend souvent un tour contentieux, se révèle mouvante, volatile, complexe et technique. Elle est affaire d'experts et, pour cette raison, elle échappe souvent à la compétence de nombreux intervenants, mêmes agents publics, peu rompus aux spécificités des finances religieuses et à leurs inhérentes particularités. Si, en France, aucune religion n'est à l'abri de contraintes juridiques, fiscales et sociales, rares sont celles qui les ont anticipées en intégrant toutes ces thématiques... d'autant que, sous l'effet d'une inflation normative galopante, bavarde, et d'une jurisprudence sans cesse plus importante, elles doivent également songer à évoluer dans le temps. Le droit économique des activités religieuses même radicales repose sur des schémas et des montages légaux dont quelques principes doivent ici être rappelés à défaut d'être toujours compris.

– Tout d'abord, les organisations religieuses peuvent se livrer, en toute légalité, concomitamment et sous des formes juridiques diverses, à des activités cultuelles, humanitaires, éducatives, philanthropiques, sociales, caritatives, éditoriales, etc. À cet effet, elles sont souvent obligées de recourir à plusieurs structures (associations de droit commun, associations cultuelles, fondations, SCI, SCA, SARL, SA, SAS, etc.) dont les régimes juridiques, fiscaux et sociaux diffèrent.

– Certaines activités religieuses ou d'inspiration religieuse peuvent être lucratives – par exemple, l'édition de publications religieuses – ou non lucratives ; elles peuvent de la même manière être soumises, ou pas, aux impôts correspondants. Du point de vue de leur statut juridique, ces activités n'en conservent pas moins leur caractère religieux, même si au regard de leur statut fiscal elles sont assujetties au paiement d'impôts et de taxes dits commerciaux au sens du CGI. Tel est le cas des associations religieuses qui gèrent de grands sites religieux ou encore, des communautés religieuses qui exercent des activités dans le domaine éditorial, commercial, agricole, etc. D'autres activités religieuses sont gérées de façon lucrative et génèrent des ressources taxables. Parce qu'ils sont a priori neutres, les régimes fiscaux n'influent pas automatiquement sur le statut juridique des personnes assujetties. La gestion lucrative d'une association, même religieuse, est sans incidence sur son statut juridique.

– Les organisations religieuses peuvent librement et dans le respect des droits applicables créer des structures exclusivement cultuelles ou pas ; elles peuvent dégager des bénéfices, acquérir des biens meubles et immeubles, vendre et/ou acheter, épargner, recourir au bénévolat, à la générosité publique et privée (dons manuels, dons et legs, apports), employer du personnel salarié ou bénévoles, etc.

– Toute organisation religieuse peut valablement mettre en place ou pas une gestion centralisée et hiérarchisée de ses différentes structures juridiques et économiques ; est instituée pour ce faire une autorité interne de gestion et de contrôle unique ou décentralisée. Le schéma centralisateur est destiné le plus souvent à préserver l'homogénéité des opérations juridiques, à consolider et à harmoniser les règles d'organisation et de fonctionnement des activités religieuses. Ce modèle centralisateur, fondé sur la tradition gallicane en France, est fondamentalement celui de l'Église catholique (modèle qui subit des variations en fonction des impératifs des groupements et de leur droit canon ou droit interne). Mais chaque organisation religieuse est libre de se structurer et de s'organiser en fonction de ses normes et de ses impératifs propres.

L'analyse du droit appliqué à l'économie radicale religieuse s'impose du point de vue non seulement de la recherche mais aussi de la mise en œuvre de schémas d'organisation et de fonctionnement des structures correspondantes à la hauteur des enjeux en présence. Cette analyse ne doit pas s'intéresser aux seuls moyens de tarir les sources de financement de ces structures. Certaines administrations n'hésitent pas à mettre en cause le recours à des opérations juridiques et à des montages financiers de certaines organisations en leur déniant cette faculté ou en l'assimilant à une sorte d'opacité répréhensible (abus de droit). Cette position n'est pas toujours justifiée. Finalement, c'est à un délicat travail d'analyse qu'il faut se livrer pour appréhender les aspects économiques du radicalisme religieux et les incidences juridiques qui y sont attachées. C'est affaire d'équilibre. Sans céder à la tentation de sévir aveuglément en alimentant le spectre d'un certain autoritarisme, l'État de droit devrait disposer de ressources et de moyens de puissance publique à la hauteur de cet enjeu majeur dans le respect de l'article 12 de la Déclaration des droits de l'homme et du citoyen selon lequel « la garantie des droits de l'homme et du citoyen nécessite une force publique ; cette force est donc instituée pour l'avantage de tous [...] ».

CHAPITRE 9

LA RELATIVE INADAPTATION DE L'APPAREIL PÉNAL DISSUASIF ET RÉPRESSIF

I. – GRAND TÉMOIGNAGE

Entretien avec Béatrice BRUGÈRE

Magistrate, Secrétaire générale du Syndicat
Unité Magistrats-FO stratégiques

Alain Garay: *Selon vous, notre appareil pénal dissuasif et répressif peut-il produire des effets juridiques déterminants en présence de comportements radicaux religieux ?*

Pour l'appareil répressif, le sujet est difficile. Il est nécessairement empreint d'une certaine subjectivité et appelle la recherche permanente d'un équilibre entre une quête de vérité, le prononcé d'une éventuelle sanction adaptée et la préservation de droits fondamentaux variés, à commencer par celui de la liberté de conscience et de religion des auteurs eux-mêmes des actes répréhensibles. Mais dès lors que les comportements radicaux, y compris lorsqu'ils sont chargés de religiosité, correspondent à des infractions, ceux-ci appellent une prise en compte et une réaction de l'appareil répressif. Tel est le cas par exemple du port du voile intégral dans l'espace public.

Mais à cette première difficulté, liée à la mesure dont il faut toujours faire preuve à l'égard d'actes répréhensibles, s'ajoute un obstacle supplémentaire lié à la qualification des faits. Ainsi, lorsqu'un comportement radical religieux conduit son auteur à poser des bombes, le qualificatif de « terrorisme » permet de nommer la situation et dès lors d'entamer des poursuites sur le fondement des articles 421-1 et suivants du Code pénal. Mais impossible d'user de tels textes à l'égard de simples faits visant à exprimer les désirs d'une mouvance ou d'un groupe islamiste ou, plus largement, d'un radicalisme religieux quel qu'il soit. Il est difficile de combattre ce qui n'est pas expressément nommé par le droit.

Si les problèmes de définition, donc de qualification, sont majeurs, il ne reste pas moins que les juridictions pénales ne sont pas totalement désarmées. Ainsi, elles peuvent user de la définition se rapportant à des délits et des peines déjà existants pour qualifier un comportement radical inacceptable et le poursuivre. Ce travail n'est pas toujours simple, notamment lorsque ledit comportement n'a pas donné lieu à des actes répréhensibles en tant que tels, mais à des intentions ou des discours chargés d'intolérance et de rejet de l'autre. Ainsi, toutes les situations ici envisagées ne tombent pas forcément sous le coup des textes visant à réprimer l'incitation à la haine, à la violence ou à la discrimination que celle-ci soit publique ou privée. Pourtant, où s'arrête la liberté de chacun si ce n'est là où commence celle de l'autre ? Selon l'article 4 de la déclaration des droits de l'homme et du citoyen de 1789, la liberté n'est jamais absolue. Il en est de même de la liberté de religion, de conscience et de pensée. Or, il convient de noter que la liberté d'opinion a déjà été passablement « rognée » par des qualificatifs juridiques visant à en prohiber certaines (homophobie, racisme, promotion de crime contre l'humanité, apologie du terrorisme, appel au génocide, etc.). À défaut d'avoir prévu une interdiction supplémentaire vis-à-vis du « radicalisme religieux », sans doute faut-il distinguer ce radicalisme selon qu'il se manifeste en actes ou seulement en pensée. Dès lors, si le radicalisme en actes doit être combattu par des actes (judiciaires), celui en pensée doit être combattu avant tout par des idées. D'où l'importance de disposer d'un discours politique clair qui ne doit pas hésiter à nommer le phénomène avant de proposer des arguments permettant de le combattre utilement.

Ceci est d'autant plus important que nos sociétés post-modernes offrent un narratif qui enchante de moins en moins les populations... alors que les membres de la société restent en quête d'un narratif enchanteur de façon à donner sens à leur parcours de vie. Attention dès lors au risque de « remplacement » non des populations mais des modèles de société ! Et sur ce point force est de reconnaître que la réponse pénale n'est pas forcément la mieux adaptée. Si elle constitue une absolue nécessité en cas d'actes terroristes, criminels ou délictuels (un rempart à la barbarie !), elle doit sans doute accepter de s'effacer pour permettre aux pouvoirs publics d'user d'autres méthodes.

Sans doute que les mesures préventives et dissuasives ont un rôle important à jouer. À ce titre, il est permis de citer les Mesures individuelles de contrôle et de surveillance (MICAS), décidées par la Direction générale de la sécurité intérieure (DGSI) à l'égard des terroristes condamnés qui viennent à sortir de prison. Sont prises à leur égard une série de mesures coercitives et de contrôle pendant une durée de six mois, éventuellement renouvelable sur la base de nouveaux éléments. Les intéressés doivent pointer au commissariat de police tous les jours et ne peuvent pas quitter leur commune de résidence, sauf obtention d'un « sauf-conduit » délivré par les services de police, sur justificatif d'un rendez-vous professionnel ou médical, par exemple. Dans tous les cas, l'intéressé encourt un risque de retour en prison s'il ne respecte pas les obligations issues de la MICAS. Les terroristes ou condamnés de droit commun mais radicalisés sont suivis par des Conseillers d'insertion et de probation. En cas de prononcé de mesures de milieu ouvert, ces derniers font remonter au Directeur du service pénitentiaire d'insertion et de probation si des propos inquiétants sont constatés ou si des soupçons de persistance de radicalisation demeurent.

Ce directeur fait alors le lien avec les services de renseignement. Il peut également faire remonter des infos sensibles à la DGSI. En milieu pénitentiaire, il est permis de citer le travail réalisé au sein des Quartiers d'évaluation de la radicalisation (QER). Mises en place dans les prisons françaises en 2016, ces unités regroupent de façon temporaire des détenus « radicalisés » à des fins d'évaluation. Mais de façon plus générale, il est permis de saluer le travail de renseignement pénitentiaire réalisé au quotidien dans l'ensemble des établissements qui permet, le plus souvent, une bonne évaluation du degré de radicalisation des détenus parmi les délinquants de droit commun.

***Philippe Coursier**: Selon vous le défaut d'incrimination spécifique aux agissements répréhensibles issus du radicalisme religieux est-il rédhibitoire et limite-t-il le champ des poursuites pénales correspondantes ?*

La question ne saurait recevoir une réponse unique car nombre de textes répressifs permettent des poursuites précisément dans des cas où l'infraction a été pensée ou élargie à des situations correspondantes à du radicalisme religieux. Ainsi, les textes sur la liberté de la presse, tels qu'issus de la loi du 29 juillet 1881 sur la liberté de la presse, permettent de punir d'un an d'emprisonnement et de 45 000 euros d'amende ou de l'une de ces deux peines seulement les auteurs et/ou diffuseurs, y compris via Internet, qui ont « provoqué à la discrimination, à la haine ou à la violence à l'égard d'une personne ou d'un groupe de personnes à raison de leur origine ou de leur appartenance ou de leur non-appartenance à [...] une religion déterminée[1] ». Il est permis de mesurer à quel point la liberté d'expression ou celle de conviction religieuse connaissent des limites grâce au droit pénal. De même, l'article 50-1 de cette même loi prévoit que lorsque ces agissements « résultent de messages ou informations mis à

1. L. 29 juill. 1881, art. 24, al. 7.

disposition du public par un service de communication au public en ligne et qu'ils constituent un trouble manifestement illicite, l'arrêt de ce service peut être prononcé par le juge des référés, à la demande du ministère public et de toute personne physique ou morale ayant intérêt à agir[1] ».

Pourtant, tout ne saurait être réglé par les textes existants. En l'état du droit positif, il n'y a pas de définition assez précise du radicalisme religieux... ce qui est assez compréhensible tant ce travail risquerait de sombrer vers certaines dérives (police de la pensée ?) en totale contradiction avec la liberté fondamentale de croyance et de conscience garantie à chaque membre de la société.

Alain Garay : *Conviendrait-il d'évaluer les textes répressifs existants pour lutter contre les agissements répréhensibles du radicalisme religieux même si ces dispositions demeurent éparses ou incomplètes et, si oui, comment ?*

C'est certainement l'un des aspects les plus intéressants du sujet car, oui, l'évaluation des textes répressifs existant constitue une nécessité absolue. Elle existe quelque peu du côté de la victime mais pas du côté de l'auteur. Ceci serait d'autant plus important que les textes sont épars et extrêmement nombreux, la problématique actuelle du droit étant sans aucun doute sa fragmentation, plus que son inadaptation. Les textes répressifs, comme ceux porteurs de responsabilité civile, sont épars et diffus... ce qui rend très difficile toute cohérence d'ensemble.

Débuter un travail d'évaluation sur les politiques pénales conduites depuis plus de vingt ans devrait permettre de leur redonner sens. Bien sûr, il convient d'être particulièrement attentif sur les méthodes employées pour ce faire, mais il faut évaluer les textes, la politique pénale, l'utilisation du dispositif

1. L. 29 juill. 1881, art. 50-1.

existant. Cela devrait également permettre d'opérer certaines synergies entre des textes qui, par leur origine ou leur histoire, n'ont pas permis d'opérer des connexions entre eux.

Dans le même temps, sans doute faudra-t-il se méfier de ne pas tirer des conséquences trop radicales d'une telle évaluation. Face à un radicalisme religieux polymorphe et aux causes extrêmement variées qui l'animent, il ne faudrait pas enfermer les juges dans des infractions et des sanctions trop étroites. Le discernement doit rester au cœur de toute intervention judiciaire. C'est que le droit se doit de respecter une certaine psychologie sociétale en même temps que les coutumes en vigueur sur le territoire. Pour être accepté, il doit endosser une certaine « épaisseur sociétale » lui permettant d'être en phase avec les attentes de la population.

***Philippe Coursier**: Selon vous est-il opportun de recourir au critère de circonstances aggravantes en présence d'agissements illicites et répréhensibles du radicalisme religieux ?*

On pourrait en effet prévoir une circonstance aggravante du fait de l'appartenance de l'auteur d'une infraction à une mouvance radicale dès lors qu'il a commis l'acte en correspondance avec l'idéologie véhiculée ou défendue. De façon indirecte, cela existe déjà à l'égard de certaines infractions dont la définition inclut cette circonstance si particulière. Ainsi, l'article 222-13 du Code pénal prévoit que « les violences ayant entraîné une incapacité de travail inférieure ou égale à huit jours ou n'ayant entraîné aucune incapacité de travail sont punies de trois ans d'emprisonnement et de 45 000 euros d'amende lorsqu'elles sont commises : [...] à raison de l'appartenance ou de la non-appartenance, vraie ou supposée, de la victime à une ethnie, une nation, une prétendue race ou une religion déterminée ». Mais tel n'est pas le cas de tous les textes répressifs.

Aussi, sans doute serait-il utile de prévoir le recours possible et généralisé à des circonstances aggravantes en lien avec la nature de l'infraction commise en lien avec un quelconque radicalisme religieux. Attention néanmoins de ne pas enfermer cette dernière dans des termes trop restrictifs ou faisant référence au contenu du message religieux radical ayant servi de fondement à l'acte... au risque de sombrer dans des discussions et des contraintes juridiques sans fin. Il convient de se montrer aussi prudent en la matière que le législateur l'a été à l'égard des actes de terrorisme.

Alain Garay: *Faut-il définir une politique pénale gouvernementale pour organiser la lutte contre les manifestations punissables du radicalisme religieux ?*

Qu'est-ce vous entendez par manifestations punissables ? Quels sont précisément les agissements issus du radicalisme religieux qui devraient être qualifiés de « répréhensibles » ? Si ceux-ci correspondent précisément à des infractions, la justice doit passer. Mais si tel n'est pas le cas, est-elle légitime à intervenir ? Par exemple, si nous nous doutons que l'islamisme constitue un terreau fertile pour un certain terrorisme, et cela doit nécessairement être pris en compte, est-ce à dire que la justice pénale devrait s'attacher à toutes les mouvances qui le véhiculent ? Certainement que non, tous les radicalismes n'appelant pas à l'action. Certains mouvements ultraradicaux sont même opposés à toute forme de violence. Il faudrait donc évaluer l'ensemble des situations, des causes et des effets, avant de redéfinir une politique pénale en conséquence.

De plus, une difficulté supplémentaire résulte du caractère international de certaines actions ou organisations visant à promouvoir certains radicalismes religieux. Dès lors, on comprend que l'action et la politique pénales ne peuvent pas être le seul front à leur opposer. Pour s'en rendre compte, il suffit de mesurer les effets dévastateurs de certaines campagnes médiatiques ou d'actions structurées sur les réseaux sociaux et sur Internet visant à intimider en vue de faire taire ceux qui pensent autrement que ces mouvements religieux radicaux (théorie du blasphème). Cette action des « coupeurs de langue » constitue un véritable fléau en ce qu'il empêche que le combat des idées puisse se tenir à la loyale. Là, se trouve un autre vrai sujet sur lequel certains mouvements, dont celui de certains islamistes, ont un temps d'avance sur le reste de la société. Il y a là une faille, y compris juridique.

Ceci est d'autant plus choquant que ceux qui dénoncent de telles situations se trouvent poursuivis (en justice ou via Internet) par les auteurs de telles actions d'intimidation, lesquels n'hésitent pas à se plaindre de discrimination ou d'une atteinte à leur droit fondamental de religion. Sans doute y a-t-il là un motif supplémentaire d'ouvrir une réflexion générale sur le corpus juridique dans son ensemble.

II. – Analyse juridique

On attend souvent beaucoup du droit pénal contre ce qui est perçu comme hostile à la République et aux citoyens, aux femmes et aux hommes. La relative inadaptation de l'arsenal répressif – notamment liée à la nécessaire démonstration de l'intention ou de la motivation en présence d'agissements illicites et répréhensibles issus du radicalisme religieux – suscite des tensions souvent méconnues de l'opinion publique. Cette dernière a plutôt l'impression que la répression pénale ne changera pas la situation au motif que les délinquants n'ont que faire de sanctions judiciaires, y compris pénales. De plus, la sanction répressive serait trop tardive. Elle serait toujours à la traîne et ne pourrait donc pas prévenir les atteintes à l'ordre public. Ainsi, se pose la brûlante question du traitement pénal des djihadistes de nationalité française de retour en France et ce, afin de prévenir des actes préparatoires à l'éventuelle commission de nouvelles infractions[1]. Que faire ? Cette interrogation en forme de dépit

1. F. Safi, « Le retour des djihadistes français en France, ou quand il faut choisir entre la politique et le droit... » ; *Dr pén.* 2018, n° 3, Étude 4.

ne saurait dissuader la mise en œuvre de mesures répressives adaptées en dépit de leur relative inefficacité dissuasive et préventive vis-à-vis des intéressé(e)s. Les critiquer par principe, pire y renoncer, constituerait un coupable aveu de faiblesse. Les débats juridiques pour indispensables qu'ils soient ne peuvent devenir des lieux de renoncement. De sorte que les pénalistes et les criminologues restent plus que jamais convoqués pour susciter, expliquer, mesurer et évaluer des politiques pénales adaptées aux conséquences d'un radicalisme religieux à la viscosité déjà dénoncée[1]. Le législateur, même conseillé, continue cependant de produire par fragmentation des textes épars et souvent très difficilement effectifs.

Face à la sensibilité de telles questions, relativement nouvelles en France, la superposition de textes juridiques accumulés suscite une inflation normative envahissante qui peut rendre plus mal aisée encore l'application du droit[2]. Un kaléidoscope d'infractions pénales est ainsi fixé par la loi. Pléthoriques, les manifestations illicites et répréhensibles du radicalisme religieux ne relèvent pourtant pas toute du droit pénal du terrorisme. Assez invariablement le droit pénal dédié aux agissements illicites et répréhensibles du radicalisme reste captif de la logique sécuritaire et répressive des poursuites concernant le terrorisme djihadiste. Bien entendu, si tous les musulmans islamistes ne commettent pas ou n'envisagent pas de réaliser des actes de terrorisme, il n'en reste pas moins que les pouvoirs publics continuent de concevoir « une vision stratégique face aux différents spectres de la menace islamiste qui ne peut être dissociée de la lutte contre le terrorisme

---

1. V. *supra* chapitre 1 – Le radicalisme religieux appréhendé par le droit.

2. La fabrique de la norme pénale addictive continue de produire des dispositifs non maîtrisés qui, ici en particulier, ne relèvent pas du triple souci d'utilité, de qualité et d'efficacité. Ex-post des « clauses de réexamen », pourraient être expérimentées et assorties dans certains cas des « clauses de caducité », dites « clauses guillotines », qui entraîneraient la disparition pure et simple d'un texte en l'absence d'une évaluation effective ou encore, si son évaluation s'avérait négative.

qu'ils alimentent[1][...] ». Mais que sait-on réellement, du point de vue du droit pénal, de la radicalisation ? Cette question reste posée alors qu'aucune doctrine, ni aucune politique pénale d'ensemble n'a pu être définie au regard de l'islamisme « sorte de catalyseur infraterroriste à multifacette[2] ». L'impasse d'une réponse « tout terroriste » invite à repenser de manière périphérique les dispositifs pénaux susceptibles d'être mis en œuvre dans le cadre de poursuites diligentées contre des agissements illicites et répréhensibles issus du radicalisme religieux. Nous n'en sommes qu'à des balbutiements et la tâche reste immense.

1. L'appréhension pénale des actes illicites et répréhensibles issus du radicalisme religieux

A) Le droit pénal veut ignorer le radicalisme religieux pris isolément

On sait que la politique pénale reste soumise aux principes fondamentaux du droit positif, lesquels prohibent les velléités d'appréhension des opinions par les juridictions, y compris lorsqu'il s'agit de croyances religieuses. En effet, d'après l'article 10 de la Déclaration des droits de l'homme et du citoyen de 1789, « nul ne doit être inquiété pour ses opinions, même religieuses, pourvu que leur manifestation ne trouble pas l'ordre public établi par la Loi ». De plus, de telles velléités butent sur l'impossibilité pratique de recourir à une définition juridique de leur objet même : un radicalisme religieux qui serait en soi pénalement répréhensible et pas seulement moralement[3]. Invoquer des mots

---

1. B. Brugère, *Faut-il définir la politique pénale face à l'islamisme ?* in *Comment vaincre l'islamisme, Mohamed Sifaoui,* Éd. du Cerf, 2022.

2. B. Brugère, préc., p. 121. – V. aussi, Y. Bernand, « Quelle approche par le juge des enfants du phénomène de "radicalisation" ? - Réflexions à partir du cas d'Amir X », *Gaz. Pal.*, 26 juillet 2016, n° 38.

3. Ainsi, les diverses propositions de loi destinées à « mettre hors la loi » le salafisme (députée Nathalie Kosciusko-Morizet, oct. 2016), pour « lutter contre l'islamisme radical » (députés Les Républicains, nov. 2 000) ou pour isoler les

politisés (islamisme, salafisme, radicalisme, intégrisme, etc.) ou discuter de certaines notions dans le champ des sciences sociales est une chose, les traduire légalement afin d'en faire des infractions en est une autre. Ainsi, lorsque l'article 421-2 du Code pénal définit les infractions terroristes – même islamistes – comme « ayant pour but de troubler gravement l'ordre public par l'intimidation ou la terreur », il décrit les moyens et les effets de l'acte terroriste, non sa motivation. C'est que la question de la motivation religieuse d'un acte pénalement punissable n'est pas facile à résoudre. D'ailleurs, si le droit pénal sanctionne les agissements illicites et répréhensibles issus du radicalisme religieux, aucune incrimination tirée du Code pénal ne vise à poursuivre à des fins de sanction le radicalisme religieux en tant que tel.

En droit français, le critère ou le paramètre religieux est sans aucune incidence sur la responsabilité pénale ou civile d'une personne. Il n'est pas possible également de tirer argument du caractère religieux du mobile pour écarter ou minimiser la responsabilité pénale ou civile de l'auteur. Le mobile est indifférent en droit pénal quant à la qualification de l'infraction. Face à un religieux qui s'était livré à une séance de désenvoûtement sur une jeune fille, l'accusé soutenant que les souffrances infligées visaient seulement le démon qui était en elle, la chambre criminelle de la Cour de cassation l'a rappelé[1]. Dans son arrêt, elle a pu juger que « le mobile qui avait pu l'animer, compte tenu de ses convictions religieuses, ne pouvait ôter à ses actes leur caractère d'actes de torture et de barbarie[2] ». Dans une perspective pénale ou

---

idéologies islamistes en édictant l'interdiction de leurs pratiques (députés du Rassemblement National, févr. 2021 et juin 2022) ont toutes été vouées à l'échec.

1. Cass. crim., 3 sept. 1996, n° 96-82 633 : inédit.

2. Cf. l'arrêt : « La mort de Louisa Y... a été le résultat d'une ingestion massive d'eau salée imposée par X... ; que, pendant plus de cinq heures, en flagellant de manière répétée les pieds de la victime, en l'obligeant à ingurgiter une grande quantité d'eau salée, en lui serrant la gorge avec vigueur, en lui enfonçant une serviette dans la bouche, en la contraignant à plonger plusieurs fois la tête dans une bassine d'eau sans se préoccuper de ses cris, de ses plaintes et de ses

criminologique, les mobiles sont importants car, comme l'écrivait Gide, ils constituent « l'anse par laquelle on tient le criminel[1] ». Néanmoins, en droit pénal, la loi étant par nature générale et abstraite, les mobiles sont en principe indifférents. Ils ne jouent aucun rôle dans l'opération de qualification, ni comme élément constitutif de l'infraction, ni comme fait justificatif de celle-ci. Ainsi, peut-on commettre un meurtre par jalousie, par cupidité ou par compassion, peu importe : on est meurtrier parce que l'on a eu l'intention de tuer. De même, on peut commettre un vol pour lutter contre le capitalisme ou pour payer ses dettes, peu importe : dès lors qu'il y a soustraction frauduleuse de la chose d'autrui, il y a une infraction punissable. En principe, sauf texte contraire, les mobiles « légitimes » ou « honorables » n'exonèrent pas en soi leur auteur[2].

Une fois posées ces premières explications liées aux principes généraux du droit pénal, faut-il totalement exclure les éléments qui sont à l'origine du comportement du délinquant ? En effet, même si elles restent malaisées à circonscrire (raisons, motivation, justification, inspiration, mobile, intention, fondement, etc.), ces notions sont centrales. Mais le droit pénal étant d'application stricte, il trace nettement des limites et un cadre particulier à l'intention qui ne se réduisent pas aux sources d'inspiration de l'acte ou de l'agissement reproché[3]. De jurisprudence pénale

---

souffrances, sans davantage s'inquiéter du sang qui coulait de sa bouche et de son nez, ni de son visage qui devenait bleu, X... a commis des actes de torture ou de barbarie qui ont entraîné la mort de la victime ». – V. aussi, V. Fortier, *Imam et droit pénal : de quelques infractions liées à l'exercice de fonctions cultuelles*, *RD des religions,* 2009, 8.

1. Le mobile relève du for intérieur ; il est la raison qui pousse l'agent à commettre une infraction. À la différence de l'intention (dol général) qui consiste dans une volonté abstraite, le mobile varie selon l'auteur : la jalousie, la haine, la colère, le dépit, la cupidité, la plaisanterie, etc.

2. Rappr. X. Pin, *Droit pénal général*, Paris, Dalloz, 14e éd., 2023, no 189.

3. Si le mobile constitue les raisons concrètes qui conduisent, dans son for intérieur, une personne à agir en violation du droit pénal, l'intention est indifférente aux mobiles.

constante, « il n'appartient pas aux juges de se déterminer par des considérations étrangères au principe de la légalité des délits et des peines et tirées de l'allégation par le prévenu d'un mobile subjectif[1] ». Ce principe prévaut encore, la Cour de cassation ayant précisé que « nul ne peut se prévaloir de ses croyances religieuses pour s'affranchir des règles communes édictées par la loi pénale[2] ». Des critiques se sont néanmoins développées sur l'application parcellaire et arbitraire de cette règle, fondée sur l'apparence, en référence notamment à la problématique de la circoncision rituelle juive et musulmane des nouveau-nés, qui pourrait relever de l'infraction de violences ayant entraîné une mutilation au sens de l'article 222-10 du Code pénal[3].

Il semble bien que le radicalisme religieux strictement pris dans la dimension illicite et répréhensible de certaines de ses manifestations ne puisse être combattu dans le cadre d'une politique pénale déterminée par le gouvernement au sens de l'article 30 du Code de procédure pénale. Ce texte précise que « le ministre de la Justice conduit la politique pénale déterminée par le Gouvernement. Il veille à la cohérence de son application sur le territoire de la République. À cette fin, il adresse aux magistrats du ministère public des instructions générales ». Cela ne doit cependant pas être perçu comme un défaut ou une carence rédhibitoire dès lors que des manifestations radicales religieuses peuvent être sanctionnées dans le cadre des infractions génériques figurant en l'état dans le Code pénal ou au sein des dispositions répressives de droit fiscal, de droit financier, de droit de la sécurité intérieure, du travail et de la sécurité sociale, etc. Dès lors, selon la doctrine dominante, nul besoin d'instituer une infraction ad hoc en la matière. À défaut de délits spécifiques aux manifestations du

1. Cass. crim., 19 mai 1983 : *Bull. crim.*, n° 50.

2. Cass. crim., 5 nov. 2019, n° 18-84 554 : inédit.

3. J. Lagoutte, *Nul ne peut se prévaloir de ses croyances religieuses pour s'affranchir des règles communes édictées par la loi pénale. De beaux draps pour un matelas sale ? : Dr Pénal* 2020, n° 2.

radicalisme religieux (« délit d'islamisme », « délit de djihadisme », « délit de secte », etc.), des textes répressifs existent pour combattre les agissements illicites et répréhensibles et ce, même si ces dispositions demeurent éparses, incomplètes ou encore peu évaluées, et non assorties de moyens spécifiques. Prenons un exemple parmi d'autres tant la jurisprudence pénale en fourmille. Le cas d'Amir X., mis en examen pour apologie de terrorisme sous le visa de l'article 421-2-5 du Code pénal, est typique de la difficulté à appréhender les motivations et les aspirations des personnes porteuses de croyances religieuses radicalisées[1]. Âgé de 15 ans, déféré devant le juge des enfants disposant de pouvoirs en matière pénale, Amir X. s'était vu reprocher d'avoir téléchargé sur son ordinateur des photographies de décapitation et d'avoir abordé avec dérision sur différents réseaux sociaux (*Facebook* et *Telegram*) des attentats commis sur le sol français, avant d'avoir évoqué la possibilité de participer lui-même à des attentats. Dans ce type de situations, le regard criminologique est pour le juge pénal de toute première importance[2]. Et la question de savoir pourquoi et comment « appréhender » la dimension religieuse radicalisée appelle la mise en œuvre de connaissances et de savoirs déterminés. Or, a priori, le juge est rarement formé à ces questions. Le faudrait-il, dès lors que la composante religieuse d'une infraction, quelle qu'elle soit, ne relève pas d'une incrimination pénale par ailleurs déjà fixée par les textes ? La neutralité et l'impartialité du juge ne constituent-elles pas des bornes lui interdisant de tirer une relation de cause à effet entre la justification religieuse des actes et leur sanction judiciaire ? Le juge doit-il et peut-il jauger l'engagement religieux de l'auteur des actes sans entrer dans un débat

1. La mise en examen de l'intéressé s'est inscrite dans la prise en compte par le juge de comportements à connotation radicale religieuse, Amir X. ayant expliqué au juge des enfants s'être volontairement rapproché d'*Al Quaida* et de *Daesh*.

2. P. Morvi, *Le terrorisme djihadiste : regard criminologique : JCP* G 2016, doctr. 34.

théologique ? Si, oui, quels outils d'évaluation et de mesure utiliser ? Outre son danger, le débat semble sans fin.

B) Le droit pénal appréhende les infractions commises indépendamment d'un éventuel « motif religieux »

Le juge français s'interdit a priori de porter un jugement de valeur sur les croyances religieuses. S'y oppose le principe fondamental de neutralité et d'égalité entre ces dernières. Dès 1912, la Cour de Paris avait jugé que « toutes les croyances religieuses scientifiques ou philosophiques, sont essentiellement respectables, pourvu qu'elles soient sincères et de bonne foi et il n'appartient pas à des juges civils, quelles que soient d'ailleurs leurs opinions ou croyances personnelles, de les railler, critiquer ou condamner[1] ». Le contentieux du droit de la famille portant sur la prise en compte de la pratique religieuse par le juge civil repose sur l'abstention de porter un jugement de valeur sur les croyances en cause[2]. La Cour d'appel de Lyon a considéré que si l'exercice d'un culte peut donner lieu à des manœuvres frauduleuses de la part de certains membres de cette religion, l'appréciation de ces manœuvres à travers une pratique religieuse n'implique pas un jugement de valeur sur la doctrine professée par cette religion mais concerne seulement la licéité des moyens employés[3]. Selon la Cour de cassation, seules peuvent être déterminantes les conséquences et l'impact d'une pratique religieuse sur le développement d'un enfant[4]. Cette jurisprudence est conforme à celle exprimée par la Cour européenne des droits de l'homme dans les affaires *Hoffman contre Autriche* du 23 juin 1993 et *Palau-Martinez contre France* du 16 décembre 2003. De

1. CA Paris, 4 déc. 1912 : *D. P.* 1914, 2, p. 213.

2. C. Delmas, *Rupture familiale, conversion religieuse et intérêt de l'enfant*, *BACALy* (en ligne), n° 7, mis en ligne le 23 juillet 2015, sous CA Lyon, Ch. spé. des mineurs, 24 mars 2015, n° 14/00295

3. CA Lyon, 28 juillet 1997 : *Gaz. Pal.* 8 au 9 août 1997, somm., p. 17.

4. Cass. 1re civ., 24 oct. 2000, n° 98-14386 : *RTD civ.* 2001, 126, note J. Hauser.

sorte que l'intensité de la pratique religieuse, même radicale, ne saurait constituer en droit français qu'un élément de fait duquel il n'est pas possible de tirer *de jure* une sanction juridique correspondante[1]. Il peut y avoir loin de la coupe aux lèvres entre l'adhésion à une forme de radicalisme religieux et la commission d'une infraction pénale. La question de la preuve du lien de cause à effet entre les deux a été au centre des débats au cours du procès d'assises spéciales de Paris dit des attentats du 13 novembre 2015[2].

Cela étant dit, le droit pénal n'admet généralement pas un prétendu fait justificatif fondé sur une croyance, ce qui serait laisser la porte ouverte à toutes les revendications dès lors qu'elles seraient recouvertes d'une « étiquette religieuse[3] ». La solution retenue par la Cour d'appel d'Angers dans le cadre d'un viol commis sur un mineur ne peut qu'être approuvée : le trouble à l'ordre public était ici à son comble dès lors que son auteur le justifiait par le fait que la victime n'était pas musulmane[4]... Dans *Justice, religions et croyances*, la juriste Vicente Fortier dressait en 2000 un tableau non exhaustif, mais significatif, de la jurisprudence pénale relative aux excès commis au titre ou à partir de croyances religieuses ou de convictions qui s'en rapprochent :

– La condamnation au visa de l'article 357-1 du Code pénal de parents ayant envoyé sans l'accompagner leur enfant âgé de six ans et demi en Inde dans une école de Dharamsala dont l'enseignement était dispensé uniquement en anglais et en hindi, dirigé

1. K. Goulamine, *Les radicalisations, les comprendre, en sortir, les enjeux*, *JDJ* 2016, n° 351 et 352.

2. Dans ses réguliers comptes-rendus d'audience, le quotidien *Le Monde* a titré, à plusieurs reprises, « Au procès du 13-Novembre, la délicate question de la radicalisation » (30 au 31 janvier 2022), « 13-Novembre : les mille nuances de la radicalisation » (5 février 2022), « Quatre semaines autour d'un mot : « radicalisation » (« Le rapport des accusés à la religion était au centre des interrogatoires... Au fil des débats, la définition de la radicalité s'est révélée plus complexe que prévu » (13 au 14 février 2022).

3. P. Boinot, « Sectes religieuses et droit pénal », *Rev. sc. crim.* 983, p. 415.

4. CA Angers, 9 nov. 1994 : *JurisData* n° 051498.

par un mouvement désigné Sahaja Yoga, sans mesurer le risque d'un sentiment d'abandon, voire de rejet, au regard des infrastructures médicales disponibles[1] ;

– La condamnation pour non-assistance à personne en danger, prononcé le 9 janvier 1987 par le tribunal de Dijon, du directeur d'un centre de l'Église de scientologie proposant des cures de désintoxication qui avait placé dans une chambre de sevrage, sans examen médical préalable et sans entretien sérieux, une personne souffrant d'épilepsie et qui décédera[2].

Par un jugement du 28 juillet 1997, le tribunal de Lyon statuant dans une affaire complexe concernant des faits poursuivis d'escroquerie, de chantage et d'homicide involontaire a jugé que : « si la liberté religieuse est totale il est permis de concevoir que certains individus utilisent une doctrine religieuse, en soit licite, à des fins financières ou commerciales pour tromper des tiers de bonne foi. Une église régulièrement constituée pourrait, dans certains cas, dissimuler une entreprise financière ou commerciale. L'exercice ou la pratique d'un culte peut donner lieu à des manœuvres frauduleuses de la part de certains membres de cette religion. L'appréciation de ces manœuvres à travers une pratique religieuse n'implique pas un jugement de valeur sur la doctrine professée par cette religion, mais concerne seulement la licéité des moyens employés ». La jurisprudence pénale fourmille de cas jugés face à des faits de fragilité psychologique des individus et leur crédulité éhontément exploitée. Cette jurisprudence relative aux manœuvres frauduleuses, d'une certaine façon classique, a concerné les marabouts, devant les sorciers, les médiums ou encore, les astrologues. Les infractions « traditionnelles » relatives aux convictions religieuses, pour n'en citer que quelques-unes, ont été traditionnellement consécutives à l'objection de conscience au service militaire prenant des formes très diverses :

1. Rennes, 13 février 1993.
2. Voir V. Fortier, *Le juge, gardien des valeurs ?*, CNRS Éditions, 2007.

refus d'obéissance (C. just. Militaire, art. 447) ou désertion (C. just. militaire, art. 398), délit d'entrave à l'interruption de grossesse (C. santé publ., art. L. 2223-2), exercice illégal de la médecine (C. santé pbl., art. L. 4161-1 et L. 4161-5), provocation à la discrimination, à la haine ou à la violence, diffamation et injure publique, célébration de mariage religieux antérieure au mariage civil (C. pén., art. 433-21), révélation de secret par un dépositaire (C. pén., art. 226-13), délit de reconstitution d'association dissoute (C. séc. Int., art. L. 212-1), certaines violences et voies de fait commises lors d'excision, agressions sexuelles, etc.

La mise en œuvre du droit pénal porte aussi sur des agissements radicaux commis par l'absolutisme de règles religieuses internes[1]. L'affaire de droit pénal de travail concernant l'association catholique FMDD, poursuivie pour des faits de travail dissimulé en France d'étrangers non déclarés, est d'une certaine façon emblématique des dérives pénales commises par certains groupes religieux sur fond d'intransigeance organisationnelle et ce, en violation du Code du travail[2]. En 2022, le tribunal correctionnel d'Épinal lui a infligé une amende de 200 000 euros pour avoir eu notamment recours à des travailleuses missionnaires de l'Immaculée (selon la FMDD des « laïques consacrées »), de nationalités étrangères, au service de restauration et d'hébergement lié à des basiliques et sanctuaires dans quelque 14 sites en France[3]. Sur appel interjeté par l'association FMDD, la Cour d'appel de Nancy aura à rejuger de cette affaire.

Plus récemment, la question juridique du secret de certaines informations portant sur de prétendus abus sexuels commis par

1. V. *supra* chapitre 2 – Le radicalisme au sein des organisations religieuses.

2. V. *supra* chapitre 4 - Le radicalisme religieux dans le monde du travail.

3. Comme précité, le jugement souligne concernant le restaurant L'Eau-Vive de Notre-Dame de la garde à Marseille que « selon les témoignages recueillis, ces jeunes filles une fois arrivées en France, étaient cloitrées sans travail sans formation [...] étaient dépossédées de tout bien y compris de leurs pièces d'identités ».

des ministres du culte catholique a été portée en octobre 2021 sur la place publique dès lors que la Commission indépendante sur les abus sexuels dans l'Église (CIASE) ait conclu à leur caractère systémique et institutionnel. Jadis la violation du secret professionnel des ministres du culte (article 226-13 du Code pénal), permise par dérogation sous forme de dénonciation aux autorités (selon l'articulation des articles 226-14 et 434-1 du Code pénal), ne visait que des faits connus hors de la confession auriculaire en particulier[1]. Telle sera la jurisprudence en date du 4 septembre 2001 du tribunal correctionnel de Caen dans l'affaire de l'Évêque Pican. Vingt ans plus tard, le rapport remis au président de la Conférence des Évêques de France par la CIASE démontrait que le secret de la confession avait pu être revendiqué pour éviter à des clercs catholiques de signaler aux autorités les violences sexuelles commises par leurs collègues sur des mineurs, telles qu'elles leur étaient signalées en confession par des victimes. Le rempart du secret de la confession n'est-il pas le signe d'une forme de radicalisme religieux intransigeant et répréhensible en présence au surplus d'une recrudescence du nombre de poursuites pénales en cours ? La question reste posée en l'état des conclusions de la CIASE et des commentaires de quelques-uns de ses membres, éminents juristes pour certains d'entre eux[2] L'un des éléments phare de la polémique sur les chiffres du nombre de victimes portait sur un sondage rendu public par la CIASE qui avait conduit à estimer le nombre de victimes de prêtres pédophiles ou laïcs travaillant pour l'Église à 330 000 sur 70 ans, soit 5 000 victimes par an sur cette période. Quels que soient les chiffres, le rapport de la CIASE laisse aujourd'hui des traces

1. Sur la difficulté de juger ses affaires, lire C. Dounot et E.-C. Frety, « Un cardinal condamné pour l'exemple. Regards croisés sur la non-dénonciation de mauvais traitements », *Droit pénal*, 2019, n° 9.

2. L. Atlani-Duault et D. Guérin, « Secret de la confession et signalement des violences sexuelles sur mineurs », *Droit pénal*, 2022, n° 6 (tous deux étaient membres de la CIASE, le second ancien président honoraire de la chambre criminelle de la Cour de cassation).

profondes dans l'univers catholique appelé d'une certaine façon à repenser son rapport notamment au Code pénal, situation ô combien inédite.

2. Le droit pénal appréhende les infractions commises au titre d'une religion ou d'une croyance sous couvert de manipulations mentales

La question juridique des manipulations mentales, selon cette qualification reconnue tout d'abord par le monde médical, commises au sein des groupes religieux a été au centre des débats, du monde des sectes[1], puis aujourd'hui des religions. Elle semble avoir été réglée par la répression pénale de l'abus frauduleux de l'état d'ignorance ou de faiblesse.

A) De la notion controversée de manipulation mentale à la sanction pénale de l'abus de faiblesse

À la fin des années 1990, la sujétion physique ou psychologique a fait l'objet en France d'un débat public passionné autour du « danger des sectes » et de la notion de manipulation mentale. Compte tenu de l'évolution de ces questions le constat dressé en 2000 de Mgr Jean Vernette, délégué de l'Épiscopat pour la question des sectes et des nouvelles croyances, résonne aujourd'hui. Selon lui l'Église catholique « avait à mettre en œuvre [sa] législation interne quand des groupes en [son] sein connaissent, comme tout groupe humain, des dérives sectaires[2] ». Le renouvellement de cette question par le prisme de l'étude du

1. R. Koering-Joulin, « Activités sectaires et droit pénal » in *Les « sectes » et le droit en France*, Messner, Francis (sous la dir.), PUF, Politique d'aujourd'hui, 1999

2. V. l'article, « Contre les sectes, il existe la loi ! », *La Croix*, 5 décembre 2000, p. 23. – Voir également, du même auteur, « L'Église catholique et les sectes », *SNOP*, 2001, n° 1086, p. 3.

prosélytisme islamiste est des plus actuels si l'on en juge par la mobilisation des services de sécurité dans ce domaine avec l'institution dès 2004 de Pôles de lutte contre l'islam radical dans certaines préfectures en France, structures qui enquêtent notamment sur les associations salafistes se livrant à un « inquiétant prosélytisme[1] ». La prise en compte des dérives prosélytes islamistes par les pouvoirs publics en termes de sécurité publique, est révélatrice des conséquences des pratiques de persuasion ou d'intimidation très rôdées d'un Islam dévoyé par des groupuscules déterminés[2].

Comment définir la manipulation mentale[3] ? Le rapport de la Commission d'enquête parlementaire sur les sectes, instituée en 1995, utilisait ce terme accouplé à celui de « déstabilisation mentale ». La déstabilisation mentale faisait partie des « indices permettant de supposer l'éventuelle réalité de soupçon conduisant à qualifier de "secte" un mouvement se présentant comme religieux, faisant siens les critères utilisés par les Renseignements généraux [...] ». Ces observations devaient beaucoup aux déclarations du psychiatre Jean-Marie Abgrall. Ainsi, « on entend par cette expression le fait, par la persuasion, la manipulation ou tout

---

1. Lire « L'inquiétant prosélytisme des associations musulmanes » (*Le Figaro*, 28 mai 2004) qui fait état d'un rapport de l'Institut des hautes études de la sécurité intérieure. V. aussi le rapport de la Direction centrale des renseignements généraux remis au ministre de l'Intérieur en juin 2005 sur l'état des conversions à l'Islam radical (« Les conversions à l'islam radical inquiètent la police française », Le *Monde*, 13 juillet 2005, p. 7)

2. Lire l'article de P. LARZILLÈRE, « Islam et islamismes », *Le Monde*, 11 août 2005, p. 15.

3. Une abondante littérature anglophone s'est penchée sur cette épineuse question. Voir en particulier les travaux de D. BRUMLEY et J. RICHARDSON, *The Brainwashing - Deprogramming Controversy. Sociological, Psychological, Legal and Historical Perspectives*, New York, Edwin Mellen, 1983, 453 pages ; N. ISSER et L. LINZER SCHWARTZ, *The History of Conversion and Contemporary Cults*, New York, Peter Lang, 1988, 398 pages ; D. ANTONY et T. ROBBINS, *Law, Social Science and the Brainwashing Exception to the First Amendment* : *Behavioral Sciences and the Law*, n° 10, 1992, p. 5-29.

autre moyen matériel, de déstabiliser quelqu'un pour le soumettre à son emprise[1] ».

Les parlementaires qui faisaient partie de la Commission d'enquête de 1995 mirent vite le doigt sur la difficulté de fixer juridiquement ces notions. Ils ne cherchèrent d'ailleurs pas à en faire une infraction spécifique. Regrettant qu'il ne soit guère fait recours aux dispositions de l'article 313-4 du Code pénal, ils souhaitaient que les juges en fassent usage pour « réprimer des faits de déstabilisation mentale perpétrés par des sectes destructrices ». Ce dispositif répressif visait « l'abus frauduleux de l'état d'ignorance ou de la situation de faiblesse, soit d'un mineur, soit d'une personne dont la particulière vulnérabilité due à son âge, à une maladie, à une infirmité, à une déficience physique ou psychique [...] est apparente ou connue de son auteur, pour obliger ce mineur ou cette personne vulnérable à un acte ou à une abstention qui lui sont gravement préjudiciables [...] ». Encore aujourd'hui, il ne peut être évité un questionnement entre le supposé état de vulnérabilité de personnes manipulées et l'idée que toute croyance supposerait une manipulation. Juridiquement, ce flottement heurte le rapport aux libertés et aux droits tels qu'ils sont inscrits dans de nombreux textes protecteurs des droits fondamentaux (Déclaration des droits de l'homme et du citoyen du 26 août 1789, Déclaration universelle des droits de l'homme du 10 décembre 1948, Convention de sauvegarde des droits de l'homme et des libertés fondamentales du 4 novembre 1950). Ces normes émancipatrices postulent a priori la capacité et la compétence des personnes, y compris dans leur croyance et la manière dont elles les ont reçues. Si la règle de droit doit être considérée comme un rempart contre les abus, la controverse publique sur les manipulations mentales n'a pas permis au moment où elle surgissait, cette réflexion prudente et équilibrée du concept. Dans l'urgence de l'affolement populaire,

---

1. V. rapport précité, p. 76.

après l'affaire des « suicidés » du Temple Solaire, il fut utilisé comme un terme compris de tous, comme l'usage de techniques de persuasion supposée malveillante de la part de mouvements qualifiés de sectes. Les expressions de « lavages de cerveau, programmations, manipulations mentales[1] » véhiculées à l'époque par les milieux antisectes furent médiatisées[2]. Elles faisaient appel au vocabulaire militaire du contre-espionnage, aux méthodes de renseignements héritées de la guerre froide, aux techniques connues de rééducation et d'endoctrinement des camps de concentration ou des lieux de relégation communistes, et même aux méthodes commerciales d'outre-Atlantique fondées sur le harcèlement publicitaire et le marketing sauvage[3]. Appliquée aux pratiques spirituelles, la manipulation mentale devint un « endoctrinement contraint », un « viol psychologique ». Mais il semble bien que nommer ces phénomènes en recourant à l'expression « manipulation mentale » expose à de multiples risques puisqu'en parler renvoie, quels que soient les moyens utilisés, à la question de l'exercice des libertés publiques et privées.

Or, quelles peuvent être les données juridiques à prendre en considération si l'on voulait tenter d'examiner les contours des agissements et des comportements qualifiés de manipulation

---

1. P. BOINOT, « Sectes religieuses et droit pénal », *RSCDPC*, 1983, p. 409 ; J. PRADEL, « La religion face au droit criminel », *Études Chavanne*, Paris, Dalloz, 1989, p. 34-57. – V. aussi ; Question du député Mayoud, *JO* Déb. AN, n° 60 du 26 juin 1976.

2. Voir par exemple, J.-M. ABGRALL, *La mécanique des sectes*, Paris, Payot, coll. « Documents », 1996, p. 13-20. Le docteur M. MONROY, psychiatre, a expliqué que le fonctionnement sectaire appelle des interventions « coercitives ou manipulatoires » (*Le Journal de l'action sociale*, juin 1997, p. 5-9).

3. Voir les travaux non publiés du colloque du 25 avril 1997, organisé à Paris par le CESNUR, sur le thème *La notion de manipulation mentale - Points de vue sociologique, historique, psychiatrique et juridique* ; J.-F. MAYER, « *Il problema della manipolazione nei movimenti religiosi controversi* », in M. DI FIORINO, *La persuasione socialmente accettate, il plagio e il lavaggio dell cervello*, Vol. I, Forte dei Marmi, Psichiatra e Territorio, p. 34-87.

mentale ? L'adhésion à une doctrine fait-elle d'une personne un « endoctriné », alors qualifié de fidèle ou d'adepte, ou un « manipulé » suivant qu'on se réfère à une religion pour le premier, ou à une secte pour le second ? La première difficulté réside à ne point vouloir sonder le cœur et les reins des convertis au risque de s'ingérer dans l'examen des croyances. La Cour européenne des droits de l'homme a, dans son arrêt *Kokkinakis c/ Grèce* du 25 mai 1993, témoigné de cette prudence : « Il échet de distinguer le témoignage chrétien du prosélytisme abusif ; le premier correspond à la vraie évangélisation qu'un rapport élaboré en 1956, dans le cadre du Conseil œcuménique des Églises, qualifie de mission essentielle et de responsabilité de chaque chrétien et de chaque Église. Le second en représente la corruption ou la déformation. Il peut revêtir la forme d'activités offrant des avantages matériels ou sociaux en vue d'obtenir des rattachements à une Église ou exerçant une pression abusive sur des personnes en situation de détresse ou de besoin ; voire impliquer le recours à la violence ou au lavage de cerveau ». Sous cet arrêt, dans son opinion partiellement concordante, le juge français à la Cour européenne Louis-Edmond Pettiti expliquait que « les seules limites à l'exercice de la liberté de religion sont celles correspondant au respect des droits d'autrui dans la mesure où il y aurait tentative de forcer le consentement de la personne ou d'user de procédés de manipulation ». Il dénonçait explicitement le lavage de cerveau, les atteintes au droit du travail, à la santé publique, l'incitation à la débauche. En effet, des groupements, sous couvert de religion ou d'activités religieuses, recourent à de telles méthodes pour recruter et asservir des individus. Leurs sources d'inspiration sont diverses : ésotérisme, parapsychologie, science-fiction, mais aussi... christianisme[1]. En l'espèce, nulle

1. « *L'institution ecclésiastique a usé d'une gamme très élaborée de moyens de pression et coercition sur l'individu* », selon T. Baffoy, *Vie en secte et vie en monastère - sectes politiques et religion : Esprit*, janv. 1978, p. 4-12. – T. Baffoy, A. Delestre et J.-P. Sauzet, *Les nauvragés de l'esprit – Des sectes dans l'Église*

source d'inspiration religieuse, nulle foi, nulle confession n'est à l'abri de l'utilisation de ces méthodes abusives par certains fidèles ou dirigeants[1]. En l'état actuel de la doctrine et de la jurisprudence, il n'est par ailleurs guère déterminant de retenir une approche fondée sur la contrainte morale pour arriver à mieux cerner la notion de manipulation mentale.

À l'occasion du débat sur les sectes, organisé à l'Assemblée nationale le 8 février 1996, le député Guyard, rapporteur de la Commission d'enquête sur les sectes, avait soutenu que « la loi française permet de poursuivre et de condamner la quasi-totalité des déviances auxquelles se livrent certains groupes, y compris la déstabilisation mentale qui fait l'objet, dans le nouveau Code pénal, de l'article 313-4[2] ». Cette précision a été reprise dans une *Circulaire du garde des Sceaux* en date du 29 février 1996 relative à la lutte contre les atteintes aux personnes et aux biens commises dans le cadre de mouvements à caractère sectaire[3]. Initialement, la législation souhaitait protéger les mineurs contre les usuriers. Aujourd'hui, ce dispositif protège les citoyens contre l'illusion frauduleuse des marchands de rêve et d'habiles escrocs[4]. Au siècle dernier, les tribunaux avaient sanctionné ceux qui faisaient fortune en utilisant abusivement des

---

catholique, Paris, Seuil, 1996. Certains critiquent aussi la « *direction de conscience* », prévue par les canons 239, § 2 et 241, § 4 de l'Église catholique.

1. Lire les travaux d'acteurs et de professionnels des questions de psychologie sociale qui par le prisme du terme de « secte » analyse une vaste réalité sociale : L. M. VILLERBU et C. GRAZIANI, *Les dangers du lien sectaire*, Paris, PUF, coll. Médecine et Société, 2 000. – Paul DENIS et Jacqueline SCHAEFFER (sous la direction de), *Sectes*, Paris, PUF, coll. Débats de psychanalyse, 1999, 234 p

2. Compte rendu analytique officiel, *JO* Ass. nat., 9 févr. 1996, p. 1243.

3. A. GARAY, *Aperçu rapide de la circulaire du 29 février 1996 relative aux « mouvements à caractère sectaire »*, *JCP* G 1996, n° 15, Actualités ; G. KOUBI, *Du principe de laïcité : à propos de la circulaire du 29 février 1996 relative à la lutte contre les mouvements sectaires : Dr. Administratif*, 1996, n° 7, p. 1-3.

4. R. OTTENHOF, *Abus frauduleux de l'état d'ignorance ou de la situation de faiblesse d'une personne vulnérable : Revue de Sciences criminelles,* 1997, p. 110.

« prédispositions surnaturelles[1] ». Le débat contemporain sur les dérives sectaires a ainsi fait resurgir le spectre des méthodes de conditionnement en présupposant l'infantilisation et la vulnérabilité de la personne et l'influence importante de leaders idéologiques qualifiés (sans que l'on sache vraiment les définir) de « gourous » ou de « chefs charismatiques[2] ». En l'état du droit applicable, l'escroquerie, qui est le fait de provoquer la remise d'une chose en trompant son propriétaire par des manœuvres frauduleuses, peut revêtir la forme d'une infraction d'abus de la crédulité des personnes[3]. Mais, en droit, l'usage de manœuvres frauduleuses reste parmi les formes de tromperie les plus difficiles à caractériser. Quelques exemples suffisent à illustrer la réalité des tromperies. Ainsi, la création et l'entretien de la crainte en une catastrophe imaginée par une cartomancienne qui propose, contre rémunération, une « intervention magique » pour conjurer le danger[4]. L'escroquerie dite à la superstition : si la seule affirmation de pouvoirs surnaturels n'est pas répréhensible pénalement[5], elle le devient en faisant intervenir des

1. Cass. crim., 2 juin 1843 ; CA Caen, 23 novembre 1842, S. 1843, 1, 920, (Affaire Vintras). – Cass. crim., 20 janvier 1872 : *Bull. crim.* 1872, n° 17, *D.* 1873, I, 495 ; CA Grenoble, 2 mai 1829, S. 1828, 2, 254.

2. En psychologie scientifique, le conditionnement a un sens précis. Il s'applique à des mécanismes d'acquisition des comportements à la faveur de certaines relations précises entre les réactions de l'organisme et les stimulations du milieu. « Son rôle explicatif dans une théorie générale des comportements acquis, aussi bien que dans une théorie générale du comportement, n'est pas entièrement élucidé » (Marc Richelle, *Encyc. Universalis*, tome 5, p. 290.)

3. Comme l'abus de confiance qui se réalise par le détournement d'une chose volontairement remise par son propriétaire, l'escroquerie, réprimée par l'article 313-1 du Code pénal, suppose la mise en œuvre de procédés astucieux et trompeurs, de nature à duper. La définition de l'escroquerie par le nouveau Code pénal est plus limitée que celle de l'ancien article 405 qui visait explicitement l'emploi de « manœuvres frauduleuses pour persuader l'existence [...] d'un pouvoir ou d'un crédit imaginaire, ou pour faire naître l'espérance ou la crainte d'un succès [...] de tout autre événement chimérique ».

4. Crim. 6 mars 1957, *Bull. Crim.*, n° 231.

5. Cass. crim., 11 janv. 1955 : *Bull. crim.* n° 17.

témoins-experts qui justifient la création d'entreprise de façade ou un travestissement de nature à capter des clients potentiels[1]. L'escroquerie dite à l'art divinatoire est constituée par le fait pour une personne d'obtenir la remise de fonds en persuadant de ses pouvoirs incantatoires fondés notamment sur l'astrologie et la cartomancie[2]. Ce qu'on reproche ici aux fakirs, exorcistes, devins, marabouts, c'est en réalité le recours structuré et régulier à des opérations lucratives et ce, sous couvert d'altruisme et de générosité humaine[3]. On peut aussi citer l'escroquerie dite à l'art de guérir qui vise la manœuvre trompeuse concernant le fait de donner l'illusion de soigner avec un esprit de lucre, sans générosité apparente[4]. Cette qualification a été retenue par la Cour de cassation au moins à deux reprises en 1854 et 1934[5].

---

1. Cass. crim. 25 avr. 1867 : *D.* 1867, 1re partie, p. 368. – Cass. crim. 8 févr. 1913, *Bull. crim.*, n° 74. – Cass. crim. 28 déc. 1934 : *DH* 1935, p. 104 ; *Rev. sc. crim.*, 1936, p. 76, obs Donnedieu de Vabres. – Cass. crim., 3 mai 1961 :, *Bull. crim.*, n° 232, *Rev. sc. Crim.* 1962, p. 101, obs. Bouzat. – V. aussi, la note de doctrine de Jean Larguier, *Le juge et le sorcier*, note sous Trib. corr. Caen, 18 mai 1966 (relaxe d'une guérisseuse-occultiste) pour qui *« en droit pénal français, le corps est mieux protégé que l'intelligence, puisque la moindre égratignure constitue, juridiquement, une blessure, alors que l'escroquerie n'existe pas si le mensonge a été élémentaire au point de ne pouvoir tromper qu'un sot »* : *JCP* G 1967, I, 2055.

2. Cass. crim. 2 juin 1843 : *S.* 1843, 1, 920. – Cass. crim. 25 avr. 1867 : *S.* 1867, 1, 464. – Cass. crim. 6 mars 1957 : *Bull. crim.*, n° 231, D. 1957, p. 468, S. 1957, p. 333.

3. Voir la note de Jean Larguier, « Le juge et l'astrologue », selon lequel « sous prétexte d'entretenir l'espérance, trop d'individus ne font qu'aggraver la misère d'autrui ». (*JCPG* 1963, I-1744.)

4. V. *a contrario*, Trib. corr. Orléans, 29 nov. 1950 : *JCPG* 1951, II, 6195, note LARGUIER.

5. Crim. 31 mars 1854, DH 1854, 1,199. – Cass. crim., 28 déc. 1934 : *DH* 1935, p. 101. – V. aussi, P. BOINOT, *Sectes religieuses et droit pénal*, *Loc. cit.* Cet auteur souligne que les dirigeants de l'Église de scientologie ont été condamnés « pour avoir promis la santé et la réussite sociale alors qu'aucune certitude ne pouvait être donnée et qu'aucun pouvoir véritable n'existait ». Selon cet auteur, l'arrêt d'appel, faisant suite à la décision du tribunal correctionnel de Paris du 14 février 1978, n'aurait pas remis en cause le raisonnement des juges du premier degré (p. 428). Mais on apprendra que cette présentation des faits n'est pas entièrement conforme à la réalité en lisant la note « Une source

S'agissant des incriminations légales, la notion de manipulation mentale, qui ne constitue pas en tant que telle une incrimination pénale, apparaît donc trop vague et imprécise pour que les tribunaux puissent apprécier l'opportunité de sanctionner de ce chef des individus ou des personnes morales. Reste que même insaisissable, ce type d'agissements représente peut-être la partie immergée d'un iceberg sur lequel peuvent s'abîmer de nombreuses personnes en dérive. Il faut s'arrêter sur l'arrêt rendu par la Cour d'appel de Lyon en date du 28 juillet 1997 dans l'affaire dite de l'Église de scientologie, laquelle a retenti comme un véritable coup de tonnerre médiatique. De nombreux commentateurs ont cependant confondu l'écho des médias et la réalité des principes en jeu[1]. En effet, la Cour d'appel a, semble-t-il, souhaité marquer un coup d'arrêt à la polémique sociale sur les sectes par référence aux textes protecteurs des droits de l'homme et aux lois de la République[2].

Selon la Cour d'appel, « il est vain dès lors, de s'interroger sur le point de savoir si l'Église de scientologie constitue une secte ou une religion, la liberté de croyance étant absolue. Dans la mesure où une religion peut se définir par la coïncidence de deux éléments, un élément objectif, l'existence d'une communauté même réduite et un élément subjectif, une foi commune, l'Église de scientologie peut revendiquer le titre de religion et développer

possible d'injustice : la publication et le commentaire des décisions de justice déjà annulées », *La vie judiciaire*, n° 2151, 29 juin 1987.

1. Selon la revue *Gazette du Palais*, dans cette affaire, « les médias ont mal analysé les motifs de l'arrêt de la Cour d'appel de Lyon, cherchant plus à émouvoir qu'à informer » (8 au 9 août 1997.) Voir les observations de M.-R. RENARD, « Qu'est-ce qu'une religion ? », *JCP* G 1998, II, 10 025 ; *D.* 1997, IR p. 343.

2. Déclaration des droits de l'homme et du citoyen de 1789, l'article 2 de la Constitution du 4 octobre 1958 qui appelle au respect de toutes les croyances, l'article 1 de la loi du 9 décembre 1905 concernant la séparation des Églises et de l'État, qui précise l'exercice libre des cultes sous les seules restrictions édictées dans l'intérêt de l'ordre public, l'article 9 de la Convention européenne des droits de l'homme.

en toute liberté, dans le cadre des lois existantes, ses activités y compris ses activités missionnaires, voire de prosélytisme.

Cependant, si la liberté religieuse est totale, il est permis de concevoir que certains individus utilisent une doctrine religieuse, en soi licite, à des fins financières ou commerciales pour tromper des tiers de bonne foi. Une Église régulièrement constituée pourrait, dans certains cas, dissimuler une entreprise financière ou commerciale. L'exercice ou la pratique d'un culte peut donner lieu à des manœuvres frauduleuses de la part de certains membres de cette religion. L'appréciation de ces manœuvres à travers une pratique religieuse n'implique pas un jugement de valeur sur la doctrine professée par cette religion, mais concerne seulement la licéité des moyens employés ».

La Cour d'appel n'a fait que reprendre un cheminement tracé par la jurisprudence depuis des décennies : « il doit être définitivement dit – et notre droit est, sur ce point, très affirmé – que les opinions religieuses ne peuvent, en aucun cas, dispenser l'individu de l'observation de la loi. L'obéissance à un commandement religieux n'est ni un fait justificatif ni une excuse absolutoire [...]. Mais la condamnation d'adeptes n'a jamais entraîné la mise en cause de la religion ni le retrait à celle-ci de sa qualification comme la condamnation d'un journaliste pour diffamation n'entraîne pas la déchéance de sa qualité[1] ».

B) La loi dite About-Picard du 12 juin 2001 ou la vrai-fausse sanction pénale de la manipulation pénale préjudiciable

La loi du 12 juin 2001 visant à renforcer la prévention et la répression des mouvements sectaires portant atteinte aux droits de l'homme et aux libertés fondamentales[2], a été votée après que

1. *RD publ.* 1985, p. 508.

2. *JO* 13 juin 2001, p. 9337 ; Dossier : *Les nouvelles dérives sectaires : AJ pénal*, 2021, 391. – A. DORSNER-DOLIVET, *Loi sur les sectes : D.*, 2002, p. 1086. – ID., *La loi n° 2001-504 du 12 juin 2001 relative aux sectes : JCP* G 2001, act. p. 2181. –

des versions initiales de ce texte ont proposé de créer un délit de « manipulation mentale ». Or, après l'avis rendu le 21 septembre 2000 par la Commission nationale consultative des droits de l'homme n'estimant « pas opportune » la création d'un tel délit, cette proposition a soulevé l'inquiétude des principaux responsables religieux français qui avaient demandé à être auditionnés par le Sénat, ce qui fût fait le 8 novembre 2000. Qu'on se rapporte aux auditions de Dalil Boubakeur, recteur de la Grande Mosquée de Paris, Joseph Sitruck, grand rabbin de Paris, Jean Vernette, représentant de la Conférence des évêques catholiques, et Jean-Arnold de Clermont, président de la Fédération protestante de France :

> M. Dalil Boubakeur a tout d'abord estimé que, dans le système de liberté de conscience existant en France, la création d'un délit de manipulation mentale ferait courir des risques graves en ce qui concerne l'évolution des relations entre la société et les religions. [...] Il s'est demandé s'il n'était pas dangereux de porter un jugement, par l'intermédiaire du délit de manipulation mentale, sur les voies et pratiques prônées par les religions pour accéder à Dieu. Il a exprimé la crainte que la disposition proposée par l'Assemblée nationale ne conduise à des dérives susceptibles de porter atteinte à la liberté d'expression. M. Dalil Boubakeur a rappelé que la Constitution française reconnaissait le principe de la liberté de conscience. Il a estimé que l'arsenal législatif destiné à lutter contre les sectes pouvait être amélioré, mais qu'il était suffisant pour faire face aux dérives les plus graves. Il a observé que la création du délit de manipulation mentale était susceptible de porter atteinte au principe de la présomption d'innocence.

F.-J. PANSIER et C. CHARBONNEAU, *La loi du 12 juin 2001 : LPA* 2001, n° 125, p. 7-13. – J.-F. SEUVIC, « Chronique législative – Loi du 12 juin 2001 », *Rev. sc. crim.* 2001, p. 840. – V. FORTIER, « L'encadrement législatif du phénomène sectaire en France », *Revue de droit canonique*, 2001, n° 2, p. 26-34. – P. ROLLAND, « La loi du 12 juin 2001 contre les mouvements sectaires portant atteinte aux droits de l'homme », *Archives de sciences sociales des religions*, 2003, p. 149-166.

M. Joseph Sitruk a tout d'abord souligné que la proposition de loi évoquait un domaine difficile à cerner, celui des croyances et de la définition même de l'homme. Il a estimé que la création d'un délit de manipulation mentale pourrait avoir de graves conséquences. Il a ainsi noté que tout orateur ayant un ascendant naturel sur son auditoire pourrait être accusé de manipulation mentale. Il a observé que tout discours religieux tendait à convaincre ceux auxquels il s'adressait. M. Joseph Sitruk, réfutant le caractère absolu du discours, a considéré que son impact pouvait dépendre de l'orateur et de l'auditeur. Il a rappelé que l'ancien Premier ministre israélien Izthak Rabin avait été assassiné par un individu prétendant agir au nom de Dieu et ayant probablement mal compris un discours d'ordre religieux. Le grand rabbin a souligné que toute société devait protéger les plus faibles, en particulier les enfants, et que des progrès étaient sans doute possibles dans ce domaine. Il a estimé nécessaire d'exiger de l'ensemble des associations une très grande transparence. Après avoir estimé légitime la préoccupation des pouvoirs publics et précisé qu'il ne déniait pas au législateur le droit d'intervenir sur ces questions, il a indiqué que la République se devait de protéger de manière égale tous les citoyens dans le respect de la liberté religieuse.

M. Jean-Arnold de Clermont [...] a indiqué que la Fédération protestante de France avait toujours défendu, depuis la publication du premier rapport de M. Alain Vivien sur les sectes, l'idée que l'arsenal juridique permettant de lutter contre les sectes était suffisant, pour peu qu'il soit utilisé. [...] Il a fait valoir que le débat sur la lutte contre les sectes était vicié par l'impossibilité de définir juridiquement une secte. Il a rappelé que les termes de secte, de schisme ou d'hérésie étaient employés par référence à une norme et s'est demandé par qui cette norme pourrait être fixée dans une société marquée par la séparation de l'Église et de l'État. Il a indiqué que la lutte contre les sectes avait été marquée par des comportements extrêmement critiquables, en particulier par l'assimilation à des sectes de tous les groupements dont l'intitulé comportait le terme « évangélique ». Le président de la Fédération protestante de France s'est prononcé contre la création d'un délit de manipulation mentale. Il a observé que la création de cette infraction contribuerait à la judiciarisation croissante de la société et que les critères permettant de caractériser ce délit étaient beaucoup trop flous. Il a estimé préférable de tenter de définir les modalités qui conduisent à la manipulation mentale et d'étudier la manière dont se constitue un lien de dépendance. [...]

Mgr Jean Vernette a ensuite estimé que l'idée de créer un délit de manipulation mentale était à la fois séduisante et redoutable. Il a estimé que les intentions du législateur étaient claires pour le présent, mais qu'il était impossible de présager de l'avenir. Il s'est demandé si un tel délit serait conforme à l'article 9 de la Convention européenne des droits de l'homme et des libertés fondamentales. Il a noté que le délit de manipulation mentale pourrait s'appliquer à tout groupe. Il a alors noté que les règles respectées par certaines congrégations religieuses, qu'il s'agisse de la clôture, du jeûne, des vœux d'obéissance, de pauvreté et de chasteté, n'étaient pas aujourd'hui assimilées à des manipulations, mais que le sentiment à ce sujet pouvait changer. Il a fait valoir qu'il n'existait aucune garantie que la nouvelle disposition ne serait pas appliquée à des religions ou à des mouvements de pensée. Il s'est demandé si l'adoption d'un tel délit ne finirait pas par donner à penser que toute conviction religieuse serait la manifestation d'une déficience de l'individu concerné. Mgr Jean Vernette a estimé contestable de vouloir protéger les victimes contre elles-mêmes, observant qu'une telle évolution pourrait conduire à la mise en place d'une police de la pensée. Il a souligné que les textes en vigueur invitaient les juridictions à consulter les grandes associations de lutte contre les sectes, notamment en ce qui concerne les mouvements susceptibles d'être qualifiés de sectes. Il a alors rappelé qu'un ouvrage publié par l'une des associations de lutte contre les sectes avait assimilé à des sectes certaines communautés telles que les Béatitudes ou le Chemin neuf. Il a exprimé la crainte que le délit de manipulation mentale conduise le juge à définir le « religieusement correct ». Mgr Jean Vernette a alors formulé quelques propositions. Il a souhaité que les dispositions existantes, en particulier l'article 313-4 du Code pénal relatif à l'abus frauduleux de l'état de faiblesse, soient pleinement appliquées. Il a observé qu'il existait parfois des dérives sectaires au sein même de l'Église catholique et que celle-ci avait pris des dispositions au sein du Code de droit canonique pour contenir de telles évolutions. Il a fait valoir que tout groupe humain connaissait des dérives sectaires et que l'Église catholique avait acquis une expérience dans la prévention de ce type d'évolution qui pourrait être utile dans le cadre des débats actuels.

Jean Vernette avait prévenu en dénonçant ceux qui voulaient « utiliser la lutte anti-sectes comme fusée porteuse d'une lutte anti-religieuse ». Comme pour combattre les sectes, les mêmes outils sémantiques ont ensuite visé les activistes djihadistes en empruntant la rhétorique du lavage de cerveau forgée aux États-Unis dans les années 1950 pour dénoncer les conversions de militaires au pacifisme, et ses avatars : manipulation mentale, conditionnement, embrigadement, viol psychique, etc. Cette proximité a été portée, d'une certaine façon, par les pouvoirs publics lorsqu'ils n'ont pas hésité à financer le Centre de prévention contre les dérives sectaires liées à l'islam fondé en 2014 sous la houlette de Dounia Bouzar, ancienne éducatrice spécialisée à la protection judiciaire de la jeunesse, et rattaché à la Mission Interministérielle de lutte contre les dérives sectaires[1]. Cette « approche psychologique » ne cesse pas de susciter des répliques et de « multiples vies des dispositifs de surveillance » dont « l'activisme » en faveur de la loi précitée de 2001 « se donne à voir dans les archives des différents ministères » prenant la forme d'organisation des « mobilisations à bas bruit à l'intérieur de l'administration[2] ». Mais revenons au dispositif concernant la tentative de légiférer pour réprimer les manipulations mentales qui ne dit pas son nom, puisqu'issu de la loi précitée du 12 juin 2001, l'article 223-15-2 du Code pénal dispose que :

> Est puni de trois ans d'emprisonnement et de 375 000 euros d'amende l'abus frauduleux de l'état d'ignorance ou de la situation

---

1. D. Bouzar, *Désamorcer l'islam radical. Ces dérives sectaires qui défigurent l'islam,* Paris, Éd. de L'Atelier, 2014.

2. E. Ollion, *Raison d'État. Histoire de la lutte contre les sectes en France*, Éd. La Découverte, 2017 (lire l'épilogue « Des sectes au djihad : les hoquets de l'histoire »).

> de faiblesse soit d'un mineur, soit d'une personne dont la particulière vulnérabilité, due à son âge, à une maladie, à une infirmité, à une déficience physique ou psychique ou à un état de grossesse, est apparente ou connue de son auteur, soit d'une personne en état de sujétion psychologique ou physique résultant de l'exercice de pressions graves ou réitérées ou de techniques propres à altérer son jugement, pour conduire ce mineur ou cette personne à un acte ou à une abstention qui lui sont gravement préjudiciables. Lorsque l'infraction est commise par le dirigeant de fait ou de droit d'un groupement qui poursuit des activités ayant pour but ou pour effet de créer, de maintenir ou d'exploiter la sujétion psychologique ou physique des personnes qui participent à ces activités, les peines sont portées à cinq ans d'emprisonnement et à 750 000 euros d'amende. Lorsque l'infraction est commise en bande organisée par les membres d'un groupement qui poursuit des activités ayant pour but ou pour effet de créer, de maintenir ou d'exploiter la sujétion psychologique ou physique des personnes qui participent à ces activités, les peines sont portées à sept ans d'emprisonnement et à un million d'euros d'amende.

Ce dispositif répressif vise non les manipulations mentales en tant que telles mais « l'exercice de pressions graves ou réitérées ou de techniques propres à altérer son jugement [...] gravement préjudiciables[1] ». Certains auteurs osent ainsi la critique de ce texte : « que penser des méthodes autoritaires d'éducation ou d'obéissance comportant brimades et punitions, des jeûnes et mortifications pratiqués dans certaines congrégations religieuses ainsi que certaines techniques employées par les psychothérapeutes [...] Quid de l'orateur brillant, habile à séduire voire à subjuguer son auditoire[2] ? »

---

1. A. Dorsner-Dolivet, « La loi n° 2001-504 du 12 juin 2001 relative aux sectes », *JCP* G 2001, p. 2181 ; *Loi sur les sectes : D.* 2002, p. 1086-1096

2. « Droit pénal et sectes », in F. Messner, P.-H. Prélot, J.-M. Woerling et I. Riassetto (sous la dir.), *Traité de droit français des religions*, LexisNexis, 2013, p. 573.

Présentant des difficultés d'appréciation, ce texte répressif n'a donné lieu qu'à relativement peu de condamnations pénales alors que nul ne dispose de données chiffrées en la matière sur l'état du contentieux correspondant. Mais tel un marronnier journalistique cette problématique revient régulièrement dans l'actualité. Qu'on en juge à l'article publié dans *Le Monde* du 8 février 2023 sous le titre « L'abus spirituel, une attaque contre "ce qu'il y a de plus profond en nous" ? » Cette expression aurait largement été employée ces derniers mois en référence aux commentaires relatifs aux affaires de violences sexuelles au sein de l'Église catholique. Selon *Le Monde* « Le travail des chercheurs vient jeter une lumière crue sur la mécanique des abus spirituels et des violences sexuelles qu'ils ont permises », écrivait par exemple Aymeric Christensen, directeur de rédaction de *La Vie*, le 31 janvier 2023, au moment de la publication de rapports mettant en lumière les agissements répréhensibles des Frères Philippe et du fondateur de L'Arche, Jean Vanier. L'expression ne concerne pas que les catholiques. C'est même en milieu protestant qu'elle semble être apparue, puisqu'on la trouve dès les années 1990 dans les travaux de deux pasteurs évangéliques américains, David Johnson et Jeff Van Vonderen (*Le Pouvoir subtil de l'abus spirituel. Comment reconnaître la manipulation et la fausse autorité spirituelle dans l'Église et comment y échapper ?*, Emeth, 1998). Elle a également pu être employée au sujet de récents scandales ayant frappé des centres liés au bouddhisme tibétain ! Quant à spirituel, il désigne d'abord le contexte au sein duquel se déroulent ces abus : pendant le sacrement de confession ou un prétendu rite d'exorcisme chez les catholiques, par exemple, ou durant des séances mystico-sexuelles sous le couvert de textes tantriques, comme les pratiquait le lama Sogyal Rinpoché, fondateur de l'école Rigpa.

Certes, il faut veiller à ne pas rapprocher sans mesure des situations qui ne sont pas identiques. Le plus souvent, elles diffèrent par bien des aspects. La méthode comparative, si elle éclaire les controverses, ne peut juridiquement pas constituer la preuve matérielle d'un agissement illicite et répréhensible.

Expliquer n'est pas excuser, quoiqu'en pensent des responsables politiques. De sorte que l'ordre de la divinité, plus largement l'impératif dicté par une croyance religieuse, ne peut légitimer certaines pratiques illicites et répréhensibles prévues par la loi dans une société démocratique et un État de droit. Le juge est alors tenu au fil des espèces de « recomposer la notion de liberté religieuse en termes de choix ou d'option individuelle, familiale ou collective entre diverses religions, croyances, fois, conviction », selon cet *obiter dictum* de la Cour européenne des droits de l'homme dans son emblématique arrêt *Kokkinakis contre Grèce* du 25 mai 1993, précité, par le prisme de valeurs, de principes et de lois qu'il pourra parfois juger plus élevé dans l'ordre des normes. De toute évidence la recherche du point d'équilibre entre la protection de la liberté de religion et la défense des intérêts de la société repose non sur la seule identité ou l'appartenance religieuse mais à partir des activités concrètement mises en œuvre dont la preuve peut être matériellement rapportée.

3. La justice pénale confrontée aux difficiles conditions de prévention et d'exécution des peines

A) Les difficultés liées aux qualifications de la prévention

Selon le magistrat Marc Trévidic, le droit pénal serait marqué par une « dérive judiciaire » avec, par exemple à compter de 2003, la définition retenue de constitution d'association de malfaiteurs par le simple fait de préparer son départ en Irak pour rejoindre ses coreligionnaires djihadistes[1]. D'aucuns décrient également en termes de déficience l'étiolement des droits de la défense étroitement lié au caractère dérogatoire des droits de la défense[2].

---

1. M. Trévidic, *Le roman du terrorisme*, Flammarion, 2020, p. 112.
2. V. Brengarth, « Le procès du 13 novembre est symptomatique des déficiences de la justice pénale », *Le Monde*, 26 juill. 2022.

L'infraction-phare de la justice antiterroriste, à savoir l'association de malfaiteurs terroriste (AMT), serait une « toile d'araignée juridique ». Dans l'affaire des suites pénales d'un attentat perpétré en mars 2019 contre deux surveillants au centre pénitentiaire de Condé-sur-Sarthe, la chambre de l'instruction de la Cour d'appel de Caen avait tenté de définir les contours de cette infraction si délicate à cerner, dans les termes suivants : « le simple fait d'appartenir à un groupement ayant pour objet la préparation de crimes suffit, sans nécessité de démontrer une participation effective aux crimes ou à leur préparation. Ainsi, l'adhésion au projet criminel n'est pas une condition de la participation à une AMT ». Suffisait-il d'avoir fréquenté d'un peu trop près un individu radicalisé en connaissance de cause et de n'avoir ainsi pu ignorer que ce dernier était susceptible de commettre un attentat, sans qu'il soit besoin d'avoir voulu y participer ni même d'en avoir eu connaissance rendant ainsi « radioactif » tout individu prônant le djihad armé ? Dans le dossier de Condé-sur-Sarthe, la plasticité de cette infraction complexe a été à l'origine de profondes divergences d'analyse entre le Parquet national antiterroriste et les juges d'instruction. Me Martin Méchin, avocat de l'un des accusés, soulignait la fragilité de l'AMT en ce qu'elle reposait pour l'essentiel sur une « proximité » entre prisonniers. La Chambre de l'instruction avait, quant à elle, estimé que l'accusé « ne pouvait ignorer le projet d'action violente qui se préparait depuis plusieurs mois » puisqu'il fréquentait quotidiennement la salle de convivialité ». Pour Me Martin Méchin, concernant l'AMT, « on peut désormais y faire rentrer n'importe quoi, sans aucune considération pour les éléments constitutifs, légaux, de cette infraction. Le "djihadisme d'atmosphère", qui était initialement un élément sociologique de contexte, déjà contestable en soi, devient, sous la plume du Parquet et de la Cour d'appel, un véritable élément constitutif de l'AMT. L'AMT deviendrait donc une infraction qui se réaliserait sans aucun élément matériel, devenant finalement un "crime d'atmosphère" ».

De plus, le caractère spécieux de la loi pénale a été souvent décrié. Au procès des attentats de Nice du 14 juillet 2006, le simple fait d'avoir conscience de la radicalisation de l'auteur de l'attentat n'a pas suffi à caractériser une association de malfaiteur. Il faut un acte positif d'aide. Enfin, le télescopage des procédures pénales et administratives peut susciter une forme d'agacement des juges du siège envers les pouvoirs qu'ils estiment exagérés de la Direction générale de la sécurité intérieure, chargé d'opérations de renseignement et dotées de capacités judiciaires mais aussi le Parquet national antiterroriste perçu comme trop inféodé aux impératifs sécuritaires du gouvernement. Par exemple le procès pénal du mois d'avril 2022 devant la 16e chambre correctionnelle du Tribunal de Paris a conduit l'avocat de l'imam franco-syrien Bassam Ayachi, poursuivi pour des faits d'association de malfaiteurs terroriste, à déposer une Question prioritaire de constitutionnalité (QPC). Il était reproché au prévenu d'avoir activement apporté son concours à des groupes terroristes alors qu'il aurait participé effectivement à la lutte contre ces groupes sans que les services français de renseignement acceptent de lever le secret-défense afin de prouver son rôle à cet égard. Au-delà de la question soulevée par l'ancien juge antiterroriste Marc Trévidic au cours du procès pénal à Paris dit du « 13 novembre » sur la submersion du renseignement face à la montée de la menace djihadiste la problématique du télescopage des procédures pénales et des procédures administratives reste entière[1]. Le magistrat expliquait qu'à partir de 2013 « on ne pensait pas que toute personne embrigadée allait devenir un assassin. C'est dur pour un juge d'oser dire : “Je mets tout le monde en prison parce que c'est plus prudent”. Avec ce qui s'est passé, évidemment que je regrette de ne pas avoir mis Samy Amimour en détention provisoire. Oui, il y a eu de la naïveté. On apprend de ses erreurs. Je ne sais pas quoi dire[2] ».

1. « Le franc-parler de Trévidic au procès du 13 novembre », *Le Monde*, 5 mai 2022, p. 15.
2. *Ibid.*

B) Les difficultés d'exécution des peines et de suivi des personnes radicalisées

La question des mesures publiques destinées à la déradicalisation a progressivement surgi depuis une dizaine d'années et ce, à l'occasion de la gestion des crises consécutives aux attentats terroristes en France. La réponse pénale n'apparaît pas suffisante pour enrayer de façon préventive les passages à l'acte, pas plus qu'elle ne semble efficace a posteriori quant aux conditions d'incarcération des personnes placées en détention provisoire avant leur procès ou de celles détenues après avoir été condamnées. De plus d'incertaines mesures de déradicalisation ont été conçues dans le cadre de la détention carcérale et en milieu dit « ouvert » mais aussi à destination des personnes de retour de zones de conflits politico-religieux au Moyen-Orient.

Portée par un courant associant médecins, psychologues et psychanalystes, l'approche empruntée s'est attachée aux processus individuels de passage à l'acte, dont en particulier à l'acte terroriste. Ces professionnels ont été associés à la construction des mesures institutionnelles de déradicalisation mises en œuvre et financées par les pouvoirs publics. Cette approche dite clinique s'est inscrite dans le cadre d'études et pratiques de l'« école psychologique, qui dissèque et analyse les comportements individuels » décrite par Nathalie Cettina, docteure en droit, directrice de recherche auprès du Centre français de recherche sur le renseignement[1]. Il s'est agi tout d'abord d'approfondir le phénomène de la radicalisation en général, avant de susciter des mesures d'accompagnement. Des travaux ont notamment été conduits en ce sens par l'ethnopsychiatre Tobie Nathan, les psychanalystes Alain Ruffon et Fehti Benslama. L'université n'a pas été en reste. Le Centre d'Étude des Radicalisations et de leurs

---

1. D. Fassin (sous la dir.), *Terrorisme* in *La société qui vient*, Éd. du Seuil, 2022, p. 122-123.

Traitements (CERT), l'un des instituts de recherche de l'Université Paris Cité, créé en janvier 2018, a produit un travail de recherche et de valorisation de la recherche dans plusieurs domaines en :

– Assurant par une approche clinique la qualité éthique de son positionnement de recherche sur la radicalisation ;

– Répondant aux enjeux politiques et sociétaux actuels par l'élargissement de la thématique de recherche : étudier la radicalisation en insérant les champs des menaces sociales/sociétales et celui de l'inscription de diverses formes de violence dans les fonctionnements humains, sociaux et sociétaux ;

– Permettant une meilleure inscription des travaux de recherche dans les débats actuels sur ces phénomènes complexes par une ouverture à la pluridisciplinarité au sens du croisement des regards de différentes disciplines sur le même objet[1].

Selon la description de ses activités, ce centre poursuit l'action entreprise dès sa création pour l'étude des radicalités sociales, politiques et religieuses, selon la même orientation clinique, le même engagement éthique fondé sur le refus de se mettre au service des logiques d'évaluation et de surveillance, et à partir de nouvelles perspectives de recherche. En novembre 2018 à Paris, le CERT a organisé les États généraux psy sur la radicalisation dont l'objectif était de dresser l'état des lieux des pratiques et des initiatives mises en œuvre dans toute la France pour prévenir et prendre en charge ce phénomène. Ces États généraux ont bénéficié du soutien du Secrétariat général du Comité interministériel de prévention de la délinquance et de la radicalisation et des principales organisations professionnelles de psychiatres et de psychologues en référence explicite dans le programme à « l'exigence de la non-confusion des rôles et la préservation de la liberté critique des acteurs ». Selon le CERT, il ne s'agissait cependant pas d'un « exercice d'accord et d'entente » avec plus de

1. https://cert-radicalisation.fr

90 intervenants, sous la présidence de Fethi Benslama, alors directeur du CERT[1].

La magistrate Béatrice Brugère rappelle que « les expériences malheureuses de déradicalisation menées depuis 2015 ont montré l'extrême difficulté d'obtenir de résultats réels sans un travail de dentelle sur mesure et une doctrine claire. Or, la difficulté réside dans la masse des personnes radicalisées à surveiller. Plus de 8 000 inscrits au Fichier de traitement des signalements pour la prévention de la radicalisation à caractère Terroriste (FSPRT) ». « Expérimentation hasardeuse à partir d'un concept flou et surtout inefficace », selon elle. À l'origine la déradicalisation, conçue comme « un outil de lutte contre le terrorisme » (titre du rapport du député Sébastien Pietrasanta, juin 2015), a été l'un des instruments portés par les pouvoirs publics pour anticiper et juguler les mécanismes répressifs du Code pénal et du Code de procédure pénale. Cet outil s'est appuyé sur le souhait politique de mettre en œuvre des actions de déradicalisation multicentriques : améliorer le dispositif d'identification et d'évaluation des radicalisés, organiser une prise en charge individuelle pour s'adapter à chaque cas, réduire l'ampleur du phénomène de radicalisation. Au titre de la prise en charge précitée, le député Sébastien Pietrasanta avait évoqué le renforcement des moyens pour un suivi en milieu ouvert des individus, l'offre faite aux juges d'une voie intermédiaire entre incarcération et contrôle judiciaire : un centre de déradicalisation, destiné à n'envisager le regroupement de radicaux en milieu carcéral qu'à l'appui d'un dispositif d'accompagnement individualisé. Le député partait du constat selon lequel « la question religieuse est en réalité peu présente dans la radicalisation » en référence aux islamistes ou aux musulmans, osant l'explication « la religion est davantage un prétexte ou une excuse » (page 15). Cette forme de rejet de la thèse religieuse de

1. F. Benslama (ss dir.), *États de la radicalisation*, collectif, Éd. du Seuil, Le Genre Humain, 2019, n° 61.

certaines formes de radicalisme remonte à l'année 2015. Elle date en quelque sorte même en référence au témoignage du magistrat Marc Trévidic au sujet du « peu de culture religieuse des individus revenant de Syrie ». C'est ignorer que le critère de la culture religieuse n'est pas le seul à retenir pour pointer les réalités visqueuses du radicalisme religieux.

L'option préventive du recours aux outils de la déradicalisation s'est appuyée sur le recours aux mécanismes de déconstruction des croyances dites « erronées ». Un programme expérimental à destination des prévenus placés sous contrôle judiciaire a été lancé après l'échec du centre administratif de déradicalisation de Pontourny (Indre-et-Loire)[1]. Revenons sur cet épisode relatif à un problème complexe alors que, comme le souligne par ailleurs le CERT, « la difficulté n'autorise ni la simplification ni l'obscurcissement ». Le dossier mis en ligne par le centre, sous le titre « Les raisons d'une expérience avortée » (du centre de Pontourny), explique ainsi « la construction du projet et l'avortement de l'expérience » :

> En mars 2015, le Comité Interministériel pour la Prévention de la Délinquance (CIPD), devenu par la suite CIPDR, en ajoutant à sa dénomination initiale « la radicalisation », [...] a décidé le lancement d'un projet de « Création d'une structure pour les personnes de retour de zone de conflit », selon les termes officiels. [...] « L'objectif de la structure est la réintégration sociale, le traitement psychologique et la réinsertion professionnelle des jeunes majeurs radicalisés de retour de zones de combat qui ne sont pas sous main de justice. » L'idée centrale concernant ladite structure était de s'inspirer du modèle des EPIDES : « Établissements pour l'insertion dans l'emploi ». [...]. Un groupe de configuration pluri-professionnelle a été réuni pour préparer le programme de cette structure appelée « Centre de Prévention, d'Insertion et de Citoyenneté » (CPIC) [...].

1. D. Puaud, *Les surgissants. Ces terroristes qui viennent de nulle part*, coll. Le monde comme il va, Éd. Rue de Seine, 2022.

> Lors des réunions de travail a été perçue très rapidement l'incohérence de demander à des personnes dites radicalisées d'être volontaires à renoncer à leur radicalisation. [...]. Pourtant le cabinet du Premier ministre arbitrera [...] en faveur du volontariat des candidats. La raison de cet arbitrage absurde et politique ou plus exactement politicien [...]. Le centre sera inauguré « en toute pompe », avec convocation des médias, sous le label du premier centre de « déradicalisation », notion qui n'existe pas dans le projet de prise en charge.

Mais, malgré le constat d'échec des opérations conduites dans des centres administratifs de déradicalisation (selon le courant dit de l'« école psychologique » qui retient une approche du traitement de la radicalité fondée sur l'aide et l'accompagnement individualisé mis en œuvre par des professionnels, avec comme point de départ la prise en compte de la fonction psychique), les pouvoirs publics ont poursuivi la politique de prise en charge et d'accompagnement des personnes dans le cadre du Plan national de prévention de la radicalisation (PNPR), en ayant néanmoins mis un bémol sur l'emploi du terme « déradicalisation ». À ce jour, la prise en charge souhaitée des personnes radicalisées vise ainsi au désengagement, et non à la « déradicalisation ». Selon le Secrétariat général du Comité interministériel pour la prévention de la délinquance et de la radicalisation, « il ne saurait, en effet, être question de "déprogrammer" les personnes mais bien plutôt de permettre leur (ré) inscription dans la société et par là même leur renoncement au recours à la violence. Ce processus passe principalement par un travail sur les problématiques qui ont rendu possible l'engagement. Il s'agit donc d'accompagnements sociaux, éducatifs, médicaux et psychologiques, voire psychiatriques, qui prennent en compte la radicalisation. Ils peuvent venir compléter un suivi par un référent religieux, l'aide sociale à l'enfance, la protection judiciaire de la jeunesse ou un service d'insertion et de probation. ».

L'attentat du 2 décembre 2023 aux abords de la tour Eiffel à Paris, commis par un ancien détenu ayant eu des épisodes délirants, a par ailleurs relancé le débat sur le suivi, après leur sortie de prison, des individus radicalisés souffrant de troubles psychiatriques. Selon le ministre de l'Intérieur, 20 % de ceux inscrits au Fichier de traitement des signalements pour la prévention de la radicalisation à caractère terroriste présente des troubles psychologiques ou psychiatriques[1]. À la suite des faits commis le 2 décembre 2023, le ministre de l'Intérieur a annoncé le projet d'injonction administrative de soins pour un individu radicalisé, disposition jusqu'alors réservée aux seuls tribunaux, ce qui soulève de nombreuses questions.

Au total, face à ces difficultés, et selon la Commission nationale consultative des droits de l'homme décrivant « une justice pénale bouleversée par la radicalisation », il est fondamental d'assurer un équilibre entre les droits en balance. Sont en jeu les droits fondamentaux des victimes et des prévenus dont ceux de la défense[2]. Les atteintes apportées aux droits et aux libertés et leurs effets souvent contre-productifs doivent donc être mesurées au cas par cas. Et selon la Commission précitée, « le principe de précaution ne saurait inspirer la politique de prévention contre le terrorisme au risque de miner les principes qui fondent l'État de droit », ce qui peut également être repris au titre des agissements répréhensibles du radicalisme religieux.

---

1. L'assaillant du 2 décembre 2023 avait confié à un surveillant, durant sa détention antérieure, qu'il entendait des voix des terroristes du Bataclan (*Le Monde*, 6 déc. 2023).

2. V. Avis sur la prévention de la radicalisation, 18 mai 2017, p. 53.

CHAPITRE 10

LA PRISE EN COMPTE DES VICTIMES REVENDIQUÉES, DÉFENDUES ET PROTÉGÉES

I. – Grand témoignage

Entretien avec Pierre Conesa[1]

Agrégé d'histoire et ancien élève de l'ENA
Ancien haut-fonctionnaire au ministère de la Défense
Ancien directeur-adjoint de la délégation des affaires stratégiques

Alain Garay: *Selon vous, quelles sont les victimes qui revendiquent des dommages causés par des agissements répréhensibles du radicalisme religieux ? Comment les identifier et selon quelles démarches peut-on le vérifier ?*

La question de l'identification des victimes d'agissements résultant du radicalisme religieux n'est pas chose simple car nombreux sont celles et ceux qui se revendiquent victimes... à commencer bien souvent par les auteurs des actes répréhensibles eux-mêmes. Les discussions sur ce point sont très souvent sans fin... surtout si l'on y ajoute la subtilité supplémentaire consistant

1. Depuis plusieurs années, Pierre Conesa a consacré des essais aux questions liées à la radicalisation religieuse. En décembre 2014, il a ainsi été l'auteur d'un Rapport de la Fondation d'aide aux victimes du terrorisme intitulé *Quelle politique de contre-radicalisation en France ?*

à déterminer qui a été victime en premier. Selon quels critères ou quelles règles faut-il attribuer le statut de victime ? Le droit ne semble pas très clair. Or, selon nous, la matière juridique se doit de s'adapter aux changements que connaît notre société. Il faut donc le faire évoluer en faveur des victimes.

À défaut le risque existe de voir la « victimisation » se transformer en principe politique. Obéissant à une forme de construction pseudo-intellectuelle – voyant dans chaque homme blanc un horrible responsable de tous les maux de ce monde –, la société verra fabriquer des victimes plus rapidement que sont commis les actes dont ces dernières se plaignent… de sorte qu'un principe philosophique de la « victime par nature » ou de la « victime par destinée » prendra le pas sur la détermination des victimes au sens du droit. Ce qui sera dramatique.

***Philippe Coursier**: Peut-on a priori et a posteriori identifier des victimes devant être défendues et protégées des dommages résultant d'agissements répréhensibles du radicalisme religieux ?*

Vous pensez peut-être à un catalogue de victimes ? Il faut selon moi se méfier d'une approche trop manichéenne car les victimes le sont souvent à double-sens. L'exemple des certaines organisations est très parlant tels le Collectif contre l'islamophobie en France, créé en 2003 avant d'être dissous par les pouvoirs publics en 2020, refondé en 2020 en Belgique sous le nom Collectif contre l'Islamophobie en Europe ou encore Action contre l'islamophobie créée en France en 2021. Selon les tenants de ce type de mouvement, c'est le radicalisme dont ils sont les victimes qui fonde, donc d'une certaine façon légitime, leur propre violence, voire leur passage à l'acte. Le CCIF n'a jamais condamné un attentat islamiste en France. C'est très dangereux. D'autant que le radicalisme n'est pas le propre d'une religion en particulier : le radicalisme hindouiste ça existe, le radicalisme bouddhiste aussi !

D'une certaine manière, le grand retour du religieux masque la montée des radicalismes en même temps que, sans doute, il l'alimente. S'agissant des victimes, il faut donc se confronter à la réalité de façon permanente et apprécier la question de leur identification selon le point de vue où l'on se place.

Alain Garay: *Existe-il, selon vous, une spécificité relative aux victimes des agissements répréhensibles du radicalisme religieux?*

Il existe des associations qui se sont constituées autour des telles victimes, par exemple la Fédération nationale des victimes d'attentats et d'accidents collectifs qui regroupe exclusivement des victimes et des proches de victimes d'accidents collectifs et d'actes de terrorisme, mais pour autant je ne suis pas certain qu'il existe une réelle spécificité les concernant. L'approche est sans doute davantage casuistique et, à ce titre, je crois beaucoup à l'importance de la jurisprudence qui nous donne de solides repères à partir de situations très concrètes relatant un acte répréhensible du radicalisme religieux. C'est que les victimes sont aussi nombreuses que variées. N'oublions pas par exemple que les premières victimes d'un islam radicalisé sont les musulmans eux-mêmes: la guerre entre sunnites et shiites fait plus de victimes dans leurs rangs que parmi les chrétiens. De la même façon que la médiatisation du djihadisme opère, sans directement le vouloir, une victimisation évidente de l'ensemble des musulmans qui peuvent se sentir stigmatisés. Non, je crois qu'il faut se garder de reconnaître une trop grande spécificité aux victimes. Cela risque, à terme, de se révéler plutôt contre-productif.

Philippe Coursier: *En quoi l'approche géopolitique permet-elle de comprendre la situation des « victimes » réelles ou supposées des agissements répréhensibles issus du radicalisme religieux?*

Il faut énormément se méfier de ces approches géopolitiques lorsqu'elles sont rapportées sur les chaînes de télévision. Le temps de la télé ne vous permet pas de prendre le temps de tout expliquer. Les situations sont très souvent d'une complexité extrêmement forte, mêlée d'enjeux plus impératifs les uns que les autres (impératifs humanistes et sanitaires, contraintes et enjeux économiques, incidences diplomatiques et géostratégiques, guerres ou occupations armées, etc.). Cette complexité permet souvent d'expliquer, après coup, pourquoi une politique ou une intervention menée par telle ou telle grande puissance occidentale a échoué. C'est l'exemple du fiasco militaire en Somalie, mais plus récemment l'échec de l'action française « Barkhane » au Sahel.

Au regard des victimes, la fonction du droit international est essentielle, notamment à travers l'activité de la Cour pénale internationale. Même si cette dernière ne peut pas poursuivre tous les crimes tombant sous sa juridiction, elle présente l'immense mérite d'offrir un cadre à propos d'actes répréhensibles, y compris des années après leur commission. Mais de nombreux manques existent, en particulier le refus des grandes puissances (USA, Russie, Chine...) de ratifier la Charte. La situation internationale des apatrides – comme par exemple les Rohingyas en Birmanie – est par exemple l'un de ces manques. À défaut d'un cadre juridique international directement opposable aux nations, ces personnes ne peuvent faire valoir aucun droit. Ce n'est pas normal alors que le statut de victime ne saurait leur être contesté, qu'elles se trouvent sans droit.

Alain Garay: *À votre avis que peut le droit d'un point de vue opératoire et pragmatique en présence des agissements répréhensibles du radicalisme religieux ?*

Personnellement, j'attends beaucoup du droit. Déjà, il est en capacité selon moi d'offrir un référentiel permettant non seulement d'identifier les agissements répréhensibles lorsqu'ils sont issus du radicalisme religieux, mais aussi d'offrir un cadre fort en faveur des victimes, celui-ci autorisant à les identifier et de les protéger. À défaut, nous risquons de nous enfermer assez rapidement dans une « défense peureuse » de la laïcité face à un radicalisme toujours plus agissant. Nous risquons même de sombrer sous les coups de la dénonciation d'un « nouvel impérialisme culturel occidental » qui n'aura de cesse que de défaire nos valeurs, nos repères... jusqu'à nos modes de vie comme, par exemple, la montée en puissance de la cause animale qui, sous des causes parfaitement légitimes et entendables, tend aujourd'hui à s'attaquer à des activités ancestrales et traditionnelles pour certains, comme la chasse, la pêche, la corrida, certains élevages... la fête de l'Aïd chez les musulmans ou encore le rite juif des « kapparot ». Pour autant, tout n'est pas aussi simple puisque le droit est lui-même un enjeu pour certaines organisations qui visent à considérer – et à obtenir – que les règles propres à leur cause – religieuse pour les uns, humanitaire pour les autres – soient supérieures à celles de la République. Certaines ONG se refusent à signer la Charte de respect des valeurs de la République et s'opposent au principe de laïcité voulue par la nouvelle loi de lutte contre le séparatisme.

II. – Analyse juridique

Depuis plusieurs années la perception du radicalisme religieux par le droit subit l'influence des dynamiques non seulement de dénonciation publique et médiatique de la part de ses victimes, mais aussi de leur action pénale en qualité de partie civile. Les victimes recherchent des sanctions pénales, des réparations civiles autant que des mesures de protection, le tout souvent destiné à éviter la répétition des agissements récriminés. En droit, les victimes occupent ainsi une place publique de plus en importante au cœur de l'actualité des lanceurs d'alerte. Entendues et valorisées elles font ainsi connaître des situations jadis occultées ou minimisées alors qu'un Fonds de garantie des victimes des actes de terrorisme et d'autres infractions a été institué et que siège auprès du ministre de la Justice un Délégué interministériel chargé de l'aide aux victimes.

Mais si les agissements répréhensibles issus du radicalisme religieux s'identifient toujours par référence à la violation d'une règle de droit la question de la reconnaissance des victimes reste des plus délicates. En présence de logiques ambivalentes et de multiples discours sur la « victimisation[1] », le statut de victime est ici loin d'être univoque. Il est pourtant essentiel et c'est d'ailleurs la première tâche qui incombe au juriste que de tenter de le déterminer (1). Ce n'est qu'après avoir clairement identifié et reconnu la ou les victimes d'un acte illégal que ces dernières peuvent espérer obtenir protection et juste réparation de leur préjudice (2).

1. Le nécessaire travail de reconnaissance des victimes

Au-delà des victimes d'actes de terrorisme, de qui s'agit-il exactement ? Au-delà des récits journalistiques sur les victimes, sous forme de *storytelling*, très souvent mises en scène à des fins médiatiques, quels sont précisément le sujet et l'objet de la notion juridique de « victime » très peu étudié à ce jour en France du point de vue du radicalisme religieux ? Posée au juriste, cette question appelle tout à la fois des éléments de réponse techniques et globaux permettant de dégager une notion juridique de victime reposant sur un faisceau d'indices probatoires. Rappelons qu'afin d'être utile à la société, la loi se veut volontairement abstraite, générale et permanente[2]. Cette problématique relativement récente et contemporaine doit donc être appréhendée avec des critères de reconnaissance et d'évaluation diversifiés mais néanmoins exigeants compte tenu d'une certaine viscosité des manifestations du radicalisme religieux[3], au-delà des classiques biais cognitifs.

---

1. Cette démarche est des plus difficiles à conduire alors qu'a largement fleuri le thème de la victimisation sur fond de « juridiction des émotions », selon l'expression du magistrat et essayiste Antoine Garapon.

2. *Adde*, Déclaration des droits de l'homme et du citoyen, 26 août 1789, art. 6.

3. V. *supra* chapitre 1.

Le juriste dispose d'un article du Code civil qui, bien que remontant à 1804, puise ses racines dans des principes juridiques plus anciens pour déclarer que « tout fait quelconque de l'homme, qui cause à autrui un dommage, oblige celui par la faute duquel il est arrivé, à le réparer[1] ». Mais s'en tenir à ce texte – qui vise surtout le droit à réparation dans les cas de la responsabilité civile extracontractuelle – serait une erreur car il pourrait laisser songer (à tort) qu'il suffit d'écouter les personnes qui s'affirment ou se présentent comme victimes pour leur ouvrir des droits à réparation. Chacun ayant sa propre appréciation du caractère illégal, injuste ou exagéré de ce que lui fait subir l'autre, une telle approche serait la porte ouverte à tous les abus, cette erreur conduisant alors à s'en tenir aux seuls dommages matériels ou au préjudice moral avancés par la victime et ce, de façon indépendante ou presque de leur source. Selon cette approche, il suffirait de se poser tel un « blessé », en souffrance, du fait de croyances ou de convictions les plus intimes pour s'afficher comme « victime » d'un acte ou d'un discours toxique. Par ailleurs, le statut juridique des victimes ne relève pas des seules approches philosophiques, médicales, sociologiques et médiatiques. Et si en général « notre relation à la victime est l'indignation et la compassion », juridiquement « sa condition ne peut se réduire au traumatisme et à la souffrance[2] ». Il y a bien plus. Cherchant à imposer un référentiel normatif destiné à permettre le vivre ensemble et le bon fonctionnement de la société, le droit n'appréhende pas la question de cette manière. Il l'aborde d'abord et avant tout sous l'angle de la règle de droit qui a été violée. À ce titre, le juriste est conduit à distinguer les victimes d'actes délictueux et criminels (A) de celles qui se trouvent affectées par des comportements répréhensibles (B) ou encore par de simples actes d'incivilité ou de provocation à caractère religieux

1. C. civ., art. 1240 (anciennement art. 1382).

2. A. Dénouveaux et A. Garapon, *Victimes et après ?*, Éd. Tracts, 2019 (Arthur Dénouveaux est l'un des survivants des crimes commis au Bataclan et Antoine Garapon est magistrat).

(C). Dans tous les cas, il convient de les dissocier des prétendues victimes (D).

A) Les victimes d'actes délictueux et criminels

Dans l'actualité immédiate, il est permis de songer aux conséquences des actes délictueux et criminels lesquels affectent directement des personnes et/ou des biens. De ce point de vue, les terribles évènements terroristes survenus le 7 octobre 2023 sur le territoire israélien en témoignent au degré le plus fort et, par ricochet, les suites sur certaines populations de la bande de Gaza. Il ne saurait nullement être contesté le statut de victime aux personnes touchées par de tels actes, y compris lorsqu'il s'agit d'un crime ou d'un délit commis au nom ou inspiré par des croyances religieuses ou revendiquées comme telles[1].

Aux termes de l'article 2 du Code de procédure pénale, la qualité de « victime pénale », qu'elle soit directe ou indirecte, est relativement bien identifiée et, in fine, assez aisément déterminable. Ce dispositif, limitatif, est précis. Le texte répressif fait référence à « tous ceux qui ont personnellement souffert d'un dommage causé par une infraction ». Sur le plan juridique, il convient néanmoins d'apporter la preuve de cette qualité. Les règles du procès pénal précédé d'un travail de police judiciaire permettent a priori de disposer d'un ensemble d'indices, de constatations, de vérification et de recoupements utiles à celle-ci. En dehors de poursuites pénales, l'invocation du statut de victime emprunte d'autres chemins de dénonciation, par voie médiatique et militante associative. La situation dénoncée par des personnes victimes de dérives sectaires ou d'un islamisme violent ou abusées sexuellement du fait de pratiques institutionnelles et systémiques de certains religieux catholiques offre une illustration de cette dynamique

---

1. V. *supra* chapitre 9 – La relative inadaptation de l'appareil pénal dissuasif et répressif.

invocatoire[1]. On sait combien l'activisme associatif exercé par médias interposés est un moyen de publicisation massif des « plaintes » au sens moral du terme[2]. Il s'appuie sur plusieurs ressorts : l'émotion, l'horreur, la dénonciation, la médiatisation et une sorte de présomption de culpabilité. Mais la noblesse du combat, prenant dans certain cas les formes de croisade ou d'activisme associatif ainsi mené, justifie-t-elle le recours à ces seuls ressorts ? Comment en mesurer la justification et la justesse, la qualité et l'intérêt à agir ? Vaste sujet de société au cœur de notre démocratie d'opinion d'autant plus qu'en appeler au respect des procédures démocratiques (principe de l'égalité des armes, principe du respect du contradictoire dans le cadre d'un « procès » équitable même non juridictionnel, présomption d'innocence, etc.) expose à mettre en doute l'automatisme de la bonne foi militante ou à opposer une sorte de déni à l'émotion érigée en système de justification morale. Si le droit au cri permet de s'adresser directement à l'opinion publique, la souffrance faisant en quelque sorte « loi », il revient cependant de toujours peser les intérêts en présence et les faits probants revendiqués. Ces remarques ne signifient pas bien sûr que la parole de victimes de délits et de crimes soit mise en doute. Nullement. Elles soulignent toute l'importance de ne pas ériger ces victimes en procureur ou en « tribunal de l'opinion », en leur accordant une fonction spécifique tribunitienne de plaignant. Et si le procès civil est envisageable même au cœur du procès pénal[3], les démarches s'avèrent lourdes et complexes. Il faut en effet vérifier si le

1. Voir le rapport Sauvé, 2022.

2. Il en est ainsi de plusieurs collectifs regroupant des victimes de violences sexuelles au sein de l'Église catholique (« *De la parole aux actes !* », « *Conférence catholique des baptisé-e-s francophones* », « *#AussiMonÉglise* », etc.) ou de dérives sectaires (« *Union Nationale des Associations de Défense des Familles et de l'Individu* », etc.).

3. Au regard de la date à laquelle ont été commis les actes délictueux, criminels ou illégaux, les règles relatives à la prescription peuvent s'opposer à l'ouverture d'une procédure judiciaire pénale ou civile.

préjudice résultant de l'infraction pénale – celui dont la victime prétend avoir souffert personnellement – correspond bien à une atteinte de l'intérêt protégé par cette infraction. Mais en dehors de cette approche facilitée par la commission d'une infraction pénale, le droit ne semble pas avoir suffisamment appréhendé la situation des victimes des agissements répréhensibles du radicalisme religieux alors que le jugement des délits et des crimes ne dépend pas de la seule position des victimes, ni de l'ampleur de leurs demandes.

B) Les victimes de « comportements répréhensibles »

Au-delà des actes punissables par la loi stricto sensu, se trouve ici visée une suite de procédés et de manœuvres condamnables ou frauduleuses en vue de satisfaire certains intérêts radicaux religieux. Ces agissements sont synonymes d'intrigues, de machinations, de manipulations, de comportements abusifs, d'emprises, qui ne prennent pas tous la forme d'actes dont on peut aisément apporter la preuve matérielle. La revendication de certaines victimes porte sur un faisceau d'indices moraux à partir de la mise en exergue de l'élément religieux sans référence précise à la commission d'un acte répréhensible ou d'une faute matériellement constatée. Telle est par exemple le cas de la seule référence à une doctrine, à une règle comportementale, à des conceptions qui ne se traduisent pas par un passage à un acte précis et déterminé. La constitution d'un acte répréhensible repose en effet, comme l'infraction pénale, sur plusieurs éléments essentiels dont l'élément matériel qui se déduit du comportement et des agissements de l'auteur de l'infraction au moment des faits. En d'autres termes, l'auteur a-t-il ou non commis les faits qui lui sont aujourd'hui reprochés ? Plus loin dans le raisonnement juridique, avait-il l'intention de les commettre ? À défaut de tels éléments, le principe de responsabilité ne pourra être retenu alors que nombreux sont ceux qui attendent que la simple référence à un comportement religieux considéré comme radical devrait entraîner ipso facto la mise en œuvre de poursuites judiciaires.

Là, sans doute, réside une première zone grise car très souvent difficilement compréhensible pour beaucoup. Le raisonnement à emprunter ici est strictement juridique. Si le statut de victime permet la prise en considération des préjudices subis très concrètement par la personne physique ou morale qualifiée de victime c'est avant tout au regard de la qualification juridique donnée à l'agissement reproché. En effet, rappelons qu'il ne suffit pas de se sentir ou de s'estimer victime du comportement d'autrui – qui peut, en toute bonne foi, être ressenti comme réellement blessant – pour pouvoir se prévaloir du statut de victime au sens juridique du terme. Dès lors, le rôle du juriste (avocat, juge) et des enquêteurs de police judiciaire vise à dénouer l'ensemble des faits constitutifs de la situation conflictuelle avant de les confronter aux règles juridiques applicables afin de déterminer si une « ligne blanche » a été franchie ou non. Or, très souvent, ce travail de qualification des faits n'est pas accompli de façon idoine, notamment en présence d'agissements liés à des croyances religieuses souvent méconnues ou surinterprétées.

Il faut aussi s'intéresser aux conséquences préjudiciables de comportements résultant de façon directe de manifestations du radicalisme religieux. Par exemple, il est permis de faire référence ici à plusieurs catégories de personnes ou de situations, comme la mise en péril de mineurs de nationalité française déplacés en Irak par leurs géniteurs djihadistes, celle des « fixeurs » assistants les troupes militaires françaises retenues dans l'Afghanistan des talibans, les maltraitances, voire les crimes massifs commis à l'encontre des civils de confession musulmane dans des pays dits « musulmans », du sort partagé par des personnes subissant à leur insu des dérives sectaires commises sur fond de croyances religieuses, etc. Le juriste doit conserver ordre et méthode. En premier lieu, doit être rapporté l'élément légal de l'infraction c'est-à-dire celui prévu par un texte législatif ou réglementaire selon qu'il s'agisse d'un délit, d'un crime ou d'une contravention. En second lieu, la question de la territorialité de la plupart des règles de droit l'invite à se poser la question de la loi applicable à la situation, puis, et seulement après avoir réalisé ce premier travail, déterminer si une règle de droit française a été violée ou non, permettant à d'éventuelles victimes d'émerger et de réclamer réparation. Sans doute que ce travail de qualification juridique n'est pas à la portée de tous, mais il est absolument nécessaire. Il invite à dépasser les simples discours et les accusations sur des comportements perçus comme répréhensibles du seul point de vue moral ou idéologique. Ici ce n'est pas de théorie dont il s'agit mais de respect des mécanismes légaux de construction du statut de victime c'est-à-dire qualifié juridiquement de tel.

C) Les victimes d'actes d'incivilité ou de provocation à caractère religieux

Une seconde zone grise résulte des situations qui mettent en présence des personnes avec de simples actes d'incivilité ou des provocations à caractère religieux. L'article 24, alinéa 7, de la loi du 29 juillet 1881 sur la liberté de la presse punit « ceux qui, par l'un des moyens énoncés à l'article 23, auront provoqué à la discrimination, à la haine ou à la violence à l'égard d'une personne ou d'un groupe de personnes [...] de leur appartenance ou de leur non-appartenance [...] une religion déterminée ». Ce délit suppose ainsi la réunion de plusieurs éléments constitutifs dont un caractère public, une provocation, c'est-à-dire un appel ou une exhortation, même sous une forme implicite, « à la discrimination, à la haine ou à la violence », ce qui n'exige pas un appel explicite à la commission d'un fait précis, dès lors que, tant par leur sens que par leur portée, les propos incriminés tendent à inciter le public à la discrimination, à la haine ou à la violence, « à l'égard d'une personne ou d'un groupe de personnes déterminé », et « à raison [...] de leur appartenance ou de leur non-appartenance à une ethnie [...] à une religion ». Cette énumération étant limitative, il n'est pas forcément nécessaire que le message vise individuellement chaque personne composant le groupe considéré, l'infraction étant constituée dès lors que la teneur ou la portée du propos, en lien direct avec la religion, rejaillit sur la totalité de la communauté ainsi définie. Quant à la provocation, la Cour de cassation a estimé que suffit une incitation manifeste tendant à susciter un sentiment d'hostilité ou de rejet, tout en exigeant la nécessité d'une exhortation. Ici, des antagonismes s'affrontent et des discours s'opposent parfois même de façon assez virulente ou radicale, mais qu'en est-il en pratique ? Peut-on réellement parler de victime au sens juridique du terme ? Il est clair que si de tels actes peuvent contrevenir au droit, ils sont passibles de sanction donc de réparation pour les préjudices démontrés. Mais très souvent les blessures sont aussi intimes que morales et manquent de fondement matériel pour trouver une réponse judiciaire. Définir la nature d'une provocation en référence à la religion peut soulever de redoutables questions de définition, comme précité, autant que de preuve. Il peut y avoir loin de la coupe aux lèvres. En la matière, le droit ne constitue sans doute pas un remède efficace à la recrudescence des provocations à caractère religieux, tout comme aux actes d'incivilité qui portent pourtant atteinte au vivre-ensemble de notre société, loin des tourments communautaires et confessionnels.

D) Les prétendues victimes ou la tentation de ceux qui se victimisent

Il convient enfin de ne pas ranger parmi les victimes les personnes qui construisent la légitimation de leur propre violence d'inspiration religieuse à partir de la victimisation de leur groupe religieux ou identitaire. Cela reste néanmoins un élément du puzzle que l'on ne doit absolument pas ignorer. Les éléments de réponse de Pierre Conesa, ci-dessus rapportés, rappellent ce point. Le thème de la construction du statut de victime en référence à la constitution d'un processus religieux identitaire ne doit, de la sorte, jamais être perdu de vue afin de délimiter les contours de ces problématiques et des définitions correspondantes. Selon l'hebdomadaire *Le Point*, « Pour tenter de les comprendre, le sociologue Farhad Khosrokhavar, directeur d'études à l'École des hautes études en sciences sociales (EHESS) et le psychiatre et criminologue Roland Coutanceau ont interrogé, en prison ou en liberté, des islamistes radicaux qui, s'ils ne sont pas tous passés à l'acte, prônent le djihadisme et adhèrent aux idéaux violents du groupe État islamique (EI). "Ceux qui viennent de cités plus ou moins ghettoïsées ont un intense sentiment d'être rejetés, stigmatisés, infériorisés, avec tout ce que cela comporte de stéréotypes", explique Farhad Khosrokhavar. "C'est ce que j'appelle la victimisation. Il y a une dimension réelle - un Mohammed a trois fois moins de chances de décrocher un emploi qu'un Didier - à laquelle se juxtapose une dimension totalement imaginaire. Ils ressentent un profond sentiment d'injustice... Ils construisent une vision paranoïaque du monde et d'eux-mêmes : je me constitue en victime. Donc, dans la mesure où on me dénie l'humanité, j'ai le droit d'être profondément injuste et cruel, de tuer des inconnus", ajoute Farhad Khosrokhavar. "Dans leur subjectivité, ils présentent une forme presque clinique du caractère paranoïaque", précise le Dr Coutanceau, président de la Ligue française de santé mentale, qui a expertisé à la demande de la justice plusieurs accusés[1] ». D'un point de vue juridique, ces personnes ne sauraient être regardées comme des victimes alors même qu'elles en revendiquent le sort en tentant de se parer des vertus les plus nobles en référence à l'usage par les États qui les combattent des moyens armés de défense et de protection contre les agissements violents commis au nom d'une certaine vision religieuse.

1. *Le Point*, 11 février 2016.

2. Le difficile traitement juridique des victimes

Le plus souvent, les victimes en appellent au traitement judiciaire de leur affaire. Il est vrai que le recours à la justice peut s'accompagner d'une certaine médiatisation qui n'est pas forcément pour desservir leur cause (A). Pour autant, d'autres voies juridiques sont possibles pour permettre la prise en compte de leur situation comme celles des moyens alternatifs de règlement amiable des litiges dommageables (B).

A) Le traitement judiciaire

Là-encore, la situation la plus connue est certainement celle où les actes répréhensibles relevant sur le radicalisme religieux de leurs auteurs correspondent à une incrimination pénale (contravention, délit ou crime). Dans un tel cas, la victime peut porter plainte sous forme simple (devant un officier de police judiciaire ou devant le Procureur de la République) ou avec constitution de partie civile et ce, en faisant état des faits constatés tout en apportant des éléments de preuve documentés, dont des constats médicaux. À défaut de poursuite à l'initiative du Procureur de la République la victime dispose de la possibilité de déclencher par elle-même des poursuites pénales en portant plainte avec constitution de partie civile devant le doyen des juges d'instruction pour déclencher l'action publique[1]. Si l'auteur des faits n'est pas connu, la plainte est alors déposée « contre X ». Dans tous les cas, les moyens de preuve soutenus par le plaignant doivent être précis et circonstanciés, prenant la forme d'un réel dossier documenté, preuve par preuve. Il ne s'agit pas de se contenter de présenter un récit, ni encore moins de se contenter d'insinuations

1. La plainte avec constitution de partie civile permet à une personne qui s'estime victime d'une infraction d'obtenir le bénéfice d'une information judiciaire (ou enquête) dirigée par un juge d'instruction, sous condition préalable, en fonction du montant des ressources du plaignant, de verser une consignation dont le montant est fixé par le juge.

et approximations. Le ressenti et la perception de la victime peuvent en effet biaiser l'exposé factuel de la situation. Un travail préalable doit donc être entrepris pour exposer au Procureur de la République ou au Doyen des juges d'instruction l'exacte situation des faits subis sous forme de description la plus précise possible, exposé réalisé de façon quasi « chirurgicale ». Il faut donc rassembler le plus rapidement possible les éléments documentés qui prouvent la situation de la victime et la cause des préjudices correspondants. Ce dossier ne doit pas porter de jugement de valeur sur les faits religieux en cause sans cependant faire abstraction des preuves documentées du radicalisme religieux en cause. Ce dernier élément est le plus difficile à objectiver pour en apporter la preuve matérielle. Faut-il se borner à se prévaloir des recherches faites sur Internet, de coupures de presse, de commentaires émanant d'associations de victimes ? Faut-il produire la littérature de dénonciation concernant la mouvance radicale en cause ? C'est ici affaire d'équilibre et de bon sens afin d'éviter de se référer à des éléments étrangers aux faits précis dénoncés ou sans commune mesure avec ceux-ci. Par ailleurs, se posent de redoutables questions concernant les conditions de signalement et de dénonciation des faits qui, d'un point de vue strictement juridique, conditionnent leur recevabilité. Au regard du respect du principe juridique du procès équitable, les mécanismes de vérification contradictoire doivent être sérieux et systématiques. La seule saisine ou l'information, en tant que telle, de l'autorité administrative, judiciaire ou des médias ne pouvant ipso facto être prise telle qu'elle pour argent comptant. Signalement et dénonciation ne valent pas acceptation systématique des prétentions correspondantes. Arguer n'est pas prouver, invoquer n'est pas démontrer, se plaindre n'est donc pas suffisant en soi.

Le risque de commettre le délit de dénonciation calomnieuse sanctionné par les tribunaux doit être évalué par la victime à la lumière de l'article 226-10 du Code pénal, selon lequel « la dénonciation, effectuée par tout moyen et dirigée contre une personne déterminée, d'un fait qui est de nature à entraîner des sanctions judiciaires, administratives ou disciplinaires et que l'on sait totalement ou partiellement inexact, lorsqu'elle est adressée soit à un officier de justice ou de police administrative ou judiciaire, soit à une autorité ayant le pouvoir d'y donner suite ou de saisir l'autorité compétente, soit aux supérieurs hiérarchiques ou à l'employeur de la personne dénoncée est punie de cinq ans d'emprisonnement et de 45 000 euros d'amende. La fausseté du fait dénoncé résulte nécessairement de la décision, devenue définitive, d'acquittement, de relaxe ou de non-lieu, déclarant que le fait n'a pas été commis ou que celui-ci n'est pas imputable à la personne dénoncée. En tout autre cas, le tribunal saisi des poursuites contre le dénonciateur apprécie la pertinence des accusations portées par celui-ci. »

Le dossier communiqué en justice par la victime peut par exemple contenir les documents suivants :

– État civil complet de la victime (document d'identité, situation personnelle, etc.) ;

– Descriptif écrit chronologique des faits subis (données précises des circonstances, des dates, des lieux, des moyens et des évènements précis, etc.) et des personnes impliquées (noms, prénoms, adresses domiciliaires et électroniques, professions-emplois, etc.) ;

– Attestations en justice (imprimé Cerfa) ;

– Constats et attestations médicaux décrivant les blessures et leur évolution, les troubles et l'importance du traumatisme, une incapacité de travail ;

– Preuves des pertes de revenus et des dépenses occasionnées par l'attentat (fiches de paye, factures, constats, devis, etc.) ;

– Photographies, captures d'écran, courriels, textos, images,

– Tout document probant et objectif sur l'existence de la source, de l'inspiration, du mobile, de l'intention radicale religieuse ainsi mise en cause.

Sur la base du sérieux et de la solidité des faits avancés, peut être déclenchée une enquête de police judiciaire. Au terme d'un long parcours judiciaire, frustratoire parce que long de plusieurs années et truffés de rebondissements procéduraux, les victimes directes peuvent être indemnisées de leurs préjudices sur la base de nomenclatures qui recensent l'ensemble des postes de préjudices personnels temporaires et permanents, ainsi que des postes à caractère économique présents et futurs. L'indemnisation se fonde sur une ou plusieurs expertises des blessures physiques et psychologiques, voire psychiatriques. Les victimes indirectes, sont susceptibles d'être indemnisées de leur préjudice d'affection, comme des impacts financiers et économiques liés aux dommages causés.

Ainsi plusieurs types de victimes, prétendues ou réelles, sont connus des autorités en charge de ces questions. Placée auprès du ministre de la Justice, la déléguée interministérielle à l'aide aux victimes coordonne en ce sens les différents ministères non seulement en matière de suivi, d'accompagnement et d'indemnisation des victimes d'actes de terrorisme, d'accidents collectifs, de catastrophes naturelles, de sinistres sériels et d'infractions pénales mais aussi dans leurs relations avec les associations de victimes et d'aide aux victimes. Pour autant, il apparaît à ce jour que la situation des victimes des agissements répréhensibles du radicalisme religieux ne soit pas prise en compte par les pouvoirs publics en tant que telle à l'exception des dérives sectaires (voir le rôle de la MIVILUDES, précité).

B) Le traitement amiable des conflits et des litiges

Depuis les années 2000, de nombreuses réflexions issues des autorités publiques et des rangs des professionnels du droit ont conduit à accorder une plus grande place aux procédures alternatives amiables de règlement des litiges. En l'espèce, face aux agissements répréhensibles du radicalisme religieux, dans certaines situations, ces procédures amiables ne doivent pas être sous-estimées pour tenter de parvenir à des solutions pacifiées. Ces voies de droit exigent de mettre en œuvre des démarches souvent peu usitées, parce que considérées à tort comme vouées à l'échec, alors que des situations pourraient conduire à trouver des solutions alternatives au juge.

• La conciliation

La conciliation est importante puisqu'elle invite les parties à un litige à se rapprocher avant que de saisir un juge, ce afin de tenter de régler elles-mêmes leur opposition. Cette phase préalable – qui était déjà présente devant certaines juridictions (conseils de prud'hommes) – est même devenue obligatoire dans certains domaines puisqu'elle constitue un préalable nécessaire à la recevabilité d'une action judiciaire civile[1]. Mais la conciliation peut également prendre la forme du recours à un conciliateur judiciaire qui, en sa qualité d'auxiliaire de justice bénévole, peut être désigné par le juge[2] ou directement saisi par les parties. L'intérêt de recourir au conciliateur judiciaire prévu par la loi du 22 décembre 2021 pour la confiance dans l'institution judiciaire confère la force exécutoire aux accords de médiation ou de conciliation, lorsqu'ils sont signés par les avocats de toutes les parties, ce qui permet de garantir leur exécution, si besoin avec l'aide de la force publique.

• La médiation

La médiation judiciaire peut être mise en œuvre par toute autorité judiciaire, y compris en cas d'infraction pénale[3]. Elle

---

1. CPC, art. 54, 5° : « Lorsqu'elle doit être précédée d'une tentative de conciliation, de médiation ou de procédure participative, les diligences entreprises en vue d'une résolution amiable du litige ou la justification de la dispense d'une telle tentative ».

2. CPC, art. 12 et 58.

3. Elle est dans ce cas qualifiée de « troisième voie » puisque le classement de l'affaire est alors soumis au respect par la mise en cause de certaines conditions (rappel à la loi, participation à une médiation, orientation de l'auteur des faits vers une structure facilitant sa réinsertion sociale, paiement d'une somme à titre de composition pénale, etc.).

consiste pour le juge saisi de l'affaire à nommer un médiateur – personne physique ou association dédiée – afin que celui-ci rapproche les parties aux fins d'un accord de fin de conflit. Là-encore, le recours au médiateur permet de donner à l'accord ainsi trouvé toute la force exécutoire d'un jugement passé en autorité de la chose jugée.

• La transaction

Prévu à l'article 2044 du Code civil, l'acte transactionnel peut être librement conclu entre la (ou les) victime(s) et l'auteur des dommages afin de convenir, moyennant le jeu de concessions entre les parties, de mettre un terme au litige qui les oppose ou qui aurait été susceptible d'éclater entre elles[1]. Destiné à rassurer l'auteur des faits par le renoncement définitif de la victime à saisir la justice, l'accord organise également l'indemnisation de cette dernière dans des conditions acceptées par l'ensemble des parties signataires.

En conclusion, alors que « le moindre éloignement des thèses de la victime est intolérable » et que « désormais la souffrance fait loi[2] », la réalité de sa situation appelle un sursaut de pragmatisme. Faire (si possible) taire les émotions en tentant de les neutraliser en ne privilégiant pas l'unique approche discursive et victimaire mais en empruntant les voies juridiques qui s'offrent, tel est l'enjeu. Rester précis et méthodique, loin des réflexes victimaires dans l'air du temps souvent modelés par l'immédiateté des attentes de certains organes de presse à l'affût des « témoignages ». Adopter une réaction mesurée face à l'activisme des lanceurs d'alerte tous azimuts, des signalements érigés en « vérité » et des injonctions de prescripteurs d'opinion. Il est donc nécessaire de respecter la règle de droit en se livrant à un

---

1. L'article 2044 du Code civil indique la possibilité pour les parties de mettre fin à un « litige né ou à naître ».

2. A. Garapon, *Le gardien des promesses. Justice et démocratie*, Odile Jacob, 1996, p. 98.

travail d'identification et de reconnaissance des victimes sur la base de l'objectivation des atteintes réellement subies par elles. À l'ère de la post-vérité et des infox, il faut redoubler de sérieux en la matière, surtout à l'aune des exigences procédurales au sens large des sciences juridiques. Il y va de l'admissibilité des droits de ceux qui peuvent bénéficier d'une pleine prise en compte juridique de leurs intérêts en qualité de victime. Tâche difficile, dans certains cas, alors que, selon les mots de Racine, « la douleur est injuste et toutes les raisons qui ne la flattent point aigrissent ses soupçons[1] ».

1. Cité par Antoine Garapon, précité, dans ses explications sur « La juridiction des émotions ».

Conclusion

De prime abord, s'intéresser aux relations entretenues, de façon évolutive, entre le radicalisme religieux et le droit peut apparaître au mieux fortuit, au pire incongru. Peu connues, elles ne sont pas l'apanage des travaux de recherches et des thèses universitaires en termes d'effectivité des droits et d'opérabilité correspondante. À cet égard, l'ouvrage vise à combler un certain vide éditorial en faisant notamment témoigner des praticiens et des acteurs de terrain. C'est reconnaître l'acuité d'un sujet vu, par exemple, sous le prisme des mesures administratives sur la prévention de la radicalisation, sévèrement critiquées dans l'avis du 18 mai 2017 rendu par la Commission nationale consultative des droits de l'homme. Cet avis indépendant a pu décrire « des programmes de contre-radicalisation attentatoires aux droits et contre-productifs, des réponses administratives et judiciaires disproportionnées, une remise en cause de la liberté religieuse et de la liberté de pensée ». Est-ce à dire que notre droit tournerait « à vide[1] » ? Rien n'est moins sûr alors que le début du XXIe siècle est marqué par le durcissement tous azimuts du contrôle juridique sur les cultes religieux, situation qui, le 22 juillet 2022, n'a pas été jugée par le Conseil constitutionnel comme étant contraire à la Constitution[2]. Un bilan devra être tiré de la loi du 24 août 2021 confortant le respect des principes de la République, conçue politiquement comme une digue légale emblématique érigée en

1. Selon l'expression du psychologue Tobie Nathan dans *Les âmes errantes*, pour qui « la laïcité ne parviendrait plus à « endiguer la guerre des dieux » (*L'Iconoclaste*, 2017, p. 31 et 32).

2. Cons. const., 22 juill. 2022, déc. nº 2022-104, QPC.

rempart national par le Président de la République à l'occasion de son discours des Mureaux sur la lutte contre le séparatisme[1]. La loi du 24 août 2021 constituera-t-elle une « occasion manquée » dès lors que « les cultes sont pris dans une rafle administrative à laquelle ils seront tous soumis mais dont l'islamisme n'aura pas grande difficulté à se soustraire[2] », ce que le Conseil d'État avait prévenu dans son avis sur la capacité de cette réforme ? Question en suspens sur un sujet ô combien explosif.

En même temps, le radicalisme religieux continue de se déployer sur tous les continents, au-delà de toutes frontières politiques, dessinant les contours menaçants d'une carte géopolitique sans cesse renouvelée sur fond de répliques. Le droit international est également ébranlé par des actes violents exportés et importés de nature théocratique qui ne disent pas leur nom[3]. Des conflits armés dans le monde portent souvent l'empreinte religieuse sur fond de querelles historiques politico-religieuses[4]. Sur le plan national, la tentation sécuritaire continue de dominer les débats en réaction au gangterrorisme. Cette logique repose sur la notion de guerre préventive et le dévoiement d'une sécurité hybride associant sécurité publique et sécurité privée avec ses sycophantes dans la construction d'une société de surveillance, de vigilance et de contrôle. Des dispositifs exceptionnels ont été mis en place sans que ne soient pleinement mis en exergue leurs effets contre-productifs, source de certains échecs, alors que la proportionnalité entre les menaces et leurs réponses ne serait plus

1. Lire parmi les commentaires de ladite loi le dossier technique *La loi principes de la République*, publié par l'*AJDA* du 25 octobre 2021

2. J.-F. Colosimo, *République ou barbarie*, précité, p. 117 et 118. Selon cet auteur averti, cette loi annonce « l'asphyxie bureaucratique et l'inflation procédurière qui menacent [...]. La répression à grand bruit d'une minorité déviante entraîne ainsi la coercition à bas bruit de la majorité normalisée ».

3. D. Lacorne, J. Vaïsse, J.-P. Willaime (ss dir.), *La diplomatie au défi des religions. Tensions, guerres, médiations*, Odile Jacob, 2014.

4. P. Portier et F. Ramel (ss dir.), *Le religieux dans les conflits armés contemporains*, Classiques Garnier, 2020.

respectée. L'impact du fait religieux sur le terrorisme continue ainsi de diviser selon que les actes violents résulteraient d'une logique radicale (islamisation de la radicalité) ou ne constitueraient qu'un prétexte (radicalisation de l'islam). Dans le même temps les émotions et les discours politiques les plus extrêmes, en s'infiltrant dans le droit, suscitent un arsenal administratif et judiciaire d'exception pour lutter contre le radicalisme religieux d'où qu'il procède. Comme expliqué, la prise en considération du mobile appelle cependant de la nuance et des précautions qui, à bien des égards, ne sont pas dans l'air du temps au règne entretenu du sacre des extrêmes. Du reste il serait intéressant d'étudier les mécanismes silencieusement à l'œuvre auprès des centres de décision, des analystes influents ayant leurs entrées dans des cabinets ministériels et de certains parlementaires qui ont, par capillarité, conféré à l'idéologie sécuritaire un écho croissant en leur sein, au-delà des querelles de chapelles académiques et de l'activisme des *think tanks*. Nous croyons utile d'insister, avec d'autres, sur l'importance de ne pas circonscrire aux ripostes adressées aux actes terroristes le cadre juridique des réponses au radicalisme religieux répréhensible.

Par ailleurs, en suscitant des mesures disproportionnées, la stratégie de « l'action, surréaction » reste instrumentalisée par les radicaux religieux pour porter atteinte aux droits fondamentaux démocratiques. Marc Trévidic, ancien procureur et juge d'instruction dit antiterroriste à Paris, rappelle à ce titre la réflexion de Hasan ibn Sabbâh, de la secte ismaélite des Nizarites entre le XIe et les XIIe siècle, selon laquelle « il faut amener tes ennemis à créer plus de terroristes qu'ils n'en neutralisent[1] ». Ce magistrat particulièrement averti de ces faits souligne que les attentats comme ceux du 13 novembre 2015 à Paris « doivent

1. M. Trévidic, *Le roman du terrorisme*, Flammarion, 2020. Les Nizarites étaient redoutés des Croisés qui les ont désignés collectivement les « Assassins » (Bernard Lewis, *The Assassins : A Radical Sect in Islam*, Weidenfeld-Nicolson, 1967).

amener [...] à prendre des mesures indifférenciées contre la population soupçonnée de sympathie à l'égard du groupe terroriste, en l'espèce la population musulmane radicalisée. Plus les attentats choqueront l'opinion publique et plus l'État durcira sa réaction tout en élargissant les mesures prises à l'encontre d'une partie de plus en plus importante de la population musulmane. Dans cette stratégie, l'objectif est que la population visée par des mesures d'exception finisse par adhérer à la propagande accusant les États mécréants d'islamophobie et se tourne en dernier recours, vers le groupe terroriste[1]. » Ces données ne doivent jamais être perdues de vue par les législateurs et les décideurs politiques. C'est bien de stratégie dont il s'agit et non de recours automatique à un improbable « arsenal juridique » dont de nombreux parlementaires ont le secret de fabrication politique, souvent sans étude d'impact. Plus profondément que jamais, les droits et les libertés des États démocratiques affrontent à armes inégales des agissements de nature prétendument théocratiques de la part de groupes et d'agents toxiques. Ce constat doit être dépassé pour ériger des remparts juridiques face à de tels assauts, même si l'État de droit démocratique demeure menacé à une échelle inédite depuis le sacre d'Internet, avec des affidés résidants dans nos démocraties subtilement ou violemment. L'enjeu est là. Il se joue sur cette partition, démocratie ou théocratie, dans la disruption. Cette dernière, qui prend ses ordres dans d'obscures mouvances et officines « théologiques », revendique l'absolu de ses droits au sein de nos démocraties. Concomitamment elles refusent dans leurs propres États d'accorder, dans la réciprocité, des libertés publiques fondamentales qui leur sont octroyées dans les démocraties[2]. Ce déséquilibre fait le lit inversé des agissements

1. *Ibid.*, p. 100.

2. Ainsi jugé par voie de condamnation de la République helvétique, le 26 avril 2022, par la Cour européenne des droits de l'homme, le risque de renvoyer vers le Pakistan un chrétien converti en Suisse, demandeur d'asile dans ce pays, susceptible de lui faire courir des risques de traitements inhumains ou

répréhensibles du radicalisme religieux qui ne sont pas, loin de là, neutralisés parce qu'ils sont consubstantiels à la théocratie. Parce que le droit ne tourne pas à vide, il convient de se remettre constamment à l'ouvrage pour dresser des bilans et évaluer les résultats, en vue d'adopter des mesures et des moyens juridiques adaptés. Telle est notamment l'une des conclusions de cet ouvrage à savoir susciter une nouvelle façon d'orienter les politiques publiques en la matière[1].

Face au radicalisme religieux, la piste du dialogue interreligieux comme voie de résolution par anticipation d'actions répréhensibles a pu être explorée, sans résultats complètement significatifs[2]. D'aucuns prônent le recours aux prises de position publiques et à l'implication des responsables religieux, sous forme de « Manifeste » par exemple, pour dénoncer et se désolidariser des acteurs d'actes répréhensibles en lien avec du radicalisme religieux. Mais la prise de parole religieuse est-elle utile ? Est-elle nécessairement audible ? Rien n'est moins sûr[3]. Dans ce dernier cas de figure, se pose la question de la représentativité, de la légitimité et de l'étendue de l'autorité institutionnelle qui s'exprime. Pour ce faire, il convient de désigner des « responsables religieux » ayant voix au chapitre. Si dans la tradition catholique, le « chapitre » constitue l'assemblée des religieux,

---

dégradants, à la lumière de la situation générale des chrétiens convertis dans ce pays (affaire *M.A.M. c. Suisse*).

1. V. *infra*, De quelques propositions de modifications & recommandations.

2. « Radicalisation : quel défi pour l'interreligieux ? », *Perspectives missionnaires-Revue protestante de missiologie*, 30 oct. 2018.

3. « Grand Témoin » de cet ouvrage, Chems-eddine Hafiz, recteur de la Grande Mosquée de Paris, avocat honoraire au Barreau de Paris, avoue que « même si nous sommes une écrasante majorité de musulmans à désavouer la haine et la violence, et alors que nous sommes nombreux à refuser l'extrémisme, nous ne sommes pas suffisamment audibles pour une partie l'opinion publique, probablement parce que nous n'avons pas su mener à bien, sur le terrain et au quotidien, des actions concrètes pour nous démarquer de l'islamisme » (*Le manifeste contre le terrorisme islamiste*, Erick Bonnier, 2021, p. 34).

clercs, frères ou religieuses, soumis en tant que tels par une règle, il n'en va pas toujours de même dans d'autres organisations religieuses. Les États peinent souvent à identifier les représentants religieux via le prisme de la légitimité et de la représentativité. À cette fin, le travail de médiation, de conciliation et d'arbitrage religieux peut-il suffire ? Là encore, rien n'est moins sûr. À toutes choses égales par ailleurs, même au sein du monde catholique, on se souvient de la tentative infructueuse de médiation décidée en 1977 par le tribunal de grande instance de Paris, confiée à Jean Guitton, membre de l'Académie française, dans les suites de l'occupation illégale à Paris par des catholiques dits « traditionalistes » de l'église Saint-Nicolas-du-Chardonnet. Bien au-delà de la dénonciation interne par des institutions religieuses elles-mêmes, les modalités du désengagement d'organisations religieuses radicales sont d'une redoutable complexité. Pour certains spécialistes, elles peuvent dépendre des effets complexes du façonnage organisationnel en question et aussi des effets ambivalents de la répression et de la criminalisation des activités radicales[1]. Par ailleurs, face aux effets destructeurs des tenants d'un secret religieux absolu, opter comme le fait actuellement la Commission indépendante sur les abus sexuels dans l'Église pour la voie de la réparation symbolique et pécuniaire des souffrances subies, moyen d'une « justice restaurative », pose de redoutables questions juridiques, notamment quant à son articulation avec les institutions judiciaires étatiques[2].

Répondre au radicalisme religieux répréhensible reste affaire de pragmatisme et non de doctrine(s) sur la laïcité ou de discours politique(s) sur la République assiégée, encore moins de tentation

---

1. O. Fillieule, « Le désengagement d'organisations radicales. Approche par les processus et les configurations », *Lien social et Politiques* (68), 2012, 37-39 (http://doi.org/10.7202).

2. Entretien avec Antoine Garapon, ancien magistrat judiciaire et Président de la CIASE, « Réparation des victimes des violences sexuelles dans l'Église : le laboratoire de la Commission reconnaissance et réparation », *Recueil Dalloz*, 6 avril 2023, n° 13.

liberticide qui fait le jeu illibéral et piégé du radicalisme religieux. L'alarmisme reste contre-productif, anxiogène. On sait aussi que la lutte contre l'« islamophobie » est instrumentalisée telle un outil du « soft power » islamique en vue d'imposer un délit de blasphème et de neutraliser toute critique de l'islam même fondamentaliste. La part du droit doit se situer, à bas bruit, au-delà de ces débats comme du double mouvement de déni et de panique. Ainsi la régulation juridique du radicalisme religieux en France relève de plusieurs logiques, dissemblables : gestion des actualités, construction des attentes de l'opinion publique sous influence médiatique, fabrique des agendas politiques, mesures de protection de l'État de droit, institutionnalisation des moyens de prévention et de lutte contre le radicalisme et les dérives sectaires, et modalités de respect des libertés publiques et individuelles. Ces logiques ne se recoupent pas. Elles reflètent la viscosité, la flottabilité et l'élasticité du phénomène, fortement préempté d'un point de vue politique par des effets d'annonce et des polémiques sans fin... le recours sans fin à la loi.

Face à ce contexte, une partie du monde juridique est en éveil. Tel est notre parti. Plus que jamais, nous devons prendre la pleine mesure des conséquences collatérales du phénomène. Il nous appartient de provoquer notre sensibilité à la vulnérabilité notamment en matière de recul de certains droits et ce, alors que l'impératif de sécurité s'est peu à peu substitué au droit à la sûreté posé par la Déclaration de droits de l'homme et du citoyen de 1789. Dans *La démocratie en état d'urgence. Quand l'exception devient permanente*, l'universitaire Stéphanie Hennette-Vauchez considère que depuis 2015, les états d'urgence liés au terrorisme ont sans cesse « *dilué* » les frontières entre la démocratie et l'autoritarisme[1]. Elle critique la pratique des états d'urgence à répétition, forme de régime d'exception qui n'en est pas moins

1. S. Hennette-Vauchez, *La Démocratie en état d'urgence - Quand l'exception devient permanente,* Éd. du Seuil, 2021, 224 pages.

permanent et qui interpelle sur la règle tel un « nouveau paradigme de gouvernement » fondé sur une logique d'écart à la norme conférant aux autorités publiques des pouvoirs exorbitants du droit commun. Au sujet de l'action publique contre le terrorisme, cette universitaire pointe ainsi entre 2015 et 2017 « plus de 10 000 mesures attentatoires aux libertés – perquisitions administratives, assignations à résidence, contrôle d'identité, interdictions de manifester[1] ». Ce constat appelle un sursaut pour ne pas tomber dans le piège autoritariste tendu par des radicalismes de tous bords. Parce que « Qui trop embrasse, mal étreint », le philosophe Michel Bakounine avertit à cet égard que « nous achèterions toutes nos précieuses adhésions au prix de notre annihilation complète, et parmi tant d'équivoques et de phrases qui empoisonnent aujourd'hui l'opinion publique de l'Europe, nous ne serions qu'une mauvaise plaisanterie de plus[2] ». Et comme prévient la Cour européenne des droits de l'homme, il incombe aux autorités publiques de procéder constamment à une conciliation, parfois délicate, entre la protection de la population et la garantie des droits. Pour la Cour, le seuil d'exigence des mesures restrictives de liberté résulte ainsi de l'existence d'une raison objective de penser qu'un comportement donné constitue une menace[3]. À cet égard, il apparaît irréaliste d'exiger du législateur qu'il dresse une liste exhaustive des comportements susceptibles de justifier la mise en œuvre de pouvoirs de police administrative. Selon une jurisprudence bien établie, le droit doit savoir s'adapter aux changements de situation et ne peut en aucun cas prévoir toutes les hypothèses, ce pourquoi beaucoup de lois se servent-elles, par la force des choses, de formules plus ou moins vagues, dont l'interprétation et l'application dépendent

1. *Le Monde*, 22 janvier 2022, p. 32.

2. M. Bakounine, *Œuvres*, tome I, éd. P.-V Stock, 1907, p. 6.

3. CEDH, 5ᵉ section, 19 janvier 2023, nº 24203 /16, *Pagerie contre France* (affaire d'une assignation à résidence préventive d'un islamiste radicalisé durant treize mois lors de l'état d'urgence à la suite des attentats terroristes).

de la pratique et des prétoires. Face au radicalisme religieux, plusieurs droits doivent être sans cesse conjugués, ceux des libertés du « vivre ensemble » reposant sur le principe de dignité de la personne humaine, celui d'égalité entre les genres, des droits et libertés d'autrui, l'interdiction et la sanction des actions nuisibles à la société, et ceux de fraternité. Les ignorer, les exclure, nous entraîne dans de graves dérives, celles-là mêmes que revendiquent les radicalismes tous horizons. Ni aveu de faiblesse, ni signe de triomphalisme, c'est affaire de curseur, équilibré et conciliant, fixé souvent au cas par cas. Résonne ici la démonstration de Baruch Spinoza, jadis sanctionnée par un hérem, l'acte d'exclusion prononcé par les autorités rabbiniques, « où l'on montre que le droit de régler les choses sacrées appartient entièrement au souverain et que, si nous voulons obéir à Dieu, le culte religieux extérieur doit se régler sur la paix de l'État » (*Traité théologico-politique*). Ce qui se joue donc aujourd'hui relève des conditions du refus des agissements absolutistes théocratiques, l'exercice des droits fondamentaux demeurant la garantie minimale de l'absolu démocratique.

De quelques propositions de modifications & recommandations

Les auteurs entendent ici faire œuvre de proposition en présentant quelques possibles modifications légistiques et des recommandations pratiques qui pourraient inspirer une réflexion supplémentaire chez certains décideurs, que ceux-ci exercent des responsabilités politiques ou des fonctions juridictionnelles, administratives, éducatives ou de contrôle.

1. Dissocier par principe la part de radicalité qui heurte les fondamentaux du « vivre ensemble » de celle qui témoigne d'une sensibilité acceptable

Si l'étude du droit se heurtant au radicalisme religieux et à ses agissements est admissible, les excès religieux ne peuvent certainement pas pour autant être réduits au radicalisme. La nécessité revient à la règle juridique de garantir, comme le propose ici le professeur Yves Mayaud dans son riche témoignage, la part de radicalité différemment vécue. Nul besoin pour ce faire de notions ou de concepts renouvelés. La référence aux règles juridiques déjà existantes paraît suffisante pour distinguer les deux. Si une telle démarche invite à entrer intellectuellement dans le radicalisme religieux, pour en faire ressortir l'existence, l'importance, les causes historiques et contemporaines, c'est seulement pour chercher à mieux le connaître afin d'en maîtriser les données et les manifestations, non pour y adhérer ou le justifier. Cette démarche doit être recommandée aux fins « d'études d'impact » à sa prévention et à sa répression. C'est sans doute à cette condition que le droit sera en mesure de faire face au phénomène avec justesse et de véritablement le contrer dans tous ses effets négatifs et ce, pour le bénéfice de la société et de ses membres.

2. Rationaliser les moyens de l'action publique actuellement conduite par une sorte de galaxie administrative

La prolifération des moyens de l'action publique, par l'accumulation et la démultiplication des structures et des mécanismes administratifs, doit être évaluée en termes de rationalisation, d'opérabilité et de réduction des coûts directs et indirects. La dissémination des dizaines de structures de surveillance et de renseignement, de contrôle et de répression, d'assistance et d'accompagnement, superposées et juxtaposées, en forme de mille-feuille administratif, ne constitue pas une réponse adaptée en termes d'effectivité[1]. Actuellement, au niveau central, les services chargés des dérives sectaires et de la radicalisation sont multiples et redondants au sein même du ministère de l'Intérieur (par exemple, d'une part, le « Secrétariat général du Comité interministériel de prévention et de la radicalisation » (CIPDR) et ses quatre pôles, sous l'autorité de laquelle est également placée la « Mission interministérielle de lutte et de vigilance contre les dérives sectaires » (MIVILUDES) et, d'autre part, la « Cellule d'Assistance et d'Intervention en Matière de Dérives Sectaires »). Un travail d'inspection administrative devrait étudier en urgence une architecture adaptée aux enjeux attachés dans leur ensemble à la prévention et à lutte contre le radicalisme religieux.

1. Voir le tableau descriptif correspondant et figurant au chapitre 6 - La politique de prévention et de lutte contre le radicalisme religieux.

3. Créer une Cellule interministérielle aux radicalismes religieux

Sous l'autorité du Cabinet du Premier ministre, une Cellule interministérielle aux radicalismes religieux pourrait être chargée de la stratégie, de la supervision et de l'audit des actions publiques de vigilance et de lutte contre les agissements répréhensibles des radicalismes religieux, dérives sectaires y compris. Envisagées sous l'angle juridique et institutionnel, ses attributions pourraient porter non seulement sur un inventaire évolutif et prioritaire des agissements considérés, mais aussi sur la détermination des moyens d'une politique interministérielle de vigilance et de lutte correspondante ainsi que son suivi. Sous la responsabilité directe d'un conseiller ministériel, ladite cellule serait formée d'un chef opérationnel (haut fonctionnaire disposant d'une expérience spécialisé dans le domaine des libertés publiques) et de quatre à cinq spécialistes permanents et indépendants, externes et sous contrat, disposant d'une réelle connaissance et d'une expérience pratique tels que d'anciens commissaires de police (approche des enquêtes et des investigations), des avocats (approche des dossiers contentieux et des jurisprudences), des magistrats (approche des poursuites et des sanctions) et des universitaires, enseignants-chercheurs spécialisés en sociologie religieuse (approche scientifique, hors des logiques militantes).

4. Instituer un séminaire scientifique continu de recherche-action sur les agissements répréhensibles issus du radicalisme religieux

Institué de façon officielle, un séminaire destiné à développer une recherche-action continue pourrait offrir un pôle de réflexion d'excellence nourri d'approches et d'échanges juridico-judiciaires sous le double angle des sciences juridiques et des sciences sociales. Codirigé par un sociologue des religions et un praticien du droit (magistrat ou avocat), ce séminaire pluridisciplinaire prendrait appui sur les expériences du terrain qui seraient rapportées et discutées de façon empirique par un certain nombre d'acteurs (haut-fonctionnaires du ministère de l'Intérieur, magistrats, avocats, criminologues, commissaires de police, officiers de gendarmerie, responsables et officiers pénitentiaires, responsables associatifs, etc.). Pourraient alors être évalués, à l'aide de la méthodologie de recherche-action, les retours sur expérience[1].

5. Organiser un séminaire juridique, professionnel et périodique, sur « les droits de l'homme et le radicalisme religieux »

Placé sous l'égide de la Commission consultative nationale des droits de l'homme, ce séminaire périodique[2] aurait pour objet l'étude et l'analyse juridique des phénomènes liés au radicalisme religieux, examinés selon une approche contentieuse et professionnelle (c'est-à-dire pragmatique et non strictement universitaire) sous le seul angle des droits de l'homme et des libertés fondamentales. Les missions et contenus de ce séminaire pourraient être les suivants :

– Analyser les problématiques juridiques qu'impliquent les agissements issus du radicalisme religieux (en amont par la prévention et en aval par la répression) ;

– Analyser et évaluer la politique publique normalement destinée à y répondre ;

---

1. Parmi les thèmes qui pourraient être abordés, il est permis d'imaginer : la violence radicale religieuse, les agissements illicites et répréhensibles issus du radicalisme religieux, les mesures publiques préventives et l'exercice des pouvoirs détenus par les administrations, les poursuites et les sanctions pénales, les ressources pénitentiaires, les discours sur Internet et leurs dangers, les dimensions transnationales du radicalisme religieux, le statut des associations de victimes, etc.

2. Une périodicité fixée entre 3 et 5 ans pourrait être retenue.

– Formuler des recommandations juridiques pragmatiques et des avis pratiques.

La méthodologie mise en œuvre pourrait être relativement ouverte. Il pourrait par exemple s'agir de séminaires de travail non publics ou participatifs, avec un modérateur, un rapporteur général et trois rapporteurs délégués, débouchant sur l'élaboration d'un rapport de synthèse, comprenant des avis éventuellement discordants ou dissidents[1], destiné aux différents ministères intéressés.

6. Élaborer et publier en ligne un Guide juridique du radicalisme religieux

Le défaut de codification des agissements répréhensibles issus du radicalisme religieux obscurcit la situation juridique qui relève dans ce domaine d'une myriade de dispositifs juridiques (Code de la sécurité intérieure, Code pénal, Code général des impôts, Code du travail, Code de la sécurité sociale, Code de l'éducation, etc.). L'élaboration d'un véritable « Guide juridique du radicalisme religieux », mis en ligne sous l'égide du ministère de l'Intérieur et régulièrement actualisé, offrirait non seulement un inventaire des situations à risques mais aussi un repère pratique sur le droit applicable et le contenu de la doctrine administrative à destination des agents publics, des entreprises et du grand public.

1. Participants-intervenants (15 à 20 personnes) des praticiens du droit (magistrats du parquet, avocats, commissaires de police et OPJ de gendarmerie, jurisconsultes de la Cour européenne des droits de l'homme) et des fonctionnaires (Bureau central des cultes, MIVILUDES, préfets, etc.) ainsi que des représentants de la Commission consultative nationale des droits de l'homme.

7. Définir une catégorie juridique de « contenus illicites des radicalismes religieux en ligne »

La définition juridique d'une telle catégorie permettrait à la plateforme PHAROS d'agir dans le domaine de la surveillance des agissements répréhensibles et illicites liés au radicalisme religieux (tels que par exemple ceux fixés par le Code pénal : l'apologie de crimes d'atteintes volontaires à la vie, les atteintes à caractère sexuel, les violences morales, la provocation à la discrimination et à la haine, la diffamation religieuse, etc.). Elle permettrait également la prise de mesures de modération des contenus, de limitation et de blocage d'accès aux informations. Une grille de critères, nécessairement évolutifs, permettrait de délimiter le cadre et le recours à cette catégorie portant sur la préparation et le passage à l'acte illicite. La Cellule interministérielle aux radicalismes religieux (proposée ci-dessus) pourrait être chargée de ce travail de définition ainsi que d'un suivi au regard des évolutions prévisibles.

8. Exiger des opérateurs et des plateformes numériques l'élaboration de mécanismes d'accès à leurs données liées à des « contenus illicites »

Le recours à des mécanismes d'accès aux données des opérateurs et des plateformes numériques lorsque celles-ci se rapportent à des « contenus illicites » en lien avec le radicalisme religieux, permettrait à la Cellule interministérielle aux radicalismes religieux (proposée ci-dessus) de piloter un travail de veille et de suivi de ces mécanismes avec l'assistance de sociologues du religieux, de psychologues et de juristes.

9. Susciter et soutenir les initiatives associatives d'autorégulation des contenus en ligne

Les initiatives d'autorégulation des contenus en ligne qui sont organisées et portées par des associations sans but lucratif, d'intérêt général et public, pourraient emprunter la voie de forums indépendants, volontaires, inclusifs, transparents et responsables visant à accorder à toutes les parties prenantes, dont des représentants de la société civile, un espace d'intervention non seulement sur la modération des contenus illicites issus du radicalisme religieux, mais aussi sur la gestion des réclamations individuelles après épuisement des voies de recours internes aux plateformes d'attributions et de fonctions distinctes et cloisonnées, ensemble collaborant le cas échéant avec des autorités administratives et/ou judiciaires. La Cellule interministérielle aux radicalismes religieux pourrait assurer l'étude préalable de la faisabilité en France d'un tel projet (objet et buts, compétence et attribution, gouvernance et ressources humaines, sources de financement et éligibilité aux régimes fiscaux du mécénat, révision et *review*, retours d'expérience, etc.) ainsi que le suivi de son opérabilité, sans oublier celui du déploiement de telles initiatives.

Annexe

Les critères de prévention, de contrôle et de sanction de certaines appartenances religieuses tels qu'ils sont appréciés par la Cour européenne des droits de l'homme (CEDH)

Le 14 décembre 2023, dans un important avis consultatif rendu par sa Grande chambre sous le visa de son abondante jurisprudence (54 arrêts)[1], la CEDH formule des critères précis, d'une très grande utilité pratique, relativement à la prévention, au contrôle et à l'éventuelle sanction de certaines appartenances religieuses[2].

À la demande du Conseil d'État de Belgique, la CEDH a en effet été interpellée « sur le refus d'autoriser une personne à exercer la profession d'agent de sécurité ou de gardiennage en raison de sa proximité avec un mouvement religieux ou de son appartenance à celui-ci ». La question posée à la Cour européenne dans la demande d'avis consultatif était la suivante : « la seule **proximité** ou **appartenance** à un mouvement religieux,

---

1. Pour des raisons de concision, la référence précise aux 54 arrêts déjà rendus par la CEDH n'est pas reproduite ici. Il convient de se référer au texte de l'avis pour en prendre connaissance.

2. Véritable recommandation didactique, cet Avis devrait figurer sur les « murs » des bureaux préfectoraux et des parquets des procureurs de la République. Il devrait être enseigné dans toutes les écoles de la République (écoles, universités, services de police, École nationale de la magistrature, Institut national du service public, HEC, etc.), tel une sorte de « bréviaire » républicain. À la manière d'un *vade-mecum*, il dresse une sorte de démarche pédagogique de nature à rationaliser le travail de tous les services de prévention, de contrôle et de sanction (administration, justice, entreprise).

considéré par l'autorité administrative compétente, **compte tenu de ses caractéristiques, comme présentant à moyen ou à long terme une menace pour le pays**, constitue-t-elle au regard de l'article 9 § 2 (droit à la liberté de pensée, de conscience et de religion) de la Convention un motif suffisant pour prendre une mesure défavorable à l'encontre de quelqu'un, telle que l'interdiction d'exercer la profession d'agent de gardiennage ? » *(N.B.* : c'est nous qui soulignons en gras).

Notons que cet avis a été émis au regard de l'article 9 de la Convention européenne de sauvegarde des droits et des libertés fondamentales, qui comprend les deux dispositions suivantes, lesquelles se rapportent au droit à la liberté de croyance et aux restrictions correspondantes (principe/dérogation), ainsi enchaînées :

1. « Toute personne a droit à la liberté de pensée, de conscience et de religion ; ce droit implique la liberté de changer de religion ou de conviction, ainsi que la liberté de manifester sa religion ou sa conviction individuellement ou collectivement, en public ou en privé, par le culte, l'enseignement, les pratiques et l'accomplissement des rites.
2. La liberté de manifester sa religion ou ses convictions ne peut faire l'objet d'autres restrictions que celles qui, prévues par la loi, constituent des mesures nécessaires, dans une société démocratique, à la sécurité publique, à la protection de l'ordre, de la santé ou de la morale publiques, ou à la protection des droits et libertés d'autrui. »

En pas moins de 38 pages, la Cour européenne articule, pas à pas, son approche méthodologique par l'examen des questions suivantes :

1. L'étendue de la protection conférée par l'article 9 de la Convention européenne ;
2. Les critères pour l'examen de la nécessité dans une société démocratique de d'une ingérence litigieuse :
   a. Le besoin social impérieux

i. L'admissibilité de mesures préventives

1. Actions préventives visant à restreindre des droits exercés collectivement par un groupe d'individus
2. Actions préventives visant à restreindre des droits exercés à titre individuels

ii. Les exigences entourant la prise de mesures préventives

1. La nature du risque
2. La réalité du risque et son ampleur
3. L'imminence du risque
4. Le contrôle juridictionnel

b. La proportionnalité

Le texte de l'avis se lit ainsi, utile et précieux :

[Extrait]

L'étendue de la protection conférée par l'article 9 de la Convention

1. La Cour rappelle en premier lieu sa jurisprudence, en vertu de laquelle la liberté de pensée, de conscience et de religion, qui se trouve consacrée à l'article 9 de la Convention, représente l'une des assises d'une « société démocratique » au sens de la Convention. Elle est, dans sa dimension religieuse, l'un des éléments les plus vitaux contribuant à former l'identité des croyants et leur conception de la vie, mais elle est aussi un bien précieux pour les athées, les agnostiques, les sceptiques ou les indifférents. Il y va du pluralisme - chèrement conquis au cours des siècles - consubstantiel à pareille société [...]

2. L'article 9 § 1 de la Convention contient deux volets distincts relatifs, respectivement, au droit d'avoir une conviction (ceci concerne le for interne de chaque personne) et au droit de la manifester (ceci relève du for externe de la personne). [...]

3. Le premier paragraphe de cet article énonce trois types d'actes au regard de la liberté de pensée, de conscience ou de religion d'un individu : le fait d'« avoir » une conviction, dont sont dérivés le fait d'en « changer » et le fait de la « manifester ». La possibilité pour l'État de restreindre l'exercice de ces droits garantis se limite, comme

il ressort du second paragraphe, à ce qui est prévu au premier paragraphe après les mots « ainsi que », à savoir « la liberté de manifester sa religion ou sa conviction individuellement ou collectivement, en public ou en privé, par le culte, l'enseignement, les pratiques et l'accomplissement des rites ».

4. La liberté de pensée, de conscience et de religion en général (celle d'« avoir » une conviction, ainsi que celle de « changer » de religion ou de conviction) n'est, quant à elle, susceptible d'aucune restriction ou limitation : comme l'atteste la jurisprudence de la Cour, il s'agit là de droits absolus et l'État ne peut pas s'y immiscer – par exemple en dictant à l'individu ce qu'il doit penser et croire, en prenant des mesures visant à le faire changer de conviction par la contrainte ou encore en interdisant des conversions d'une religion à une autre [...].

5. En revanche, la liberté de manifester sa religion ou ses convictions au sens de l'article 9 § 2 de la Convention n'est pas, quant à elle, un droit absolu. Puisque la manifestation par une personne de ses convictions religieuses peut avoir des conséquences pour autrui, les rédacteurs de la Convention ont en effet assorti ce volet de la liberté de religion de la possibilité d'y apporter des restrictions dans les conditions prévues par le second paragraphe de l'article 9 [...].

6. La Cour relève que le Conseil d'État fait référence dans sa question à des notions telles que « la proximité » ou « l'appartenance » à un mouvement religieux, sans préciser si elles visent la proximité ou l'appartenance par la pensée, ou plutôt une manifestation concrète de cette appartenance, à travers des actes. Les variations de terminologie pour décrire une situation de fait en apparence identique dans la question posée et les autres éléments fournis à la Cour qui parlent tantôt d'« idéologie », de « mouvement religieux », de « mouvance », de « tendance » ou de « courant » salafiste, soulèvent des difficultés supplémentaires et ne permettent pas de s'assurer que ce qui est reproché à l'intéressé relève bel et bien du for externe, seul volet de la liberté de religion où des limitations seraient admissibles au regard de l'article 9 de la Convention. Or, la Cour n'est pas persuadée qu'un « mouvement religieux » soit la même chose qu'une « idéologie » ni que le fait d'« appartenir à un mouvement » soit synonyme d'être « partisan d'une idéologie », ni même que ces différentes notions soient interchangeables. En tout

état de cause, il n'appartient pas à la Cour, dans le cadre du présent avis, de trancher ces questions sémantiques ou d'examiner si la terminologie utilisée dans la question posée et dans les autres documents fournis à la Cour est volontairement différente, ou non. Vu la classification de certains éléments du dossier, cela lui serait, de toute façon, impossible. [...]

7. Au sujet du for externe, la Cour rappelle que l'article 9 énumère diverses formes que peut prendre la manifestation d'une religion ou d'une conviction, à savoir le culte, l'enseignement, les pratiques et l'accomplissement des rites. À la lumière des conditions de vie d'aujourd'hui, de telles « manifestations » d'une religion ou d'une conviction peuvent aussi consister dans l'usage de l'Internet et des réseaux sociaux. De telles « manifestations » sont, en principe, protégées par l'article 9 de la Convention [...]. Aux termes de cette disposition, la liberté de manifester sa religion englobe par ailleurs le droit d'essayer de convaincre son prochain, par exemple au moyen d'un « enseignement », sans quoi « la liberté de changer de religion ou de conviction », consacrée par l'article 9, risquerait de demeurer lettre morte [...].

8. En l'occurrence, la Cour déduit de la question posée par le Conseil d'État que celui-ci considère le refus d'autoriser l'exercice de la profession d'agent de sécurité ou de gardiennage (...) comme constituant une ingérence dans les droits que ce dernier tire de l'article 9. Pour être conforme à cette disposition de la Convention, pareille ingérence doit être « prévue par la loi », poursuivre au moins l'un des buts légitimes énumérés par le second paragraphe de la disposition et être « nécessaire, dans une société démocratique », pour l'atteindre. [...]

9. Il convient tout d'abord pour la Cour de rappeler sa jurisprudence constante selon laquelle l'expression « prévue par la loi », qui veut que la mesure incriminée ait une base en droit interne, a trait aussi à la qualité de la loi en question. En effet, cette expression exige l'accessibilité de la loi aux personnes concernées et une formulation assez précise pour leur permettre – en s'entourant, au besoin, de conseils éclairés – de prévoir, à un degré raisonnable dans les circonstances de la cause, les conséquences pouvant résulter d'un acte déterminé et de régler leur conduite [...] base légale qui répond à ces exigences.

10. Quant aux buts légitimes susceptibles de justifier une restriction à la liberté de manifester sa religion ou ses convictions, [...] la Cour rappelle que l'énumération des buts légitimes à l'article 9 § 2 de la Convention est exhaustive et que la définition des exceptions qu'il prévoit à la liberté de chacun de manifester sa religion ou ses convictions est restrictive [...].

11. Quant au point de savoir s'il peut y avoir « nécessité dans une société démocratique » à refuser à une personne l'exercice d'une telle profession en raison de sa seule appartenance à un mouvement religieux considéré par l'autorité administrative nationale compétente comme présentant à moyen ou à long terme une menace pour l'État, les critères suivants apparaissent pertinents dans l'examen de cette question.

Les critères pour l'examen de la nécessité dans une société démocratique de l'ingérence litigieuse

Le besoin social impérieux

12. La Cour rappelle tout d'abord que l'article 9 ne protège pas n'importe quel acte motivé ou inspiré par une religion ou une croyance, tel, par exemple, le prosélytisme de mauvais aloi ou abusif [...]. Le but explicitement affiché ou implicitement contenu dans l'« enseignement » prodigué, ses effets réels ou potentiels et les circonstances dans lesquelles il a été propagé, par exemple les effets démultiplicateurs qu'il aurait pu avoir s'il a fait l'objet d'un partage via les réseaux sociaux, sont des facteurs à prendre en compte pour déterminer s'il s'agit d'un prosélytisme abusif ou, au contraire, d'un enseignement qui mérite de bénéficier de la protection de l'article 9 de la Convention [...].

13. Cela étant, il convient de garder à l'esprit également que, dans le contexte des articles 10 et 11 de la Convention, la Cour a jugé que des idées ou comportements ne sauraient être soustraits à la protection de la Convention uniquement parce qu'ils sont susceptibles de créer un sentiment de malaise parmi des groupes de citoyens ou parce que certaines personnes peuvent s'en offusquer [...]. En effet, la Convention vise à garantir l'expression des opinions – même celles qui sont difficiles à accepter par les autorités ou par un grand groupe de citoyens et qui contestent l'ordre établi – par le biais de tous les moyens pacifiques et légaux [...].

14. En revanche, le fait pour une personne d'abuser de sa position et de poster régulièrement sur les réseaux sociaux des contenus

incitant à contester, voire à mettre en danger les institutions de l'État ou le respect des droits et libertés d'autrui, en exerçant une pression indue sur les destinataires de ces contenus, représente une forme de prosélytisme dont la compatibilité avec l'article 9 de la Convention est sujette à caution [...]. L'appréciation, au regard de l'article 9, de telles formes de prosélytisme, qui détournent la liberté d'expression garantie par l'article 10 de la Convention de sa vocation, en l'utilisant à des fins manifestement contraires à l'esprit de la Convention, demande à être vérifiée à la lumière des circonstances particulières de chaque cas, sur la base des critères et considérations précédemment rappelés par la Cour [...].

L'admissibilité de mesures préventives

15. La Cour a déjà souligné, sur le terrain de diverses dispositions de la Convention, que le pouvoir d'intervention préventive de l'État est conforme aux obligations positives pesant sur les Parties contractantes en vue d'assurer la jouissance effective par les personnes relevant de leur juridiction des droits et libertés consacrés par la Convention. Ces obligations ne se limitent pas aux éventuelles atteintes pouvant résulter d'actions ou d'omissions imputables à des agents de l'État ou survenues dans des établissements publics, mais elles visent aussi des atteintes imputables à des groupements ou des personnes privées dans le cadre de structures qui ne relèvent pas de la gestion de l'État [...].

16. Les exemples ci-après, touchant des domaines très différents, attestent que les autorités nationales peuvent légitimement défendre les valeurs d'une société démocratique face aux risques qui les menacent en ayant recours à des mesures préventives susceptibles de restreindre des droits exercés collectivement par une association, un parti politique, un mouvement religieux ou d'une autre nature, ou certains droits individuels.

Mesures préventives visant à restreindre des droits exercés collectivement par un groupe de personnes

17. Ainsi, par exemple, la Cour a-t-elle considéré, sur le terrain de l'article 11 de la Convention, qu'« on ne saurait exiger de l'État d'attendre, avant d'intervenir, qu'un parti politique s'approprie le pouvoir et commence à mettre en œuvre un projet politique incompatible avec les normes de la Convention et de la démocratie ». Lorsque la présence d'un danger pour la démocratie et ses valeurs

est établie par les juridictions nationales à l'issue d'un « examen minutieux », un État doit pouvoir « raisonnablement empêcher la réalisation d'un [...] projet politique, incompatible avec les normes de la Convention, avant qu'il ne soit mis en pratique par des actes concrets risquant de compromettre la paix civile et le régime démocratique dans le pays » [...].

18. La Cour a par ailleurs indiqué, sur le terrain de l'article 9 de la Convention, que les États disposaient du pouvoir de contrôler si un mouvement ou une association poursuit, à des fins prétendument religieuses, des activités nuisibles à la population ou à l'ordre public [...].

Mesures préventives visant à restreindre des droits exercés à titre individuel

[...]

19. Dès lors, à la question de savoir si l'appartenance d'une personne exerçant des fonctions sensibles à un « mouvement religieux » considéré par l'autorité administrative compétente, compte tenu de ses caractéristiques, comme présentant un risque à moyen ou à plus long terme pour une société démocratique et ses valeurs, constitue, au regard de l'article 9 § 2 de la Convention, un motif suffisant pour prendre une mesure défavorable à son encontre, il y a lieu de répondre que cette appartenance peut, en principe, justifier une mesure prise à titre préventif, sous réserve du respect des exigences décrites ci-après.

Les exigences entourant la prise de mesures préventives individuelles

20. Il convient de souligner d'emblée que la procédure ayant donné lieu à la présente demande d'avis ne concerne pas un emploi ordinaire [...], mais une personne dotée, dans le cadre de son emploi, d'une certaine autorité et soumise à une procédure administrative d'autorisation [...]. L'analyse du risque que la juridiction demanderesse sera amenée à faire devrait donc tenir compte de la nature de cette fonction spécifique, le risque encouru ici étant différent du risque que représenterait un employé dans un secteur ou une branche d'activité professionnelle jugés moins sensibles [...].

La nature du risque

21. [...] La question ne fait donc pas état d'actes ou de comportements concrets, passés ou futurs qui pourraient justifier de refuser l'autorisation d'exercer cette profession, mais de l'appartenance de la

personne concernée à un mouvement considéré comme constituant une menace pour l'État.

22. L'appréciation de la réalité du risque et de la probabilité de sa survenance revient aux autorités nationales compétentes et doit se faire notamment à la lumière du contenu des croyances ou de l'idéologie en question, ainsi que de la personnalité de l'intéressé, de ses actions, de son rôle et de son degré d'appartenance au mouvement religieux en question. Pour ce faire, les autorités nationales compétentes jouissent d'une large marge d'appréciation, car elles sont les mieux placées pour procéder, sous le contrôle d'une autorité juridictionnelle indépendante [...], à une telle évaluation, à l'aide des diverses données qu'elles recueillent et de leur connaissance des contextes locaux [...].

23. S'agissant tout d'abord de l'idéologie en question, la Cour note que le risque concret identifié par la Sûreté de l'État est un risque pour l'ordre démocratique et constitutionnel, ainsi qu'une menace sérieuse pour les libertés et droits fondamentaux, notamment ceux des femmes et, plus généralement, des non-musulmans, provenant de l'influence exercée par les partisans du salafisme scientifique. Plus concrètement, il s'agirait d'un risque de mise en place à terme d'un régime inspiré par la charia, d'un risque de communautarisme et de « construction de sociétés parallèles où l'autorité d'un État et d'un système démocratique ne trouverait plus à s'appliquer », de « polarisation de la société », de remise en question de « l'égalité entre les sexes » ainsi que du « vivre-ensemble » [...]. Il reviendra au Conseil d'État de s'assurer, au besoin par la voie d'une consultation des éléments classifiés et autres retenus par la Sûreté de l'État, que le risque invoqué par celle-ci s'agissant de l'idéologie salafiste est suffisamment concret et étayé quant aux moyens utilisés et au processus pouvant conduire à sa matérialisation.

24. S'agissant ensuite de l'examen de personnalité à effectuer par les autorités nationales, il doit porter sur tout élément susceptible de révéler l'existence, ou non, dans le chef de l'intéressé, d'un risque d'actes ou de comportements nuisibles pour les personnes ou les institutions, et motivés par l'idéologie salafiste. Cet examen doit, dès lors, prendre en compte, parmi d'autres éléments, la présence, ou non, d'antécédents judiciaires ainsi que les antécédents professionnels de l'intéressé, les éventuelles mesures de police

administratives, tels un ordre d'expulsion ou une proposition d'expulsion de l'intéressé du territoire, mais aussi son rôle dans le mouvement religieux et son comportement dans la société en général, y compris sur Internet et les réseaux sociaux.

25. Dans ce contexte, si l'absence de manquements professionnels ou de plaintes enregistrées à charge de l'intéressé est un élément à prendre en compte, elle n'est pas nécessairement décisive, dès lors que la perspective à adopter n'est pas répressive mais préventive. [...] Sous ce rapport, des liens d'allégeance, de soumission, voire d'inféodation à un mouvement propageant une idéologie nuisible peuvent se révéler pertinents pour l'avenir et représenter un risque, sous l'angle des instructions que ce mouvement pourrait vouloir donner à ses adeptes, et des actes ou comportements qui peuvent en résulter [...]. Plus la durée de validité de l'autorisation demandée sera longue, plus l'examen à réaliser comportera des éléments prospectifs de cette nature. Bref, il s'agit à cette occasion de s'intéresser aux actes et comportements concrets qui illustrent le degré d'appartenance de l'intéressé au mouvement religieux en question et, en fonction de ce degré, d'en évaluer les conséquences envisageables dans une perspective d'élimination du risque. [...]

26. Une telle évaluation individualisée • qui doit pouvoir faire l'objet d'un contrôle par une autorité juridictionnelle indépendante [...] • ne saurait faire entièrement abstraction du contexte général dans lequel elle est appelée à s'insérer, notamment du degré d'infiltration et d'implantation du mouvement religieux en question dans la société et du risque qu'il représente pour cette dernière, ce qu'il appartient aux autorités nationales d'évaluer. En d'autres termes, s'il est acquis qu'un mouvement religieux représente lui-même un risque non négligeable pour la société, la question se posera de savoir s'il est possible que ses adeptes, pris individuellement, présentent un tel risque. Cela dépendra notamment du degré de proximité ou d'appartenance de ces derniers au mouvement religieux en question, c'est-à-dire du degré d'allégeance ou de soumission dont ils font preuve à son égard, ce qu'il revient, ici aussi, aux autorités nationales d'évaluer. Ainsi, la Cour a-t-elle estimé dans l'affaire Sodan (précitée, § 54), sous l'angle de l'article 8 lu à la lumière de l'article 9 de la Convention, que la seule proximité ou appartenance d'une personne à un mouvement religieux ne suffisait pas pour justifier une

mesure défavorable à l'encontre de celle-ci, en l'absence de démonstration du fait que, soit cette personne recevait des instructions des membres dudit mouvement, soit le mouvement en question représentait véritablement un danger pour la sécurité nationale.

27. Dans cet examen, le fait que le mouvement en question n'ait pas été dissous ou interdit est un élément pertinent, sans toutefois être décisif. [...]

La réalité du risque et son ampleur

28. Quelle que soit la nature du droit ou de l'intérêt qu'une mesure préventive vise à protéger, il faut encore que le risque encouru soit réel, c'est-à-dire suffisamment établi. En effet, des mesures prises à titre préventif pour protéger la démocratie et ses valeurs ne sauraient passer pour répondre à un besoin social impérieux si elles visent à parer à un danger purement hypothétique [...]. Des estimations concrètes de l'ampleur potentielle des conséquences du risque encouru, s'il n'est pas neutralisé à temps, peuvent s'avérer nécessaires pour légitimer l'adoption de mesures préventives [...].

29. En outre, le risque auquel l'action préventive des autorités cherche à parer doit être sérieux, voire empreint d'une certaine gravité, à défaut de quoi la légitimité des restrictions aux droits et libertés d'autrui pourrait se trouver compromise [...].

30. L'appréciation de la réalité du risque et de son ampleur par les autorités nationales compétentes doit pouvoir faire l'objet d'un contrôle par une autorité juridictionnelle indépendante [...].

L'imminence du risque

31. [...] les autorités sont tenues par une obligation positive d'agir dès lors qu'elles savent ou devraient savoir qu'il existe un risque « réel et immédiat » pour la vie ou l'intégrité physique d'une personne [...]. Elles doivent alors faire tout ce que l'on peut raisonnablement attendre d'elles pour empêcher la matérialisation d'un tel risque [...].

32. Quand toutefois se trouvent en cause un parti politique, une association ou un groupement dont les agissements passent pour présenter un risque pour la société ou une partie de celle-ci, ce risque doit s'apprécier différemment, c'est-à-dire en tenant compte du fait que dans ce type de cas, le risque en question le plus souvent ne se concrétise pas instantanément mais résulte d'un processus plus

ou moins lent et continu. La nécessité pour les autorités d'intervenir préventivement en vue de protéger les valeurs d'une société démocratique dépendra alors de l'influence concrète exercée par la formation concernée sur les opinions, les valeurs ou les institutions d'une telle société, mais aussi sur ses propres adeptes, ce qu'il reviendra à ces mêmes autorités d'apprécier et de motiver.

33. C'est pourquoi la Cour a considéré qu'en pareil cas, on ne saurait exiger de l'État qu'il attende pour intervenir qu'un mouvement, politique ou autre, mène des actions qui sapent la démocratie ou recoure à la violence [...]. Même si pareil mouvement n'a pas encore tenté de s'attaquer aux institutions et que le risque que son projet politique fait courir à la démocratie n'est pas immédiat ou imminent, l'État a le droit de prendre des mesures préventives s'il est établi que le mouvement en question a commencé à adopter des actes concrets pour mettre en pratique un projet politique incompatible avec les normes de la Convention et les valeurs d'une société démocratique [...].

34. (...) Il appartient [...] à la juridiction demanderesse de rechercher si le mouvement religieux en question a commencé à adopter des actes concrets pour mettre en pratique un projet politique incompatible avec les valeurs d'une société démocratique. Dans l'affirmative, il s'agira ensuite d'évaluer si, comme adepte du mouvement en question et de son idéologie, la personne concernée est susceptible, comme agent de sécurité ou de gardiennage, d'agir ou de se comporter d'une manière incompatible avec ces valeurs ou avec les devoirs de sa profession.

35. [...] cette analyse doit s'appuyer sur les antécédents de l'intéressé, mais aussi sur son degré d'appartenance au mouvement religieux en question, dont il peut en effet résulter, ou non, un lien d'allégeance ou de soumission, lequel lien, s'il est démontré, peut constituer un risque pour l'entourage, notamment professionnel, de l'intéressé, dans la mesure où celui-ci pourrait recevoir des instructions venant de ce mouvement et les mettre à exécution [...]. Il paraîtrait alors difficilement concevable qu'un État démocratique tolère que soient confiées des tâches exigeant une pleine allégeance aux valeurs d'une société démocratique à une personne soumise, voire inféodée à un mouvement religieux ou d'une autre nature dont l'idéologie est considérée par les autorités comme incompatible

avec ces valeurs et dont il est établi que les agissements concrets constituent une menace pour ce même État.

Le contrôle juridictionnel

36. Comme il ressort de la jurisprudence, cela irait à l'encontre de la prééminence du droit si le pouvoir d'un organe de l'exécutif d'apprécier les risques encourus par une société démocratique et ses valeurs et la nécessité d'adopter des mesures préventives restreignant certains droits fondamentaux ne connaissait pas de limites [...]. Dans une société démocratique régie par l'État de droit, le contrôle de la légalité de telles mesures par une autorité juridictionnelle indépendante ayant accès à l'intégralité du dossier constitué par l'organe compétent en matière de sécurité nationale, y compris aux documents classifiés, est une garantie de poids pour assurer que les mesures fondées sur des informations confidentielles • et mises en cause par des personnes qui en subissent les conséquences • respectent les exigences de la Convention [...].

La proportionnalité

37. Pour que la mesure préventive en cause dans la présente procédure devant la juridiction demanderesse puisse passer pour nécessaire dans une société démocratique, elle devra également être proportionnée au (x) but(s) légitime(s) qu'elle est destinée à poursuivre et qu'il revient aux autorités nationales d'identifier préalablement au regard de l'article 9 § 2 de la Convention (voir paragraphe 10 ci-dessus).

38. Pour être proportionnée, ladite mesure doit tout d'abord passer pour ne pas limiter les droits que l'intéressé tire de l'article 9 dans une mesure excédant ce qui est nécessaire pour atteindre le(s) but(s) légitime(s) visé(s), ce qui suppose de s'assurer qu'il(s) ne puisse (nt) pas être atteint(s) à l'aide de mesures moins intrusives ou radicales [...]. Dans ce domaine, les autorités nationales disposent d'une marge d'appréciation afin de garantir un juste équilibre entre les différents intérêts en jeu [...].

39. Dans ce contexte, il appartient aux autorités nationales compétentes de rechercher si l'intérêt poursuivi par la mesure défavorable à l'intéressé [...] doit prévaloir sur les conséquences qu'elle entraîne pour l'intéressé. Pour ce faire, les critères suivants doivent entrer en ligne de compte : la nature de la fonction d'agent de sécurité ou de gardiennage et ses exigences, telles qu'elles sont

prévues par la législation nationale applicable ; la nature et le degré d'appartenance de l'intéressé au mouvement religieux en question ainsi que les risques qui en résultent pour l'exercice de la fonction d'agent de sécurité ou de gardiennage ; la possibilité, ou non, pour l'employeur, d'aménager la fonction briguée par l'intéressé de façon à supprimer ou à minimiser les risques potentiels ; le fait que la mesure litigieuse ne contraint pas l'intéressé à abandonner ses convictions, à modifier ou à abandonner sa pratique active au sein de ce mouvement [...].

40. Ensuite, pour être proportionnée, la mesure litigieuse doit être accompagnée de garanties procédurales adéquates pour prévenir tout risque d'arbitraire. Il convient, en particulier, que la personne concernée soit associée au processus décisionnel, considéré dans son ensemble, dans une mesure suffisante pour lui assurer la protection requise de ses intérêts [...].

41. Certes, il n'appartient pas à la Cour, dans le cadre de la présente procédure d'avis, d'examiner si des garanties procédurales suffisantes ont été mises à la disposition de l'intéressé. À ce stade, la Cour se limite à rappeler que là où une mesure défavorable à la personne concernée se fonde sur des informations confidentielles, seules sont légitimes les limitations des droits procéduraux qui n'atteignent pas ceux-ci dans leur substance même. Lorsque des preuves n'ont pas été communiquées à l'une des parties au nom d'un intérêt public dûment justifié, les difficultés qui en résultent pour la partie concernée doivent être suffisamment compensées par la procédure suivie devant les juridictions compétentes, laquelle doit satisfaire dans toute la mesure du possible aux exigences du contradictoire et de l'égalité des armes et être assortie de garanties aptes à protéger les intérêts de la personne concernée [...]. Parmi ces facteurs compensateurs figurent le contrôle par la juridiction compétente du contenu des informations classifiées et de leur utilisation dans la motivation de la décision attaquée, ainsi que, le cas échéant, et dans toute la mesure compatible avec la préservation de la confidentialité et de la bonne conduite des investigations visant une personne, la communication, à tout le moins sommaire, à cette personne de la substance des reproches dont elle fait l'objet [...].

42. Il appartiendra donc au Conseil d'État de s'assurer que des facteurs compensateurs suffisants, de nature à contrebalancer les

effets des restrictions apportées aux droits procéduraux de l'intéressé, ont été appliqués ou qu'ils le seront lorsque la procédure en instance reprendra [...]. La Cour rappelle à cet égard qu'un éventuel défaut d'équité lié à la méconnaissance du principe de l'égalité des armes à un stade précoce de la procédure peut, sous certaines conditions, être corrigé à un stade ultérieur [...].

PAR CES MOTIFS, LA COUR, À L'UNANIMITÉ,

Rend l'avis que voici :

L'appartenance avérée d'une personne à un mouvement religieux considéré par l'autorité administrative compétente, compte tenu de ses caractéristiques, comme présentant une menace pour l'État, peut justifier le refus d'autoriser cette personne à exercer la profession d'agent de gardiennage ou de sécurité, à condition que la mesure en question :

– repose sur une base légale accessible et prévisible,

– soit adoptée eu égard au comportement ou aux actes de la personne concernée,

– soit prise, eu égard à l'activité professionnelle de cette personne, en vue de prévenir la réalisation d'un risque réel et sérieux pour la société démocratique et poursuive un ou plusieurs buts légitimes au sens de l'article 9 § 2 de la Convention,

– soit proportionnée au risque qu'elle entend prévenir ainsi qu'au (x) but(s) légitime(s) qu'elle est destinée à poursuivre,

– et puisse être soumise à un contrôle juridictionnel indépendant, effectif et entouré de garanties procédurales adéquates quant au respect des conditions énumérées ci-dessus.

Pour aller plus loin...

Bibliographie de base

Allès, Delphine, *La part des Dieux. Religion et relations internationales*, CNRS Éditions, 2021.

Alliance Athéna, *Recherches sur les radicalisations. Les formes de violence qui en résultent et la manière dont les sociétés les préviennent et les protègent. État des lieux, propositions, actions*, Rapport remis au Secrétariat d'État chargé de l'enseignement supérieur, mars 2016.

Archives de philosophie du droit, *Droit et religion*, Tome 38, 1993.

Archives en sciences sociales des religions, *La République ne reconnaît aucun culte*, 129, janvier-mars 2005.

Ascone, Laura, *La radicalisation à travers l'expression des émotions sur Internet*, Thèse soutenue le 22 novembre 2018, Université de Cergy-Pontoise (Sciences du langage).

Assemblée nationale, *Les sectes et l'argent*, Rapport d'information de la Commission d'enquête parlementaire sur la situation financière, patrimoniale et fiscale des sectes, ainsi que leurs activités économiques et leurs relations avec les milieux économiques et financiers, n° 1687, 10 juin 1999.,

Assemblée parlementaire de la francophonie, Commission politique, *Rapport final : La lutte contre le radicalisme religieux : État des lieux et rôle des parlementaires*, mars 2018

Atlani-Duault, Laëtitia, Lazerges, Christine et Molinario, Joël, *Violences systémiques dans l'Église catholique : apprendre des victimes*, Dalloz, coll. Les sens du droit, Essai, 2023.

Bauer, Alain, *Le sens de la Liberté*, PUL, 2010.

Bazex, Hélène, Bénézech, Michel, Mensat, Jean-Yves, « Le miroir de la haine. La prise en charge pénitentiaire de la radicalisation : analyse clinique et criminologique de 112 personnes placées sous main de justice », *Annales Médico-psychologiques,* 2017, 175, p. 276-282.

Benslama, Fethi (sous le dir.), *États de la radicalisation*, Collectif, Éd. du Seuil, Le Genre Humain n° 61, 2019.

Bergeaud-Blackle, Florence, *Frérisme et ses réseaux : l'enquête*, Odile Jacob, 2023.

Bernier, Guylain, *Radicalisme : dichotomie entre croyance et tolérance*, L'Harmattan, 2016.

Birnbaum, Jean, *Un silence religieux. La gauche face au djihadisme*, Éd. du Seuil, 2016.

Bobineau, Olivier, *La voie de la radicalisation*, avec Ngahane P., Armand Colin, 2019 ; *Le religieux et le politique*, suivi de douze réponses de Marcel Gauchet, Desclée de Brouwer, 2010 ; Avec Tank-Storper S., *Sociologie des religions*, Armand Colin, 2007 ; *Religion. Sociologie religieuse*, Encyclopeadia Universalis.

Bonelli, Laurent, Carrié, Fabien, *La fabrique de la radicalité. Une sociologie des jeunes djihadistes français*, Éd. du Seuil, 2018.

Boursaus, François, *Le droit de la radicalisation : conséquences juridiques du djihadisme*, Thèse en préparation depuis le 1er octobre 2017 à l'Université de Paris II (droit pénal).

Bouzar, Dounia, *Désamorcer l'islam radical. Ces dérives qui défigurent l'islam*, Éd. de l'Atelier, 2014 ; *Quelle éducation face au radicalisme religieux*, Dunod, 2009.

Bronner, Gérald, *La pensée extrême. Comment des gens ordinaires deviennent des fanatiques*, Denoël, Impacts, 2009.

Boutih, Malek, *Génération radicale*, Rapport de mission au Premier ministre, juin 2015.

Champion Françoise, Cohen Martine, *Sectes et démocratie*, Éd du Seuil, 1999.

Chantraine, Gilles, Scheer, David, *« Risques » et « radicalisation ». Critiques savantes et professionnelles d'un outil d'évaluation criminologique*, Sociologies pratiques, 2020, 340/1.

Chassignolles, Pierre, *Contre la radicalisation*, Archives de politique criminelle, 2008, p. 137-148.

Cherigui, Heddy, *Le rôle et l'implication de la communauté des services de renseignement français dans la lutte contre le processus de radicalisation violente d'inspiration jihadiste depuis 2015*, Thèse soutenue le 4 juillet 2019 à l'Université de Lille 2 (Droit public).

Club des directeurs de sécurité des entreprises, *La radicalisation en entreprise*, Sécurité et stratégie, 2016.

Collectif, *Liberté religieuse et régimes des cultes en droit français, Textes, pratique administrative et jurisprudence*, Éd. du Cerf, 2005.

Colosimo Jean-François, *La crucifixion de l'Ukraine. Mille ans de guerre de religions en Europe*, Albin Michel, 2022 ; *Aveuglements : religions, guerres, civilisations*, Éd. du Cerf, 2018 ; *République ou barbarie*, avec Régis Debray et Didier Leschi, Éd. du Cerf, 2021.

Coolsaet, Rik, « Terrorismes et radicalisations à l'ère post-Daech », *Revue internationale de criminologie et de police technique et scientifique*, 2019, 3, 19.

Conesa Pierre, *Avec Dieu on ne discute pas ! Les radicalismes religieux : désislamiser le débat*, Robert Laffont, Collection Le monde comme il va, 2005.

Crétiez, Xavier, *High risk activism : essai sur le processus de radicalisation violente*, Pôle Sud, 2011, n° 34 et 35 ; « Penser la radicalisation. Une sociologie processuelle des variables de l'engagement violent », *Revue française de science politique*, 2016, vol. 6, n° 5.

Crettiez, Xavier, et Sèze, Romain (dir.), avec la collaboration de Ainine Bilel, Lindemann Thomas, *Saisir les mécanismes de la radicalisation violente. Pour une analyse processuelle et biographique des engagements violents*, Rapport de recherche pour la Mission de recherche Droit et Justice, Paris, 2017.

Crouzet, Denis et Le Gall, Jean-Marie, *Au péril des guerres de religion*, PUF, 2015.

Delumeau, Jean, (ss dir.), *Le fait religieux*, Fayard, 1993.

Debray, Régis, *Le feu sacré*, Fayard, 2003 ; *Dieu, un itinéraire*, Odile Jacob, 2001 ; *Ce que nous voile le voile. La République et le sacré*, Gallimard, 2004 ; *Les communions humaines. Pour en finir avec « la religion »*, Fayard, 2005.

Debray, Régis et Leschi, Didier, *La laïcité au quotidien, Guide pratique*, Gallimard, Folio, 2016.

Delhaise, Élise, *Le respect des principes fondamentaux de la procédure pénale face aux circonstances exceptionnelles. Le cas de la lutte contre le terrorisme*, Anthémis, Coll. Criminalis, 2023.

Diart, Éric, Poulliat, Éric, *Rapport d'information sur les services publics face à la radicalisation*, Assemblée nationale, juillet 2019.

Dieckhoff, A., Portier, P., dir., *Religion et politique. L'enjeu mondial*, Presses de Sciences Po, 2017.

Duvert, Cyril, *Sectes et droit*, PUAM, 2004.

École nationale d'administration pénitentiaire, *Les radicalismes religieux... une menace pour les institutions républicaines ?* : Session de formation continue, 14 au 18 mars 2016.

El Karoui, Karim, *La fabrique de l'islamisme*, rapport Institut Montaigne, 2018.

Fleyfel, Antoine, *Les dieux criminels*, Éd. du Cerf, 2017.

Fuchs, Alain, *Recherche sur les radicalisations*, rapport remis au Secrétaire d'État chargé de l'enseignement supérieur et de la recherche, mars 2016.

Galland, Olivier et Muxel, Anne, *La tentation radicale*, PUF, 2018.

Galloro, Piero-D, *Conflictualités, représentations et médiatisation de la violence et de la radicalisation. Radicalisme (s), radicalisation (s), radicalité (s), violence (s)*, L'Harmattan, 2019.

Garay Alain, *Les organisations religieuses face au droit*, Éd. du Cerf, 2022, avec Coursier Ph. ; *Le financement du radicalisme religieux*, Anuario de Derecho Eclesiastico del Estado, vol. XXXII, 2016, Madrid ; *L'urgence des réponses au financement du radicalisme religieux*, IRIS, Observatoire géopolitique du religieux, février 2015 ; *Quelles limites juridiques et institutionnelles du culte musulman ?*, Droit et Religions, Annuaire, Vol. 2, années 2006-2007 ; *L'islam et l'ordre public européen vus par la Cour européenne des droits de l'homme*, Revue internationale et de droit comparé, 2005, p. 117-155 ; *Diffamations, injures et convictions en procès : mise en perspective*, Droit et Religions, Université Paul Cézanne, Aix-Marseille III, PUM, vol. 1, 2005 ; *L'activisme anti-sectes, de l'assistance à l'amalgame*, The Edwin Mellen Press, 1999

Gauchet, Marcel, *La religion dans la démocratie*, Gallimard, 1998 ; *Les ressorts du fondamentalisme*, Le Débat, Mai-août 2015.

Godard, Bernard, *La question musulmane en France. Un état des lieux sans concessions*, Fayard, 2015.

Gonzalez, Gérard, « La liberté de religion à l'épreuve de la jurisprudence de la Cour de Justice de l'Union européenne », *Revue trimestrielle de droits de l'homme*, 122, 2020, p. 103-120.

Goulet, Nathalie, Reichardt, André, *Rapport sur l'organisation et les moyens de lutte contre les réseaux djihadistes en France et en Europe*, Sénat, avril 2015.

Grande Mosquée de Paris, *Prévenir la radicalisation. Vingt recommandations pour traiter les menaces qui pèsent sur la société française et sur l'islam*, 2020.

Guidère, Mathieu, « Internet, haut lieu de la radicalisation », *Pouvoirs*, 2016, n° 158, p. 115-123.

Guillet, Nicolas, *Liberté de religion et mouvements à caractère sectaire*, LGDJ, 2003.

Gunn, T. Jeremy, *The Complexity of Religion and the Definition of « Religion »* in International Law, 16 Harv. Hum. Rts. J. 189, 2003 ; *Comprendre les sens du mot religion en droit*, Mélanges offerts du Doyen Abdelfattah Amor, Centre de publications universitaires, Tunis, 2005.

Hafiz, Chems-eddine, *N'en déplaise à certains, nous sommes tous les enfants de la République*, Calman-Lévy, Kéro, 2022 ; *Le manifeste contre le terrorisme islamique. Écoutez-moi*, Erick Bonnier, 2021.

Hafiz, Chems-eddine et Devers, Gilles, *Droit et religion musulmane*, Dalloz, 2005.

Hennette Vauchez, Stéphanie, *Laïcité*, Éd. Anamosa, 2023.

Hervieu-Léger, Danielle, *La religion en miettes ou la question des sectes*, Calmann-Lévy, 2001.

Hirsinger, Mathilde, *Radicalisation et droit pénal*, Thèse en préparation depuis le 1er septembre 2018 à l'Université de Lyon (droit).

Honoré, Lionel, « L'entreprise et les managers face à la radicalisation religieuse au travail », *Management et Avenir*, 2016, n° 90, p. 39-59.

Jaccard, Annabelle, *De quelques ressorts de la haine dans la radicalisation islamiste. Approche psychanalytique et clinique*, Thèse soutenue le 14 novembre 2018 à l'Université de la Sorbonne Paris Cité.

Jounot, Yann, *Prévention de la radicalisation*, rapport au Secrétariat Général de la Défense et de la Sécurité Nationale, 20 octobre 2013 (déclassifié).

Karsenti, Bruno, *La place de Dieu : religion et politiques chez les modernes*, Fayard, Histoire de la pensée, 2023.

Kassous, Nacer, *L'État de droit : de la radicalisation religieuse au séparatisme*, www.village-justice.com ; *La radicalisation confessionnelle saisie par les normes juridiques dans un État de droit*, Thèse en préparation depuis le 1er octobre 2015 à l'Université de Toulouse 1 (droit).

Kepel, G., Jardin, Antoine, *Terreur dans l'Hexagone : genèse du djihad français*, Gallimard, 2015.

Kepel, Gilles, *La fracture*, Gallimard, 2016 ; *Fitna. Guerre au cœur de l'islam*, Gallimard, 2004 ; *Terreur et martyre. Relever le défi de civilisation*, Flammarion. 2008 ; *Al Qaïda dans le texte*, Ouvrage collectif présenté par Gilles Kepel, PUF, 2005.

Khoroskhavar, Farhad, *Radicalisation*, Éd. de la Maison des sciences de l'homme, 2014.

Laffineur, Julianne, *Médias sociaux : acteurs et outils de radicalisation ?*, L'Observatoire, 2015.

Lamine, Anne Sophie (dir.), *Quand le religieux fait conflit. Désaccords, négociations ou arrangements*, Presses universitaires de Rennes, 2014.

Laroque, Anne Clémentine, *Le trou identitaire. Sur la mémoire refoulée des mercenaires de l'Islam*, PUF, 2012 ; *Géopolitique des islamismes*, PUF, Que Sais-Je ?, 2021.

Les Cahiers de la justice, *Le procès du 13 novembre : témoignages et analyses*, 2023, n° 1.

Liogier, Raphaël, *Le mythe de l'islamisation. Essai sur une obsession collective*, Éd. du Seuil, 2016.

Luizard, Jean-Pierre, *Le piège Daech. L'État islamique ou le retour de l'histoire*, La Découverte, 2015.

Mauger, Gérard, *Sur la « radicalisation islamiste »*, Savoir/Agir, 2016, 37/3.

Mcheimeche, Aya, *Armes 2.0 : le pouvoir des mots. Comment l'état islamique a-t-il remporté la guerre de la communication ?,* V. A. Éditions, 2018.

Messner, Francis (sous la dir.), *Les « sectes » et le droit en France*, PUF, Politique d'aujourd'hui, 1999 ; *Dictionnaire de droit des religions* (sous la dir.), CNRS Éditions, 2011.

Micheron, Hugo, *Le Jihadisme français. Quartiers, Syrie, Prisons* (préf. Gilles Kepel), Gallimard, coll. Esprits du monde, 2019, 2020 ; ; *Jihadisme européen. Quels enjeux pour l'avenir ?,* Paris, Gallimard, coll. Tracts, 2022 ; *La colère et l'oubli, Les démocraties face au jihadisme européen*, Gallimard, coll. Hors série Connaissance, 2023.

Montassir, Sakhi, *La révolution et le djihad*, La Découverte, 2023.

Neumann, Peter, Kleinmann, Scott, *How Rigorous in Radicalization Research ?,* Democracy and Security, 2013, 9/4.

Ollion, Etienne, *Raison d'État. Histoire de la lutte contre les sectes en France*, La Découverte, 2017.

Portier Philippe, Willaime Jean-Paul, *La religion dans la France contemporaine, entre sécularisation et recomposition*, Armand Colin, 2021.

Portier, Philippe, *L'État et les religions en France, Une sociologie historique de la laïcité*, Presses universitaires de Rennes, 2016.

Poulat Émile, *Notre laïcité publique, La France est une République laïque*, Berg, 2013 ; *La solution laïque et ses problèmes*, Berg international, 1997 ; *Notre laïcité publique, la France est une République laïque*, Berg international, 2003 ; *Scruter la loi de 1905, la République française et la religion*, Fayard, 2010.

Raggazzi, Francesco, *Vers un « multiculturalisme policier » ? - La lutte contre la radicalisation en France, aux Pays-Bas et au Royaume-Uni*, Les Études du CERI, 2014..

Raklik, Jenny, *Terrorisme en France. Une histoire, XIXe-XXIe siècle*, Éd. du Cerf, 2023.

Rauffer, Xavier (présenté par), *Atlas de l'islam radical*, CNRS éditions, 2007.

Riss, Sabine, *Ravage et carnage des subjectivités contemporaines : postures radicales et métapsychologie du chaos*, Thèse soutenue le 22 juin 2019 à l'Université de Côte d'Azur (Psychologie).

Rolland, Patrice, *La religion, objet de l'analyse juridique*, Annuaire Droit et Relgiob, PUAM, 2015-2016, vol. 8 ; *Ordre public et pratiques religieuses*, in J.-F. Flauss (éd.), La protection internationale de la liberté religieuse, Bruylant, 2002, p. 231-271.

Roy, Olivier, *Le Djihad et la mort*, Points Essais, 2019 ; *Peut-on comprendre les motivations des djihadistes ? Pouvoirs*, 2016, 158, p.. 15-24 ; *Who are the new jihadis ? The Guardian*, 13 avril 2017.

Otto, Rudolf, *Le sacré*, Payot, Collection Petite bibliothèque, 1995.

Sedgwick, Mark, *The Concept of Radicalization as a Source of Confusion, Terrorism and Political Violence*, 22 avril, p. 480.

Sénat, Rapport d'information, *De l'islam en France à un islam de France, établir la transparence et lever les ambiguïtés, Mission d'information sur l'organisation, la place et le financement de l'islam en France et de ses lieux de culte*, 2015-2017, n° 757, p. 556.

Seniguer, Haouès, *De quelques réflexions sur les sinuosités de la radicalisation*, Histoire, monde et cultures religieuses, 2016, 39/3 ; *La République autoritaire. Islam de France et illusion républicaine (2025-2022)*, éd. Le bord de l'eau, 2022.

Séraphin, Alava, « La radicalisation violente commence-t-elle vraiment sur Internet ? », *The Conversation*, 23 juin 2017.

Settoul, Elyamine, *Penser la radicalisation djihadiste : acteurs, théories, mutations*, PUF, 2022 ; Avec Godard, Bernard, *Le regard de la police sur l'« immigration » et l'« islam » : du traumatisme de la guerre d'Algérie à la relative normalisation des années 2010*, Migrations Société 2017/3, n° 169 ; Avec Balzacq, Thierry, *Radicalization in Theory and Practice : Pathways to National Security in Western Europe*, Michigan University Press, 2022.

Sèze, Romain, *Prévenir la violence djihadiste. Les paradoxes d'un modèle sécuritaire*, Éd. du Seuil, 2019.

Sifaoui, Mohamed (présenté par), *Comment vaincre l'islamisme*, Éd. du Cerf, 2022.

Sommier, Isabelle, *Engagement radical, désengagement et déradicalisation. Continuum et lignes de fracture*, Lien social et politique, 2012, 68.

Tawil Emmanuel, *Cultes et congrégations*, Dalloz-Juris éditions, 2019 ; *Normes religieuses et droit français*, PUAM, 2005 ; *Du gallicanisme à la liberté religieuse : le Conseil d'État et le régime des cultes depuis la loi de 1905*, PUAM, 2009 ; *Justice et religions*, PUF, 2016.

Thompson, David, *Les Français djihadistes*, Les Arènes, 2014.

Toutin, Thierry, *Le djihadisme, aspects juridiques et criminologiques*, Université Paris II Panthéon Sorbonne, Droit privé, 2017, *Police de la pensée et crimes totalitaires*, Revue internationale de criminologie et de police technique et scientifique, 2020, n° 4 ; *Prédire le crime ou prévenir le crime ?* Revue Sécurité Globale, 2019,3 ; *Tueurs de masse terroristes ou déséquilibrés ?* Journal de médecine légale et de droit médical, Eska Éditions, série criminalistique, 2018, n° 3, vol. 62, 27-40 ; *Physionomie de la radicalisation*, Journal de médecine légale et de droit médical, 2018, numéro spécial, série F, Eska Éditions ; Avec Bénézech, Michel, *Radicalisation, terrorisme et psychiatrie*. Journal de médecine légale et droit médical, 2015, Eska éditions, série F, n° 4, vol. 58, 231-238, et *Lettres anonymes et dénonciations ordinaires. Réflexions à propos de quelques affaires*. Journal de médecine légale et de droit médical, 2011, série F, 54, 415-421.

Travers, John F, Davis, Russel G., *Étude du mobile religieux et de la délinquance*, Social Compass, 1961, vol. 4.

Trévidic, Marc, *Le roman du terrorisme*, Flammarion, 2020.

Université de Strasbourg, *Au-delà du séparatisme et de la radicalisation, Penser les intensités religieuses et militantes*, Projet ANR RIGORAL, 17 et 18 mars 2022.

Valet, Odon, *Qu'est-ce qu'une religion ? Héritage et croyances dans les traditions monothéistes*, Albin Michel, Collection Libres, 1999.

Voegelin, Éric, *Les religions politiques*, 1938, rééd. Cerf, Collection « Humanités », 1994.

Von Busekist, Astrid, *La religion au tribunal. Essai sur le délibéralisme*, Albin Michel, Collection Humanités politiques, 2023.

Willaime, Jean-Paul, *La guerre des dieux n'aura pas lieu. Itinéraire d'un sociologue des religions. Entretiens avec E.-Martin Meunier*, Labor et Fides, 2019 ; avec Portier, Philippe, *La religion dans la France contemporaine. Entre sécularisation et recomposition*, Armand Colin, 2021.

Yldiz, Tarik, *De la fatigue d'être soi au prêt-à-croire. Lutter contre la délinquance pour combattre le radicalisme islamiste*, Éd. du Puit de Roulle, 2020.

Les Grands Témoins

Basile Ader, avocat, ancien vice-bâtonnier de l'Ordre des avocats de Paris, est également directeur de la rédaction de *Légipresse* (éd. Dalloz).
Béatrice Brugère, magistrate, est secrétaire générale du Syndicat Unité Magistrats-FO.
Pierre Conesa, agrégé d'histoire et ancien élève de l'ENA, a été directeur adjoint de la Délégation des affaires stratégique au ministère de la Défense.
Éric Delesalle, expert-comptable diplômé, est inscrit au tableau de l'Ordre des Experts-Comptables de la région Paris Ile-de-France et expert près la Cour d'Appel de Versailles.
Philippe Galli, préfet Hors Classe, est membre du Conseil supérieur de l'appui territorial et de l'évaluation placé auprès du ministre de l'Intérieur.
Chems-Eddine Hafiz, recteur de la Grande Mosquée de Paris, est avocat honoraire au Barreau de Paris et ancien membre de la Commission consultative nationale des droits de l'homme.
Yves Mayaud est agrégé des Facultés de droit, professeur émérite de l'Université Paris-Panthéon-Assas et membre de l'Institut de criminologie et droit pénal de Paris.
Elyamine Settoul, docteur en sciences politiques de l'Institut d'études politiques de Paris et maître de conférences en science politique au sein de la chaire de criminologie au Conservatoire National des Arts et métiers de Paris, dirige le Certificat de spécialisation Prévention de la radicalisation au CNAM de Paris.
Dominique Schnapper et **Isabelle de Mecquenem** sont respectivement présidente et membre du Conseil des sages de la laïcité et des valeurs de la République auprès du ministre de l'Éducation nationale.
Philippe Vivien, vice-président du groupe Alixio, est ancien DRH du Groupe Areva (aujourd'hui Orano) et ancien président de l'AGIRC-ARRCO.

N.B. : Les contributions des Grands Témoins, telles que recueillies entre avril et juillet 2023 et rapportées par Alain Garay et Philippe Coursier, n'engagent que leurs auteurs et aucunement les institutions auxquelles ceux-ci peuvent être liés.

Table des matières

DES MÊMES AUTEURS

Liste non exhaustive

ALAIN GARAY

Les organisations religieuses face au droit (avec Philippe COURSIER), Paris, Éd. du Cerf, 2022.

Gestion juridique du risque médical (Medical Risk Legal Management), Paris, Berger-Levrault, 2013.

Gestión jurídica del riesgo médico (Medical Risk Legal Management), Madrid, CTO Editorial, 2013.

Droit des cultes. Personnes, activités, biens et structures (avec Xavier DELSOL et Emmanuel TAWIL), Paris, Éd. Dalloz-JurisAssociations, 2005.

Les dons manuels aux associations – régime juridique et fiscal (avec Daniel GUIZARD), Lyon, Éd. Juris-Service, 2002.

Urgences, médecine et droit (avec Patrick PELLOUX), Rennes, Éd. de l'École nationale de la santé publique, 2001.

Le médecin, le patient et le droit (avec Frédéric-Jérôme PANSIER), Rennes, Éd. de l'École nationale de la santé publique, 1999.

L'activisme anti-sectes. De l'assistance à l'amalgame (Préf. d'Émile POULAT), Lewiston (NY, USA) / Queenston, (Ontario, Canada) / Lampeter (Wales, UK), The Edwin Mellen Press, 1999.

Consentement éclairé et transfusion sanguine. Aspects juridiques et éthiques (avec Sophie GROMB), Rennes, Éd. de l'École nationale de la santé publique, 1996.

Le contentieux du recouvrement fiscal (avec Philippe BORRAS), Paris, LGDJ, Coll. « Systèmes », 1994.

Philippe Coursier

Code annoté de la sécurité sociale 2024, Paris, Éd. LexisNexis, 2023.

Les organisations religieuses face au droit (avec Alain Garay), Paris, Éd. du Cerf, 2022.

Leçons de droit de la protection sociale, Paris, Éd. Les Trois Colonnes, 2021.

La protection sociale complémentaire en questions (avec Bruno Serizay), Paris, Éd. LexisNexis, Coll. « Droit & Professionnels », 3e éd., 2021.

Le droit supranational de la protection sociale, Paris, Éd. LexisNexis, 2020.

Les risques professionnels et la santé au travail en questions (avec Stéphane Leplaideur), Paris, Éd. LexisNexis, Coll. « Droit & Professionnels », 3e éd., 2019.

Le contrôle médical en questions, Paris, Éd. LexisNexis, Coll. « Droit & Professionnels », 2018.

Le contrôle Urssaf en questions (avec Bruno Platel), Paris, Éd. LexisNexis, Coll. « Droit & Professionnels », 3e éd., 2018.

La mobilité internationale en questions (Préf. de Jacques Raynard et Pierre Mousseron), Paris, Éd. LexisNexis, Coll. « Droit & Professionnels », 2017.

Le conflit des lois en matière de contrat de travail (Préf. de Bernard Teyssié), Paris, LGDJ, Bibl. dr. privé, t. 230, 1993.

Composition : Le vent se lève...

Achevé d'imprimer
sur les presses de la Nouvelle Imprimerie Laballery
58500 Clamecy

N° d'impression : 403505
Achevé dimprimer : avril 2024
Dépôt légal : avril 2024

Imprimé en France